U0904343

DEVELOPMENT
REPORT
OF SMALL TOWNS WITH
CHINESE CHARACTERISTICS

中国特色小镇发展报告2017

总　编　张合军
副总编　陈　放
主　编　大　林
副主编　郭小嫚

图书在版编目（CIP）数据

中国特色小镇发展报告2017 / 大林主编. —北京：中国发展出版社，2017. 10

ISBN 978-7-5177-0749-3

Ⅰ. ①中… Ⅱ. ①大… Ⅲ. ①城镇—发展—研究报告—中国—2017 Ⅳ. ①F299.21

中国版本图书馆CIP数据核字（2017）第211440号

书　　名：中国特色小镇发展报告2017
主　　编：大林
出版发行：中国发展出版社
（北京市西城区百万庄大街16号8层 100037）
标准书号：ISBN 978-7-5177-0749-3
经 销 者：各地新华书店
印 刷 者：三河市东方印刷有限公司
开　　本：787mm × 1092mm 1/16
印　　张：27.5　彩插12
字　　数：470千字
版　　次：2017 年 10 月第 1 版
印　　次：2017 年 10 月第 1 次印刷
定　　价：202.00元

联系电话：（010）68990646 68990692
购书热线：（010）68990682 68990686
网络订购：http：//zgfzcbs.tmall.com
网购电话：（010）68990639 88333349
本社网址：http：//www.develpress.com.cn
电子邮件：cheerfulreading@sina.com

《中国特色小镇发展报告》编委会

《中国特色小镇发展报告》专家委员会

一、智库专家委员会　主任：张合军

宋卫平　陈　放　林　峰　林　欣　郭小嫚　李新云
大　林　王兴斌　冯　林　李　季　刘金彪　刘馥馨
刘世能　李　旭　杨　滔　侯国华　吴维海　卢　丹
张　扬　陈向宏　信　军　洪奇辉　蔺道军　李笑天

二、设计创意委员会　主任：陈　放

唐　平　李海军　陈圣斌　李向哲　王开冬　刘　怡
高　俊　王梓臣　鲁　波　潘炜戈　王　冠　陈建瑜
李长清　邱谋诺　罗崇荣　冯庆华　刘　峰　王大川
巩　岳　符奕斌　徐延安　戴晓华　乔　烽

三、投资资本委员会　主任：鲁承虎

夏海涛　朱伟东　柴世民　王振国　王　飞　展　睿
唐　堂　陈芳平　范　明　杜立静　何雪珺　武连起
孙红波　易　军　邓长林　刘春鑫　皱训超　张　于

四、艺术金融委员会　主任：徐志强

薛　义　何卫东　刘乾云　张立旗　韩国强　辛治伟
邱新建　王　周　黄弘人　李树华　王树民　西　沐

五、运营管理委员会　主任：张　磊

潘　武　冯　琪　何忠华　钟必富　王京忠　张贵泉
海　默　蒋清林　王国骅　唐亚兰　焦英博　杨志强
杨　明　杨绍峰　陈晓峰　郑　忠　曹新平　李建华

六、品牌评价委员会　主任：刘　瑛

万立新　兰孝程　白庆祥　朱向群　刘永湘　陈纪文
杨　璇　苏　彤　翟建军

总　序
建设特色小镇，推动中国新型城镇化发展

李兵弟

中国正崛起成为一个大国（2016年中国GDP的增量，相当于1994年全年GDP）。在快速发展的同时，我们仍然面临着不少问题，如城市富裕，农村相对贫困；城市比较新，农村比较落后。随着农村资源要素价值不断流失，城乡一体化的长期趋势不可逆转。

一、城乡一体：新型城镇化发展阶段

早在2015年，中央召开了两次非常重要的会议，一个是精准扶贫的工作会议，另一个是中央城市工作会议。到2020年，中国700万贫困人口要全部脱贫，共享小康社会，农村发展进入到攻坚期。与此同时，城市发展进入新时期，中央明确提出要建设宜居城市，核心问题是怎样解决城市发展。

我们可以看出，一个攻坚的新时期，农村发展新动力缺失，城市发展新动能缺失，怎么解决？靠什么解决？

首先要从思想上认识到，现阶段的新型城镇化发展就是城乡一体化。城市的问题一定要靠农村问题的解决来推动，农村的发展问题要靠城市的拉动解决。只有城乡两端共同发力，推进供给侧结构性改革，提供城乡空间发展新的融合空间，激发经济发展新的业态，催生城乡两端市场的流通和繁荣，才能弥补城乡社会发展、社会治理和生态环境的短板，促进城乡文明和文化深入交流。也就是说，城乡一体两端发力，差异发展，互为动力、互为市场、互促发展，协调治理。

二、特色小镇：小城镇发展模式探索

城乡一体化融合发展，整个城市要发展、更新，但是农村必须要配合，才能让

城市发展得更美好。既然两端发力，乡村应该怎么走？以往我们的研究，对城市发展比较多，农村相对薄弱，而当下，有几个方面比较突出：第一，特色小镇异军突起创新发展；第二，乡村旅游催生全域旅游发展；第三，精准扶贫促进县域全面发展；第四，让技术提升体系，推动城乡的绿色发展。

特色小镇异军突起，解决了小城镇发展困难的问题。特色小镇是整个城镇化工作进程中的一部分，是先行者，要有发展的思维，这也与中央政策和方向完全一致。

2017年1月8日，由国家发展改革委牵头，国家开发银行、中国光大银行、中国企业联合会、中国企业家协会、中国城镇化促进会等单位共同组织实施的“千企千镇工程”在北京举行启动仪式。这个由政府、企业、银行和社会团体共同推动的项目，要解决的核心问题就是特色小镇发展绝不能“穿新鞋走老路”，搞成简单的房地产开发，在抓住机遇的同时，也要注意发展的问题。

特色小镇和“千企千镇工程”是当前中国城市群小城镇建设中的两大重要“抓手”。在全国，很多小镇的改造都很有特色和风格。比如，浙江余杭的梦想小镇、广东省梅州市的客天下小镇、四川泸定县的磨西小镇、深圳宝安的知识产权小镇等，都是特色小镇发展的不同模式。除此之外，全国林业系统有4855个国营林场，现在不能砍伐森林，进入生态保育状态。这些国有土地和山林，有很好的自然资源，但怎样发展是一个问题。现在我们和国家林业总局进行研究，希望将来可以推出“森林小镇”模式。下一步，我们在“千企千镇工程”推动过程中，重点要抓有实体业态的特色项目，有项目建设引领的规划设计，有典型案例示范的独立调研，有改革实效的城乡两端，有获得感的社会公众参与，这样的话才能做得更好。

特色小镇目前仍处于实践的阶段，可以是复合业态、多元投资、混合用地、城乡交融、现代治理的发展综合体与体制创新集成，也可以是小城镇、大村庄、城市内部的街区等，这里面包括公共服务平台、人才培育和社会治理等方面的探索，所以说，特色小镇的发展需要房地产行业的进入，但不是开发房。

三、美丽乡村：新农村建设改造路径

对于纯农业地区，“特色小城+特色小镇+美丽乡村”，是一条很重要的发展路径。推动现代农村建设，要把乡村景观、建筑古迹，与现代设施、社会服务共同统筹起来。乡村治理应该坚持“三步走”的基本规律：第一步，农村基础设施建设；第二步，治理农村环境；第三，美化提升农村田园景观。

目前，旅游正在向生态养生发展，乡村旅游方兴未艾。农村的脱贫致富需要乡村旅游的进入，而没有乡村旅游的发展，就不会有全城旅游的发展。“把农村建设得更像农村”，乡村旅游应该体现农村的特点，注意乡土味道，保留乡村风貌，避免乡村建设的园林化、庄园化、模式化、城市化。

新型城镇化城乡统筹发展，要关注城乡差异化的发展，保育农村生态文明，城市就是紧凑的密集的，而农村是开敞的、生态的。展望未来，村的美丽生态化、镇的新兴产业化、城的融入乡村化、国的城乡一体化，让鸟回来，让年轻人回来，城乡和谐发展、镇村共同繁荣，实现我们的中国梦。

李兵弟，现任中国城镇化促进会副主席，中国城市发展研究院名誉院长。历任中国城市规划设计研究院副院长、建设部城乡规划司副司长、住建部村镇司司长，曾任中国城市科学研究会副理事长，为享受国务院特殊津贴专家、教授级高级城市规划师。

序　一

中国特色小镇面面观

特色小镇又一年，公元2017年，中国特色小镇日新月异，取得了丰硕的成果，可谓千姿百态，千帆竞发。

千姿百态，建设热潮空前高涨。自2016年7月28号国家发改委、住建部、财政部联合发布了《关于开展特色小镇培育工作的通知》文件，公布了全国首批127家特色小镇名单以来，全国各部委积极行动，竞相推出了特色小镇的相关政策，紧跟着浙江、江苏、山东、河北、河南、广东等省市也纷纷推出了各省市的特色小镇相关政策。一时期，特色小镇的建设热潮空前高涨。

千帆竞发，产业发展各有千秋。在特色小镇的发展过程中，以浙江为代表的大上海华东地区，包括江苏、山东、福建等省市率先以工业、加工业聚集+旅游小镇的发展形式；此后，国家各部委、央企国企对特色小镇的介入，使得特色小镇形态各异，特色小镇的产业发展各有千秋。

特色小镇方针政策惠及民众。从中央到地方，从国家各部委到央企国企制定的一系列特色小镇的方针政策，无不从生态环境保护、新型城市建设以及“双创”工程，军民融合，精准扶贫各方面通盘考虑，制订了惠及民众的最优政策。

一、特色小镇改变中国城乡

2016年初，习近平总书记对深入推进新型城镇化建设作出重要指示，强调城镇化是现代化的必由之路；十八届六中全会指出，要着力推进供给侧结构性改革，贯彻创新、协调、绿色、开放、共享的发展理念，促进中国特色新型城镇化持续健康发展；“十三五”规划作为全面建成小康社会的收官规划，纲要聚焦农村贫困人口脱贫、生态环境保护、公益事业发展、社会民生保障等领域，提出了一系列具有针对性和实效性的重大工程项目。

在中国经济转型升级和以人为核心新型城镇化进程中，特色小镇的提出，实际上是对当前发展路径提出了一种新的战略性选择，有利于破解经济结构转化和动能转换的难题，是当前中国供给侧结构性改革的有效尝试，有利于促进大中小城市协调发展，是实现产业扶贫的有效路径，更是推进经济转型升级的重大战略。

一幅幅交融的小镇建设蓝图，一个个忙碌的小镇施工现场，一座座山水相依的宜居小镇……特色小镇建设初显成效，尽管是起步阶段，但小镇视野广、能量大，小空间承载大战略，不久的将来，星罗棋布的特色小镇将布满祖国的版图。

二、形式内容究竟孰重孰轻

特色小镇将之定义为特色，那么它必然是特色领先，而特色往往只是一个简单的说法，真正在特色小镇中起到主导作用的还应该是产业为主、内容为王，有关特色小镇建设的形式与内容究竟哪个更重要，专家学者与规划设计，政府与投资商都有不同的见解。这里所说的特色一定要有内容，内容一定要有特色，这两个词语不能截然分开，在哲学意义上的特色与内容应该是辩证统一的。这与当下我国倡导的“双创”工程关联极为密切，无论是南方与北方的差异，东部与西部的异同，抑或是中央与地方的偏重都有其依据。因此在特色小镇中以因地制宜为说法的宜居、宜业，宜游、宜养，宜文、宜商等一系列适宜举措正是出于对形式和内容的不同指代和共同指向。

三、特色小镇重在自主发展

特色小镇形态各异是趋势所然，特色小镇对于我们来说是一个新型事物，它和过往的美丽乡村、新型城镇等在乡村开展的各个历史阶段的重点工作有所不同的是，这一次不仅乡村在行动，而是城乡一起在联动，特别是国家政策与资金扶持，城市对乡村的实质性支持。

无论是国民经济的建设，还是国民经济的产出都将特色小镇摆上了重要的历史进程，处于对特色小镇这般的倚重，质量为重成为了一个重要话题和必然选择。

四、全面实现小康的国之重器

特色小镇建设是十八大以来党中央、国务院的重要决策，是拉动内需、扶贫攻坚、全民奔小康、实现中国梦的重要举措。

特色小镇的建设，能起到改善居住环境，提高生活品质，缩小城乡差别，提升地方经济实力，成为城镇居民实现小康社会的切入口。党和国家最高决策层，以建设国家版1000个特色小镇作为引导，大力建设国家级、省市级特色小镇，通过特色小镇建设与社会主义新农村及美丽乡村建设形成互动，促进城乡经济社会和谐发展。

农村就地城镇化是传统农村向现代城市文明的一种变迁，是统筹城乡发展、全面建设小康社会的重要内容，而大力发展特色小镇，最终要达到的目标是通过新农村、美丽乡村和特色小镇建设逐步消除城乡二元结构，奠定实现中国梦的基础，以保障2020年全部脱贫、全面小康。

五、经济协调发展的县域经济

特色小镇的建设较之于我国过往的新农村建设有了许多跨界作业方式，城乡之间、工农业之间，文化与旅游之间，国民经济与县域经济正在实现协调发展。

特色小镇五大本质特征是特色产业鲜明、人文气息浓厚、生态环境优美、体制机制灵活、多种功能叠加，使其兼具旅游与社区功能，核心要素是创新，即涵盖产业创新、空间形态创新、体制机制创新。以产业“特而强”、功能“聚而合”、形态“小而美”、机制“新而活”的独特优势，成为实现创新创业者梦想、加快供给侧结构性改革、促进产业转型升级、培育经济新动能、建设服务型政府的新平台。

六、走向“一带一路”的中国符号

“一带一路”与特色小镇是我国当下经济发展的两翼，如果说特色小镇是加强城乡之间协调发展的话，“一带一路”就是我国对世界各国，国与国之间的协调发展。

“一带一路”沿线所包含的61个国家和地区，都是中国友好的建交国家，自古就有商业互通往来，文化友好交流的历史渊源。它将充分依靠中国与有关国家既有的双边机制，借助行之有效的区域合作平台，借用丝绸之路的历史渊源，高举和平发展的旗帜，积极发展与沿线国家的经济合作伙伴关系，共同打造政治互信、经济融合、文化包容的利益共同体、命运共同体和责任共同体。

通过观察与分析，特色小镇的功能和作用显而易见，那就是在2020年之前配合国家全面实现小康社会的目标，以产业稳定人口，旅游带动人气，商业鼓舞人心，充分发挥地方特色资源优势，运用特色小镇辐射效应带动中国整个乡村的发展！

陈放

2017年8月15日

序　二
千姿百态，万般锦绣

2016年，中国特色小镇宛如一阵春风，发自浙江桐乡，掠过锦绣江南。

2016年5月19日，文化部中国社会艺术协会在世界旅游大会上发布《中国旅游艺术小镇白皮书》。此后，国家发改委、住建部、财政部于7月份联合发布了《关于开展特色小镇培育工作的通知》。一时间特色小镇风起云涌，国家公布127家，北京市公布42家，浙江省公布10家，湖南、江苏等省也相继公布，一家家争先恐后，实可谓百态千姿，万般锦绣。

更有农业部、林业部、国家旅游局、国家中医药管理局等二十多个部委公布特色小镇政策，全国省市县乡镇热情投入，一幅绚丽的特色小镇建设蓝图、壮丽图景自然天成，一场“2020年全面实现小康”的攻坚战在全国打响。

我国在不同历史时期有过不同的基本国策，特色小镇涵盖几大国策，意义重大，它将小城镇建设、生态环境保护、文化与产业融合发展熔于一炉，成为了基本国策的综合体现。与时俱进，是我们进取的永远姿态。特色小镇是创新新常态下的发展空间，它不仅融合产业功能、文化功能、旅游功能，还构筑人才链、投资链、服务链，聚集高端要素、产出创新因子、孵化产业业态。

以发展眼光看未来，也包含着要回眸审视自己曾经走过的路。如同丝绸之路带留给我们有益的启迪，穿越中东地区的岁月之旅、文化之旅、商贸之旅给后人留下了无数的文化瑰宝与历史小镇。有趣的话题是：像剑桥、哈佛这样赫赫有名的西方大学，其取名竟源自丝绸之路沿线的历史小镇，尔后创办者励精图治多年，方才使之闻名世界的。今天，我们在中国大地星罗棋布地布点，就是为了明天能拥有百态千姿的新型城镇。

有事实可以证明，特色小镇是发达国家产业竞争力的重要载体。它既是产业特色与文化精神的综合体现，也是经济地理教科书的科学总结。确乎如此。好莱坞有鼎鼎有名的电影产业，硅谷有无与伦比的IT产业，多个小镇的集合地往往是一个个产业的聚集地。这让美国西部一个个郊野村落华丽转身成为世界顶尖产品的摇篮。不仅如此，达沃斯夏季经济论坛、博鳌亚洲论坛、戛纳国际电影节，这些举世闻名的盛会，把一个个不起眼的小城镇打造成了世界瞩目的话语平台，每年引来众多的国际政要名人。先进的物质资源和现代的文化理念滋润了这片土地，一座座新型城镇拔地而起，一篇篇政商传奇应运而生。

让我们把这些特色小城镇鲜明地印在经济文化版图上，使之成为人们度假休闲旅游、寻找信仰灵魂的好去处。

让我们纵情地畅想：多少年后，我们的乌镇、同里、古北、木兰这些小镇的名字能一再地被人们忆起，在历经历史长河的洗涤、现代文化的考验之后，屹立于世界民族之林，长留下中华文化的瑰宝。

我们在特色小镇建设的征途中，无论是创意策划还是设计规划，也无论是投资建设还是商业运营，我们创造了无数成功的先例，获得了极为宝贵的经验。我们要将它们发扬光大。不仅是书中表彰，还要在那些风景优美、交通方便的地方，在自然条件允许、经济条件充裕的地区，建设《特色小镇发展报告》自己的样板镇、示范地，既将成功经验复制其中，又将国家部委有关的政策、资金、制度汇聚一起，使之极尽其美，打造出一个个白石艺术小镇、艺术基金小镇。让遍布祖国各地的特色小镇，千姿百态，万般锦绣。

张合军

2017年9月1日

目　录

一、报告篇

二、国策篇

三、专家篇

四、大事记

一、报告篇

特色小镇报告篇是本书首篇，也是核心篇。

报告旨在通过对特色小镇的发展观察，尤其是比照区域发展的态势，发掘不断涌现的创新典型，获取特色小镇运营管理经验与品牌价值，将特色小镇创建工作引向深入。

本篇分为四份报告，分析了当今中国特色小镇发展的轨迹，首先从经济抓手、协调发展、扶贫攻坚三个方向充分肯定了特色小镇的功能作用；之后从特色小镇源起、热点到发展领域表现了它的现状与发展特征，以及形成的模板与新城新区。在创新典型报告里面以特色小镇五大要素为依据，表彰了九色玫瑰、安化黑茶等一批崭露头角的艺术小镇；虽然特色小镇建设期还不长，品牌还没有形成，但将品牌意识早早地植入心田，为这一场旷日持久的特色小镇行动增加了活力，平添了几分春色。

本着作为开篇，为本书定了基调，那就是特色小镇是党和国家重视、人民群众拥戴、地方政府积极、社会各界关注的千秋伟业、民生大事。

第一章
中国特色小镇发展观察报告

绪论

中国特色小镇建设如火如荼，气象万千。

特色小镇培育规划建设首先考虑的便是五个要求：产业特色鲜明、体制机制灵活、人文气息浓厚、生态环境优美、多种功能叠加。

第二部分引用了几位领导的讲话：自浙江特色小镇率先在全国创建，李强同志身体力行，倾情讲解特色小镇，对为什么要建特色小镇，如何运用特色小镇作为抓手等问题发表了深入其里的讲话；国家发改委乔润令同志提出特色小镇需要新乡绅，要引导中产阶级上山下乡；中国城科院方明同志对房企在特色小镇建设中如何建功立业提出了中肯的建议；农业部宗洪远同志对休闲农业政策解读丝丝入扣。

第三部分从更广阔的视野表现了特色小镇面面观。从青山绿水才是金山银山到精准扶贫全面实现小康，从小城镇建设热潮到痊愈旅游带动特色小镇高潮，从宜文宜居的生态康养到宜产起步的“千企千镇”，从军民融合手法到特色小镇组合，无不体现了特色小镇的布局功能和组合效应。

通过对星罗棋布的特色小镇景象和各行各业对特色小镇的关注，我们观其变、望其建。对一年多来特色小镇的生存、生态环境有了基本的把握，我们的报告将对全国特色小镇区域发展、创建培育、创业创新乃至品牌创建起到积极的推动作用。

第一节　特色小镇成为经济抓手

一、李强同志讲解特色小镇

特色小镇是中央政府力推的重点，各个地方已掀起了建设特色小镇的高潮。为了进一步帮大家深入理解特色小镇，现选取江苏省委书记、原浙江省长李强今年上半年接受国家发改委机关报《中国改革报》的访谈文章。李强书记在此文中深入而系统地讲解了自己对特色小镇的理解和实践经验，是帮助诸位理解特色小镇的一篇重要文章。

小镇功能：特色小镇既非简单地以业兴城，也非以城兴业，既非行政概念，也非工业园区概念，而是相对独立于市区，具有明确的产业定位、文化内涵、旅游资源和一定社区功能的平台。

小镇特色：聚焦于支撑浙江长远发展的信息经济、环保、健康、旅游、时尚、金融、高端装备制造七大万亿元产业，以及茶叶、丝绸等历史经典产业。

小镇目标：每个特色小镇都要利用自身资源，把小镇打造成3A级以上景区，旅游特色小镇则要按照5A级景区标准建设。

1. 李强谈特色小镇：为什么要建设特色小镇?

在经济新常态下，浙江创建特色小镇，有利于破解经济结构转化和动力转换的现实难题，是浙江供给侧结构性改革的一项探索，是推进经济转型升级的重大战略选择。

①特色小镇是破解浙江空间资源瓶颈的重要抓手，符合生产力布局优化规律。

浙江只有10万平方公里陆域面积，而且是“七山一水两分田”，长期以来一直致力于在非常有限的空间里优化生产力的布局。从块状经济、县域经济，到工业区、开发区、高新区，再到集聚区、科技城，无不是试图用最小的空间资源达到生产力的最优化布局。瑞士的达沃斯小镇、美国的格林威治对冲基金小镇、法国的普罗旺斯小镇、希腊的圣多里尼小镇等，虽然体量都不太大，但十分精致独特，建筑密度低，产业富有特色，文化独具韵味，生态充满魅力，对浙江优化生产力布局颇有启迪。它既非简单地以业兴城，也非以城兴业；既非行政概念，也非工业园区概念。从生产力布局优化规律看，生产力配置一定要在功能的集聚与扩散之间找到最佳平衡点，在城市化与逆城市化之间找到最佳平衡点，在生产、生活、生态之间找到最佳平衡点。浙江之所以在城乡接合部建“小而精”的特色小镇，就是要在有限的空间里充分融合特色小镇的产业功能、旅游功能、文化功能、社区功能，在构筑产业生态圈的同时，形成令人向往的优美风景、宜居环境和创业氛围。

②特色小镇是破解浙江有效供给不足的重要抓手，符合产业结构演化规律。

绍兴纺织、大唐袜业、嵊州领带、海宁皮革等块状经济，是浙江从资源小省迈向制造大省、市场大省、经济大省的功臣。然而，步入新常态的浙江制造，并没有从“微笑曲线”底端走出来，产业转型升级滞后于市场升级和消费升级，导致有效供给不足和消费需求外溢。产业结构演进的一条基本规律是，趋向高度加工化、技术集约化、知识化和服务化，特别是在经济发展水平达到一定阶段以后，主导产业逐渐从以纺织业为主的轻纺工业向以信息产业为主的高新技术产业转换。为此，我们提出，特色小镇必须定位最有基础、最有特色、最具潜力的主导产业，也就是聚焦支撑浙江长远发展的信息经济、环保、健康、旅游、时尚、金融、高端装备等七大产业，以及茶叶、丝绸、黄酒、中药、木雕、根雕、石刻、文房、青瓷、宝剑等历史经典产业，通过产业结构的高端化推动浙江制造供给能力的提升，通过发展载体的升级推动历史经典产业焕发青春、再创优势。

③特色小镇是破解浙江高端要素聚合度不够的重要抓手，符合创业生态进化规律。

在“大众创业、万众创新”到来的时代，竞争的关键是生态竞争。良好的生态不仅使内在的发展动力得以充分释放，对外在的高端要素资源也形成强大的吸附力。硅谷之所以源源不断诞生诸如苹果、谷歌、甲骨文这样的世界级企业，越来越多怀揣梦想的年轻人之所以愿意到杭州的梦想小镇创业，秘诀就在于这些地方形成了富有吸引力的创业创新生态。浙江建设特色小镇，聚焦七大产业和历史经典产业打造产业生态，瞄准建成3A级以上景区打造自然生态，通过“创建制”“期权激励制”以及“追惩制”打造政务生态，强化社区功能打造社会生态，集聚创业者、风投资本、孵化器等高端要素，促进产业链、创新链、人才链等耦合，为特色小镇注入无限生机。梦想小镇启用仅半年，就吸引了400多个互联网创业团队、4400多名年轻创业者落户，300多亿元风投基金蜂拥而至，形成了完整的互联网创业生态圈，如今在全球互联网领域已声名鹊起，这就是创业生态的独特魅力。

特色小镇是浙江特色产业、新型城市化与“两美浙江”建设碰撞在一起的产物，是破解浙江城乡二元结构、改善人居环境的重要抓手，符合人的城市化规律。浙江的城市化进程走到今天，交通拥堵等“大城市病”已经出现，公共服务向农村延伸的能力已经大大增强。在城市与乡村之间建设特色小镇，实现生产、生活、生态融合，既云集市场主体，又强化生活功能配套与自然环境美化，符合现代都市人的生产生活追求。梦想小镇是“产、城、人、文”四位一体的新型空间、新型社区。在互联网时代和大交通时代，这种新型社区会对人的生活方式、生产方式带来一系列的综合性改变。这种改变，就是破解城乡二元结构的有效抓手，符合现代人既要在市场大潮中激情创新、又想在优美环境中诗意生活的追求。不久的将来，在特色小镇工作与生活，会是让人最羡慕的一种生存状态，也会成为浙江新型城市化的一道新风景。

2. 李强谈特色小镇：对经济产生怎样的影响?

特色小镇建设符合发展规律、顺应发展趋势，使得浙江人“敢为人先，特别能创业”的精神再次喷涌而出，也为浙江供给侧结构性改革找到了新的工作抓手、改革平台与创新路径。如今，创新百个特色小镇的生动画卷已经在浙江大地展开。

目前，全省已经有79个特色小镇列入省级创建目录，这些创建中的特色小镇，既是一个个产业创新升级的发动机，又是一个个开放共享的众创空间；既处处展现江南水清地绿的秀美风光，又告别了传统工业区“文化沙漠”现象，彰显了人文气质；既集聚了人才、资本、技术等高端要素，又能让这些要素充分协调，在适宜居住的空间里产生化学反应，释放创新动能。可以说，在浙江众多特色小镇中，我们能够清晰地看到一个个鲜活案例，贯穿着创新、协调、绿色、开放、共享五大发展理念在基层的探索与实践。或许，特色小镇就是浙江供给侧结构性改革的一招先手棋，将会释放出巨大的改革创新能量。不久的将来，一个个产业特色鲜明、人文气息浓厚、生态环境优美、多功能叠加融合、体制机制灵活的美丽小镇，将深刻改变浙江的经济社会发展格局，推动新常态下的浙江发展保持中高速、迈向中高端。

3. 李强谈特色小镇：如何实现创新引领?

特色小镇始于改革创新，也必须成于改革创新。作为新生事物，特色小镇创建必然要摒弃行政化的思维定势、路径依赖和体制束缚，用改革与创新的精神推进规划、建设和运营，大胆探索，大胆试验，走出新路。

①规划理念新，实行“多规合一”。

特色小镇规划不是单一的城镇规划或园区规划，而是各种元素高度关联的综合性规划。因此，必须坚持规划先行、多规融合，突出规划的前瞻性和协调性，统筹考虑人口分布、生产力布局、国土空间利用和生态环境保护。要摒弃“贪大求洋”“大拆大建”的做法，坚持节约集约利用土地，合理界定人口承载力、资源承载力、环境承载力与产业支撑力，在开发中保护，在保护中开发。结合资源禀赋条件，联动编制产业、文化、旅游“三位一体”，生产、生活、生态“三生融合”，工业化、信息化、城镇化“三化驱动”，项目、资金、人才“三方落实”的建设规划。

②运营机制新，实行“企业主体”。

特色小镇的成败不在于政府是否给帽子、给政策，关键在于企业是否有动力，市场是否有热情。因此，特色小镇不能由政府大包大揽，必须坚持企业为主体、市场化运作。政府要有所为、有所不为，做好编制规划、保护生态、优化服务，不干预企业运营。

③制度供给新，实行“优胜劣汰”。

坚持质量导向，把实绩作为唯一标准，重点考量城乡规划符合度、环境功能符合度、产业定位清晰度、文化功能挖掘度等内涵建设情况。实施“创建制”，重谋划、轻申报，重实效、轻牌子，上不封顶、下不保底，宽进严定、动态管理，不搞区域平衡、产业平衡，形成“落后者出、优胜者进”的竞争机制。实施“期权激励制”，转变政策扶持方式，从“事先给予”改为“事后结算”，对于验收合格的特色小镇给予财政返还奖励。实施“追惩制”，对未在规定时间内达到规划目标任务的，实行土地指标倒扣，防止盲目“戴帽子”，确保小镇建设质量。

4. 李强谈特色小镇：特色小镇“特”在哪里？

我们的特色小镇不是行政区划单元上的“镇”，也不同于产业园区、风景区的“区”，而是按照创新、协调、绿色、开放、共享发展理念，结合自身特质，找准产业定位，科学进行规划，挖掘产业特色、人文底蕴和生态禀赋，形成“产、城、人、文”四位一体有机结合的重要功能平台。

①在产业定位上，特色小镇力求“特而强”，而不是“大而全”。

产业选择决定小镇未来，必须紧扣产业升级趋势，锁定产业主攻方向，构筑产业创新高地。定位突出“独特”。特色是小镇的核心元素，产业特色是重中之重。找准特色、凸显特色、放大特色，是小镇建设的关键所在。每个特色小镇都紧扣七大产业和历史经典产业，主攻最有基础、最有优势的特色产业，不能“百镇一面”、同质竞争。即便主攻同一产业，也要差异定位、细分领域、错位发展，不能丧失独特性。比如，云栖小镇、梦想小镇都是信息经济特色小镇。云栖小镇以发展大数据、云计算为特色，而梦想小镇主攻“互联网创业+风险投资”。投资突出“有效”。特色小镇的建设，不要华而不实的增长指标，要的是“转型”与“创新”的含金量。环保、健康、时尚、高端装备制造等四大行业的特色小镇，3年内要完成50亿元的有效投资，信息经济、旅游、金融、历史经典产业等特色小镇3年内要完成30亿元的有效投资。这个投资必须突出“有效性”，与实体经济紧密结合，聚焦前沿技术、新兴业态、高端装备和先进制造。

②在功能叠加上，特色小镇力求“聚而合”，而不是“散而弱”。

功能叠加不是机械地“功能相加”，关键是功能融合。林立的高楼大厦不是浙江要的特色小镇，“产业园+风景区+文化馆、博物馆”的大拼盘也不是浙江要的特色小镇；浙江要的是有山有水有人文，让人愿意留下来创业和生活的特色小镇。要深挖、延伸、融合产业功能、文化功能、旅游功能和社区功能，避免生搬硬套、牵强附会，真正产生叠加效应、推进融合发展。发掘文化功能。文化是特色小镇的“内核”，每个特色小镇都要有文化标识，能够给人留下难忘的文化印象。要把文化基因植入产业发展全过程，培育创新文化、历史文化、农耕文化、山水文化，汇聚人文资源，形成“人无我有”的区域特色文化。就嵌入旅游功能，特色小镇的开发建设，旅游并不是核心目的，但拥有一定的旅游功能作支撑，小镇会更有生命力。

③在建设形态上，特色小镇力求“精而美”，而不是“大而广”，力求做到“一镇一风格”。

根据地形地貌，做好整体规划和形象设计，确定小镇风格，建设“高颜值”小镇。规划空间要集中连片，规划面积控制在3平方公里左右，建设面积控制在1平方公里左右。建立特色小镇电子空间坐标图，界定规划范围和建设用地范围，建设面积不能超出规划面积的50%。从小镇功能定位出发，强化建筑风格的个性设计，系统规划品牌打造、市场营销和形象塑造，让传统与现代、历史与时尚、自然与人文完美结合。总之，小镇的形态之美，是独特的自然风光之美、错落的空间结构之美、多彩的历史人文之美的有机统一。

5. 李强谈特色小镇：政府有哪些扶持政策？

特色小镇的建设，不能沿用老思路、老办法，必须在探索中实践、在创新中完善。因此，制度供给不能“老而僵”，力求“活而新”。改革突出“试验”。特色小镇的定位是综合改革试验区。凡是国家的改革试点，特色小镇优先上报；凡是国家和省里先行先试的改革试点，特色小镇优先实施；凡是符合法律要求的改革，允许特色小镇先行突破。

①政策突出“个性”。

对如期完成年度规划目标任务的特色小镇，省里按实际使用建设用地指标的50%给予配套奖励，其中信息经济、环保、高端装备制造等特色小镇再增加10%的奖励指标。特色小镇在创建期间及验收命名后，规划空间范围内的新增财政收入上交省财政部分，前3年全额返还、后2年返还一半给当地财政。

②服务突出“定制”。

在市场主体登记制度上，放宽商事主体核定条件，实行集群化住所登记，把准入门槛降到最低；在审批流程再造上，削减审批环节，提供全程代办，创新验收制度，把审批流程改到最便捷，让小镇企业少走弯路好办事。同时，企业“零地”投资项目政府不再审批，企业独立选址项目高效审批，企业非独立选址项目要素市场化供给机制和政府不再审批。义乌市打造了从市场主体登记到项目验收的“一条龙”审批流程，政府部门审批时限从原来的30个工作日缩减到4个工作日，对入驻省级特色小镇的企业申请冠省名的，注册资本从1000万元降低至500万元。

（文章来自：《中国改革报》）

二、国家发改委乔润令：特色小镇需要新乡绅

特色小镇的理念一经提出，迅速热了起来，各地政府很热，市场也很热。

中国经济自进入新常态以来，出现这两种都热的情况非常少。政府热的很多，但市场不一定热，其标志就是民营资本不跟进，国企跟进还不能完全作为判断标准。但是特色小镇的理念提出来后，民营资本也非常热，从阿里巴巴到华为、从万科到万达，几乎所有的大企业集团都在涉足，这个现象十分罕见。上述因素叠加在一起，特色小镇成为新常态以来不多见的、吸引力非常大的投资的新领域、发展的新平台、新型城镇化的新空间，同时也是旅游业发展的新空间或新平台。

1. 静悄悄的变革

近现代以来，随着现代城市的兴起，我国都是乡村资源往城市里输入。但是近两三年以来，城乡关系发生了很大变化，城市资源也开始走向乡村了，可以这样说，出现了城乡资源双向流动的趋势。

其中有几个要素我们可以分析一下。首先是技术的突破。高铁、高速公路和航空大众化，汽车进入家庭，互联网的大发展等，极其深刻地改变了城乡之间的区位不同，距离障碍消失了，过去乡村的区位劣势基本不存在了，现在看来，还可能是一种优势。

此外，中国经济进入新常态以来，以能源、原材料、重化工为主的传统产业，包括煤炭、钢铁、风力发电、水泥、光伏等，都出现了严重过剩，传统资源的价值相对下降，石油、煤炭等一次性化石资源的价格下降很多。10年前，山西大同的煤炭价格曾在历史高位，大约2000元一吨，现在的价格仅为200元一吨。与此同时，新的要素资源的价值在上升，我们可以称之为非传统资源，比如青山绿水、蓝天白云、传统村落、区域特色文化，以及非常重要的传统乡村的生活方式。当然还有一些资源的价值也在上升，比如大数据、人工智能等。总之，轻资产的这类资源，价值在上升。这一上一下，是一种非常重要的变化。“老婆孩子热炕头、两亩土地一头牛”，没有什么时间观念，以前都是不被推崇的生活方式，也不被视为资源。但是现在不同了。概括一句话，就是乡村的价值在提升，传统的慢生活、乡村景致，也就是传统乡村生活的整体价值在提升。

还有就是电子商务的发展，正在或者说已经深刻改变了乡村的消费模式和消费形态。去年“双11”过后，学者们研究消费数据发现，中国人的网上购物行为，乡村人一点不少于城市人，中西部经济欠发达地区的人也一点不少于东南沿海经济发达地区的人。这种情况远远超出了人们的想象。乡村年轻人应用电子商务的热情一点不逊于城里人，这使得乡村的许多商品被开发出来了，许多消费能力被开发出来了，因而消费模式和商业生态都发生了重大改变。这些变化都是静悄悄发生的，不是政府倡导的，但却是一种飞跃的变化。

从城市的角度来看，最近若干年以来，高房价、交通拥堵、雾霾等“大城市病”深深困扰着人们，甚至可能会影响到下一步中国经济的发展、人口的流动以及旅游的热点。高房价让许多人无法在城市中生存下来；雾霾的长期化，则有可能使城里人到乡村度假、养生养老成为下一波相当重要的推动因素。近几年的乡村旅游热与此高度相关。北京、上海这些地区的退休老人，完全可以支付他们在江西婺源、海南、广西等地的日常生活，许多老年人干脆就在那里长期居住。间歇性的、长期半长期地逃离大城市，成为一种潮流。这实际上是一种新的、巨大的消费力量去往乡村，是城市消费的外溢。如果雾霾长期化的话，这将成为一种常态。对于中国这种人口大国来说，常态就意味着几千万人的消费市场。

特色小镇兴起的另一个大背景是传统产业的转型升级。特色小镇可以视为一个点，激活、推动产业转型升级，包括发展新经济。比如现在出现了互联网小镇、基金小镇、梦想小镇、创意小镇等。

实际上说到根本，特色小镇兴起就是这两个原因：发展新兴产业，一定是在某一个点上，星星点火式地来推动，使传统产业转型升级；另一个就是乡村价值的提升，城市人的新选择，这也是一种产业需求，对健康产业、旅游产业的需求。在这两个大背景下，乡村迅速从幕后走向前台。

2. 差异化是命脉

特色小镇可以分为发展新经济、促进产业转型升级的特色小镇和以农村软资源开发为主的文化旅游型特色小镇。

其中，文旅特色小镇利用秀美山川、良好生态，或新鲜果蔬、风味美食，或传统建筑、历史渊源，或悠久文化、特色风情，加之宁静散淡的氛围和相对低廉的价格，对城里人产生巨大的吸引力，形成一种现实需求。人们的生活追求正在由一般的物质层面，向精神及人文层次演进，休闲、养生、探险、游历、摄影、写作、交友、亲子等特色需求，使这一市场还在持续扩大之中。

文旅特色小镇是一个支点，可以引导和吸引大量农民直接或间接参与到接待、旅游服务和农产品零售等行业中。其中“吃”和“购”与农副产品密切相关，可以促进农村富余劳动力的就业和向非农领域转移，拉动一、二、三产业发展，形成一业带百业、一业举百业兴的联动效应。

通过文旅特色小镇这个载体，把农村闲置的青山绿水、田园野趣、生活方式、传统文化这些沉睡的资源转化为经济优势，是推动城乡一体化的有利抓手。文旅特色小镇可以带动城市资本下乡，改善农村基础设施、公共服务、环境卫生，也是农民就地就业、就地城镇化的有效形式。古村古镇要生存，一定要与大市场对接，解决资金问题。一是让自身价值换取市场资金，给投资者和当地人以持续回报；二是当古村古镇成为可以赚钱的文化旅游产品时，保护就有了真正的动力和能力；三是建设开发要转型升级，从卖有形商品转向卖无形文化、卖传统生活方式、卖穿越之体验、卖思古之环境、卖原生态之特色。

文旅特色小镇有一个重要特点，就是要真正体现特色，走差异化之路，特色是命脉。要改变以往以山寨、模仿、复制为特征的发展模式，形成或产业，或文化，或资源，或建筑的特色小镇。

改革开放近40年，我国经济社会发展最大的特点是走了一条模仿型的道路，人们头脑里根深蒂固的是模仿、跟随的思维。我们今天讲特色小镇建设，需要重点解决的是这个认识问题，脱离这一点，具体讲某一个特色小镇的建设如何体现特色，是没有什么价值的。有差异化才有特色，而差异化很简单，就是结合自身资源禀赋，因地制宜。我们生活在一个差异的世界，不必说国外，仅仅是中国，差异就太大了，从方言到饮食，各个方面都很不同。许多地方花了很多钱，建设起来的都是似曾相识的东西，规划图纸几乎一模一样，建筑材料都是相似的，把城市的一套又搬了过去。浙江德清莫干山的“洋家乐”就不同，把当地能利用的旧东西几乎都利用起来了，这就是因地制宜。乡村为什么一定要建水泥路，石板路不好吗？如果一个地方有火山，用火山石铺设道路就很好。同一化的旅游只会越做越难。

此外，这次文旅特色小镇热有一点特别好，与以往有很大不同，就是强调小空间、大作为，以小取胜，这才是真本事。从过去数量、规模型的增长，变为质量、品质型的增长，改变发展思路，这是中国现在真正需要的。贪大求洋的结果是建起了许多“大而不强”的东西，现在则强调小而特、小而优、小而美、小而精。从浙江、贵州等地提出建设特色小镇，到后来上升为国家战略，所有出台的导向性政策，都是追求小。

小空间非常重要，规划界有一句话是“密度就是财富”。比如北京这样的城市，办一件小事要去很远的地方、花很长的时间，其实事情几分钟就办完了，很不宜居。宜居的标准很简单，联合国人居署提出的标准是可以量化的，就是要“方便”。小，功能融合，步行在半小时内就能办成事情，是宜居的标准。这样既有利于服务业的发展，还有很重要的一点，就是有助于亲情的沟通、人际关系的改善。小城镇一定不能有大城市的人情冷漠。亲近自然、乡土情调、青山绿水、传统文化、熟人社会、浓浓的亲情等，这些都与规模大小密切相关。

当然这其中还有许多操作层面需要注意的问题。要“多规合一”，一张图纸，一套数据，一个平台，管理也是一个部门。要建设紧凑型的设施，要功能融合，要混合规划，千万不要搞功能分区，居住在南边、工作在北边、文化在西边、购物在东边，这绝对不是特色小镇的品质。土地使用要混合，规划要混合，城市功能要混合，这是节能低碳的必由之路。

3. 生活化的旅游

“特色”和“小空间、大作为”，是特色小镇最重要的两个特点。具体到文旅特色小镇，可能还会有一些独特之处。

首先是融合、跨界、共享。这是新经济的理念，对于特色小镇和旅游业来讲，也是一种非常重要的理念。为什么许多地方的旅游长期停留在“门票经济”的阶段？就是因为没有吸引游客付费的极为丰富的、可选择的产品。浙江的特色小镇提出来“三个三”，是非常重要的理念：“三生融合”，即生产、生活、生态三者必备；“三位一体”，即产业、文化、旅游是标配；三次产业融合，即一、二、三产业融合，江西婺源的油菜花如果只具备一次产业的功能，就没有旅游价值，如果有了规模，具备了观赏价值和因素，就融合了三次产业的功能，价值体现是最大的。

文旅特色小镇还有一个特点是市场化运作和专业导向。特色小镇不是以传统的行政镇为主，而是一个新的发展平台，旅游业也可以理解为旅游新业态融合发展的平台。市场化的一大好处是如果没有很好的产品设计、商业模式、投资回报等，资本不会进入。可以采取PPP模式，政府以委托、特许经营、基金等方式支持，市场化开发、招聘专业公司市场化运营，多元参与。

重视软资源的开发，对于文旅特色小镇来讲也非常重要。要重新定义小镇的基础设施，互联网、大数据、智能技术不能缺席特色小镇。此外，传统农耕文明、游牧文明、乡村文化、传统建筑、古村落、传统生活方式，是特色小镇开发的重要资源。生态型经济、原生态产品、绿色经济、信息经济，是特色小镇软资源开发的基本特点。乡村旅游、民宿经济、原生态农牧产品、特色种植和养殖，是软资源开发的重要领域。传统农业文明、现代工业文明、生态文明与当代信息技术的深度融合，应当是特色小镇的追求。

文旅特色小镇一定要从走马观花型转变为生活居住型。小镇的设计要体现步行、方便、多样性、独特风格、特色文化，要生活导向、功能混合、高密度、紧凑型、微景观、密道路，基础设施最有效利用，这样能耗低、运营成本也低。小镇要有文化底蕴，以助于增强当地人的文化认同感和心灵归属感，也将积累、形成新的文化特质或亮色。小镇要功能完备，学有优教、病有良医、劳有厚得、住有宜居、老有颐养。我认为，最好的文旅小镇是让人们能够住下来，因为文旅小镇的消费者是城里人。理想状态的文旅小镇应该是没有大城市的拥堵、雾霾、人情冷漠、谋生压力和紧张，但要有城市的功能、教育、医疗、文化艺术、时尚、商业等；拥有农村的青山绿水、新鲜空气、绿色食品、原生态的慢生活，但没有农村的闭塞、公共设施的不足、生计的艰辛、极度短缺的精神文化生活。

文旅小镇的另一个特点，是要防止建设成为缩小版的城市，这曾是我们最失败的做法。文旅小镇不一定需要巨额投资，镇区整体风貌应充分利用自然地形地貌，延续自然发展的传统格局，尊重自然环境的特色。街区体现地域、民族、传统或时代特色，住宅建筑风格、色彩、体量要协调。规划建设要保持乡村风貌、拥有城市功能，城乡一体化不是城乡一样化、城乡一致化。总之，在形态上，城市应该是城市，乡村就应该像乡村。

文旅小镇的最高境界，是让城里人体验到一种不一样的生活方式。我们以前搞古镇开发，最大问题是见物不见人。把原来居住在里面的人迁走，按照商业化、盈利原则改造后，呈现出来的是一个大卖场，与当地人的生活完全脱节。改造一定要尊重当地的生态环境、文化生态、生活方式，做到融入、融合、彼此适应。如果把城市建筑模式搬到农村，就是社区化、房地产化、园区化，搞成了综合体、大卖场，是反生活、反常识、反生态的。古村古镇最重要的价值和灵魂，是要有原住民的居住和生活。当地人、企业、社区三位一体，形成小镇建设发展的利益共同体，当地人要认同规划、参与建设、分享成果，这一点在我国特别重要，是发展理念的一次重大提升，否则就是一个房地产项目。建小镇不是盖房子，小镇里要有文化、有生活。三部委联合发布的《关于开展特色小镇培育工作的通知》中明确提出：小镇要有特色鲜明的产业形态。强调“产业建镇”，就是要避免房地产化。具备资本、人才优势的房地产企业涌入特色小镇建设是不可避免的，但要产业主导，不能沿着发展房地产的老路走下去。

文旅小镇要重视长期效益，要有耐心，避免急功近利。培育新产业、调结构、创新、聚集人气、培育市场、文化、归属感和特色的形成，都是一个过程。要避免用工业化思维搞建设，运动式开发、一次性解决、毕其功于一役等，都是不可取的。要整体规划，滚动开发、梯次建设。要协调好出政绩和慢工出细活的关系。要尊重现有村落格局，充分利用现有设施条件，避免大拆大建；综合考虑整治项目的急需性、公益性和经济可承受性，避免急功近利；保护生态环境和文化遗产，延续特色景观与传统风貌，避免贪大求洋；政府统筹引导，尊重农民意愿，发挥农民主体作用，避免大包大揽。总之一句话，特色小镇建设中要培育新时代的工匠精神，精工细作，以工匠精神打造百年小镇。

（文章来自：绿维文旅）

三、农业部宋洪远：休闲农业政策解读

目前我国农村和农业面临的最大矛盾是结构性矛盾。今年的“中央一号文件”总共提出了6个部分33条政策措施，紧紧围绕农业供给侧结构调整和改革这两大板块来进行。其中，农业结构调整又包含了调优产品结构、调好生产方式、调顺产业体系三个方面。这三个方面各自突出的重点是什么？彼此之间又有什么样的联系？

宋洪远表示，此次提出推进农业的供给侧结构性改革，从文件来看是6个部分33条，从内容来讲可以概括为两大板块，一个板块是“调”，一个板块是“改”。

在“调”上就是要调整、转型、融合，实际上就是文件前3个部分的内容。调整主要是调整优化农业的产业结构，这个结构包括这样几个方面：一个是品种结构，比

如“种养+农牧渔”；另一个方面是生产结构，农业内部不同板块之间的结构；还有一个就是产业结构，延长产业链、扩充价值链。

“具体来讲是关注几个事情，一个是在调整品种结构的同时更加注重品质和质量，提出实施品牌战略，通过品牌战略来‘调优提质’。”宋洪远表示，品牌战略的实施包括三个重要的环节：一是品牌的创建，就是“三品一标”——绿色食品、有机食品、无公害食品，“标”就是原产地标识，这样认证和实行品牌化的创建工作。光有创建还不行，很多地方拿了很多“三品一标”，但市场占有率未必大，影响力未必大，美誉度、知名度未必高，这就需要进行品牌营销，就是推广、推介，让大家知道这个品牌。还有一个重要的工作就是保护，不能让品牌还没有上市，冒牌就进入市场了。所以，通过创建、营销和保护等环节来实施品牌战略，就是为了提质，改善农产品的品质和质量。

“还有一个要关注的调结构的事情就是优化区域布局。”宋洪远表示，此次提到了三个区：粮食生产功能区是专门就粮食划定的一个区域，实行优质化、标准化的生产；重要农产品生产保护区，就是除粮食之外的重要农产品，像棉花、油料、糖等等；特色农产品优势区，还有一些小众的产品，也有特色，要在这个地方发挥比较优势，建立优势区。“三区”是区域布局调整优化区域结构的一个方面。在调整区域结构的时候特别强调要培育主导产品、主导产业、优势产区，发挥“三主”的优势来提升区域化的水平。

宋洪远指出，调结构还强调产业结构优化，主要是围绕着延长产业链、扩充价值链来促进粮经饲统筹、农牧渔结合、一二三产融合，通过延长产业链、扩充价值链实现农业的增产、增值、增效、增收“四统一”。“这样的工作未来要有一个抓手，我们提出建设一个平台，就是建设现代农业产业园。以规模种养殖基地为基础，以农业产业化的龙头企业为依托，聚集现代生产要素（劳动资本、土地、技术），把这个平台打造成集生产、加工、研发、服务等功能于一体的集合体，发挥这样一种功能，来推进结构调整。”

宋洪远表示，转方式主要是实现绿色发展。“在绿色发展上，这次强调了几个事情。比如推进清洁生产。我们要实行化肥、农药零增长。从2015年开始，农作物种植业每亩化肥使用量跟2014年相比要保持零增长，将来有可能在零增长的基础上实现减量。这次主要提出了3个‘十条’和3个规划，一个就是围绕土壤治理的‘土十条’，另外一个是围绕水源治理的‘水十条’，还有一个是围绕大气治理的‘大气十条’。为了长期坚持这个事情，又制定了规划。比方说，《农业环境突出问题治理规划》，这是在‘十三五’规划之前已经有的；《农业可持续发展规划》，没有污染，但要采取可持续发展，要防。这次‘一号文件’又提出实行《耕地、草原和河湖的休养生息规划》，通过3个‘十条’和3个规划的实施就可以使突出的环境问题得到治理。”

文件同时还提出了促进产业的融合发展，宋洪远指出，“中央一号文件”此次提出了一些新产业、新业态要促进发展。譬如休闲农业、乡村旅游，利用乡村的资源，文化的和非文化的、物质的和非物质的文化资源来发展乡村农业和乡村旅游；发展农产品电子商务和农村电子商务，通过“互联网+”发展一些新产业；建设现代农业产业园；培育发展特色村镇。“特色小镇的提法已经很多年了，但这一次进行了概括和提炼。强调以有基础、有潜力的村镇为基础。促进农业文化旅游相结合，生产、生活、生态相统一，一、二、三产业相融合。通过这样打造综合体，打造特色村镇，发展新产业、新业态。”宋洪远指出，这些新产业、新业态的重要特点就是在产业之间起到融合的作用，有一产、二产和三产，要促融合。

另一个方面是“改”字，就是改革。宋洪远表示，改革的基本思路是理顺政府和市场的关系。主要是三中全会决定的两句话，一句话是“充分发挥市场配置资源的决定性作用”，另一句话是“更好地发挥政府的作用”。“我觉得这个表述是非常严谨的，这两个事不是平等的关系，不是说并重的，市场配置资源是决定性作用，政府发挥作用应该在市场发挥决定性作用的前提下。政府发挥作用不仅有这样的前提，还有一个要求，就是更好地发挥，如果发挥不好，还不如不发挥。一个是讲这两个关系，一个是讲这两个关系谁是决定性的、谁是被决定性的，还有就是在什么前提下去发挥好作用。”

宋洪远指出，文件的后三部分安排非常清楚。“比如讲科技就是要发挥科技的创新驱动作用。研发要做好，推广更要做好。要做好研发和推广，就得发挥科技人员的积极性，要调动他们的积极性，这是激励，是一个改革。”

另一方面，要发挥好政府和市场各自不同的作用，市场在资源配置中起决定性作用了，政府也不能没有作为。“政府要保安全、补短板，像扶贫就是短板、新农村基础设施公共服务就是短板，文件有专门的部分讲这个事情，就是发挥政府的补短板的作用。”

同时，短板的补充、科技的驱动作用都需要体制机制创新。所以，就要讲改革。文件既讲了产品市场的改革。比如农产品价格形成机制的改革、收储制度的改革、补贴政策、贸易政策的改革。同时，还有要素市场的发育，这就有土地制度的改革，像农地的三权分置、其他几块的建设用地的改革。还有农村集体土地产权的改革，资金、资源、资产，这些要素要活化，这样才能增产、增值。同时，还能发挥资源配置的作用。还有金融改革，金融是现代经济的核心，农村经济的发展、农业的持续发展和现代化离不开金融，持续性的金融服务也是非常重要的。所以，这次特别强调了金融体制改革。

宋洪远表示，这些制度建设、体制机制创新为“改”提供的制度性保障。“这个文件的6部分33条之间的逻辑是非常清楚的，一个主题、两个方面，一个是‘调’，一个是‘改’。‘调’建立在‘改’的基础上，‘改’推动‘调’，推动了新一轮的供给侧结构性改革。”

（文章来自：绿维文旅）

第二节　特色小镇促进经济协调发展

一、青山绿水才是金山银山

习近平在哈萨克斯坦纳扎尔巴耶夫大学发表演讲中提到：“绿水青山就是金山银山。我们过去讲，既要绿水青山，又要金山银山，实际上绿水青山就是金山银山。”

在创新、协调、绿色、开放、共享五大发展理念中，绿色发展成为浓墨重彩的一笔。绿色发展，以人与自然和谐为价值取向，以绿色低碳循环为主要原则，以生态文明建设为基本抓手，是“十三五”乃至更长时期我国经济社会发展的一个基本理念。

发展特色小镇是推动生态文明建设和实现绿色发展的试验田。发展特色小镇是践行“绿水青山就是金山银山”发展理念、走“生产、生活、生态”融合发展之路的有益探索。特色小镇，根在文化。既拥有现代化的生活，又保存乡土温情，是特色小镇对时代问题的回答。

我国特色小镇所依托的乡镇地区大多尚未深度开发，自然环境优美，生态功能完善。特色小镇发展是以生态资源为本底、以绿色低碳循环技术为支撑、以绿色智慧产业为驱动、以创新体制机制为保障。特色小镇建设融入了生态文明、绿色发展理念，成为治疗“城市病”、改善农村环境质量、推进产业转型升级的有效尝试。

发展特色小镇要牢固树立生态优先绿色发展理念。特色小镇所要求的生态，是红线、底线，也是优势所在。要把生态文明理念和原则全面融入特色小镇建设的全过程和各领域，走出一条绿色、集约、智能、低碳的特色小镇建设之路。创新发展绿色经济，努力实现百姓富和生态美的有机统一，真正实现低碳生活、和谐生产、宜居生态。做大做强生态优势产业，有效增加生态产品服务供给，使生态优势和产业优势逐渐形成浑然一体、和谐统一的关系，为绿色发展奠定坚实的产业基础。

特色小镇的发展，不在于磅礴浩大的体量建设，而在于小巧精致、舒适宜人的空间环境。在空间环境的塑造过程中要更加注重人的感受与体验。小镇的开发应当实施低冲击式的开发建设模式，在建设标准和功能定位上，着重突出生态、绿色、节能主题，用新材料、新技术打造低碳、舒适、宜居的环境；集约节约使用建设用地，推动规划区范围内的建设土地混合功能利用；倡导绿色交通模式，提高绿色出行比例；更加有效地节约使用水资源，倡导分散与集中相结合的水再生利用工程与水生态修复技术；以非工程措施应对雨洪威胁，保证小镇发展建设安全；大力推进生活垃圾分类、收集、资源化利用技术，减少噪音、污水、空气等污染。

要把绿色产业作为提升特色小镇竞争力的基本出发点。选择具有良好生态环境、经典文化传承和独特地形地貌的小镇，结合市场需求，发展文化旅游、健康养老、休闲度假、智能制造、互联网+、体育运动等业态。深度挖掘历史传统、民俗文化，彰显乡愁特色，结合现代生活方式，运用创意手段，融入生态绿色的元素，物质产品与精神产品并抓。发展生态循环农业，开发特色食品、健康食品，结合生态观光、农事体验、食品加工体验、餐饮制作体验等活动，推动体验式休闲度假。

二、中国新型特色小镇建设模式再思考

随着一带一路建设及城乡一体化的不断深入发展，传统的小镇建设模式已经无法满足社会需求。如何建设有特色、有市场、有文化的特色小镇，如何完善特色小镇全域规划模式，如何吸引社会资本支持项目建设，都是亟待解决的根本问题。因此，一套成熟的小城镇开发和建设模式，是要在时代变化中不断改进完善而日臻完美的。放眼世间，我们现在研究并探索一些发达国家和国内较为知名的小城镇，它们发展中成

功或失败的经验，都是我们以后成功开发新型小城镇不可缺失的宝贵经验。正确认识下中国小城镇开发过程中出现的问题，取其所长，打造更完善更适宜人居需求、能够带动地区经济发展的新型小城镇。

政府在搞好城镇规划、管理、监督的同时，还要为社会的投资活动创造良好的投资环境。对投资规模大、建设周期长、资金回收慢、维护成本高、具有经营性质的城镇基础设施来说，要鼓励和引导民间资本积极参与，将市政公用企事业单位实施改组、改制，具备条件的市政公用事业项目应采取市场化的经营方式，向民营资本转让产权或经营权。建立起财政引导的融资方式，实现民营资本和外资参与城镇化建设的畅通、有效途径。政府财政在融资过程中起到引导和杠杆作用，民营资本应该成为基础建设特别是营利性基础设施建设的重要力量。同时，外资也是基础设施建设中的重要参与对象。政府在城镇内涵多样、规模巨大的投资需求下，需要根据投资内容的经济属性和现金流量特征，将针对性地采用企业和政府两种融资主体，并充分激发民营、外资企业的作用。对于存在明显外部性的投资领域，政府应承担融资主体责任，保证公共领域能够获得足够的资金投入。对于外部型不强，有望获取稳定持续且收入现金流量足以覆盖融资偿付需求的投融资领域，更多的应采取企业为融资主体，通过企业化运作降低交易成本，强化资金效益已约束机制。

以下为目前国内、国外一些主要的、相对成熟的城镇化投资模式：

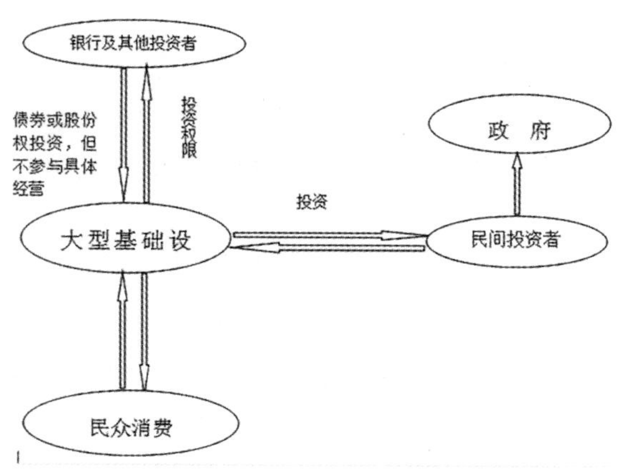

1. 建设——经营——转让模式（BTO模式）

建设——经营——转让的英文缩写为BTO，指的是政府或政府授权项目业主，将拟建设的某个基础设施项目，通过合同约定并授权另一投资企业来融资、投资、建设、经营、维护该项目，该投资企业在协议规定的时期内通过经营来获取收益，并承担风险。政府或授权项目业主在此期间保留对该项目的监督调控权。协议期满根据协议由授权的投资企业将该项目转交给政府或政府授权项目业主。适用于对现在不能盈利而未来切有较好或一定盈利能力的项目，其运作结构如上图所示。

2. 基础设施产业投资基金即组建基金管理公司

向特定或非特定投资者发行基金单位设立基金，将自己分散投资于不同的基础设施项目上，探索投资项目建成后通过股权转让实现资本增值，请收银员风险由投资者共享、共担。这一方式的优点在于可以集聚社会上分散资金，用于基础设施建设，其操作模式如下。

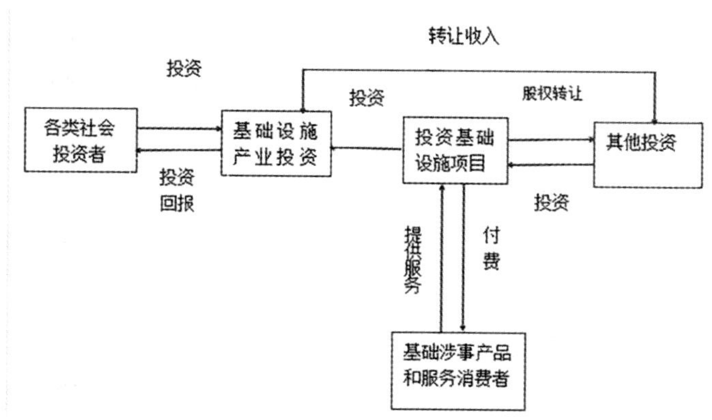

3. 使用者付费模式

政府通过招标的方式向您核实的基础设施项目，民间投资主体，同时政府制定合理的受益人收费制度，并通过一定的技术手段，将上述费用转移支付给项目的民间投资者，作为购买项目服务的资金，其运作流程如下图所示。

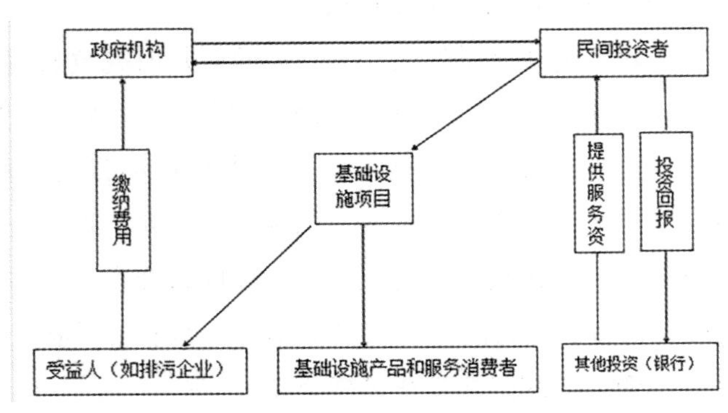

（陈放）

三、全域旅游带动特色小镇

2017年8月3日，国家旅游局发布了《2017全域旅游发展报告》（以下简称《报告》），《报告》对全域旅游发展进行了阶段性总结。

全域旅游是我国新阶段旅游发展战略的再定位，是一场具有深远意义的发展变革。两年来，全域旅游从提出到试点，从实践到提升，从创新到突破，取得了七个方面的阶段性成果。从发展战略上看，全域旅游开创了旅游发展的新路子；从发展定位上看，全域旅游上升为国家战略；从空间布局上看，全域旅游由点到线、由线到面得到广泛实践；从体制创新上看，全域旅游创造性地探索了“1+3+N”旅游管理新体制，有力推动了现代旅游治理体系建设取得新突破；从旅游供给上看，全域旅游丰富和提升了旅游产品体系，极大地满足了人民群众对旅游产品的新需求；从公共服务上看，全域旅游在“补短板抓提升”上取得明显成效，进一步健全了综合目的地服务体系；从市场促进上看，全域旅游整体营销创新推进，成效显著。

《报告》显示，截至目前，国家旅游局共批准了两批500家国家全域旅游示范区创建单位，覆盖全国31个省区市和新疆生产建设兵团，总面积180万平方公里，占全国国土面积的19%；总人口2.56亿，占全国的人口的20%。此外，国家旅游局批准了海南、宁夏、陕西、贵州、山东、河北、浙江7个省域整体为全域旅游示范区创建单位。

根据《报告》，两年来，全域旅游成为旅游行业全面深化改革、实现从部门行为向党政统筹的突破口和助推器。当前全域旅游综合管理机制取得了新突破，截至目前，全国已有23个省（区、市）155个地市成立了旅游发展委员会，分别占全国的74%和55%；已设立旅游警察机构131家、旅游工商分局77家、旅游巡回法庭221家；发展机制取得了新突破，各地形成党政统筹、部门联动的发展机制，普遍加大了全域旅游政策扶持力度，扩大旅游发展专项资金规模、成立旅游发展引导基金，设立旅游投融资平台公司等；保障机制取得了新突破，山东、浙江、云南、海南、陕西等省及90%的示范区创建单位还专门出台了旅游土地、规划、资金、人才等保障措施等。

《报告》显示，两年来，产品建设已经成为全域旅游、融合发展的新亮点和新空间，开放的"旅游+"发展格局初步形成。要素型产品不断提档升级，各地普遍加大了特色餐饮、主题酒店、旅游民宿、房车营地、休闲绿道、旅游风景道、必购商品、文化体验产品等开发力度，2年累计投资超1000亿元。园区型产品开发如火如荼，A级景区、旅游度假区、休闲区、主题乐园、旅游综合体、城市公园、大型实景演出和博物馆、文化馆、科技馆、规划馆、展览馆、纪念馆、动植物园等纷纷成为创建单位产品开发的新选择，在建旅游综合体项目1500个，2年累计投资超900亿元。目的地产品日益丰富，美丽乡村、旅游小镇、风情县城、文化街区、宜游名城建设加速推进。目前在建美丽乡村项目2500个、特色小镇项目1100个，2年累计投资超2100亿元。

《报告》还指出，两年来，各地公共服务补短板的工作成效显著，全域公共服务体系逐步成熟。各创建单位共改建和新建厕所25769座，其中30%以上的厕所配备了第三卫生间，"厕所革命"覆盖城乡全域。各地共建设旅游停车场4000余个，在建的旅游风景道3000余条，城市绿道7500余公里，畅达便捷的交通网络加速构建。各地建成旅游集散中心2500余个，整合形成多项新功能，旅游集散咨询服务体系日趋完善。各地建立旅游政务网、旅游大数据库、动态监控系统、移动旅游APP等，智慧旅游建设取得明显进展。综合环境整治力度加大，实现全域旅游发展成果共建共享。

四、生态康养从宜居宜文始

随着社会发展和人们生活水平的提高，人们健康意识逐渐增强。中共中央国务院印发《"健康中国2030"规划纲要》把健康推向一个新的高度，为健康产业的发展提供了有力支持，为康养特色小镇的开发建设指明了方向。

康养小镇是指以"健康"为小镇开发的出发点和归宿点，以健康产业为核心，将健康、养生、养老、休闲、旅游等多元化功能融为一体形成的生态环境较好的特色小镇。康养小镇主要有如下6种开发类型。

1. 宗教文化养生型

依托道教、佛教等宗教文化资源，打造集宗教文化养生体验、养生教育、休闲度假、养老等于一体的综合度假区，该类型一般多分布在旅游景区或景区周边，有悠久的历史和古老的文化基础。

案例：武当山太极湖

武当山太极湖生态文化旅游区，由太极湖新区和太极湖旅游区组成，太极湖新区重点发展旅游发展中心、武当国际武术交流中心、太极湖医院、太极湖学校和高档居住区等项目；太极湖旅游区包括旅游度假板块、水上游览板块和户外休闲板块，重点建设太极小镇、武当山功夫城、老子学院、山地运功公园、武当国际会议中心等项目，是集旅游观光、休闲娱乐、养生养老、度假于一体的综合度假区。

项目特色：依托武当山的道教文化和良好的生态环境，发展养生养老、健康度假产业 。

2. 长寿文化养生型

依托长寿文化，大力发展长寿经济，形成食疗养生、山林养生、气候养生等为核心，以养生产品为辅助的健康餐饮、休闲娱乐、养生度假等功能的健康养生养老体系。

案例：浙南健康小镇

该小镇位于龙泉市兰巨乡，背靠国家级自然保护区龙泉山，是长寿龙泉第一乡，是好山好水好空气的齐聚地，同时食药材资源极其丰富，是健康食养、药养绝佳福地。利用其得天独厚的生态条件和长寿特色，发展农业观光、健康餐饮、休闲娱乐、养生度假等多功能的健康长寿小镇。

项目特色：挖掘长寿文化，从食养、药养、水养、文养、气养五方面发展长寿经济。

3. 温泉养生型

依托温泉这一独特的核心资源，发展“温泉+”特色产业，如温泉+养生、温泉+会议、温泉+运动等，形成健康、养生、休闲娱乐等温泉养生特色小镇。

案例：灰汤温泉小镇

该小镇位于湖南宁乡灰汤镇，总面积48K㎡，泉水水温高达89.5℃，是中国三大著名高温复合温泉之一，已有2000多年的历史，温泉区占地8K㎡，温泉水量丰富。现结合温泉发展“温泉+X”产业，现已开发建设有温泉酒店、温泉游泳馆、高尔夫练习场等各种休闲建设设施、疗养体检中心等，是集温泉养生、运动休闲、会议培训、健康体检于一体的温泉小镇。

项目特色：天然温泉资源是项目核心亮点，同时以温泉为基础，发展温泉+酒店、温泉+会议、温泉+运动等特色产业。

4. 医养结合型

依托医药产业/医药文化发展医药产业，推动健康养生、休闲度假等产业发展的医养特色小镇。

案例：大泗镇中药养生小镇

该小镇位于江苏大泗镇的中药科技园，占地1240亩，总投资4亿元，该园以中药材种植为中心，产学研相结合的示范性中药科技园。小镇以中药科技园为核心，打造“1+3+X”的发展体系，1为中药科技园，3指休闲娱乐、中药养生、医疗器械产业三大健康产业，X为舞台文化、养老、生态农业等多个配套产业，打造中药文化、养生文化、旅游文化的平台。

项目特色：原生态环境和高质量老年客户基础，建设颐乐学院和雅达国际康复医院为核心配套，形成居医养的特色养老体系。

5. 生态养生型

以原生态的生态环境为基础，以健康养生、休闲旅游为发展核心，重点建设养生养老、休闲旅游、生态种植等健康产业，一般分布在生态休闲旅游景区或者自然生态环境较好的区域。

案例：平水养生小镇

该小镇位于浙江平水镇，境内青山叠翠，千岩竞秀，生态环境迷人，文化底蕴深厚，以建设“养生特色小镇” 为发展目标。积极培育和引导养生养老产业项目，吸引了国际度假村项目、中药养生会所项目、仙人谷养生养老项目等先后落户小镇，为小镇健康养生养老、休闲旅游提供了条件。

项目特色：依托原生态自然环境发展健康养生、休闲旅游生态养生产业。

6. 养老小镇型

有一定的环境资源，同时拥有有一定经济实力的老年群体，为老年人打造集养老居住、医疗护理、休闲度假为主要功能的养老小镇。

案例：绿城乌镇雅园

浙江乌镇，依托原生态自然环境，为高质量的老年群体建设有养生度假酒店、医疗公园、国际养老护理中心、颐乐学院、养老居住等功能板块，打造的集健康医疗、养生养老、休闲度假为一体的特色养老小镇。

项目特色：原生态环境和高质量老年客户基础，建设颐乐学院和雅达国际康复医院为核心配套，形成居医养的特色养老体系。

（文章来自：中国地标城策院公众号）

五、军民融合新一轮民拥军

随着军民融合的深度推进和特色小镇建设的持续升温，军民融合特色小镇正受到越来越多的关注，并得到各地方政府的广泛欢迎。相关专家在接受《中国企业报》记者采访时表示，特色小镇和军民融合都是国家战略部署，两者强强联合，对进一步推进产业深度发展，促进地方经济建设都将起到积极的推动作用。

国防部新闻发言人吴谦在国新办举行的就中国人民解放军建设发展有关情况新闻发布会上表示，军民融合方面改革迈出实质性步伐，党中央决定设立中央军民融合发展委员会，加强对军民融合发展的集中统一领导，加快形成全要素、多领域、高效益的军民融合发展格局。

全国军民融合特色小镇正成燎原之势。在贵州安顺，正打造以航空动力产业驱动、三线建设与军工文化为特色底蕴的航空特色小镇；在江西大余，总投资50亿元的军民融合产业小镇项目落户，成为当地有史以来最大投资项目；在陕西西安，我国首个“空天地海”无人系统特色小镇项目已启动建设。

除了各地政府对打造具有军民融合概念的特色小镇充满热情外，一些先知先觉的企业也快速加入到这一行列中。中国保利集团与广东肇庆市合作，在广东肇庆高新区打造广东省内首个军民融合产业小镇；华夏幸福与安徽合肥市合作，打造以航天文化、军民融合、产城融合、绿色生态为特色的智慧科技城，其核心就是航空智慧小镇。

数据显示，截至2017年7月31日，全国已出现100多个军民融合协作区、示范基地和科研中心，涵盖航空航天、船舶车辆、机械制造、电子信息、深海极地等具有战略价值的骨干行业，全要素、多领域、高效益的军民融合深度发展格局正在形成。

军民融合小镇在不同区域具有不同的发展特色。

如陕西西安、贵州安顺，以航天产业为带动的航空类特色小镇正在崛起；而在北京、广东肇庆等地，则偏重文化生活，集军事博物、军训拓展、特色运动、旅游休闲、军民产业园等多种业态的军民融合产业小镇正在形成。

在浙江杭州钱塘江北岸西南方向公馆山脚下，有一个叫“云栖小镇”的地方，在这里“特色+军民融合”已经成为一张特有的名片。

作为特色小镇的发源地，浙江在军民融合特色小镇方面也走在全国前列。早在去年6月份，浙江省经信委发布的《浙江省军民融合产业发展“十三五”规划》中就明确，要建成军民融合相关领域特色小镇5家以上。浙江省经信委相关负责人对《中国企业报》记者表示，主要围绕航空航天、船舶工业、核电关联、信息经济、节能环保等领域，推动特色小镇培育建设。

新型城镇化金融工作委员会常务副秘书长、中文旅特色小镇开发建设有限公司创始合伙人何忠华表示，军民融合特色小镇增添了小镇产业的发展后劲。以浙江省台州市的无人机小镇为例，其依托本地的地理信息产业及军民融合模式，推动彩虹无人机基地成功落户，促进了产业转型升级，初步形成地理信息产业特色链条，后劲十足。

《中国企业报》记者在采访中了解到，与浙江台州无人机小镇不同，北京延庆旧县镇“双拥小镇”则更看重文化内涵。中共延庆区旧县镇党委书记郭铁石介绍，传承红色历史，打造“中国双拥小镇”品牌，成为旧县镇发展镇域经济的重要战略。结合“双拥小镇”品牌建设，旧县镇建立了盆窑村陶艺产业基地和龙湾国际露营基地，探索发展军民融合产业项目的新模式。

军民融合是国家战略，军地联手是加快军民融合特色小镇发展的关键。

在西安，一场军地联手共建军民融合特色小镇的大戏正在上演。中国兵器工业集团北方发展投资有限公司与中国新型房屋集团有限公司签署战略合作框架协议，双方将合作建设西安兵工特色小镇。据介绍，小镇项目规划总用地面积约2500亩，总投资约150亿元。

看好军民融合特色小镇发展前景的不只西安，在四川，罗江县正雄心勃勃布局年营业收入超500亿元的军民融合产业体系，打造以军民融合为特色的宜居宜业小镇。罗江县有关负责人对记者直言，通过5年的发展，力争全县军民融合产业主营业务收入突破500亿元。

著名经济学家宋清辉在接受《中国企业报》记者采访时表示，一方面，军民融合和特色小镇都是国家战略，是“十三五”期间发展的重点领域，具有明确的政策导向；另一方面，军民融合的发展，也为资金实力雄厚的民营资本打开了一扇进入军工行业的门，极大的激活民资的活力。多重因素将军民融合特色小镇形成一个强大的磁场，吸引着各方投资力量，未来必将形成一个个巨大的产业发展平台。

何忠华认为，依托军民融合产业建立特色小镇，能够实现国防建设、经济建设、城乡一体化建设和国防教育建设的多赢，“一石多鸟”，发展前景可期。“与军民融合产业基地相比，特色小镇作为产业升级的重要载体与新型城镇化的重要抓手，在机制上更加灵活。”何忠华表示。

虽然前景广阔，但也不能盲目上马项目。对此，何忠华表示，把特色小镇等同于特色镇、视为景区开发、当成园区建设或美丽乡村建设的并非少数。军民融合的开放性和战略性，既可纠正认识偏差，又能校正发展误区。与此同时，应倡导合理规划，避免盲目跟风，“政府引导”与“市场引导”务必有效结合。

宋清辉也有相同观点，他认为，目前特色小镇建设已经出现过热现象，要防止打着“军民融合”幌子搞新一轮“造镇运动”。

（文章来自：《中国企业报》，作者：钟文、朱晨辉、何芳）

第三节　特色小镇带动扶贫攻坚

2016年以来，党中央、国务院大力推动特色小镇扶贫模式建设，国家发展改革委、国家开发银行发布的《关于开发性金融支持特色小（城）镇建设促进脱贫攻坚的意见》，就是推动金融扶贫与产业扶贫紧密衔接，通过特色小（城）镇建设带动区域性脱贫，实现特色小（城）镇持续健康发展和农村贫困人口脱贫双重目标的重要政策。

一、特色小镇的扶贫路向

特色小（城）镇建设促进脱贫攻坚，必须严格遵循市场经济发展规律、社会发展规律和自然发展规律，守住生态和发展两条底线，大力发展政策支持力度大、市场前景好、辐射带动作用明显的特色产业，不断增强贫困地区经济发展的内生动力，真正把资源优势挖掘出来，把政策含金量释放出来，把产业支撑体系建立起来，使农村劳动力不断回流，经济来源持续不断，发展活力显著增强。

特色小（城）镇扶贫有以下重要方面：

1. 坚持规划引领、金融支持

根据各地实际精准定位、规划先行，科学布局特色小（城）镇生产、生活、生态空间。通过配套系统性融资规划，合理配置金融资源，为特色小（城）镇建设提供金融支持，着力增强贫困地区自我发展能力，推动区域持续健康发展。

2. 坚持主体多元、合力推进

发挥政府在脱贫攻坚战中的主导作用和在特色小（城）镇建设中的引导作用，充分利用开发性金融融资、融智优势，聚集各类资源，整合优势力量，激发市场主体活力，共同支持贫困地区特色小（城）镇建设。

3. 支持发展特色产业

各级发展改革部门和开发银行各分行加强协调配合，根据地方资源禀赋和产业优势，探索符合当地实际的农村产业融合发展道路，不断延伸农业产业链、提升价值链、拓展农业多种功能，推进多种形式的产城融合，实现农业现代化与新型城镇化协同发展。

4. 鼓励混合所有制

在特色小（城）镇产业发展中积极推动开展土地、资金等多种形式的股份合作，在有条件的地区探索将“三资”（农村集体资金、资产和资源）承包土地经营权、农民住房财产权和集体收益分配权资本化，建立和完善利益联结机制，保障贫困人口在产业发展中获得合理、稳定的收益，并实现城乡劳动力、土地、资本和创新要素高效配置。

5. 国家开发银行加大金融支持力度

国家开发银行发挥“投资、贷款、债券、租赁、证券、基金”综合服务功能和作用，在设立基金、发行债券、资产证券化等方面提供财务服务。发挥资本市场在脱贫攻坚中的积极作用，盘活贫困地区特色资产资源，为特色小（城）镇建设提供多元化金融支持。各级发展改革部门和开发银行各分行共同推动地方政府完善担保体系，建立风险补偿机制，改善当地金融生态环境。

6. 鼓励开展贫困县特色小镇试点示范

结合贫困地区发展实际，因地制宜开展特色小（城）镇助力脱贫攻坚建设试点。对试点单位优先编制融资规划，优先安排贷款规模，优先给予政策、资金等方面的支持，鼓励各地先行先试，着力打造一批资源禀赋丰富、区位环境良好、历史文化厚重、产业集聚发达、脱贫攻坚效果好的特色小（城）镇，为其他地区提供经验借鉴。

中西部地区在“十三五”期间扶贫攻坚任务依然严峻。相比东部沿海发达地区，中西部特色小镇建设缺乏产业优势。扶贫＋特色小镇，借助政府扶持政策的叠加优势，中西部贫困地区特色小镇或许可以弯道超车，大有可为。

无论是国家发改委、国开行等中央层面对特色小镇资金等方面的扶持政策，还是各省市地方特色小镇政策，均体现出了对有扶贫、脱贫任务地区的关注与政策倾斜。

在国家发改委、国开行日前《关于开发性金融支持特色小（城）镇建设促进脱贫攻坚的意见》中明确指出，将在贫困地区深入推进特色小（城）镇建设与脱贫攻坚战略相结合，推动金融扶贫与产业扶贫衔接，促进特色产业发展、农民转移就业、易地扶贫搬迁与特色小（城）镇建设相结合，通过特色小（城）镇建设带动区域性脱贫，实现特色小（城）镇持续健康发展和农村贫困人口脱贫双重目标。

在国家体育总局日前下发的《关于推动运动休闲特色小镇建设工作的通知》中也提出：到2020年，在全国扶持建设一批运动休闲特色小镇，同时推动中西部贫困落后地区，增加就业岗位和贫困群众收入，推进脱贫攻坚工作；推动运动休闲特色小镇在与旅游等相关产业融合发展、脱贫攻坚、禀赋资源有效利用等方面形成鲜明特色。

在国家旅游局、国务院扶贫办等多部委联合下发的《乡村旅游扶贫工程行动方案》中也强调了各地扶贫资金用到刀刃上。在制定政策、编制规划、分配资金、安排项目时向乡村旅游扶贫重点村倾斜，形成旅游扶贫开发合力。

通过区域扶贫小镇的旅游、交通等基础设施建设，再加之自驾车房车营地、帐篷营地、乡村民宿等现代旅游元素的植入，当地乡土文化、民俗等系列节庆活动的挖掘，一批以农家乐、渔家乐、牧家乐、休闲农庄、森林人家将变成具备休闲农业特色的特色小镇。

围绕国家“十三五”扶贫开发目标，结合宁夏扶贫开发重点县西吉县脱贫攻坚工作实际，由《中国企业报》集团组织上百家企业，充分利用自身优势，结合贫困村自然资源，目前已经在深入开展“百企百村（西吉）互助行动”。2016年11月18日，参与扶贫的各成员单位与西吉县有关单位，在首届中国企业扶贫（西吉）峰会上签署了中国将军纪念馆及长征胜利会师和平玫瑰小镇建设工程、西吉电商扶贫运营平台等项目协议。

其中，西吉“长征胜利会师和平玫瑰小镇建设工程”项目的启动，将助推将台堡镇聚力打造红色文化旅游小镇，促进红色旅游与休闲观光农业、户外拓展等项目发展。

瑞宝力源集团董事长刘琅在接受《中国企业报》记者采访时认为，通过和平玫瑰小镇建设，将实现玫瑰种植加工、婚庆文旅创意、后期精油深加工、健康养老等多种业态有机叠加，形成产业链多赢联动。

虽然是国家级贫困县，黄瓜小镇、山杏炭画小镇、欧李小镇、契丹风情小镇等特色小镇正在河北北部山区的平泉县建成，这些特色小镇的特色产业已成为当地精准扶贫的有效载体。其中，通过招商引资，欧李小镇正在打造的亲情式乡村种植体验园，已经与北京多名“欧李地主”进行“结亲”，此举将有望实现当地脱贫致富。

（文章来自：《中国企业报》）

二、王健林扶贫旅游小镇

万达旅游小镇是万达集团捐资7亿元帮扶贵州丹寨县的脱贫致富项目，是一个具有苗寨特色的旅游区。丹寨万达小镇于2017年7月2日正式开门迎客。极具苗寨风格的旅游小镇，全长1.5公里，引入24项丹寨特有的非物质遗产项目，还有苗族手工艺、苗寨美食、苗医苗药等内容。完善的配套，秀丽的风景，万达文旅小镇欲打造成为丹寨著名旅游目的地。

丹寨万达小镇位于贵州省黔东南苗族侗族自治州丹寨县，它是万达集团对口扶贫项目，也是万达在全国首创的“企业包县，整体扶贫”模式。

2016年4月，设计方案正式出炉，万达的设计团队进行了全面的设计和构思，最终把小镇打造成一个融入先进科技的智慧小镇，一个绿色生态可“呼吸”的小镇、一个技术和文化相结合的小镇，让科技智能的旅游方式完美地融入小镇，让丹寨小镇成为中国乃至世界的“智慧生态”的旅游小镇。

小镇建筑风格极具苗寨特色，包括苗族风情商业街、东湖自然风景区、滨湖民俗体验区。引进7个国家级非物质文化遗产项目和17个省级非物质文化遗产项目，包括石桥古法造纸、苗族锦鸡舞、苗族蜡染、芒筒芦笙祭祀乐等。依据当地民族文化特色，设置鼓楼广场、苗年广场、尤公广场、锦鸡广场，打造一站式少数民族文化旅游体验。配套建设四星级酒店、多厅电影院、超市等设施。将现代与历史文化传承结合，打造极具优势的文旅项目、非物质文化遗产旅游胜地。

丹寨万达小镇项目夺得第54届美国PCBC“金块奖”（Gold Nuggst Awards）“最佳国际商业项目类大奖”，并于美国西部时间6月29日在美国圣迭戈颁奖。

“金块奖”堪称国际建筑界的奥斯卡，由PCBC（太平洋建筑协会）组织发起的“金块奖”，作为地产界每年一度的顶级盛事。这是目前在全世界建筑艺术大奖中规模最大的奖项，被赞誉为全球建筑界的“奥斯卡”，与“奥斯卡”一样，金块奖并非商业奖项。每年一度的“金块奖”授予在全球住宅、商业以及工业项目中建筑设计、土地规划等方面有杰出创造成就的发展商与设计者。

项目规划四大街区：民俗精品街区、餐饮美食街区、地方特产街区、休闲水景街区。规划有大型斗牛场，中心斗鸟场及斗鸡场、演艺剧场以及四大民俗广场，其中斗牛场每周举行两次斗牛活动，民俗广场每天两场民俗表演。另外，万达自营有万达影院、四星级酒店（城市标准5星）大玩家等。

丹寨万达小镇还将丹寨7个国家级非物质文化遗产项目，以及16个省级非物质文化遗产全部引入小镇，包括石桥古法造纸、苗族锦鸡舞、苗族蜡染、芒筒芦笙祭祀乐等。小镇最令人瞩目的是一个超大水车，直径26.08米，获得世界吉尼斯纪录的“最大水车”称号。此外，三大斗艺场馆（斗牛、斗鸡、斗鸟）和三座非遗小院（造纸小院、蜡染小院、鸟笼主题民宿小院）等特色民族文化产业均已“落户小镇”。

万达为“轮值镇长”提出了丰厚的待遇，在履职期间拥有独立办公室还配备镇长助理。此外，小镇将设“镇长墙“，永久展示历任镇长的照片、简介和施政清单。经过层层选拔，最终当选第一任镇长的是90后美女主持李爽，她的“施政纲领”是通过直播、绘制美食地图等方式向游客宣传丹寨的美食。

通过旅游带动经济是精准扶贫的有益尝试，再借助万达集团和王健林父子超人气影响力，想不赚钱都难。王健林曾打包票“万达集团将负责到底”。万达旅游小镇预计增加永久就业岗位2000–3000个，帮助缓解丹寨就业难压力。

“产业扶贫是最好的扶贫”。除了丹寨外，万达还在贵州推行更大规模的扶贫计划。去年3月，万达集团与贵州省签订战略合作协议，计划总投资600亿元，在贵州建设万达文化旅游项目和10个以上的万达广场。万达在贵州所有投资项目全部建成，预计将增加10万个服务业就业岗位，每年缴纳数亿元税收。目前贵阳、六盘水、毕节等地万达广场已进入实施阶段，其他项目也将陆续开展。

第二章
中国特色小镇区域发展报告

中国特色小镇建设是中国小城镇建设的提升版，如果说中国新城新区建设是以城市版图作为依托的话，中国特色小镇建设是以广大乡村版图作为依托，所不同的是数量极为庞大，气势非常宏伟。

中国版图有华东、东北、华南、华北、西南、西北之分，这几个大区不仅是行政区划，也是地理分界，还是经济区块，沿用六十多年来，一直变化不大。这种大区划分有时甚至成为阻碍经济发展的划分。

有时小区域划分更具有优势。特色小镇体量小，能量大，容易形成优势、成为榜样，它在带动区域发展、打破区域障碍方面会形成一股新的力量。

第一节　特色小镇源起及发展态势

都说特色小镇从浙江源起，从那些出产丰富、产业发展、环境优美、气息人文的江南小镇开始，尤其是浙江特色小镇那种多功能叠加融合、体制机制灵活多变更是它迅速发展，稳健推行的原因。

说起发展态势现在说还为时过早，整个特色小镇建设刚刚兴起，尽管也在全国形成了热潮，但流派众多、政出多门，各种做法很多，以房地产为中心、以旅游做文章、以清库存为目的种种做法层出不穷；作为小城镇建设升级、精准扶贫攻坚、养老事业发展等国家意志也只是刚刚开始，似乎也未形成态势，一切还在探索。

尽管如此，特色小镇建设适合国情、顺应民意，一定会持续发展下去，五到十年甚至更长，它很有可能在社会功能与经济作用方面比之前的科技园区，文化园区在区域经济发展方面能产生更大的影响，发挥更大的作用。

一、浙江：一马当先，全国表率

出台文件：《关于加快特色小镇规划建设的指导意见》（浙政发〔2015〕8号）

培育建设：100个以上特色小镇

工作特色：出台文件最早；建设资金最大，成功案例最多

浙江省政府《关于加快特色小镇规划建设的指导意见》明确了特色小镇规划建设的总体要求、创建程序、政策措施、组织领导等内容。

规划建设一批特色小镇是浙江省委省政府从推动全省经济转型升级和城乡统筹发展大局出发作出的重大决策，将在全省重点培育和规划建设100个左右产业特色鲜明、体制机制灵活、人文气息浓厚、生态环境优美、多种功能叠加的特色小镇。

根据《指导意见》，特色小镇产业定位着力聚焦信息经济、环保、健康、旅游、时尚、金融、高端装备制造等支撑浙江省未来发展的七大产业，兼顾茶叶、丝绸、黄酒、中药、青瓷、木雕、根雕、石雕、文房等历史经典产业，坚持产业、文化、旅游“三位一体”和生产、生活、生态融合发展。

《指导意见》明确了特色小镇规划面积一般控制在3平方公里左右，建设面积一般控制在1平方公里左右，原则上3年完成固定资产投资50亿元，所有特色小镇都要建设成为3A级以上景区。采用“政府引导、企业主体、市场化运作”的方式，由企业为主推进项目建设，加强政府引导和服务保障。

在浙江，一批特色小镇以产业“特而强”、功能“聚而合”、形态“小而美”、机制“新而活”的气质，成为实现创新创业者梦想、加快供给侧结构性改革、促进产业转型升级、培育经济新动能、建设服务型政府的新平台。

在2016年开展的国务院第三次大督查中，浙江推进“特色小镇”建设，被认为是引领经济社会创新发展战略典型经验做法。

纵观浙江省特色小镇，其主要体现为“特色产业聚集、功能复合叠加”。

1. 特色小镇崛起

号称“世界袜都”的浙江诸暨大唐镇，年产袜子占全世界70%以上。通过提高门槛做“减法”，大唐镇把无证照，高耗能，有安全隐患的企业关停并转，通过“袜艺小镇”做“加法”，引导企业向科技研发端、时尚设计端和营销零售端发展。

以“块状经济”见长的浙江各地，曾遭遇转型巨大压力。升级转型的前景在哪里？浙江创建特色小镇的提出，是化解“成长烦恼”的新招，各地市县纷纷谋划、争相创建。

去陌生的城市旅行需要电子地图导航，采矿时需要定位和检测金属含量，不用挖开地面，就像做“B超”轻而易举地检查地下污水管网是否“健康”……如今，这些“高大上”的地理信息技术应用，在浙北小城德清就能实现。

位于嘉兴市嘉善县的巧克力甜蜜小镇弥漫着巧克力味，因由歌斐颂巧克力工厂的“工业+旅游”实践，一个集巧克力生产、体验、制作、旅游、餐饮一体的产业逐渐形成。预计2016和2017两年小镇巧克力产业将实现18亿元产值，旅游人次达到100万人，带动消费2亿元。

2. 传承升级创新

为发挥“小镇经济”的牵引作用，浙江省计划创建130个省级特色小镇，一些小镇已经投入运行。这些小镇正从对接“互联网+”承接创业创新、搭建制造业升级平台、更新理念传承历史经典产业三个方面带领区域经济社会发展。

杭州梦想小镇规划面积3平方公里，锁定互联网创业和天使基金两大产业，致力成为世界级的互联网创业高地。截至目前，小镇入驻创业项目500余个，活跃着4000多名创业者。

玉皇山南的基金小镇、富春江畔的富春硅谷小镇……浙江不少特色小镇一开始就瞄准互联网+云计算等产业高端，以其产业独特、服务优质吸引创客集聚，让涌动的众创项目落地生根。

一批脱胎于块状经济抢占优势产业中高端的制造业小镇在浙江出现。海宁的皮革小镇、桐乡的针织小镇、黄岩的模具小镇等，都是立足于当地的优势产业，在新的平台上引入代表产业高端的研发、设计、时尚等高附加值的产业环节，改变原有块状经济重生产轻设计、重数量轻品质、重代工轻品牌的状况。

3. 促进投资增长

经由特色小镇创建，还能带动有效投资增长、促进城乡一体化、推动改革创新迈向纵深等多项“溢出效应”。

“促进投资增长，一定要调动企业的积极性，特色小镇的蓝图一提出来，企业就找上门来了。”浙江省在政府引导、市场主导的理念下，以创建省级特色小镇3年内累计投资不少于50亿元算，仅此一项就能拉动五千亿元的投资，加上各市各县自主创建，拉动投资将超过一万亿元。

笔者在梦想小镇、云栖小镇、袜艺小镇、青瓷小镇等地走访发现，这些小镇大多建在城郊接合处，不光产业层次高、人才集聚多，而且景色优美、环境宜人，具有产城融合、带动城乡一体的良好基础。

建设好特色小镇，政府思路清晰，最要紧的就是要做好“制度供给”。浙江各级政府在规划引导、设施配套、公共服务、环境保护、制度供给上发力，深化“放管服”改革，降低行政成本、提高行政效率，营造更加公平开放的市场环境。

4. 优化生产布局

发轫于浙江，特色小镇走向全国：上海、江苏、山东、云南……到底是什么魅力，使得它备受青睐？

浙江启动建设特色小镇以来，共有两批78个小镇被列入创建名单，第三批名单已在酝酿中。统计数据显示，首批特色小镇自2015年创建至去年三季度，完成固定资产投资额（不含商品住宅和商业综合体项目）851亿元，平均每个特色小镇23亿元。

无疑，特色小镇是投资新高地。能让资本“长着眼睛”投向特色小镇，产业是核心因素。小镇按产业特色可以分两类：一类是以宁海智能汽车小镇、黄岩智能模具小镇等为代表的制造业小镇；另一类是以杭州玉皇山南基金小镇、梦想小镇等为代表的第三产业小镇。

杭州玉皇山南基金小镇，由2008年成立的玉皇山南国际创意金融产业园演化而来。当时，为给园中的文创企业找到融资渠道，政府有意识地引进了一批投资基金公司，没想到形成了创投产业，引得海内外金融机构纷至沓来。

破解空间资源约束，优化生产力布局，浙江一直没有停下创新的脚步。从块状经济、县域经济，到工业区、开发区，再到集聚区、科技城……如今的特色小镇作为供给侧结构性改革的试验场、新地标，在破解资源要素瓶颈、有效供给不足、高端要素聚合难等方面，开辟了新天地，培育了新的增长点。

5. 产、城、人、文一体

一位特色小镇“镇长”曾深有感触：过去产业园多数只是在拼土地政策优惠，比较容易复制，一旦相关优惠条件被消化，企业很容易转移阵地。而特色小镇强调生产、生活、生态融合，做深做透就会有较高黏度，企业不会轻易离开。

“这也是特色小镇和工业园区主要的区别之一，特色小镇强调的是产、城、人、文一体。”

多个小镇的管理者都说到同一个话题：第一代创业者只求能创业，可以“白天当老板、晚上睡地板”；新一代创业者，不但需要事业舞台，还要能满足他们在文化和精神层面的需求，这也是浙江要求所有特色小镇都要建成3A级以上景区的原因之一。

小而美，产业和风景相结合，浙江特色小镇未来的全貌，就是产业加文化加旅游。清晰的人文历史，传统的建筑和文化符号无处不见又极富现代气息，给特色小镇带来了鲜明的个性和鲜活的灵魂。

在推进特色小镇创建中，既有大拆大建，又有修旧如旧。从小镇功能定位出发，传统与现代、历史与时尚、自然与人文完美结合。龙泉青瓷小镇建筑低密度、低容积率，“味道”十分独特，引来4位重量级工艺大师，设立了46个创作工作室。

既尊重旧城区的街道肌理，又兼顾新产业的特色，特色小镇不仅带动了产业和就业的发展，还打出了人文牌，发展了旅游业，拓展了发展空间。

6. 政府规划引导

十店成市。小镇里的“店”，政府怎样引导和规范才能使它们成为繁荣之“市”？

有形之手，做好引导和规范。云栖小镇，前身是杭州市西湖区转塘镇的一个工业园区，后来是科技经济园区，2014年政府提出建设云栖小镇的思路。“从工业园区转型成科技经济园区时我们就清退了30多家企业，从科技经济园区转型成云栖小镇，我们又把一些单纯制造类科技企业请了出去。”杭州转塘科技经济园区管委会主任吕钢锋说。

在特色小镇，政府、企业和社会三者关系清晰，张弛有度：在市场主体登记制度上，政府放宽企业的核定条件，把准入门槛降低。在公共服务上，政府部门在小镇内开设服务机构，企业足不出镇就能办理各种事务。

放水养鱼，搭台唱戏，小镇的溢出效应明显。梦想小镇启用仅半年时间，就吸引了400多个互联网创业团队、4400多名年轻创业者落户，300多亿元风投基金蜂拥而至，形成了完整的互联网创业生态圈。

特色小镇在考核评价制度上，不是给个牌子就算大功告成，所有特色小镇都只是作为“创建”对象，如果后续考核不通过，就会被降格、警告。2014年浙江公布首批37个省级特色小镇创建对象2015年度考核结果，其中未完成既定目标的3个小镇被警告处理、1个被降格。

跳出旧体制，打造新载体，特色小镇不但承载了经济新转型，更体现了改革新探索。

【评述】

2017年全国两会上，“特色小城镇”首次写入政府工作报告。从浙江起步的特色小镇，又一次引起全国众多关注。

不求大、但求专；不求多、但求精；不求全、但求特。坚持以“八八战略”为总纲，在引领经济发展新常态中，浙江把建设特色小镇作为推进供给侧结构性改革的新路径，为企业搭建新平台，为新型城镇化提供新样板。一个个产业特色鲜明、人文气息浓厚、生态环境优美的特色小镇，如同漫天繁星闪耀在浙江大地，改变着浙江经济社会的发展格局。

二、江苏：小镇新版，“苏南模式”

出台文件：《关于培育创建江苏特色小镇的指导意见》

培育建设：100个重点中心镇，100个特色小镇，50个特色旅游小镇

工作特色：出台文件时全国居第二，到2015年年底，培育小镇数量最大

2016年，江苏省政府印发《关于培育创建江苏特色小镇的指导意见》，文件要求加快培育创建一批具有江苏特点的特色小镇。

这是在浙江大力推动特色小镇建设的原浙江省长李强调任江苏省委书记后，江苏首次公布特色小镇创建实施方案。

2015年底江苏省提出计划，通过“十三五”的努力，加大重点镇和特色镇的培育力度，到2020年全省形成100个左右富有活力的重点中心镇和100个左右地域特色鲜明的特色镇。

江苏省旅游局正式启动全省特色旅游小镇申报工作。建设目标是到“十三五”末，全省培育50个特色旅游小镇。

1. “特色小镇”倡导者李强的梦想与情怀

一句“小镇故事多”，曾是李强对特色小镇的精炼描绘，也是他本人与特色小镇缘分最好的注解。

李强与特色小镇缘分颇深，2014年10月，时任浙江省长的李强在参观完云栖小镇的梦想大道后高兴地感慨：“让杭州多一个美丽的特色小镇，天上多飘几朵创新‘彩云’。”

这是他首次提出了特色小镇的概念，特色小镇也至此诞生。

李强对特色小镇还有着深刻的解读，并多次撰文发表。他曾在撰写的《特色小镇是浙江创新发展的战略选择》一文中这样形容：“这些创建中的特色小镇既是一个个产业创新升级的发动机，又是一个个开放共享的众创空间；既集聚了人才、资本、技术等高端要素，又能让这些要素充分协调，在适宜居住的空间里产生化学反应，释放创新动能……”

让创业空间变成梦想与情怀的承载地，李强这份独具新意的“造镇计划”引起了中央财经领导小组办公室的关注，并提出要积极推广特色小镇的发展模式，鼓励各地学习。

随后，与浙江一衣带水，同样高度重视经济转型升级的江苏、上海等地最先站到了特色小镇“风口”上。

2015年底，江苏提出要通过“十三五”的努力，打造100个左右特色小镇。

2016年10月，住建部公布首批127个中国特色小镇名单，江苏省有7个特色小镇入选，分别是：苏州吴江区震泽镇、无锡宜兴市丁蜀镇、苏州吴中区甪直镇、盐城东台市安丰镇、南京高淳区桠溪镇、泰州姜堰区溱潼镇和徐州邳州市碾庄镇。在数量上位居榜单第二，特色小镇已然成为江苏各地各领域都热切关注的话题。

在李强任职江苏省委书记半年多时间里，他与特色小镇的缘分一直在延续着。

2016年12月23日、24日江苏省经济工作会议在南京召开，作为“特色小镇”倡导者的李强到江苏任职省委书记半年多以来，第一次公开谈论特色小镇。

日前，江苏省政府又印发《关于培育创建江苏特色小镇的指导意见》。一时间，“特色小镇”在江苏大地备受热议和关注。

2. 江苏特色小镇不甘人后

江苏特色小镇合理界定人口、资源、环境承载力，严格划定小镇边界，规划面积一般控制在3平方公里左右，建设用地面积1平方公里左右。同时牢固树立“绿水青山就是金山银山”的发展理念，保护特色景观资源，构建生态网络，彰显生态特色，基本达到生态小镇要求，实现绿色低碳循环发展。严格控制开发强度，着力提高开发水平，把节能、节地等理念贯穿特色小镇整个建设过程，推动生态保护与小镇发展互促共融。特色小镇原则上要按3A级以上景区服务功能标准规划建设，旅游风情小镇原则上要按5A级景区服务功能标准规划建设。

3. 哪些产业值得苏商关注

江苏特色小镇将聚焦于高端制造、新一代信息技术、创意创业、健康养老、现代农业、历史经典等特色优势产业，或聚力打造旅游资源独特、风情韵味浓郁、自然风光秀丽的旅游风情小镇。

具体来说，江苏特色小镇要创新培育特色小镇的理念、思路和方法，防止“新瓶装旧酒”，“穿新鞋走老路”。坚持从实际出发，发掘特色优势，根据区域要素禀赋和比较优势，宜工则工，宜商则商，宜农则农，宜游则游，打造具有持续竞争力的独特产业生态，防止“千镇一面”。

建设方面，省发改委强调：

首先，要坚决走差异化道路。规划建设时要突出“特色”这一重点。

其次，要有高品质的追求。高品质不一定是花了很大的代价或是装修精美，而是设计理念、手法，包括对未来的预判、对人性的把握都要体现高品质。

再次，要有特色型产业。特色小镇发展，产业是持续造血的“心脏”。没有产业，只会成为徒有其表的空城。

最后，新技术助力。要广泛运用新技术，将大数据、智慧城市、移动互联网、云计算等手段运用到特色小镇中去，改进管理，预测市场，推动经营等。

江苏相对于浙江而言，在路径选择上更多地以现代工业、现代制造业以及现代农业等结合，让这些传统优势得到巩固发展。

还应当借助互联网等媒介，让小镇经济发展得以最大化。例如，江苏最近成功举办了世界物联网大会和世界智能制造大会，未来应当抓住这样的机会，多培育出几个不局限于区域的，具备国际影响力的特色小镇。

特色小镇首先必须是以产业为主导，产业谁来做？一定要以企业为主体。

江苏有众多优秀企业，实体经济发达，利用好特色小镇的集聚能力，再依托龙头企业带动，将优势产业进一步凝聚，提升产业的承载能力，打造出一批明星产业。

4. 投融资机制社会齐努力

为充分整合现有政策资源，支持特色小镇建设。江苏财政、国土等职能部门明确对特色小镇建设的专项支持政策。创新特色小镇建设投融资机制，激发市场主体活力，推进政府和社会资本合作，鼓励利用财政资金撬动社会资金，共同发起设立特色小镇建设基金。鼓励金融机构加大金融支持力度。支持特色小镇发行企业债券、项目收益债券、专项债券或集合债券用于公用设施项目建设。

南京市将通过要素聚合、资源整合、产城融合，把特色小镇打造成为经济增长的新引擎、创业创新的新平台、产业发展的新高地、文化传承的新载体、美丽南京的新名片。到2020年，全市将力争建成30个左右产业富有特色、文化独具韵味、生态充满魅力的市级特色小镇，并鼓励建设一批区级特色小镇。

【评述】

三十多年前的那一场改革，“苏南模式”享誉大江南北，苏锡常的崛起使得珠三角的广东都刮目相看。

李强同志的特色小镇思想在特色小镇版图里可圈可点，将特色小镇不作为行政区划单元，而当作产业发展载体，强调小镇同企业协同创新，合作共赢。

江苏在整个特色小镇建设过程中重视工农业融合，把苏商当作了特色小镇建设的主力军，根据区域要素禀赋和比较优势，注重宜工、宜农、宜商、宜游的协调发展，营造产业生态新环境。

第二节　特色小镇热点与发展领域

时至2017年7月，特色小镇从国家三部委下文到现在正好是一周年，特色小镇从江浙兴起，向中南发展，一时期湖南湖北、广东福建，再之后山东河北等地热烈响应，一个接一个省地出台文件，报出要培育50个、100个特色小镇、扶持资金100亿、200亿的。在民间特色小镇的研习班、培训课程、乃至于小镇学院接踵而来；各种称谓与形态的特色小镇如雨后春笋，即便没动工也把名称喊了出来，虽然不用注册，也怕被人抢了去；各大高校研究院所纷纷转向研究，各种研究机构林林总总；有关特色小镇的会展、博览会、高峰论坛此起彼伏；特色小镇的书报刊、网站也是天天刷新、层出不穷，一场波澜壮阔、蔚为壮丽的特色小镇浪潮席卷神州大地，一浪高过一浪。

小镇热点，人们最关注的还是发展领域，发展领域需要探索、创建、攻坚、实践。广东、福建，上一轮最改革开放走在前头，勇于探索的东南沿海的人们在特色小镇这一轮角逐中继续挺立，再建奇功。

一、广东：情满珠江，岭南篇章

出台文件：《关于加快特色小镇规划建设的实施意见》

培育建设：省级特色小镇2017年先建30个；2020年建成100个

工作特色：扶持资金充足，培育数量较多，小镇成型较快

2016年10月11日，住房城乡建设部公布了第一批中国特色小镇名单，共有127个小镇入选。其中，广东省有6镇入选“中国特色小镇”，包括佛山市顺德区北滘镇、江门市开平市赤坎镇、肇庆市高要区回龙镇、梅州市梅县区雁洋镇、河源市江东新区古竹镇、中山市古镇镇。

名单公布后，广东省发改委有关负责人即表示，广东省将以特色主导产业和经典产业为重点，打造“9+n”特色小镇新形态，包括智能制造小镇、绿能科技小镇、海洋特色产业小镇、互联网+小镇、时尚小镇、工艺小镇、文化创意小镇、生命健康小镇、旅游休闲小镇。

广东结合本地资源，初步计划在入选国家特色小镇的6镇中，赤坎、回龙、雁洋镇均以旅游为主要发展方向；北滘、古镇、古竹镇在发展当地主打产业的同时，充分调动当地旅游资源，培育和发展旅游产业。

国家培育特色小镇的目的，是为了促进有条件的镇更好地发展。由于一些体制机制的限制，不利于一些小镇参与到市场化竞争中，因此挖掘一些有潜力、有特色的小镇，通过一些产业的发展不仅可以带动经济的发展也可以吸纳小镇周边一部分农村劳动力就业。

而此前，国家发改委发展改革试点处有关负责人则更为明确地指出：“目前一些超大城市人口过于集中，出现了‘城市病’，同时居住成本也非常高，因此小城镇的发展不仅可以吸纳周边人口，居住成本也相对低，当地发挥小城镇的资源优势将这些城镇发展起来，在功能方面的作用不可替代。”

实际上，据广东省发改委透露，包括第一批6镇在内，广东省制定的目标是，2017年建成30—50个独具岭南魅力、环境优美、形态多样的省级特色小镇，到2020年建成100个左右省级特色小镇，产业发展、创新发展、吸纳就业和辐射带动能力显著提高，成为广东省新的经济增长点。

省会广州已编制了《关于加快特色小镇规划建设的实施意见》，计划先期创建30个市级特色小镇，为其提供用地扶持、资金扶持、产业扶持和人才支持。

黄浦区依据知识城、科学城和临港经济区三大板块空间布局，重点规划建设4个特色小镇：知识小镇、宜居健康小镇、海丝文化特色小镇和旅游休闲慢行小镇。

增城区打造成以岭南中医药为特色，以健康管理为模式，以温泉度假为配套的健康小镇；谋划建设新塘基金小镇、朱村科教小镇、增江街1978文化创意小镇等10个特色小镇。

从化区打造6个特色主题小镇，西塘村“童话小镇”，以“互联网+”生态旅游为主题的“莲麻小镇”，联溪村“徒步休闲小镇”，温泉镇风景区“温泉浪漫小镇”，以花为主题的西和村“风情小镇”，集桃花、美食、音乐于一体的锦洞村“桃花小镇”等。

【评述】

广东历来重视小城镇建设，特色也一直是小镇发展的依据，这一点已是不争的事实。在这一轮特色小镇的建设热潮中，广东要做的产业升级、旅游增强，充分利用岭南特有的自然环境、人文特色和一直以来的小镇风情，更好地城乡融合、南北贯通。

广东与湖南唇齿相依，广东与广西亲如兄弟，广东与海南本是一家亲，广东与福建同为东南沿海，广东与港澳血浓于水，广东经济发展一直影响中南、东南、海南、南洋，广东是整个南方经济发展的晴雨表，特色小镇同样兼有表率、标杆的作用，我们为广东特色小镇鼓劲，拭目以待它的发展。

二、福建：海上丝路，福佑东南

出台文件：《关于开展特色小镇规划建设的指导意见》

培育建设：2016年已建28个

工作特色：特色产业聚集，南洋精神浓郁，政协积极参与

特色小镇已成为中国新型城镇化和区域经济转型升级的新“风口”。福建特色小镇建设发展需进一步探索创新新路径、新模式，以“新引擎”引领新型城镇化的“特色担当”。为此，福建省政协组织委员前往厦门、漳州、泉州等地就特色小镇建设情况进行了调研也对浙江。江苏两省进行了考察，前期工作很扎实。

2016年6月福建省政府印发《关于开展特色小镇规划建设的指导意见》，要求通过3年到5年的培育创建，建成一批产业特色鲜明、体制机制灵活、人文气息浓厚、创业创新活力迸发、生态环境优美、多种功能融合的特色小镇。要求各地坚持特色为本、产业为根、精致宜居、双创载体、项目带动和企业主体，聚焦新一代信息技术、高端装备制造、节能环保、新材料、生物与新医药、海洋高新、旅游、互联网经济等新兴产业，兼顾工艺美术、纺织鞋服、茶叶、食品等传统特色产业，来规划创建特色小镇。

指导意见强调：

一是强化小镇要素保障。

优先满足特色小镇用地需求，对每个特色小镇各安排100亩用地指标，新增建设用地计划予以倾斜支持。在符合相关规划和不改变现有工业用地用途的前提下，对工矿厂房、仓储用房进行改建、扩建及利用地下空间，提高容积率的，可不再补缴土地价款差额。符合条件的建设项目优先列入省重点建设项目。

二是加大资金支持力度。

对特色小镇给予债券和贴息支持，小镇范围内符合条件的项目，优先申报国家专项建设基金和相关专项资金，优先享受省级产业转型升级等相关专项资金补助或扶持政策，优先支持向政策性银行争取长期低息的融资贷款，给予特色小镇规划设计补助，支持特色小镇生活污水处理设施和生活垃圾处理收运设施建设。

三是给予小镇人才扶持。

借鉴中关村国家自主创新示范区和我省自贸试验区做法，对特色小镇范围内的高端人才实行税收优惠和个税优惠政策，加大对高层次人才运营项目的担保支持。

四是鼓励试点改革创新。

列入省级创建名单的特色小镇，优先上报国家相关改革试点；优先实施国家和省里先行先试的相关改革试点政策；允许先行先试符合法律法规要求的改革。

2016年福建首批28个特色小镇已创建完成，其中5个入选为中国特色小镇。

特色为本，产业为魂。“特色小镇已成为加快产业转型升级的新载体、推进项目建设拉动有效投资的新引擎、推进供给侧结构性改革的新实践、促进城镇化的新模式、展示地方形象的新窗口。”调研组建议，特色小镇非镇非区，应结合当地自然禀赋，注重要素聚合，做到无“特”不成镇，各级政府也应主动推进，尤其是小镇初创期，要着力推进政府主导和运营主体相结合，资源和资本相结合，强化特色小镇创建工作联系协调机制，推出精品示范，加大宣传力度。

一路走来，特色小镇带来的阵阵“清新”之风，寄寓着希望，孕育着生机。在调研组看来，在创新路上先行先试、大步前行的特色小镇，一定能让“中国的明天”从中汲取更多智慧和信心。调研组为此建议，建立健全激励和惩处机制，加强项目评估和绩效考核；要规划先行，把特色小镇打造成生态、生活、生产融合，宜业、宜居、宜游的地方；引进知名国企、央企和实力雄厚的民企参与，推进市场化运作；要整合要素配套，打通产业链、创新链、人才链，引进高端人才、开发新产品，成立发展基金，努力推进特色小镇培育和创建。

【评述】

福建，在特色小镇建设中既有江浙沪东进序曲般的先知先觉；又两湖两广的文化自觉。福建注重调研，四处学习，制定了本省特色小镇迅速发展的大政方针：强化要素保障，满足用地需求；加大资金支持，提供整套扶持；给予人才担保与税收优惠；鼓励改革创新，允许先行先试。

正是这一系列政策与措施使得特色小镇这个新生事物在东南大地福建得以迅速发展、蓬勃兴起。

第三节　特色小镇现状之发展特征

特色小镇有许多版本，既有过去的城乡结合部、城中村、旧工厂成片改造，又有社区小城镇、大企业生活区等等；新兴的还有大学城、科技园区、公路集镇、自驾游宿营地、主题公园、影视城等等；最新的，房地产楼盘社区、水库、林场、高速公路服务区、高铁车站都是小镇的来源、资源。因此，特色小镇建设房源充足、资源丰富，我们要做的是内容创作、主题植入，当然还有机制体制、运营管理。

在现状与发展这个话题上，我们挑选湖南湖北这两个敢为人先的楚国之地。

一、湖南：惟楚有材，敢为人先

湖南，中部偏南，京广线贯通，又有湘北北去、洞庭环绕，三湘四水，山清水秀、物产丰富、交通便利、民风淳朴，名人故里，无不是艺术小镇、乡村旅游，私人庄园最好的培育地。

2016年7月，住建部等三部委发布《关于开展特色小镇培育工作的通知》，湖南省五个特色小镇入选国家首批特色小镇名单，即长沙市浏阳市大瑶镇、邵阳市邵东县廉桥镇、郴州市汝城县热水镇、娄底市双峰县荷叶镇、湘西土家族苗族自治州花垣县边城镇。毫无疑问，特色小镇建设作为新常态下区域经济转型升级的一种新现象和供给侧结构性改革的重大战略举措正被越来越多的目光所关注。

且从理论研究与全省规划这两个角度看湖南特色小镇理论建设与科学规划。

1. 特色小镇理论研究

湖南省注重理论研究，以下便是湖南师大旅游学院唐健雄教授对湖南特色小镇的预估：

第一，特色小镇建设有利于增强区域有效供给能力。

特别是在经济新常态下，供求格局发生逆转，区域供给能力成为影响区域经济增长的决定性因素。而特色小镇作为创新导向的产业组织形式，可以从两个方面提升有效供给能力，一方面通过资本、技术、人才等各类高端要素的集聚，支撑新产品、新模式、新业态的创新，形成以创新导向的新兴产业或具有人文底蕴的经典产业集群，同时在产业、文化、旅游和生产、生活、生态的高度融合中创新供给方式，加快区域产业转型升级；另一方面则是结合特色产业生态位的构筑，通过市场机制淘汰或迁移一部分难以适应环境变化的“旧”产业，为特色产业腾挪出新的发展空间，进一步增强区域发展内生动力。通过这“一增一减”的过程，实现区域有效供给能力的提升。

第二，特色小镇建设有利于提升全要素生产率。

全要素生产率是刻画技术进步对经济增长贡献的重要指标，是影响区域竞争力和可持续发展的最核心因素，也是供给侧结构性改革的重要导向。特色小镇注重创新导向，注重人才、科技、资本、信息等高端要素集聚，注重挖掘历史人文等各类要素资源的潜力，相比传统产业集聚，其发展模式更多显示出“内涵式”特征，进而助推区域经济增长动力结构的转换。同时，作为一种现代产业空间组织形式，特色小镇还蕴含着制度创新、组织创新的成分，可以不断优化要素投入结构和投入方式，营造能够实现持续推动创新创业的发展环境，实现以特色化、专业化和创新驱动全面提升要素资源的配置效率和产品价值。

第三，特色小镇建设有利于优化区域产业生态系统。

区域产业生态系统的活力和可持续性都源于其内部的创新能力，特别是在外部市场环境发生显著变化的情况下，其创新能力决定了区域产业能否通过“应激反应”，有效调整对外部市场的适应性，从而为进一步提升有效供给能力提供要素、制度、技术等多重保障。特色小镇作为融创新链和产业链于一体的特色产业集群，有别于传统行政单元和产业园区，它对外与全球创新网络相连接，可以把最新的产业创新信息、新业态、新的商业模式甚至创新人才导入到本区域来；对内可以通过协同推进特色产业创新战略联盟和区域创新体系建设，不断完善区域内市场主体的创新合作交流机制，促进区域内创新资源、信息和成果等互通共享，形成紧密精细的区域创新网络。从这个意义上说，特色小镇能够推动区域创新能力的凝聚，成为区域产业生态系统的创新增长极。

（作者：唐健雄、杨宇超；唐健雄系湖南师范大学旅游学院、湖南省旅游研究院教授、博士，杨宇超系湖南师范大学旅游学院硕士研究生）

2. 特色小镇湖南省规划

湖南省住房和城乡建设事业“十三五”规划出炉，将培育百个特色小镇。

《湖南省住房和城乡建设事业第十三个五年规划纲要》（以下简称《规划》）近日正式出台。根据《规划》，“十三五”期间，湖南将累计完成121.89万户棚户区改造和180万户农村危房改造工作，培育100个左右各具特色、富有活力的特色小镇，全省常住人口城镇化率将从“十二五”末的50.89%，提升至2020年底的58%左右，促进一批农业转移人口落户城镇，引导一批农村人口就地城镇化。

根据《规划》，“十三五”期间，湖南将以人的城镇化为核心，至2020年底，全省常住人口城镇化率和户籍人口城镇化率分别达到58%和40%左右，推动形成“一核三极四带多点”的发展格局。

特色小镇建设是“十三五”期间湖南住建一项重要工作。根据部署，湖南将按照突出重点、彰显特色、引领示范的原则，以多样化、专业化和特色化为方向，推进县域中心镇和次中心镇提质扩容；推进省际边界口子镇建设，着力培育一批工业强镇、商贸重镇、旅游名镇等专业特色镇。

针对日益严重的房屋空置问题，《规划》指出，将因地制宜、客观科学地确定县级市、县城的规划人口规模和建设用地规模，严格把握中心城区增长边界，切实防止出现“空城”现象。

【评述】

“惟楚有材”一直作为湖南人的座右铭、鞭策语，在特色小镇建设方面湖南注重理论研究与科学规划，建设方面自然也是风生水起。

张家界小镇林立，山前山后、市区景区处处都是小镇；湘潭，名人故里，韶山冲、白石镇是毛主席故乡、齐白石故里，还有彭德怀开国元帅、曾国藩清军首领，他们的家乡也是人杰地灵，小镇洞开；以沈从文《边城》小说做边城小镇；翻阅历史把铜官小镇说成了海上丝路陶器的源发地；长沙县2016年一个国际乡村旅游大会获得了一两百个亿的小镇投资。湖南安化县江南镇运用茶马古道大做文章，从云南返回安化的企业家王志伟凭一己之力，为家乡添美；长沙明月湖正在北京规划专家帮助下建设全国第一个特色小镇建设建材示范基地。湖南特色小镇好多都是策划有加，笔底生花，从山窝窝飞出来的。

二、湖北：长江文化，小镇新篇

出台文件：《关于加快特色小（城）镇规划建设的指导意见》

培育数量：2016年打造了20个，项目库中备有192个小镇

工作特色：千姿百态，竞相开放

湖北，与湖南共饮一江水，同属古楚地，连武汉和长沙的城市口号都包含有“敢为人先”一句，太多的一致却也有着诸多的不同。如果说湖南小镇重名人，讲文化的话，湖北小镇更重产业、讲时尚。

湖北省特色小（城）镇建设对接活动在武汉举行时，现场亮相的67个特色小镇，有一个共同的目标——角逐首批省级特色小镇的20个创建名额。

贡茶小镇、松石小镇、机器人小镇、赛车小镇、硅谷小镇、白酒小镇、葡萄小镇、多肉艺术小镇、禅修小镇……对接活动上，67个小镇的展板一字排开，展位前人头攒动。

生态小镇、旅游小镇、农业小镇时特色小镇的主要业态，同类型的特色小镇占比并不少。在路演环节，不少小镇或是力推当地农产品，或是围绕一个景点做文章。恩施地区以硒矿做富硒小镇更是引来全国硒产业人才与客商。

1. 特色小镇靠创意提挡升级

在湖北省住建厅村镇建设处处长万应荣看来，特色小镇既不是行政区划单元上的“镇”，也不是产业园区的“区”，更不是单纯的“大工厂”，而是一个新的经济体，是一个创业创新的平台，是各类资源要素集聚的平台。

2. 特色小镇要兼具公共属性

特色小镇是经济新常态下发展模式的新探索，是对新型城镇化的有力推动。2016年，住建部、发改委、财政部联合发布《关于开展特色小镇培育工作的通知》，提出到2020年，全国将培育1000个左右各具特色、富有活力的特色小镇。《通知》发布后，全国多地积极响应，一时之间，打造特色小镇的计划如雨后春笋般发展起来。

然而，在各地政府和企业热情高涨、一拥而上的同时，发展思路不清晰、定位不准确、特色小镇没特色等问题，逐渐成为发展“小城镇、大梦想”战略首先需要破解的难题。

据了解，此次申报首批省级特色小镇的67个特色小镇，大多集中在旅游、生态农业等领域。而在湖北省相关部门建立的特色小镇项目库中，一共192个项目，其中一半都是以旅游为主要产业的特色小镇。

3. 特色小镇怎样避免千篇一律

对此，湖北省住建厅相关人士提醒说，建设过程中要注意防止千镇一面，要差异化地发展，不能大拆大建，搞特色小镇不是把过去的产业基础推倒重来，不能搞成单纯的房地产开发，特色小镇建设必须要以产业尤其是特色产业为核心。

4. 每个特色小镇投资20亿元

据介绍，湖北出台的《关于加快特色小（城）镇规划建设的指导意见》已经明确，新建的每一个特色小镇，3年内要完成固定资产投资20亿元（不含商品住宅和商业综合体项目），其中特色产业投资占比不低于70%。同时，为防止千镇一面，突出产业特色和风貌特色，在特色小镇创建中将坚持“宽进严定”原则，达不到标准，不能成为特色小镇。此外，湖北将对特色小镇进行动态管理，年度考核如果连续两年不达标，小镇就得摘去“特色”的帽子。

【评述】

笔者到过武汉木兰镇、咸宁温泉镇、襄阳卧龙镇……所到之地小镇都很有形象，游客如织；更多的小镇都在积极建设中，襄阳的东津古镇有几十倍于它体量的现代建筑已经形成，很是有日本京都那种现代与传统对话的阵势。

稍有遗憾的只是感觉到当地人对小镇参与不够，不像江浙、广东特色小镇人人关心，不少人已将特色小镇作为一种生活方式。

湖北人杰地灵、风景优美，交通便利、文化多元，特色小镇可以大力发展，宜居宜产宜商宜游，其小镇储备充裕，鹤立鸡群指日可待。

第四节　特色小镇模板和新城新区

特色小镇正在中国辽阔的版图上建设，中央各部委、地方各省市你追我我赶，争先恐后，建设数量在数千家之多，尽管特色小镇要讲特色，然而模板样板是不可缺少的，特色小镇往大分类有宜居、宜产、宜商、宜游；大分类宜居又可分小城镇、养老、第三居所；第三居所又可以有私人农庄、共享酒店、乡间民宿，这样从上至下三三得九，九九八十一，特色小镇需要上百种模板。

新城新区在河北京津冀一带十分突显，北京的中关村、通州、新机场，天津的滨海新城与武清，张家口的冬奥城，新命名的雄安，到处都是新城新区。新建的新城新区都不会贪大求洋，而是各具特色、自成一体，之后靠交通的优势、汇聚的力量形成卫星城、小镇群。在这个板块、区域中，特色小镇仍然是先锋队、主力军。

一、京津冀协同发展，河北率先

出台文件：2016年8月《关于建设特色小镇的指导意见》

培育数量：3至5年100个省级小镇；80个旅游小镇

工作特色：京津冀一体化，既有动力又有压力

中共河北省委河北省人民政府出台《关于建设特色小镇的指导意见》。力争通过3至5年的努力，培育建设100个产业特色鲜明、人文气息浓厚、生态环境优美、多功能叠加融合、体制机制灵活的特色小镇，京津冀发展，主动在河北。

河北的做法不同于住建部，而是：

①特色小镇既不是行政区划的“镇”，也不是“区”；

②建设用地面积1平方公里左右，聚集人口1万至3万人 ；

③按照3A级以上景区标准建设；

④要有明确产业定位；

⑤每个小镇投资20亿元以上；

⑥引进人才，创新特色产业。

集聚高端要素，根据产业定位量身订制政策，打造创新创业平台，吸引企业高管、科技创业者、留学归国人员等创新人才，引进新技术，开发新产品，做大做强特色产业。建设特色小镇公共服务APP，提供创业服务、商务商贸、文化展示等综合功能。

2016年8月，河北省出台《关于建设特色小镇的指导意见》，指出特色小镇是具有明确产业定位、科技元素、文化内涵、生态特色、旅游业态和一定社区功能的发展空间平台，要培育建设100个产业特色鲜明、人文气息浓厚、生态环境优美、多功能叠加融合、体制机制灵活的特色小镇。

1. 特色小镇避免千镇一面

1月8日，由国家发改委联合多家单位共同组织实施的“千企千镇工程”举行了启动仪式，特色小镇的建设步伐进一步加快。

“从理论上来讲，特色小镇的发展对于中国城镇化建设有正面和积极的影响，这是中国城镇化建设过程中必须要考虑的。”国家行政学院生态文明研究中心主任张孝德在接受本报采访时这样说。

近年来，围绕特色小镇的开发建设，许多地方大力发展旅游产业，以此为龙头带动人流、资金流向特色小镇汇聚。旅游并不是核心目的，但拥有一定的旅游功能作支撑，小镇会更有生命力。山水风光、地形地貌、风俗风味、古村古居、人文历史等都是旅游题材。

此外，旅游项目选择要考虑对接区域需求，尤其大城市周边，考虑外溢的功能需求；旅游产品选择要考虑弥补气候条件等因素，考虑夜色经济，全季节旅游，注重上一些吸引人的项目；特色小镇要注重人气和活力，旅游本身不是目的，要聚集一定的人口，给小镇带来持续的发展动力，避免建空壳式小镇。

2. 特色小镇具有“独特气质”

河北人文历史、风景名胜资源巨大，在京津冀协同发展重大国家战略和新型城镇化政策指导下，发展休闲度假旅游，开展强力打造我省环京津风情小镇工作，将是化解京津冀协同难题，提升新型城镇化水平的着力点和突破口。

据了解，到2020年末，省会将建成西柏坡红色旅游小镇、温塘温泉度假小镇、嶂石岩红石小镇、漫山茶韵小镇、西部长青度假小镇、国御温泉度假小镇、北冶乡历史文化小镇、周家庄田园小镇、栾城航空小镇、新乐动漫文化小镇等十个特色旅游小镇，为海内外游客提供旅游新体验。

3. 作为旅游中心城市的石家庄

适应京津冀协同发展战略新要求，以主城区为依托，以正定、滹沱河、鹿泉西部山区等为重点，通过旅游吸引物的打造、服务体系的构建与集散中心的完善，推动省会向“国际化、休闲化、多功能”转变，将石家庄打造成为京津冀旅游第三极。

构建旅游中心城市，以全域休闲、全域服务为理念，深入挖掘城市文化内涵与历史遗存，融合现代新型资源业态，打造“正定古城、滹沱印象、百年石门、鹿泉慢城、通航基地、都市桃源、淘乐国际”七大城市旅游品牌，形成城市旅游核心吸引力。

构建服务中心城市，对城市公共服务设施进行全面完善提升，提高住宿接待能力、培育地方特色餐饮、丰富休闲娱乐活动、提升旅游购物品质，满足游客旅游、度假、休疗、商务、考察、会议等需求。

构建集散中心城市，打造石家庄正定国际机场为区域航空枢纽机场，依托高速铁路网络，打造区域高铁旅游集散中心，使石家庄成为京津冀和中原经济区北部旅游线路的首选落脚点，京津冀世界旅游目的地与中原经济圈的新门户、新口岸。

4. 河北80个旅游特色小镇

日前，河北省政府印发了《河北省旅游业“十三五”发展规划》。规划列出未来河北重点打造的80个旅游特色小镇名单，以及对河北11地市旅游做出的全新的定位。

以打造国际奥运城市为指导，建设一批冰雪运动基地与温泉度假小镇，积极发展滑雪、温泉、自驾车、低空飞行等运动休闲项目，打造世界冰雪运动休闲中心。

同时，依托“长城、泥河湾、三祖文化”等资源，打造“长城绝美军事古堡”“东方人类从这里走来”“中华文明起源地”等独有的文化品牌，吸引国际客源市场。

完善城市旅游服务设施，开发文化博览、商业购物、体验娱乐等文化休闲旅游产品，创建人文旅游示范基地，形成以皇家园林艺术展示、旅游演艺、御膳、主题休闲为主的皇家文化休闲区。

抓好秦皇岛国家现代服务业综合改革试点和国家旅游综合改革试验区建设，将山、海、长城、历史文化与城市融合为一体，积极发展滨海度假、健康养老、文化创意、邮轮游艇、海洋运动、葡萄酒庄、创意农业等新业态，打造国际滨海度假旅游名城。

深挖京畿文化内涵，促进文化产品的联动开发。提升城市建设、旅游休闲与接待集散水平，以承接首都休闲度假、商贸会议、养生养老功能为重点，以白洋淀科技新城为重要承接地，发展度假地产、养老养生、文化体验、商贸购物、工业旅游等，打造成为京津冀旅游协同发展典范城市。

廊坊依托优越的区位条件，以商务客源、家庭客源为主体，在商务会展的基础上做足休闲娱乐文章，学习借鉴迪斯尼乐园、环球影城、宋城的发展模式，通过资本运作、文化创意和引入科技手段，谋划国际性休闲娱乐项目，建成与京津同城效应突出的复合型商务休闲城市。

唐山是近代工业文明的摇篮，利用工业遗产，注入旅游、休闲、商贸、艺术、会展等新概念，开发工业博物馆、工业遗产创意园、主题酒店等旅游产品，建成集工业遗产观光、城市生态休闲、工艺品博览、工业文化体验为一体的工业文化旅游名城。

沧州武术城、大运河旅游观光带等重点项目建设，开发武术文化演艺、武术竞赛、学术交流、武术博览等产品，复原运河风情街区、水系码头等景观，打造中国运河武术文化名城。

衡水湖生态保护和修复，深度开发观鸟摄影、湿地科普、体育赛事、滨湖度假等特色旅游产品，加快创建国家5A级旅游景区和国家旅游度假区。统筹湖城一体化发展，加快城市景观、休闲娱乐设施、旅游服务设施和配套要素建设，树立“北方湖城”主题形象。

以开元寺—清风楼文化旅游区、皇寺古镇、郭守敬纪念馆、顺德府衙、邢东新区中央生态公园、七里河生态休闲旅游带和春田公社生态园为主要节点，开发城市休闲、文化创意、民俗体验旅游产品，建设文化休闲城。

邯郸作为战国赵都、魏晋文化、成语典故之都、太极之乡的深厚历史文化，建设中华成语典故游乐园、文化创意综合体、广府古城旅游区，打造独具特色的历史文化旅游品牌和系列产品，提升现代城市旅游要素，加强城市文化风貌和生态环境建设。强化旅游集散功能，整合周边晋冀鲁豫资源，建设文化体验、商务休闲于一体的区域热点旅游城市。

【评述】

河北，依托京津、拥有雄安，真正的天时地利。

河北，平原大地，东临渤海，西靠太行山，北含京津，南接河南，是全国地貌最丰富，旅游形态多样化最好的省份。在冀中大地把特色小镇星罗棋布，其中必将大有作为，完全有理由成为全国特色小镇示范省、样板地。

二、山东：文化引领，齐鲁渊源

出台文件：《山东省创建特色小镇实施方案》

培育数量：2020年前100个省级特色小镇

工作特色：文化突显，产能超强

2016年9月，山东省发布方案，提出到2020年创建100个左右特色小镇，打造区域经济新的增长极。在山东省“两会”期间，山东省政协建议，要打造地域产业创新谷，支撑山东特色小镇建设。

早在2012年，山东省委、省政府确定实施“百镇建设示范行动”。出台了《山东省人民政府关于开展“百镇建设示范行动”加快推进小城镇建设和发展的意见》，在实施扩权强镇、保障发展用地、适度扩大财权、加强资金扶持、优化机构设置等七个方面制定了创新性的优惠政策。

委托给示范镇的行政许可和审批事项，一律进入镇便民服务中心，实行“一站式服务”。

在“十二五”期间省里每年为100个示范镇安排不少于5000亩的新增建设用地计划指标，直接单列下达。

省里每年安排10亿元的示范镇建设专项资金。

1. 地域产业创新路

近期，2017年山东两会正在如火如荼地进行之中，热点、亮点不断涌现。山东省政协委员高玲提案中的“打造地域产业创新谷支撑山东特色小镇建设”，就引发了场内场外的热烈反响。

基于现实考量，山东建设特色小镇，存在起步晚、资源挖掘不足、产业引领不突出等客观问题，一定程度上制约着山东经济转型升级的步伐。但办法总比困难多，打造地域产业创新谷，就成为支撑特色小镇的关键所在。借助于“地域产业创新谷”模式，可以推动先进技术的发明和应用，有利于做强地域特色产业，继而实现特色小镇产业、文化、旅游和社区四大功能的融合。可以说，这为整合优化区域内存量资源，拉动区域聚集发展开出了一剂良方。

翻开山东省会城市济南的地图，长清崮云湖是中国创新谷所在地，承东启西、连南接北。以创新谷为圆心，半径500公里“半日经济圈”范围内辐射3亿人口，半径1000公里的“一日经济圈”范围内集中了全国近1/3的人口和1/3的经济总量，承接京沪两大经济圈产业转移和创新资源辐射。依托于创新谷的独到优势，创建特色小镇是时代给予的宝贵机遇，当成为引领山东经济转型升级的重头工程。

2. 政策和业绩并重

山东两会报告中提出，要进一步加大供给侧结构性改革力度，加快产业结构调整和增长方式转变。这就要求以科学创新、产业创新、管理创新，做大做强工业经济转型升级。事实上，山东发展也没有停留在口号上，而是拿出了实实在在的政策和实绩说话。

3. 特而强与精而美

《山东省创建特色小镇实施方案》。提出到2020年，山东将创建100个左右产业上“特而强”、机制上“新而活”、功能上“聚而合”、形态上“精而美”的特色小镇。也是从这一年起，省级统筹城镇化建设等资金，积极支持特色小镇创建。仅截至2014年初，创新谷已洽谈企业200余家，有投资意向的108家，已签约8个重点项目，总投资额达142亿元。这些数字背后，是山东建设特色小镇的坚定决心和信心，是对品牌山东、质量山东，效益山东的最好实践。

4. 打造高地与福地

“特色小镇重在‘特’，‘特’很重要的表现就在于各地不同的产业特色，而地域产业创新谷集中反映每个地区的产业特色。”依托本区域现有产业优势、建立地域产业创新谷，是避免产业雷同、千镇一面的核心所在。对于各地地域产业创新谷进展情况，仍需纳入新型城镇化考核。建立考核指标体系和评价制度，对产业雷同、技术落后、发展乏力的地域产业创新谷，坚决剔除特色小镇行列。从规划到落实，从落实到成效，这是一个完美的闭环。依托于地域产业创新谷，让上百个特色小镇成为创新创业高地、产业投资洼地、休闲养生福地、观光旅游胜地，既可以保证特色小镇的“特”，又可以打造区域经济新的增长极，这必然将为山东发展增添新的强大动力。

【评述】

山东旅游一直走在全国前列，小城镇建设也卓有成效。这一次特色小镇打造的重点放在产业上，要求既要是地域产业，又要求创新，以至于把省会济南创新谷叫做地域产业创新谷。

山东依山傍海、连接京沪，处在华北、东北、华东三大经济板块之中，特色小镇基础好、实力强，必将稳如泰山，茁壮成长。

第五节　小结

特色小镇千帆竞发，新一轮社会经济大潮。

本报告选择东南沿海、中部地区与北方偏东区域，形成浙江、江苏；广东、福建的东南板块；湖南、湖北的中南板块；河北、山东的北方板块，并比照各地域特色小镇兴起、建设并逐步转入运营的态势，观察到各地特色小镇在政府意志、产业转型、文化渗透、民众向往各领域的创新或差异。

携裹着小城镇建设、农业林业产业化、美丽乡村、全域旅游、生态环境保护、对口精准扶贫等多种使命和职能的特色小镇之舟，张起风帆就出发了，在还算是蓝海的海域上千帆竞发，有如新一轮社会经济大潮汹涌澎湃，在刚过去的特色小镇两年里我们尚未过多的成功经验，但从省市政府到县乡镇的齐心努力，特色小镇日新月异，我们有理由相信特色小镇方兴未艾，因此我们要勇立潮头，看好方向把好舵，驶向成功的彼岸。

第三章
中国特色小镇创新典型报告

纵观中国特色小镇，从改革开放以来，新城镇化建设、古村落保护、社会主义新农村建设一路走来，发展迅速，成绩斐然，为今天特色小镇建设奠定了良好的基础。

横向观察特色小镇区域发展，那是南方引领北方，东部带动西部，这种沿袭了三十多年的行动趋势正在发生改变，河北省借京津冀协同发展，特色小镇建设在全国不甘人后；陕西、贵州特色小镇发展迅猛，充分显示了西部的活力。

单纯站在特色小镇本身来看，特色小镇的创建培育形势十分喜人，产业植入、资本引入、文化引领、效益突出正成为特色小镇稳健发展的新动力。

本章创新典型报告紧紧围绕特色小镇创建的五个要求挖掘典型，彰显创新。

第一节　生态环境优美

九色玫瑰小镇以云南丽江发端，继而攻克四川内江，再战苏州湾吴江，以江为源，花为媒，把生态环境作为特色，作为主体，一次性完成内容和形式的植入与融合，不能不说是花开两朵，朵朵艳丽。

湖北省巴东·野三关硒谷生态小镇把富硒农作物种植、加工、生产作为产业链，使得物以“硒”为贵，引导人们“硒”以为常，创新产业，创建“硒”望的田野，生产健康的小镇。

丽江市生物资源开发创新办公室，一个从机构设置就充满创新思路的政府机构，领导着丽江人民打造花卉特色小镇，别开生面，卓有成效。

一、九色玫瑰特色小镇

在当下，全国特色小镇可谓是百花齐放，千姿百态！除了有发改委、住建部、财政部国家版1000个特色小镇以外，发改委和住建部分别还有1000家特色小镇建设指标，这3000家是国家特色小镇领航之母，花中之王！此外，农业部、林业部、水利部、国土资源部、文化部、旅游局、体育总局等都争先恐后地在开展特色小镇的培育和扶持工作。

中国特色小镇建设的主流方向，不应该是旅游，而是产业，而且是高端产业，产业集聚才是特色小镇发展之核心！

云南九色玫瑰集团小镇以玫瑰、旅游、文化、金融、酒店、温泉等为产业支撑；以玫瑰爱情主题旅游小镇开发、玫瑰生物产品研发销售、婚纱摄影基地打造、3D画文化产业园等IP集群为主题创意；以产业闭环、文化渗透为建设方针；在云南丽江、四川内江、江苏吴江不同地域、不同的城市群建设玫瑰特色小镇，集中打造的丽江九色玫瑰小镇、内江玫瑰康养小镇、苏州玫瑰婚庆小镇、走出了一条可以移植，可以复制的特色道路，在云贵高原、成都平原、长江三角洲大放异彩！

朝夕之间，四季周始，特色小镇在祖国百花园中产生绚烂夺目的创建手法，然而，有多少小镇可以花开不败？我们拭目以待。

1. 走马苏州湾婚庆玫瑰小镇

（1）苏浙沪三地中心的苏州吴江

江苏辖江临海，扼淮控湖，经济繁荣，教育发达，文化昌盛，与上海、浙江、江苏共同构成的长江三角洲城市群，苏州位于长江三角洲中部，是江苏长江经济带重要组成部分。东临上海，南接嘉兴，西抱太湖，北依长江。

苏州吴江区位于江苏省东南部，东接上海市青浦区，南连浙江省嘉兴市和桐乡市，西临太湖，北靠吴中区，东南与浙江省嘉善县毗邻，东北和昆山市接壤，西南与浙江省湖州市交界，可谓长江三角洲中心腹地，地理条件极其优越。

今天的吴江地区高速发展，境内苏嘉杭高速公路、227省道、京杭大运河纵贯南北，318国道、太浦河、沪苏浙高速公路（吴江段）横穿东西。与上海虹桥国际机场、上海浦东国际机场、苏南硕放国际机场、杭州萧山国际机场都只有一小时左右车程，全面实现1小时经济圈的辐射效应。

吴江区还是一个名副其实的"水乡泽国"。大小数百个湖泊点缀在城乡间，吴江境内河道纵横，水域面积占全区总面积的三分之一。路由桥通，家家临水，户户通舟，是一个典型的江南水乡古镇，被誉为"醇正水乡、旧时江南"。京杭大运河、太湖以及汾湖、九里湖等自然景观各具特色。

苏州计划用3年左右的时间，把吴江苏州湾打造成"东太湖百里风光带"，不仅为城市的发展及生活方式的革新创造了高度整合的商业价值，更融入生态社区、绿色商务平台和家庭公共体验等社会化功能，是长三角地区都市功能升级的引擎，更是成为面向长三角，乃至全国全世界的高端休闲度假目的地。因此在这里打造玫瑰婚庆小镇暨特色小镇综合示范区，占据人文、自然之优势，尽显特色小镇之功效，意义非常深远。

（2）玫瑰产业引领浪漫之乡、婚庆乐土

位于太湖东侧，吴江区西南侧，距苏州市中心30公里处一处以万米玫瑰大道为核心的2900亩（包括1800亩水域）玫瑰特色小镇正以花开般的速度灿烂生长。它即是云南九色玫瑰集团打造的3.0版苏州湾婚庆玫瑰小镇，集团致力于在此打造全国知名的国际玫瑰婚庆小镇，创造一个国内外高端婚庆婚宴产业平台。小镇以玫瑰为主题，重点发展婚庆产业，并举玫瑰种植、旅游度假、乡村娱乐，，建立全生态产业链，构建“一花一世界，一湖一天堂”的玫瑰花和太湖水的自然融合，体现爱情、亲情、友情的和谐发展。

玫瑰婚庆小镇紧邻苏州市吴江区横扇镇，周边居民富庶，民风淳朴。G50沪渝高速与横扇互通，距离小镇仅约3分钟车程，松桃线为连接苏州市区与浙江的重要通道，距离小镇也只有三分钟车程。小镇周边已经形成优美的自然环境与景观效应，为小镇打造提供了十分优越的先决条件。小镇四季花开，视野开阔，让人心驰神往。小镇内绿树成荫，拥有自然河道、景观园路，垂钓鱼池，宴会大厅、船舫餐厅及户外娱乐设施、滨水休憩步道等。

何为特色中西小镇？苏州湾婚庆玫瑰小镇以婚庆特色产业做表彰，本体上拓展婚纱摄影、婚宴、婚庆仪式等等婚庆全产业链，发展度假木屋、艺术酒店、湖鲜餐饮等，为新人蜜月提供一个独特的集婚庆度假为一体的玫瑰小镇。

小镇在整体布局上着眼于：

一个园——婚庆玫瑰园，一条街——缤纷花伞街

一汪湖——清新黄家湖，一个广场——爱情演绎广场

一座桥——永结同心桥，一台戏——水上舞台剧

一条路——人生四季路，一个中心——婚庆中心

一座迷宫——玫瑰魔宫，一个家——浪漫玫瑰满屋

用梦幻城堡般鲜明、特色的入口，给新人和来宾带来无与伦比的视觉震撼力，梦幻和奇特是其特色，从一开始就抓住人的心。

在玫瑰婚庆广场，一个巨大的 3D 立体画，配合四周玫瑰花形成的幕帘灯，一定能吸引大量的游客前来欣赏如此神奇的画面。从而形成一个人流的集散中心。

在玫瑰园的中心，建立一座像皇宫一般玻璃结构的室内玫瑰园。独特的造型和透明的建筑体，本身就会给人带来圣洁、庄重和梦幻的感觉，给整个玫瑰小镇一个画龙点睛之笔。

玫瑰小镇作为婚庆全产业链特色小镇，自然少不了婚纱摄影这个每对新人都需要的项目，每家品牌一个小木屋，一个小院，院子里爬满了玫瑰，一两个遮阳伞，一边喝着茶，一边温馨的试着各种漂亮的婚纱，给每对新人私人定制版的婚纱摄影享受。这里聚集了婚礼主持人、摄影师、摄像师、化妆师、婚纱设计师、手工师、画师、婚礼歌手、小丑、舞台布置人员、调音师、灯光师等一系列婚庆人才，促进相互提升和人员互动。同时也能给一对对在这里举行婚礼的新人提供更多专业人才方面的选择，提高了婚庆服务的质量和效率，给婚庆休闲旅游带来了许多得天独厚的条件。

在湖边，成片的玫瑰花与周围的草地景观、湖水形成一幅大美的浪漫画卷。一边是波光粼粼的湖面，一边是玫瑰花海，湖边有着各色各样的温馨小木屋，婚礼过后，在这样的小木屋里住上几天，或者来这里度假的时候住上几天，应该是一件神奇且值得回味的事情。

在玫瑰小镇举行一场温馨而又浪漫的草坪婚礼，应该是很多新娘对婚礼的憧憬。走在玫瑰拱门中，脚下洁白的地毯和周围圣洁的白玫瑰、黄玫瑰一起组成一幅唯美的画，在来宾的注视下，缓缓步入婚姻的殿堂。

别具一格的船坊餐厅在湖上一线排开，作为水陆之间的链接，可谓久有凌云志，今日云水间。切合主体的多姿多彩，配合风格迥异的餐饮娱乐，让其成为玫瑰小镇又一处独特的风景线。

在节日的晚上，这里还可以举行一场别样的灯光秀表演，更是让人体验到玫瑰小

镇不一样的震撼。在玫瑰小镇里，精心设计了各季节特色道路，春天有樱花，秋天有银杏、红橡，配合满地的玫瑰，形成一幅幅唯美的画面。

（3）宜居、宜游、宜养之世外桃源

玫瑰小镇依仗吴越文化元素，独占数百亩风景林、又有黄家湖水域数千亩，以九色玫瑰的3.0版落地吴江，兴建玫瑰艺术王国，再造九色生活空间。

如今的玫瑰小镇承袭了先前如画的鱼湾景区，以玫瑰锦上添花，一起手就已拥有一把横扇，两片水域，三四个玫瑰广场，五六个故事空间，七八处大地艺术，九鼎投资，十个画舫，尤其是北京百脑会智库引荐的“建党百年油画创作工程”的进入，使得全国美协主席、全国美院院长等一线艺术家纷至沓来。

苏州婚庆玫瑰小镇极其符合当下特色小镇强调的“宜”字领先，正可谓生逢其时，产业闭环，值得信赖，可以投入，完全符合特色小镇其功能与主张。

宜产——玫瑰产业的甜密梦乡小镇，

宜居——锦绣横扇的梦幻水乡小镇，

宜游——自驾方便的旅游艺术小镇，

宜商——跨境电商的婚庆产品小镇，

宜养——国学生态的中医康养小镇，

宜兴——奥运冠军的体育休闲小镇，

宜文——建党百年的复兴之路小镇，

宜业——安居乐业的精准扶贫小镇。

2. 探寻丽江九色玫瑰特色示范镇

（1）邂逅爱情，岂能没有玫瑰

玫瑰，原产地中国，婀娜多姿、香气袭人，色彩梦幻，被赋予了美好的爱情寓意。在希腊神话中，玫瑰既是美神的化身，又溶进了爱神的鲜血，它集爱与美于一身。可以说，在世界范围内，玫瑰是用来表达爱情的通用语言。同时玫瑰又是和平、友谊、勇气和献身精神的化身。

古希腊，传说爱神阿芙罗狄蒂是世界上最美丽的女神，她暗暗地爱上了美少年阿多尼斯神，但他受到宙斯迫害，阿芙罗狄蒂飞奔着去营救他。森林里的石块和荆棘划破了她的脚和手，鲜血滴了一路。然而等她赶到阿多尼斯身边时，他已经流尽了鲜血，她终究未能救活自己的心上人。阿芙罗狄蒂放声大哭，随着她的哭声，一路上滴下她鲜血的地方，都开出了一丛丛鲜红欲滴的美丽的红玫瑰。从此，红玫瑰就成为了坚贞不渝的爱情的象征。

从颜色上看，不同颜色的玫瑰有着表达不同爱意的花语，而从数量上讲，花朵数量越多，越能代表爱人的心意。每当夏雨来临，九色玫瑰小镇的玫瑰花已慢然苏醒，花儿开得十分好看，淡红色的花朵看上去十分典雅、庄重；玫瑰花瓣的边上眨着粉红色，覆着茸毛，含着晶莹的水珠，勃发着一派生机，散发着一阵阵诱人的清香。

一走进玫瑰小镇，一阵香味扑鼻而来，让人感觉心旷神怡。放眼望去，只见那重瓣玫瑰花枝繁叶茂，花瓣千层，犹如一片大花海。如此看来，丽江的九色玫瑰小镇是犹如上帝后花园般的浪漫天堂。

（2）玫瑰丽江，小镇四季花开

过去，这里是荒芜人烟，
生活，多少年来一个模样。
昨天，这里仅一座村庄，
生活，烟雾里阿妈煮饭在灶旁。
今天，这里是“九色玫瑰小镇”，
生活，妆扮得她每天都像新娘。
只不过短短的几年时光，
变化超出了人们的想象。
雪白的房屋炫彩流光，
处处是莺歌燕唱，
是谁让这座村庄，
奇迹般的改变了模样……

这里描述的就是丽江市古城区七河镇金龙（移民）村，是谁？是云南九色玫瑰集团让她奇迹般改变了模样！

①项目背景

云南省丽江市古城区七河镇金龙移民村，距离丽江国际机场约3公里，离丽江古城约25公里，占地3.6平方公里，耕地1000亩土地，4000多亩林地，442户村民（个庭院），1800多人，人均耕地0.5亩，原来的村民传统农业种植玉米，蔬菜，每亩收入800元，属于典型贫困区。

丽江海拔2250米、湿润气候、年平均气温15.4度、年平均降水量1300毫米、雨季长达6–9月、平均昼夜温差11.6度，日照时间7小时，与世界最优质的保加利亚玫瑰玫瑰谷相比，有数据证明丽江的各方面气候条件更适合玫瑰种植生长。

2014年，云南九色玫瑰集团在董事长潘武的率领下经丽江生物创新办公室领导推荐来到了金龙村，金龙村原来是金沙江源头的一个移民村，由当地移民办为村民整体搬迁到此，因此房屋建造规划整齐，云南九色玫瑰集团正是利用这个村的建筑优势以及完备的村落基础配套设施，把一共442栋居民房子，经过公司的精心打造，变成了一万余平方米的彩色3D墙画与地画，却丝毫不影响村民正常居住，同时让居民置身其中，可谓美轮美奂！

云南九色玫瑰集团结合丽江适合玫瑰生长的天然地理条件和这个移民村各具特色的九个少数民族主题文化元素，与当地村委会共同开发“九色”玫瑰种植与观赏基地，在2016年，国家三部委联合下发《关于开展特色小镇培育工作的通知》后，潘武董事长可谓业逢其时，一声令下，号召集团公司成立了丽江玫瑰小镇旅游开发有限公司，并于与金龙（移民）村签订50年的合同，金龙（移民）村将集体土地，公共资产的经营权入股丽江玫瑰小镇旅游开发有限公司，由此公司全面投入，打造旅游景区“九色玫瑰小镇”。目前，已完成近4000万元的一期工程投入，并环绕整个金龙村规划出面积约3.6平方公里的“丽江九色玫瑰小镇”蓝图。

②市场特征

公司从英国、荷兰、德国、法国、保加利亚引进了2000余个园林玫瑰新品种，颜色五彩缤纷，花期280天，有重瓣玫瑰、半重瓣玫瑰；有大花、小花；有单头、多头；大部分为藤本，为玫瑰花微型景观造型提供了丰富的内容。

玫瑰基地种植的德国品种“珠墨双辉”，花期长达8个月，不采用化学肥料和农药，产品绝对无农药残留。为保证玫瑰花的品质，最大限度保留玫瑰花的香气，采摘要求是：必须每天早晨8：30前采摘，花蕾只能半开，避免香气流失；而且当天采摘的玫瑰花，全部当天处理成半成品，不准过夜。成品加工采用法国ISP技术，不添加香精、防腐剂和人工色素，保证纯天然。

③扶贫现状

村委会全村人口1860人，442户，九个民族。2015年4月，村委会同丽江玫瑰小镇旅游开发有限公司紧密合作公司，带头种植食用玫瑰面积300亩，公司为村民免费提供技术指导、第一批种植地的浇灌设备，头一年大部分农民看不懂，参与农户仅127户，第一年亩产量在100公斤，收获食用玫瑰鲜花3万多公斤，第二年亩产增至400多公斤，则跟随种植的农户越来越多，玫瑰收购价格12元/公斤，平均每亩地亩产5000元。自村里规划成玫瑰小镇景区后，村民们通过摆小摊、开客栈、开饭店达47家，公司吸收就业人数64人。2016年合计40%的农户年增收净值3万，而原来种传统农作物年收入仅仅500～800元。

玫瑰小镇景区运行由公司全权管理，村民参与利润分配（村委会固定从门票提成），门票收入覆盖全村1860人。

玫瑰小镇的打造给村民带来七大收益”：土地入股门票分成，玫瑰花种植增加5倍收入，小镇就业收入，房屋出租收入，土特产销售收入，饭店收入，客栈收入。

丽江九色玫瑰小镇可以说是作为云南省通过特色小镇产业发展帮助当地政府精准扶贫、美化环境、小镇建设、财政税收，供给侧改革快速见效的一个典型案例，玫瑰小镇的发展同时并带动多个产业共同发展：如智慧旅游、木屋、园林、灯光、地产、酒店、餐饮、跨境电商、婚庆产业、大健康、中医药、演艺等等。

④小镇创意

九色玫瑰小镇景区距丽江市28公里，不属于丽江旅游环线内，相对偏僻，从没有本地人和游客关注，如何“无中生有”打造一个旅游小镇，公司全方面探讨、定位，最终独具匠心，形成以下创意核心：

◆彩色村庄（好看——吸引眼球）

同国外4大彩色村庄（意大利五渔村、威尼斯・布拉诺、丹麦：哥本哈根、墨西哥：瓜纳华托）对比，精心选择9个色彩，将金龙（移民）村442个庭院，96000平方的白墙粉刷成彩色村庄。

◆3D画（好玩——同游客互动）

创造世界最大面积的3D画群（7000平方），创造一个爆点（挑战地面立体画世界吉尼斯纪录，10月1日挑战成功）。游客拍照完全部3D画，需要5个小时，就能留下游客，为景区的其他业态增加了客源。

◆玫瑰花微型景观（好看、好拍照）

中国的花海公园很多，基本上千篇一律的成片成片的大地艺术，如何突破，公司创意团队将1000余个玫瑰花品种和3 D画、雕塑融为一体，创造微型景点，一步一景，曲径通幽，为游客创造惊喜。

◆九个民族长街宴（好吃、满足游客的好奇心）

长街宴为云南少数民族的节日聚餐，一般是一年一次，游客很难参与，也是游客非常渴望参与，恰好金龙（移民）村有9个民族，具备9个民族长街宴的得天独厚条件，自然就丰富了好吃的业态。

◆玫瑰产品引导人群消费（好购）

景区门票与玫瑰产品捆绑，赠送双倍价值的玫瑰产品，满足游客超值的体验欲望。快速培育粉丝，形成粉丝经济。满足一定比例体验顾客续购需求，形成忠诚顾客群。

⑤未来战略规划

经过一年时间的打造，丽江九色玫瑰小镇现在一期已经完工，项目二期会扩大种植面积5000亩，目前小镇正在筹建花园式加工厂。并同时依托丽江的自然环境植入休闲、旅游、康养业态。公司会定期邀请英国、荷兰、德国、法国、保加利亚、美国、瑞士、西班牙等36个国家的玫瑰花专家、协会、研究所在小镇召开国际玫瑰交流大会，逐步打造玫瑰花产业国际平台。

公司在2017年8月15日邀请九鼎资本、上海苏润投资公司等考察投资团，考察丽江九色玫瑰小镇，丽江市政府、市创新办、古城区党委政府热情接待，全力支持，并且成立了项目工作组，由九鼎资本主导，引进特色小镇产业基金，全面推进丽江九色玫瑰小镇的二期升级，同古城区政府一起，用PPP模式，拟投资50亿元，将丽江九色玫瑰小镇打造成“国际浪漫之都”，建设目标：

a. 国家级精品特色小镇；

b. 丽江第二航站楼；

c. 国际食用玫瑰产业平台；

d. 国家级精准扶贫的典范。

（3）调研与思考

在国家各部委特色小镇创建工作部署中都提到了要建设特色示范小镇，以成功的经验，创新的模式带领千百万计特色小镇的兴建。

特色小镇的基建、环境、美化与产业、体验、消费是特色小镇之所以形成的六个要诀，做好一个要素容易，做好一组不易，全部做好并且相互融洽实属不易。而九色玫瑰公司在苏州湾就能做好这一切：先看第一组，此前政府已耗资六个多亿，把山林、湖畔、庄园、水舫都建好了，可以说是房舍俨然、环境优美；第二组要素就是九色玫瑰的功课了，玫瑰产业覆盖园艺、食品、药材、精细化工等十余个产品产出，又给人们诗意生活带来无穷的体验，消费自然是水到渠成，如此产业叠加、跨界融合的设计是潘武先生的心诚所至、精诚所为！

九色玫瑰小镇模式，在响应党和国家提倡的美丽乡村建设、特色小镇建设、田园综合体、一二三产融合、精准扶贫、双创、互联网+、一带一路的号召下，在这个百年难遇的巨大风口上，一个现代产业特色鲜明的特色示范小镇喷薄而出！

①潘武心中的特色小镇

在玫瑰小镇，人们看到九种颜色的玫瑰，不能不想起潘武其人，潘武，湖南邵阳人，90年代从央企高管下海，来到丽江，十年如一日，坚持研发种植玫瑰18年，如今拥有玫瑰种植与加工配方专利技术300余项，只要谈及玫瑰，潘武便会津津乐道，他常自嘲地说自己叫“幡悟”，种玫瑰是修行，修行了18年才幡然醒悟玫瑰产业就是上天赋予他今生的使命！

谈到特色小镇，他说玫瑰看起来光鲜亮丽，可是把它当做产业来玩的时候，就不那么光鲜了，得守得住寂寞，更需要一份情怀！

潘武的云南九色玫瑰集团如今已经形成一家集玫瑰爱情主题旅游小镇开发、玫瑰生物产品研发销售、婚纱摄影基地打造、3D画文化产业园、电子商务、连锁专卖为主的综合性公司，他的愿望是带领他的团队把“九色玫瑰”产业品牌做到全国具有影响力的强大企业，领跑行业！形成集旅游、文化、金融、酒店、温泉、玫瑰衍生品等一体化的旅游全产业链，除此之外，还可将九色玫瑰+（航空、佛教文化、康养、药材、盆景、体育、艺术品、机器人、兰花、温泉、珠宝、微商、民族、银器、陶瓷、长寿、书画、花鸟、丝绸、麒麟、音乐、足球、巧克力）+小镇等数十种玫瑰产业形成IP集群，这种花卉与小镇形成的完美契合，是主题特色小镇开发的最好机遇和重要战略支点，也是城镇化发展的“蓝色引擎”，更是全国深化城镇化改革创新发展的一面旗帜！

谈到小镇未来规划，他谈了以下四点：

a. 以玫瑰IP在全国各地10年内打造30个玫瑰特色小镇；

b. 围绕一带一路国家建设成3个玫瑰特色小镇；

c. 带动300个贫困村脱贫致富，并带动当地村民收入增加2～3倍；

d. 10年内争取9个各地玫瑰小镇IPO 上市。

潘武的丽江九色玫瑰小镇对外开业以来共接待了130余家政府考察团，收到了203家政府渴望合作的信息，全面推进成都天府新区、崇明岛、海南三亚、合肥巢湖、北京昌平、秦皇岛、千岛湖、桐庐县、慈溪市玫瑰特色小镇的合作；九鼎资本、赛伯乐、光大证券、方正证券、国家发改委PPP投资作为金融推手正积极促进玫瑰小镇IPO上市。

②产业闭环的玫瑰小镇

产业闭环是个经济学名词，它所讲的是在一个产业领域中由原材料、初加工、深加工到产品丰富多彩、产量不断增长、产能综合利用的循环反复、周而复始，就以最大的产出、最小的成本、最好的效能体现产业闭环的作用。

当年紫禁城修城墙就地取土，烧砖筑墙，取土的地方修成护城河，与城墙一起组成御敌护城的“产业闭环”，可以算是最有典故的闭环说法。

无独有偶，闭环无处不在。

潘武建造的特色小镇就设计了好几个产业闭环：

第一组，特色小镇“宜”字当头的闭环组合。

a. 宜居、宜食、宜养是生活组合；

b. 宜游、宜娱、宜商是旅游组合；

c. 宜文、宜产、宜聚是产业聚合；

第二组，玫瑰产业的闭环组合。

a. 成立玫瑰花种植协会；

b. 以高收益，说服、发动村民种植食用玫瑰；

c. 点对点的流转村民土地，种植园林玫瑰，形成玫瑰花微型景观；

d. 建设花园式加工厂，满足玫瑰花产量需求和游客DIY深度体验；

e. 玫瑰花产品与景区门票捆绑营销，亏本赠送，快速积累粉丝群；

f. 形成粉丝大数据，做到玫瑰花产品二次精准营销。

第三组，艺术金融与产业资本的闭环组合。

九色玫瑰小镇最大限度地为艺术金融与产业资本实现完美融合提供了可能。

艺术的无价与金融的无限形成一个闭环，玫瑰由实物鲜花到鲜花寓意，再从寓意构思到艺术作品，其艺术价值便开始显现。艺术是可以聚人，可以聚财的，绚丽多彩的玫瑰主题艺术作品所形成艺术能量场又吸引社会精英高尚人群；由此而形成的乡村俱乐部又成为了艺术金融的文交所、拍卖场；而富豪人群的集聚就直接呵护着、激励着玫瑰产业的日新月异，气象万千。

（3）欢乐情怀的艺术小镇

承袭以上产业闭环，再看鲜花怒放的欢乐情怀。如果说要给玫瑰小镇说说关键词，除了爱情那自然会说到欢乐，艺术。特色小镇若是要讲特色，最有特色的莫过于艺术小镇，艺术小镇与着景色宜人、气氛撩人、活力迷人的人本主义精神，如此自然态的鸟语花香加上品质上乘的欢乐情怀组成了九色玫瑰艺术小镇。

凭借上海、江苏、浙江的地理位置优势，依托中国艺术银行数以千百计的艺术家、金融家和高品质学者专家企业家，建设一个饱含激情、充满爱意的中国九色玫瑰特色示范小镇是九色玫瑰小镇创始人潘武先生的初衷；也是中国艺术小镇标准制定人大林先生的愿景，珠联璧合，指日可待。

特色小镇要想脱颖而出，要想与风景名胜力争游客，光靠农业、产业是争不来的，有可能争取游客的当为艺术小镇。丽江九色玫瑰小镇房子由9种颜色组成，墙面上由国内顶尖绘画团队绘制形象动人的3D画艺术画。

彩色小镇在欧洲比较常见，但是在中国甚至是亚洲都比较少见，而丽江玫瑰小镇就是打造的亚洲第一个彩色艺术小镇。在小镇主道上，以泸沽湖和长江第一湾为背景的巨幅 3D地画已打破最大和最长 3D画的吉尼斯世界纪录。

九色玫瑰小镇可以说是艺术小镇宜文、宜娱、宜游的具体体现，也是智慧升级的全面展现，山清水秀+人文环境+智慧旅游使得玫瑰小镇不仅成为宜养圣地，也是人民安居乐业的欢乐属地。村民们也参与到玫瑰小镇的旅游产业发展中来，小镇的商店、超市、农家乐、小吃店等全由村民自行经营，还参与到景区的文艺表演队。未来整个小镇将实现 WIFI全覆盖 ，游客可以只带着智能手机就能畅游小镇。届时，玫瑰小镇将成为乡村旅游升级版的智慧旅游小镇。有了这些基础条件，九色玫瑰小镇就可以做到文化彰显，娱情大增，游客如云。

艺术小镇更大的魅力在于艺术金融的延伸，艺术无价，艺术小镇因为有艺术家的存在，就可以展开以艺术作品为中心的产权交易、实物售买、艺术表演、亲身体验，产生大量的艺术行为与资本运作。

（作者：郭小嫚）

郭小嫚，百脑会智库总经理、中国艺术银行北京办总干事、中外新闻社主任记者。

从事国际商报经济新闻工作、北广集团旅游频道总编办工作十数年。自2013年起担任中国社会艺术协会艺术金融工作委员会、艺术小镇工作委员会两会秘书长以来，深入特色小镇，关心小镇建设，在特色小镇规划建设、创投融资、政府申报各个阶段经验丰富，资源广泛。

现任《中国特色小镇发展报告》副主编，总编办主任。

二、巴东·野三关——中国硒谷生态小镇

湖北恩施四渡河具有独特的自然条件、良好的 生态环境、悠久的文化传统和古朴的民俗风情及世界第一高桥景观，其自然旅游资源和人文旅游资源呈现出丰富多彩、千姿百态的景象，为生态小镇提供了有利的资源支撑。

1. 硒谷小镇，希望的田野

嘉友集团一直以来致力于经济建设，努力建设美丽恩施，响应国家西部开发总体战略思想，带动扶贫就业率。集团董事长李建华用自己独到的经营模式和前瞻的建设眼光，把四渡河大桥景区打造成世界第一高桥、生态硒谷、养生福地中国硒谷生态小镇的构想，配合恩施州及巴东县政府完成州县市旅游整体布局，全力发展旅游业，树立恩施旅游国际新形象。

野三关·四渡河——中国硒谷生态小镇，其自然禀赋优良，传统文化浓郁，按照法定程序已经通过的项目开发总规，景区面积50平方公里，分为五大板块和11类组团，五大板块犹如五行通万物，11类组团分别为：世界第一高桥核心景区；四渡河、鱼泉河、木龙河三大水域水上项目组团；野生类动物园组团；鹰嘴揽胜、爱情谷、原始部落组团；野风古镇（寨）（民族风情街）民族文化组团；世界硒都·中国硒谷硒博中心组团；户外体育运动组团；民宿、采摘、浪漫花海、婚庆组团；日出印象、云雾小镇组团；书画草堂、文旅、户外拓展、复转军人再就业培训基地、青少年爱国主义教育基地组团；飞行营地、航空小镇、壁挂大酒店、康养中心组团。

该小镇的五大板块和11大组团计划在未来五年内打造成富有活力、集富硒农特产品、中草药开发、加工及销售；土苗民族文化传承和展示；康养休闲旅游为一体的美丽宜居特色小镇。为了凸显本地具有独立硒矿床和 60%以上土地富含硒和气候宜人的自然条件，提出大做“硒”文章，着力打造全民科学补硒的“中国硒谷特色小镇”。

主要从以下方面着力打造：

（1）打造富硒产业集散区

结合富硒农业、加工业和富硒产业游，三产联动，打造成中国硒谷富硒产业集散区。农业方面，通过富硒产品的种植，包括富硒绿色蔬菜的种植结合餐饮和电子商务，打造富硒农业研发基地和研发总部，从而形成富硒农业公园和富硒现代化农庄。进一步完善相关配套机构，使之成为全国的富硒产品交易中心、价格指导中心以及富硒产品的监测中心。工业方面，开发富硒快餐业，如面条、糕点、大米等旅游休闲食品，形成研发、加工、销售一条龙的产业链。

（2）打造富硒康养度假区

基于本景区独特、秀美的自然风貌和独立硒矿床等富硒资源以及浓郁、深厚的民族文化，结合周边大中城市，对亚健康人群通过中药配合进行慢病治疗和休养。面向全国，邀、聘专家指导，根据客户要求定制精准疗养，提供健康管理、咨询和相关服务。

（3）打造民族民俗旅游区

根据总规、可研确定的开发总目标，打造“野风古镇（寨）”和书画草堂、户外拓展基地、复转军人培训再就业基地、青少年爱国主义教育基地，使游客在旅居康养休闲的同时能够充分体验和欣赏浓郁深厚的民族民俗文化。

2. 发展原则，生命的火种

（1）生态优先、环境保护原则

优先保护景区自然山水、天然生态；维护和强化景区原有物种多样性，注重环境净化、资源保护。

（2）区域协调，科学发展原则

解决景区人与资源以及资源各要素之间配置的空间关系与时间进度。协调景区内各区域面临的环境保护、土地利用、产业布局等矛盾，促进旅游业与农业、种植业等其他产业的良性互动，激活乡村经济，形成环境互补、产业互动的共同发展格局。

（3）因地制宜，旅游特色原则

以优势资源为基础，以客源市场为导向，以王牌产品为核心，以特色文化为灵魂，以旅游管理为保障，需求决定供给，供给引导需求，智慧创造财富，因地制宜，合理开发，增强旅游区旅游业发展的独创性和竞争力。

（4）弹性递进，持续发展原则

坚持以人与自然和谐的发 展理念，通过合理分期、科技和体制创新以弹性递进的方式合理利用资源、发展经济，推进经济与人口、资源和环境的可持续协调发展，让景区延续的、良好的发展下去。

3. 世外桃源，硒引天下人

（1）四渡河峡谷风光

四渡河景区底部四渡河及支流鱼泉河，峡谷内蜿蜒曲折、清澈见底、河道宽阔，形成独具一格的峡谷奇观，可开展峡谷平湖观光游、峡谷激情漂流游、峡谷探险游等多种活动，让游客心旷神怡。

（2）原甘坪浪漫花海

利用油菜花，牡丹、杜鹃、木芙蓉、樱花等四季花时打造花海，塑造“龙凤”图案，配以西式教堂，乡间风车，户外草坪等欧陆风情打造婚庆用的婚姻殿堂和摄影艺术创作基地。

（3）鹰嘴岩山野揽胜

通过观景台、祈福塔、绝壁栈道和绝壁，奇特主题客栈把四渡河景区内胜景一览无余。曾经沧海的猫儿观道教建筑矗立在鹰嘴崖峰顶，大多数时日，云雾缭绕，仿若天上人间，美不胜收。

（4）生态硒谷溶洞群

溶洞洞内景观奇异，被国内知名地质、洞穴专家美誉为艺术的殿堂、雕刻的长廊，溶洞周边的自然环境奇妙，山、水、洞、溪连为一体，形成一道道美丽的风景。

（5）四渡河世界高桥

大桥顶端距谷底高差 670米，跨度1000米，被誉为“世界第一高桥”，首创用火箭发射输送先导索技术，开创世界建桥史先河。通过打造桥下游步道，桥头观景平台，桥梁文化展厅，玻璃蹦极平台，与河底垂直电梯，桥头观景灯塔，桥身美化，灯光，背景音乐处理让游客全身心体验独特的世界高桥景观及文化。

（6）养身谷原始部落

位于高山的云雾小镇区，年平均气温12℃，气候宜人，全年都适宜旅游，特别是在炎炎夏日，是最好的避暑胜地。原始部落吊脚楼群、狩猎场，是景区休闲住宿的主要区域。吊脚楼群采取土家吊脚楼的形式三五成群，隐匿在山林之中，使民族建筑的人文民俗气息与山野间的自然灵气浑然一体，别有一番意境，令人向往。

（7）补硒作物采摘园区

用富硒农产品做成的洋芋饭、苞谷饭、田野土鸡、合渣等具有浓郁的土家民俗文化的美食在这里可以让游客一饱口福，让游人在享受原生 态的乡村土家饭同时可以体验农家住宿，瓜果采摘，农活劳作归隐山林的感觉。

（8）富硒户外运动地

通过山地汽车，摩托车，自行车，攀岩索降，徒步越野，汽车宿营，汽车影院，提升景区多样化消费，打造全国闻名的高山越野运动品牌。

（9）硒谷野生动物园

境内野生动物种类繁多，利用这一独特的自然资源，在深山峡谷里打造人与动物零距离接触、和谐相处的嬉猴亭和野生动物园。

（10）天然补硒矿床

景区内有独立硒矿床8.3公里，土壤中 63%以上富含硒元素，因此应利用世界硒都的影响力和本景区内丰富的硒资源着力打造硒产品基地和硒博中心。

4. 因地制宜，优势更突出

中国硒小镇以自然峡谷风光和土家族民族文化风情为背景，扬长避短，突出特色，抓住机遇，重点突破；整合资源，综合利用。

发挥硒谷特色小镇原生态自然资源与土家族民族文化的资源优势，突出其世界第一高桥地位保持旅游资源的原始自然生态性、古朴典雅性、地质奇特性、民族民俗特色性、娱乐探险性，气候养生等诸多特色优势。抓住国家扩大内需政策、民族文化保护政策、三农建设政 策、三峡工程后续工作规划以及鄂西生态旅游发展战略等发展机遇，重点抓好基础设施建设，改善交通条件和投资环境。以大三峡旅游和巴东县为中心，以生态旅游为核心，整合自然、人文资源，按照国家AAAAA级旅游区标准全力打造自然景观、峡谷漂流、野外探险、度假疗养、休闲娱乐于一体的生态旅游胜地，打造四渡河景区生态文化旅游品牌。

中国硒谷特色小镇的特色主要体现在以下几点：

（1）世界富硒资源优势

野三关被确认为恩施三大硒矿床重要储藏地，达8.3公里，63%以上土壤含有富硒元素有利于开发和利用。

（2）外部交通优势

硒谷特色小镇位于巴东县西南部，北临长江三峡、南接清江，是大西南陆路交通咽喉，恩施州的东大门，巴东江南的重要物资集散地，有巴东副县城之称。其旅游区位优势十分优越。境内209，318国道穿过，更有沪渝高速出口和宜万铁路县级火车站设施，区内交通十分便利，开发条件极为优越。

（3）依托资源优势

硒谷特色小镇拥有民俗风情、溶洞奇观、峡谷生态景观等优良级旅游资源，特别是四渡河世界第一高桥，不同类型的资源组合良好，其峡谷生态资源与古驿站民俗文化资源都为四渡河景区的旅游开发奠定了坚实的资源优势基础。

（4）传统文化优势

硒谷特色小镇巴楚文化、民俗风情底蕴深厚，自古商贾云集，古民居、古商铺多为明清时期的建筑保存较完好，土家特色风情浓郁；旅游区宗教文化特色鲜明，自古有“四观围一佛”的说法：猫儿观周围围绕着三尖观、飞龙观、八角观、三朝观，可见景区内的鹰嘴岩确是一块风水宝地，宗教文化、风水文化独特；这些传统文化是旅游区发展的重要基础。

（5）生态环境优势

旅游区人烟较少，生态环境优良；无污染，空气新鲜；无噪音，环境幽静；植被丰富，物种多样。旅游区森林覆盖率90%以上，在景区内保 存有巴东十分稀少的原始森林和大量的野生动植物，野生植物2000多种，野生动物500多种。环境容量较大，旅游资源的开发潜力巨大，良好的生态环境对大中城市的游客具有很强的吸引力。

（6）旅游区位优势

硒谷特色小镇是巴东三峡库区“长江三峡环城游憩带”的重要组成部分，将成为三峡神农溪对接恩施清江旅游的重要节点景区，也是未来“双神”旅游线的重要组成部分，连接湖北神农架与长江黄金水道，其旅游区位优势十分优越。

5. 硒园多姿，举国看恩施

（1）主题形象定位

“高桥峡谷，爱情圣殿，养生福地，文化盛宴，世博硒园”

（2）市场定位

以武汉、重庆、宜昌、三峡、神农架、恩施旅游目的地客源市场为主；鄂西生态旅游圈游客和国内其他各大城市客源市场为辅；港、澳、台和其他入境游客市场为后续客源开发地。

（3）产品定位

以峡谷观光、休闲度假、山地运动为主的包括峡谷漂流、文化体验、会议度假、生态探险、体育保健、生态农业观光等在内的复合型旅游产品。

（4）文化定位

以土家民族文化为主、现代浪漫爱情为辅。

（5）标志图案设计

硒谷特色小镇徽标设计四渡河大桥横跨峡谷作为徽标主题图案、花海为背景，主体鲜明，颜色艳丽，色彩丰富，象征四渡河景区文化厚重、资源丰富的秀野仙灵之气。

（6）建筑风格定位

建筑格调力求自然朴实，以土家建筑风格为主，富有乡土气息。充分利用当地建筑材料，挖掘土家民族文化与乡土民俗文化，保持并延续 其特有的内涵，突出地方特色。

湖北恩施四渡河申请创建中国硒谷小镇，在全民健康奔小康的征程中具有极其突出的意义，在硒元素深入人心，生活化补硒景象初成的今天，运用硒矿床、生物转硒、扩大生产富硒农作物、农产品，建立自然生态与人文景观相结合的特色小镇，体现“健康中国策，润物硒无声”的补硒方针，我们需要更多这样的吐故纳“硒”、特色突出的天然小镇，云雾小镇。

（作者：郭小嫚）

三、丽江花卉特色小镇

为贯彻党中央、国务院关于推进特色小镇、小城镇建设的精神，落实《国民经济和社会发展第十三个五年规划纲要》关于加快发展特色小镇的要求，住房城乡建设部、国家发展改革委、财政部决定在全国范围开展特色小镇培育工作，到2020年，培育1000个左右各具特色、富有活力的休闲旅游、商贸物流、现代制造、教育科技、传统文化、美丽宜居等特色小镇，引领带动全国小城镇建设，不断提高建设水平和发展质量。丽江市创新办紧跟中央，将发挥优势，用好国家政策，整合国内外的人才、技术、市场和资本，发挥花卉产业可观赏性强和丽江立体气候资源优势、良好生态环境优势及丽江旅游知名度高等优势，打造由16个特色小镇组成的丽江现代花卉产业园，把丽江花卉产业建设成为亚洲第一，世界一流的高原花卉基地，实现丽江花卉产业跨越发展，为丽江各族人民与全国同步实现小康做贡献。现将我们的发展思路介绍如下：

1. 特色小镇发展现状

云南省要建设105个全国一流的特色小镇，丽江市上报特色小镇17个，有6个列入，丽江古城、泸沽湖摩梭小镇、丽江黎明丹霞小镇、华坪芒果小镇、锦绣丽江、永胜清水古镇，但是没有一个花卉小镇列入。

第二批列入国家级的276个特色小镇，云南省有10个：楚雄州姚安县光禄镇、大理州剑川县沙溪镇、玉溪市新平县戛洒镇、西双版纳州勐腊县勐仑镇、保山市隆阳区潞江镇、临沧市双江县勐库镇、昭通市彝良县小草坝镇、保山市腾冲市和顺镇、昆明市嵩明县杨林镇、普洱市孟连县勐马镇。丽江没有列入。

2. 原因分析

按照国家级特色小镇的标准的要求，每个小镇要投入30亿元以上，这对于地产是不多，对于发达地区来讲也是适合的，但是对于产业为核心的项目投入太大，特别是在云南这样欠发达的西部地区，要投入30亿元，很多地方都难做到。丽江市辖古城区、玉龙纳西族自治县、永胜县、华坪县、宁蒗彝族自治县，辖区面积2.06万平方公里，有永胜县、宁蒗彝族自治县2个国家级贫困县和玉龙纳西族自治县省级贫困县。贫困县覆盖面积17239平方公里，占全市总面积的83.68%，贫困县人口89.78万人，占全市总人口（121.19万人）的74.1%。像丽江这样贫困面大基础差，财力不足的市，采用传统思维方法，按照发达地区的标准打造特色小镇难度很大，很难争取到国家级的特色小镇。

3. 对策

根据面临的现状，特色小镇的核心是产业，丽江市将发挥花卉产业可观赏性强和效益比较高的产业核心竞争力和丽江立体气候资源优势、良好生态环境优势及丽江旅游知名度高等优势把产业定位为花卉产业，而且根据丽江立体气候资源优势在不同海拔选择不同的花卉品种，培育优势产业。特色小镇不仅要产业有特色，还要在文化上有特色，这就要靠民族文化，丽江有独特的民族文化优势，为打造特色小镇提供了竞争优势。

（1）遵循规律，做好规划

丽江遵循自然规律和市场规律，通过投资审批中介超市优选全国花卉产业园区最好的规划单位，为丽江做好16个独具特色的花卉小镇组成的丽江现代花卉产业园区规划。

一是遵循自然规律，发挥丽江立体气候资源优势做好科学可行的云南省（丽江）现代花卉产业园区规划，在不同海拔段种植不同花卉品种，做出特色。低海拔段（1800米以下）发展热带花卉，如华坪县兴泉镇的丽江热带鲜花小镇，永胜县三川镇的万亩荷塘小镇，永胜县顺州镇的澳洲花卉小镇；中海拔地段（1800～2500米）种植温带花卉，如古城区漾西办事处的现代花卉小镇、七河镇的九色玫瑰小镇、开南办事处的雪山花海小镇；玉龙县拉市镇的丽江茶马古道小镇，白沙镇的七彩花海小镇、红梅古镇，巨甸镇的红色牡丹小镇，永胜永北镇的佛文化牡丹小镇；高海拔段（2500米以上的高寒冷凉山区）种植寒带花卉：如玉龙县白沙镇文海雪域百合小镇（3100～3258米）大具乡大坪坝的雪山郁金香小镇（3440米），永胜县顺州镇的种球小镇（3000米），宁蒗县永宁乡的女儿国郁金香小镇（2640米）。

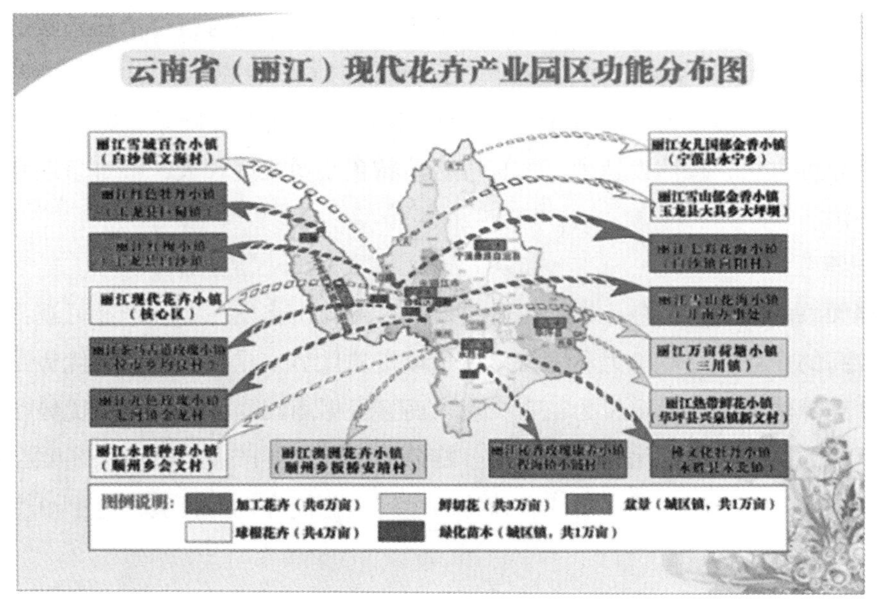

二是遵循市场规律。种植什么，种植多少，怎么发展，我们政府部门只作引导，完全交给企业根据市场规律而定。根据小镇距离旅游区的路程设计不同的接待规模和不同的标准，距离旅游区1小时路程的停车场、厕所等，按照年接待500万人次规划；距离旅游区2小时路程的停车场、厕所等，按照年接待100万人次规划，但是规格都按照4A级标准设计规划。

（2）用好国策，建好设施

紧跟中央，用好国家的相关政策，对国家级贫困县的项目如宁蒗县永宁乡的女儿国郁金香小镇、永胜县程海镇的沁香玫瑰小镇、永胜顺州镇的澳洲花卉小镇、种球小镇用好扶贫政策；移民村的九色玫瑰小镇用好移民搬迁政策；永胜县三川镇的万亩荷塘小镇用好美丽乡村建设的政策。建设好基础设施，通过积极争取国家有关部门政策、人才和资金的支持，加快产业融资，实现花卉产业与扶贫攻坚紧密联系，用好资本市场对国家级贫困县的倾斜政策，对扶贫攻坚做出贡献的企业，扶持它们应用资本市场，融到更多的资金，促进扶贫产业持续健康发展，开创集群上市，力争在一年半的窗口期内包装高原花卉农创特色小镇建设中5～10家公司上市。

（3）创新配置，选好企业

丽江必须争取配置优质的资本、技术、人才，才能发挥优势，为国家、为人民造福。丽江具备优质的气候资源，由于有4581米全球最大地势落差，因而每天日照多两小时、昼夜温差达十几度，野生花卉品种有38种，为世界多样性之最，是全球最适合球根花卉繁育的地区，是全球最合适花卉种植的三大区域之一。可以生产出全球最好的玫瑰精油等系列化妆品，市场机会高达1000亿元以上。因此，丽江要争取进入国家的平台，借助国家层面的资源整合，面向国内外拥有资本、技术、市场的企业和优秀人才，采取优选方案引进一批最有实力的企业，带动丽江花卉特色小镇建设，促进丽江花卉产业跨越发展。

（4）挖掘文化，协调发展

不同地域有不同花卉、不同民族有各自不同的文化。丽江将结合具体情况，不断挖掘其文化内涵，形成各自的特色文化，打造出16个独特的丽江花卉小镇。如根据玫瑰产业链长，玫瑰能加工成鲜花饼、玫瑰蜜、补水露、精油、化妆品、SOD抗衰老等产品，引导丽江九色玫瑰旅游开发有限公司采用3D画形式展示爱情文化，打造九色玫瑰小镇；引导丽江沁香玫瑰开发有限公司发挥程海最适宜养生的优势，打造程海康养玫瑰小镇；引导丽江花花色玫瑰旅游开发有限公司利用茶马古道文化，建设茶马古道玫瑰小镇，开发玫瑰茶等系列产品；在玉龙县大具乡大坪坝的雪山郁金香小镇，引导企业以郁金香的爱情文化挖掘玉龙雪山殉情谷纳西族青年男女对爱情坚贞不渝的精神，弘扬这种精神对建设文明家庭、和谐家庭，和谐社会具有重要的意义；在宁蒗县永宁乡的女儿国郁金香小镇，引导企业展示郁金香的爱情文化和摩梭儿女男不娶女不嫁没有婆媳矛盾，没有财产纠葛的理想爱情模式。引导丽江新彩艺农业开发有限公司挖掘香料花卉文化，打造丽江雪山花槐小镇；引导丽江力克斯农业开发有限公司挖掘荷花文化，从荷花出污泥而不染的特色打造廉政文化万亩荷塘小镇等等。通过挖掘不同花卉的文化和不同地方、不同民族的文化，是花卉产业的种植、加工和旅游文化产业、养生养老，一、二、三产业协调发展，带动父老乡亲增收致富与全国同步奔小康。

（5）绿色开发，持续发展

既要金山银山，又要绿水青山。丽江在产业开发之前就坚持绿色发展理念，一方面加大种植木本和常绿植物如玫瑰、帝王花和迷迭香、薰衣草等，另一方面我们在国际湿地公园—拉市海和云南省九大高原湖的程海在种植使用玫瑰中就严格按照有机食品标准种植，保证生产全过程有机生产和无污染，保护好我们丽江的蓝天白云和青山绿水，实现可持续发展。

（6）开放招商，跨越发展

习近平总书记指出，改革开放是中国的基本国策，也是今后推动中国发展的根本动力。他强调，以开放促改革、促发展，是我国改革发展的成功实践。改革和开放相辅相成、相互促进，改革必然要求开放，开放也必然要求改革。他说，改革开放只有进行时、没有完成时。中国已经进入改革的深水区，需要解决的都是难啃的硬骨头，这个时候需要“明知山有虎，偏向虎山行”的勇气，不断把改革推向前进。丽江推进改革的原则是胆子要大、步子要稳。作为丽江这样经济发展特别滞后的地区，要紧紧围绕习近平总书记考察云南的讲话精神“把云南建设成为我国民族团结进步的示范区和生态文明建设的排头兵，主动服务和融入国家发展战略，努力闯出一条跨越发展的路子”，紧跟中央改革步伐，大胆应用PPP国策，通过PPP模式招商引资，引进专业化的央企及大型民营企业和外国企业，发挥他们资金雄厚、技术和人才实力强，市场开拓能力强等优势推动丽江花卉特色小镇建设，实现丽江花卉产业跨越发展，保证广大人民群众脱贫致富。

（7）营造环境，共享共赢

投资环境是产业发展的前提和重要因素，因此丽江要为发展花卉特色小镇营造良好的投资环境，所有的手续全部进入政务服务平台一站式办理，同时我们积极主动帮助投资商解决各种困难。

产业持续发展一方面要充分依靠党和政府的大力支持，同时要有广大人民群众的积极配合，因此引导企业和农户在租用土地后，前3年按土地出租面积付租金，三年后按收益分配给村民，这样实现了利益共享，可以充分调动人民群众的积极性，达到共赢，有利于持续健康发展。

（作者：和秀琼　赵慧，丽江市生物资源开发创新办公室）

第二节　产业特色鲜明

山有灵魂，人亦有梦。颜张恒，大山的孩子，勤劳的造梦者。这位以河南济原山院村走出来的实干家，如今为把家乡打造成为幸福家园，毅然决然，回到济源黄河山峡，在愚公移山的王屋山干起了特色小镇。小镇就以山院村为名，特色就以农业种植为主，很快就得到了镇政府、市文旅集团的认可，市政府下达了政府支持函明白如话，本色就是特色。

巅峰智业，京城里旅游规划大鳄，特色小镇开建以来，巅峰智业迅速转向文旅特色小镇，凭着二十多年的真功夫，硬是一马当先，把“特在产业，赢在模式”当作座右铭，创造了地产盈利、景区盈利、功能赢利、产业赢利的四大盈利模式。

大青文化产业集团是国家文化产业基地，像以大型雕塑闻名于业内外，在大连本部，大连十个文化产业项目有三个是大青所为；在全国范围内，大青文化产业集团的大型雕塑产品四处可见。文旅小镇必然文化领先，大青文化集团以雕塑为旗，旗开得胜。

一、生态山院村的产业特色

1. 山院美景如故，筑梦雄心烈

四十载春秋悠悠而过，留下了太多乡梦。山院村，位于河南省济源市邵原镇南部，东邻王屋山，西接山西垣曲，南靠黄河三峡，北连阳城原始山脉，蕴藏千亩生态绿色森林，风景秀美。项目所在地邵原镇，是女娲神话之乡，系周“召公采邑”得名邵原，春秋名郫邵，汉为邵亭，后为邵原镇，素来被誉为“中州名镇”，自古都有“豫西大门”之称，历史文化浓厚，为美丽山院村特色发展之路奠定文化基础。山院村共有9个居民组，190余户居民，近800口人，面积7137亩。

在当前中国大发展环境下，由于山村道路交通闭塞、教育资源不足、村民观念落后、科技频繁换代等原因，导致这个往昔充满欢笑的山中村落，日益落败。“靠天收成、靠地生活”的传统农业模式，已跟不上时代科技快速发展的脚步，山院村中的年轻人才不得不远离家乡，到城中打工生存。山院村的青年人才不断流失，村子的留守老人却逐年增多，如今已变成一种“老人留守家不在，青年逃离村不成”的状态。他作为一名山里走出的企业家，不忘回报社会，更不忘回归初心，探索生态山院村特色发展之路，建设美丽山院村，已成了他毕生肩负的责任和使命。

2. 实干建山院，初心情切切

在国家大政策环境，筑梦美丽山院村，振兴自己的家乡，已成为颜张恒这辈子努力奋斗的梦想。生于山村，长于山村，他知道一草一木的名字，更了解山院村乡民生活的不易，建设生态山院村的梦想已根植在他的血液当中，只有将山院村建成村民认可的美丽特色小村，才能更长效的安民利众。他红着眼眶说“朱门酒肉臭，路有冻死骨”就发生在我们村，内心压抑着的是爷爷病逝、大伯冻死的痛；他全身心投入到生态山院村项目中，内心激荡的是经历车祸后回归美好生活的愿景。山民富了，他方能心安；山村美了，他才会高兴，多年来他所魂牵梦绕的，一直都是自己家乡的建设情况，一直都是山院村父老乡亲的生活温饱问题。2002年，他就提出建设美好家乡的概念，由于当时缺乏经验和资源，更没有可供参考的成功案例，导致梦想搁浅。梦想蕴藏力量，终会振翅飞翔。2015年1月21日，浙江省“两会”上首次提出特色小镇概念；4月份，浙江省政府出台《关于加快特色小镇规划建设的指导》意见，彻底激起他建设美丽乡村的大梦，让他的梦想有了翅膀。

同样，在他的热情带动下，中国正能量教育集团、清华同学会、北大国学堂等有实力、有情怀的企业家也跟随他的步伐。从最不起眼的一枝荆条、一块石头、一处窑洞入手，精雕细琢；让这里的每一处建筑和景观都灵动起来，有了生命，有了呼吸，达到自然禅意的效果；宜居宜业宜游，形成特色鲜明的产业带聚集区，让大家可以用心去经营属于自己的大家庭。光是这样还不够，他激动地说："建设山院村，应该去改变山村农民的生活质量，不应该只为了自己的利益。我们应该这么干！坚持一个原则：我们的初心不改。坚持两个目标：一是创造出一个新型的互助养老模式；二是创造生态、美丽、文化的生活小镇，传承给子孙后代。坚持四个原则：一是提前进行顶层设计，整体布局；二是把文化作为基石，建设为辅助，产业是根本；三是以农业为主流，农民生活和工作是前提；四是以人为本、自然天成、量力而行、行之有效。"最终，他们不谋而合，一拍而定。坚定"村民、股东、政府、社会、国家"五方共赢，坚持"共创、共担、共赢、共享、共生"共享理念，坚信"一草一木有禅意，一瓦一石有乾坤"建设思想，将山院村打造成一个幸福、和谐、美丽的智慧生态乡村。

3. 精心规划小镇配套，回馈父老情

建设生态山院村特色小镇，按习近平总书记“搞新农村建设要注意生态环境保护，注意乡土味道，体现农村特点，保留乡村风貌，坚持传承文化，发展有历史记忆、地域特色、民族特点的美丽城镇”的要求，立足当地实际情况，深研国家特色小镇建设《意见》总体要求，吸取全国各地农村与贫困山村发展致富的经验和产业运营理念，聚焦“混合所有制”特色，落实到山院村特色小镇规划建设中。

（1）依山靠河环境优

山院村项目紧靠黄河三峡，大山大河交相辉映，美不胜收。项目建设用地大致成不规则多边形，山体自然辽阔，地形层次丰富。林木资源种类多，观赏性强，实用价值高。

（2）红色老区代代传

革命烈士眠山院，山院红叶片片红。山院村是济源市邵原镇有着光荣历史的红色老区。抗日战争时期，颜庆师等三十多名村民参加了八路军。山院村每一位村民的DNA里，都带着红色基因。用谈话唤醒山院村老人对红色革命年代的淳朴回忆，提炼山院村、邵原镇乃至济源市伟大烈士的革命故事，精准定位创意点，打造山院村“一村三时代”红色文化，让革命先烈们保家卫国、不怕牺牲、无私奉献的精神代代传扬下去。

（3）农耕不息生万金

山院村的土壤富含硒微量元素，科学规范的种植富硒小米、大豆、玉米等粮食产业，赋予文化保健概念，打造硒文化。开辟田园私属领地，游客可随心在自己的园子里种植、观赏、采摘，跟家人体验农耕乐趣。开辟药材梯田，种植文冠果、聚菌草、藏红花（中药材）等价值较高的的经济作物。形成一个集科学种植、农业观光、药材加工为一体的，可持续发展的生态农耕产业圈，带动和服务周边人民。

（4）特色民俗

山院村历史文化悠久，民俗资源丰富。以砖、木、石为原料，以木构架为主，建立假日窑洞、定制农家院、大茶楼、大戏台、古村落民俗风情街。拓展特色民俗产业链，把村里的窑洞重新设计，将现代元素融入乡村建设中，使人们在这里能体验到原汁原味的山院村民俗文化。

（5）流连忘返小吃街

建立特色小吃街，广泛收罗山院村大锅菜、春节宴、神仙馍、大碗茶、逍遥饭、花馍、鸡蛋不翻等特色美食。整合各种有形、无形的山村小吃文化资源，促使游客可以多层次地享受山村生活情趣，推动当地旅游美食产业的发展。

4. 政府助力铺路，共建美丽山院村

国家为美丽祖国建设，出台了一个又一个好政策，“中国梦”、“一带一路”、“美丽乡村”、“特色小镇”、“田园综合体”这些政策，都代表党和国家对乡村百姓生活的关怀与期盼。基于国家特色小镇建设环境，生态山院村项目得到政府助力。

2016年期间，济源市市长张宇松多次过问项目建设情况，亲自为山院村撰写对联；济源市常务副市长王惠民，带领济源市发改委、国土、规划、环保、林业、旅游等部门负责人到山院村对项目建设进行调研指导，协调解决存在的困难和问题；邵原镇党委、政府主要负责人，对项目建设规划进行研究指导，积极协调推进项目立项备案。2017年2月16日，济源市常务副市长王惠民，主持召开济源市重点建设项目联审联批联席会议，认为生态山院村（美丽乡村）项目符合国家相关政策，符合济源市“全域旅游”发展战略，经发改委立项，备案项目选址在邵原镇山院村，规划占地500亩。经过各方积极努力，美丽生态山院村项目建设进展顺利。

“雄关漫道真如铁，而今迈步从头越”，光阴似箭，雄关如铁，道尽他建设山院村的坚强意志。不忘初心，筑梦前行。他更加相信梦想的力量，精炼思路，以工匠精神去打造生态山院村，让“幸福福源地，生态山院村”落地生根！我们坚信，在不久的将来，一个充满别样爱意的美丽山院村，一定要以独占鳌头之姿，傲立在国家特色小镇名录中成为典范。

（作者：石雨薇）

二、旗开得胜的雕塑艺术小镇

1. 雕塑，流动的音乐

大连大青文化产业集团有限公司（以下称大青集团）是张立旗先生创办的一家专业从事文化项目投资及雕塑艺术创作等文化艺术机构。大青集团被文化部评为国家文化产业示范基地。在大连市十大文化产业项目中，集团董事长张立旗名下占三个。

该集团公司具有完整的雕塑艺术创作生产线及集团内部配套相关设备生产线，如大型雕塑创作、设计、制作空间，大型青铜雕塑铸造车间、铲磨车间、光谱分析室等日本先进设备，集团公司集成各类员工如：创意、设计、制作、设备加工等人员及专业技师。大型富士电机中频炉生产线二套、大型反射炉生产线一套、精密铸造生产线一套、天吊八套，该设备规模可以同时铸造百吨级大钟（中国北京大钟寺指定铸钟基地）及相关大产业的型艺术作品。

该集团公司历年来一直成为全国各大艺术院校实习基地及大学生双创基地。承揽大规模艺术创作时，参与实习及创作的各大艺术院校教师、学生及各地各部门协作专业技师达数百人。培育了大量的艺术人才。

大型群雕《红军颂》起程仪式；对老一辈革命家后代是头等大事，对企业也是庄重而神圣

为福建泰宁创作大型群雕《泰宁赋》，对当地经济的发展起到了极大的推动作用
神秘东方景区及729文化基地的部分作品，有10组作品可以称为世界之最

2. 雕塑成就铜墙铁壁

古今中外，有很多雕塑艺术作品源远流长。国内知名的古代雕塑，例如国内秦兵马俑、十三陵神道、敦煌石窟等等一直吸引着海内外的大量游客。国外的主题雕塑公园如维格兰雕塑公园、西雅图奥运雕塑公园、自由女神像等等也吸引着众多游客前往。

目前，雕塑产品分公共空间大型景观艺术和民用私人空间定制两大部分。

当前，公共空间雕塑艺术作品市场的市值超过千亿，利润巨大。大型艺术雕塑非常适用于政府广场工程、主题公园及其他景观工程文化品味的提升。目前，政府及相关机构大多愿意采取3P模式，把雕塑纳入环境艺术的总体结构之中，所以资本的作用尤为重要。

私人定制、私人收藏，包括室内家居装饰、环境配饰等，人们越来越喜欢雕塑艺术作品及产品的应用。但是以当今人们整体经济能力、欣赏能力的提高，市场上流通的艺术品远远不能满足人们的需求。艺术品和工艺品越来越分化！由于以往艺术市场的占领者大多商人及企业主，虽然渴望高端，但是由于自身修养及认识能力的限制，只能在中低端市场徘徊。对高端艺术商品只能望洋兴叹，既不能对接，又不能创造。

随着中央政府发布的文化产业振兴规划、十二五规划以及十三五规划中明确加快文化产业发展若干指导意见，文化产业将成为第三产业的支柱性产业。全国各地的文化建设都加强了资金投入，特别是在公共文化建设的投入方面已经成为各地当届政府任期内的重点。

雕塑艺术作为公共文化空间灵魂式的依托关系及核心的象征意义，必将迎来更大更广的前景。

而目前，作为大众拥有的、实用的，99%为传统的，观念老旧，没有多少创意创新的所谓作品，更多的是没有收藏价值的“工艺品”。作为具有独特艺术品质转化为产品的，大青是目前中国独有的、具有这种开发能力的企业。这在中国还是一块处女地，这种能力+资本【转化为胆量和底气】=核动力，也将是形成财富的核动力。

文化、艺术、创意、撞上资本=核动力

艺术创意、设计及文化产业引领等方面的才能及经验在同行业中站在了世界领先的位置，而文化企业的领导者个人的修为及能力，往往会让企业的发展从起点就已经站在了39级台阶上。这也是在行业中的优势。

3. 雕塑当为艺术先锋

到目前为止，大型艺术雕塑等作品，90%以上为企业自主创作及制作，如最具地标作用的天津世纪钟，而天津目前最前延的滨海新区的艺术雕塑作品占有率达到70%，而滨海新区最前延的新生态城雕塑更是95%占有率，而成为中国同行业一哥.而福建泰宁，更是以一组群雕的作用使泰宁作为福建的一个贫困县一跃成为福建旅游的龙头型地区；大型雕塑如北京世纪坛青铜甬道、上海“知识大道”、龙华烈士陵园烈士组雕、英国“汇丰门狮”、法国“万象”、美国佛罗里达州“千手佛”……

大青公司与中国各大艺术院校均有合作，如中央美院、清华美院、鲁迅美术学院等。公司不但作为他们的教学基地，更是协助他们完成了大量的高难度系数艺术作品，而集团公司旗下的铸造技术可以将青铜作品在室外保存7000年，所以，制作大型室外雕塑，内行的艺术家都愿意选择大青公司的设备来为他们制作。目前最主要的客户单位是中国各地区的政府机构；因为新颖的创意及作品，可以极大地提升城市的文化品格，甚至可以拉动当地的经济发展！

4. 立旗，铸魂特色小镇

这种从项目策划、艺术创意、作品创作、规划设计、雕塑制作、翻制脱模、青铜铸造、铲磨加工、硫化着色、运输安装及景观园林、乃至自行投资建设大型文化旅游景区，建造大型文创基地的企业，到目前为止大青公司是在在中国排名第一！同时也是国家文化部、省、市及地区的文化产业明星企业，当地委市政府的领导评语是：“大青集团是大连文化产业的半壁江山”。大连推出十大文化产业项目大青公司占前三个；并已经完成或在不断地完善中。

企业的市场竞争优势，就是创意设计及策划能力。集体手下形成子弟兵式的构成及组合团队的方式，在全国、尤其在东北，已将各种技师、雕塑家、专家、教授、艺术及设计门类的大学生、政府相关部门等，构建了行业类大数据内容合作平台方式，形了成高效质优的建设团队为特色小镇增添艺术风采，予厚重的青铜雕塑铸入艺术之魂。

（作者：张立旗）

张立旗，大连十大杰出青年，大连百位名人【大海之子】。现为大连大青文化产业集团董事长、辽宁省政协委员、中国华侨国际文化交流促进会副主席、大连市侨联副主席、国际休闲经济促进会副主席、中国景观造型艺术委员会主席全国雕塑企业副理事长、辽宁省青年艺术家副主席、大连雕塑家协会主席等……

张立旗从事艺术四十年，走出了一条独特的文化产业之路。其大青集团被国家文化部授予“文化产业示范基地”。张先生1987年独立创作完成大连五彩城全部壁画，被美国时代周刊头版头条报道《看，中国大连五彩城》，五彩城亦因此得名，领当时中国建筑界一时之潮流，被全国多个省市效仿而一举名扬天下。1988年被收入世界名人录；同年，壁画手稿被大连档案馆建立中国第一位为活人建立的全宗档案。

三、巅峰打造文旅特色小镇

1. 特在产业，赢在模式，落在创新

特色小镇理念一经提出，迅速成为焦点。政府通过大量政策引导、产业基金设立等举措推动特色小镇，将其作为加速经济发展转型、承载新型城镇化空间、改善民众生活水平的重要抓手；企业通过资本投入和运营投入快速跟进特色小镇，从阿里巴巴

到华为、从万科到万达，从华侨城到中青旅，几乎所有大企业集团都在涉足，将其作为新一轮投资收益的出口；市场对于健康快乐的需求则迫切需要特色小镇作为释放消费升级的载体。各路人马集聚，掀起特色小镇投资、开发和建设的新高潮。

好的小镇一定是有生活、有文化、有旅游的小镇，是宜居、宜业、宜游的小镇，是有产业支撑的活力小镇，因此文旅特色小镇在特色小镇中占有举足轻重的地位。在国家第一批特色小镇评选中，文旅特色小镇数量超过三分之一；浙江省特色小镇申报中明确提出要按照3A级景区标准打造小镇，江苏省则专门出台了风情小镇的指导意见，可见文旅特色小镇的重要性。随着各方关注度的提升，文旅小镇开发还将持续升温，那么文旅小镇究竟应该怎样打造才能成功落地？笔者有以下几个观点。

文旅特色小镇特在产业。文旅特色小镇顾名思义，是以文旅产业植入为特色的小镇，根据文旅产业在小镇当中的地位不同，可将文旅特色小镇分为三种类型。一是旅游驱动型，即旅游产业占主导地位，在资源方面有独特性和吸引力，其他产业发展不充分，乌镇和古北水镇是典型代表，需要以全域化的理念打造，实现从景点旅游到全域旅游。二是双产业型，即旅游产业和特色产业叠加融合，旅游功能比较完善，属于复合型特色小镇，以影视和旅游为主导的横店影视城是典型代表，该类型需要充分发掘和放大主题特色，拓展要素，延伸功能。三是旅游从属型，即鲜明的特色产业基础，旅游产业为从属产业，旅游功能相对薄弱，属于生产型特色小镇，目前的基金小镇、袜业小镇等都属于该类型，需要利用已有经济基础，推进城旅共融、主客共享。

文旅特色小镇赢在模式。无论是哪种类型的特色小镇，打造的前提就是要确定盈利模式，计算投入产出，避免出现烂尾或死城项目。不同的区位、市场、本底和操盘人影响了小镇的基因，决定了小镇的盈利模式，在此笔者总结了四类盈利模式。一是景区型，以景区模式运营，除门票收入外，住宿、餐饮、购物等业态收入也是主要盈利来源，乌镇、古北水镇、郁孤台小镇等是典型代表，模式相对清晰，主要是由旅游运营功底深厚的人操盘。二是地产型，主要以地产销售和后期的物业经营为主要盈利点，如绿城的农业小镇等，更多的是由地产商或地产主导的投资商操盘。三是功能型，主要依托主题功能拓展经营形成相关盈利，如集散小镇彝人古镇、美食小镇袁家村、民宿小镇莫干山等，地域功能特色鲜明。四是产业型，自身能够依托优势产业形成产业盈利链条，同时与旅游结合实现盈利，如笔者参与的景德镇的陶瓷小镇项目等，靠把陶瓷产业链引入旅游，游客能够参与到陶瓷制作全链体验过程实现盈利。

文旅小镇落在创新。落地为王、创新为要，文旅特色小镇的落地需要靠多方面的创新支撑。一是政府机制灵活创新，国家出台了多项政策推动特色小镇的发展，但是具体的贯彻执行还需灵活的机制保障，如严格监督、简化流程、联合办公、持续引导等，提升落地效率。二是企业经营迭代创新，文旅产品的生命周期一般是三到四年，因此文旅特色小镇的运营需要随着市场变化不断升级，与时俱进，不断研发适应市场消费需求的产品，从而使小镇保持长久的生命力。三是政企合作创新，无论是政府还是企业在特色小镇开发中都关注投资回报，但二者存在博弈，政府更多关注民生、税收、就业等综合回报，而企业关注的是如何活下去从而实现更多盈利，因此政企需要在PPP模式上进行探索创新，寻求平衡，达到共赢。

2. 基因决定模式——看文旅特色小镇四种盈利模式

文旅特色小镇由来已久，经过多年发展已经形成了具有代表性的成功典型，如乌镇、古北水镇、彝人古镇等。自特色小镇纳入国家战略层面，这些典型便重新进入公众视野，并在同时涌现出了一大批亟待进入和已近进入文旅特色小镇投资、开发建设的大军，热度攀升，气势汹涌。热度的背后更需要冷静的思考，文旅特色小镇成功的关键到底是什么，追根溯源，笔者认为文旅特色小镇的开发关键在于要明确打造一个什么样的特色小镇，通过什么模式盈利，又是什么决定了这种盈利模式。

结合当前多个文旅特色小镇案例剖析以及巅峰智业在特色小镇领域的多年策划运营经验，笔者提出了影响特色小镇基因的四大因素以及由基因决定的四种盈利模式。

基因决定模式。每一个特色小镇都有着鲜明的基因特色，影响文旅特色小镇基因的因素主要包括区位、本底、市场和操盘人。区位辐射和带动能够影响小镇的类型，城市核心区一般为商业小镇，城市外围区一般为地产小镇，城市郊区则可打造产业小镇、功能小镇等；本底资源类型与品质则影响到小镇的主题，是水乡小镇还是历史遗产小镇，抑或是黄酒小镇；市场的规模与偏好则会让特色小镇选择成为城市依托型、景区依托型或是专项独立型发展；操盘人的理念与执行则影响到小镇是通过地产盈利、经营盈利或是其他盈利方式。

四种主要盈利模式。文旅特色小镇投资大，落地难，因此在前期就要想好盈利模式，计算好投入产出，避免建设运营失败导致烂尾项目或死城项目。

一是地产盈利，即企业通过地产销售和自持物业经营获利。虽然大家都很排斥以地产的理念去做文旅特色小镇，但是从企业角度看这是一个快速实现投资回报的模式，因此这也是一种较为重要和普遍的盈利模式，更多的是由地产商或地产主导的投资商操盘，在开发地产的同时，配套度假型项目实现盈利，由于休闲度假市场和传统商业地产之间存在利益博弈和磨合，所以这类小镇在中国还处于起步阶段。阿那亚是此类型的典型代表，通过地产销售以及后期多元度假活动业态消费的引入实现了小镇的盘活。

二是景区盈利，即以景区模式运营，除门票收入外，住宿、餐饮、购物等业态收入也是主要盈利来源，该类模式相对清晰，市场上也有相对成熟和可以对标参考的对象，操作的关键在于是否有专业景区运营能力。乌镇是景区盈利的典型代表，陈向宏先生作为旅游小镇操盘的大家，做好乌镇规划设计，植入大量度假业态，推动乌镇适应市场需求转型，可以说陈向宏决定了乌镇景区盈利的模式。

三是功能盈利，即依托具有地方特色的主题功能拓展经营形成相关盈利，围绕主题功能，联动旅游体验，形成食、住、行、游、购、娱、康、教等多元业态的消费盈利，该类模式的关键在于如何发掘和寻找具有地域特色的主题功能，专业运营，拓展盈利链条。袁家村紧抓餐饮功能，深入发掘，拓展链条，通过人流量带动人均消费，实现高额经营利润。巅峰智业依托城市中心优势，将赣州郁孤台小镇打造能够承载城市商业配套功能的文旅小镇，通过灯光节等活动的开展，取得了街区最高日人均突破40000人次成绩，这与巅峰智业多年来在旅游行业的积累是分不开的，其50亿产业基金投资的都是纯旅游项目。

四是产业盈利，即小镇自身能够依托优势产业形成产业盈利链条，同时与旅游结合实现盈利，该类型一般自身产业基础较为雄厚，需要充分结合已有产业优势，进行适度旅游产业融入、功能拓展和环境营造。比如巅峰智业在景德镇做过一个陶瓷小镇，将陶瓷产业与旅游产业融合互动，打造多元化的陶瓷体验，如陶瓷制作、陶瓷博物馆、陶瓷文创、陶瓷转盘等，形成较为丰富的盈利点。

不同的基因决定了不同的盈利模式，特色小镇只有摸清家底、因地制宜、专业打造，才能脱颖而出，保持旺盛而长久的生命力。

（作者：刘馥馨，北京巅峰智业旅游文化创意股份有限公司总裁助理、创新研究院院长）

第三节　人文气息浓厚

博平镇，国家重点镇，全国综合改革试点镇，1927年便建有博平党支部的革命老区。如此人文气息、红色传承的小镇如何建设，作为特色小镇建设中一个新话题，博平镇不倚老、不守旧，彪炳历史，开局破题，在组织建设上锻造队伍，在文化建设上营造氛围，在基础建设上加大投入，优化配套，为文旅小镇建设方面提供了一个样板。

安化江南镇依山傍水，是万里茶道第一镇。

江南镇因位于资江之南而得名，新建于明永乐年间，是安化八大古镇之一，历史沉淀深厚，人文气息常新，因为是安化千百年的茶马古道。

自古市集兴旺。客商如云，一直以来就是湖南特色旅游名镇。特色小镇热潮兴起之后，江南镇人远在云南、深圳的王志伟，傅奕斌纷纷回来家乡添砖加瓦，为特色小镇争作贡献。安化籍人大林先生更是怀着为家乡建设再上台阶，多次回到祖籍地正与江南镇共谋旅游艺术小镇。

一、千秋文脉看博平

博平镇位于山东省茌平县西部，江北水城北郊，309国道和316、257省道交汇处，邯（郸）济（南）铁路境内贯穿，徒骇河纵贯全镇，被誉为“茌平西花园，聊城北大门”。是茌平西部经济、文化、交通中心，交通区位优势明显。现辖75个行政村，111个自然村，版图面积88平方公里，耕地面积8.8万亩，社会总人口5.6万人。被确定为全国综合改革试点镇、国家级重点镇、国家级生态乡镇、省“百镇建设示范行动”示范镇、省第一批宜居城镇。辖区内四照楼景区荣获国家级3A级景区。

博平古楼

近年来，博平镇紧紧围绕“传承历史文脉 ，打造文化强镇”的奋斗目标，立足新起点，力求新突破，在文化设施建设、群众文化生活、文化队伍建设、历史文化资源保护等方面取得明显成效，文化事业建设迎来万紫千红的春天。

1. 历史辉煌，开始破题

博平有着内容丰富的传统文化、红色文化和现代文化，千年文脉，富集于此。

博平是个千年古镇，春秋设博陵邑，汉高祖六年（公元前201）置博平县，因县境广阔且平故名。博平古镇历史悠久、文化灿烂、地灵物阜，曾有很多文臣武将、文人墨客在这里留下了不少足迹，（孔子、李白都曾留下诗篇），形成了浓厚的文化积淀。古楼、泰山圣母行宫、仰山书院、南莲池、东莲池、琉璃井、孔子回辕处等人文景观已成为博平历史文化瑰宝。悠久的历史孕育了剪纸、秧歌、民间书画等丰厚的传统文化；1927年，茌平县第一个党支部在博平镇袁楼村成立，形成了在茌平县党史上有着特殊地位和重要影响的红色文化；农家书屋、文化广场、政府网站等构筑了现代文化。

1927年博平党支部旧址

2. 党政重视，品位提升

博平镇党委、政府一直重视文化事业发展，把文化建设作为精神文明建设的一项主要内容，坚持“一手抓管理，一手抓繁荣”的工作方针，确立了“建设文化大镇”的发展战略，把文化阵地硬件建设的规划列入城镇建设的总体规划，做到分步实施，不断完善、发展。

2007年，镇党委聘请聊城大学艺术学院完成“水韵古风，魅力博平”文化建设规划，几年来人文景观工程有序推进。目前，古楼、党史纪念馆、枣园广场、仿古街、仰山书院、泰山圣母行宫、牌坊、运河湾生态园等已建成使用，博陵大枣观光园正在建设，南莲池、西新河休闲区、徒骇河五彩桥风景区完成规划。博平，被评为“山东省十大生态旅游名镇”。

3. 加大投入，优化配套

文化，是一个城市的名片，代表着城市的个性。为构筑文化载体，繁荣地方文化事业，近几年博平镇投入资金1000多万元，不断完善优化了文化设施配套。其中投资400多万元建设了文化综合站。一是建了600平方米的二层楼房一座，作为集办公室、娱乐室、健身房、电子阅览室、排练室等为一体的文化活动中心；二是对清代古建筑仰山书院藏书楼和民国时期建筑教学楼进行了落架维修，作为图书室和民俗展览室使用。这样既达到对古建筑进行保护的目的，还是开发旅游的一个好景点；三是在文化大院西墙建碑廊50米，对博平区域内的古石刻进行保护；四是建设100平方米的展示橱窗，展示博平古今名人传记；五是院内建设3000平方米的文化广场，为群众健身、娱乐场所；六是建设仿古戏楼，作为群众文化活动的舞台；七是建设手工织布、手工挂面、手工缝制幼儿服装鞋帽、剪纸装裱、石磨面粉等民俗色彩浓厚的仿古手工作坊，展示手工制作流程，开发旅游，通过原始手工产品创收，形成文化产业，最终实现以文养文的良性循环；八是开发建设临街商业用楼350平方米，用于发展文化产业。成为全市占地面积最大、文化项目最丰富、功能最齐全的文化综合场所。博平镇先后被评为全省、全国“亿万农民健身活动”先进乡镇。

4. 营造氛围，锻造队伍

繁荣地方文化，营造文化氛围，锻造文化队伍是基础。近年来，博平镇先后成立了书法协会、京剧协会、剪纸协会、老年门球队、太极表演队、腰鼓队、夕阳红合唱团，健身舞表演队、民间艺术表演队等21个文化队伍。博平镇有全市唯一经常开展活动的镇级老年大学，文体活动丰富多彩。镇政府修缮了影院、图书室，建造了门球场和几个集居民娱乐健身、休闲纳凉、文艺演出于一体的活动“小广场”，每天早晨有群众健身的身影，晚上有群众的歌声。目前各类爱好者共开设气功、棋类、京剧、艺术、太极拳、太极剑、经络功、门球、高跷、狮子、竹马、武术、秧歌等十几个项目，发展到了近千人，辐射了全镇二十个多村，老年门球队在全市的比赛中获得第一名的好成绩。

5. 精心组织 开展活动

文化展现魅力。为营造浓厚的文化氛围，博平镇精心组织，经常性开展群众喜闻乐见丰富多彩的群众性文化活动，主要节日举办形式多样的民间文艺活动，占领农村文化阵地，丰富群众的文化生活。多次举办以乡土书画创作为主，并邀请外地名家作品参展的书画摄影展览，每次展出作品200多件，观众达2万人次以上。文艺宣传队由职工、退休教师、农民组成，每年都举办春节文艺晚会、“5·29”计生协会文艺晚会、“7·1”文艺晚会、消夏文化活动、“10·1”文艺晚会、“9·9”老人节文艺晚会等，主要节目有歌曲、戏曲、曲艺、表演唱等。博平镇京剧爱好者协会组成人员主要是退休职工，教师，农民等，会员每周6聚会活动，相互切磋学习，排练节目，镇文化站举办的各种文化活动均都参加。镇文化站也每逢元旦、春节、五一、十一都举办了歌曲演唱会、戏曲演唱会、书画会、才艺展示、居民趣味运动会等特色文化活动。博平是剪纸之乡，人员多，手艺精，品位高，已征集剪纸作品数百幅，并分别登记建档，参加人员最大的83岁，平均年龄67岁，很多作品在市县获奖。还排练了《赏驴》、《夸博平》、《俺村书记牛大豪》、《博平小县官》、《要票》等群众喜闻乐见的文艺节目。

同时，博平镇还经常性组织富有地方特色的民间文艺下乡，文艺节目丰富多彩，既有传统的舞龙、舞狮、高跷舞、竹马戏等，又有充满现代气息的秧歌舞、腰鼓舞、扇舞、剑舞等，尽显民间文化风采，弘扬了民族优秀文化，受到农村群众的欢迎，城乡文化形成了良好的互动交流。

（本文基础资料由博平镇党委、镇政府提供，文章指导专家刘金彪）

刘金彪，研究员、策划家、书法家。现任《中国特色小（城）镇年度发展报告》编委、中央党校国家高级文创智库专家委员会主任、中国传媒大学美术传播研究所研究员、国家文化市场调查评估中心专家、国家文化产业规划设计研究院研究部主任、中国文化传媒集团文化产业规划设计研究院规划指导中心主任、北京华影会书画院院长等。

曾荣获“中国百大最具实力的策划家”榜，出版畅销书“中国策划家思想文库”之一——《刘金彪：大哉文脉》。近年专注历史文脉小城镇研究，先后走访、调研了成都洛带古镇、蔚州古镇等数十个有着历史文脉传承的古镇，以此续写《刘金彪：大哉文脉——古镇篇》。

二、安化“茶马古镇”的人文气息

1. 万里茶道第一镇

江南镇地处湖南省安化腹地，因镇区位于资水南岸而得名，始建于明永乐年间，是安化八大古镇之一。该镇距离县城仅17公里，省道S308从镇区横穿而过，总面积289平方公里，辖 26个村、1个社区，6.4万人口。近年来，江南镇党委、政府秉承安化县委县政府茶旅一体化高度融合的战略部署，立足江南实际，确立并坚持“生态立镇、项目活镇、茶旅兴镇、工业强镇”的发展思路，紧扣旅游开发、茶叶产业、园区建设、民生工程、招商引资五大发展主题，逐步打响了茶旅一体化融合发展的“茶马古镇”品牌，产镇融合发展条件日趋成熟。

①江南是万里茶路的起点，境内古茶亭、古茶行、古道、古桥等遗存遗迹甚多，其中，鹞子尖古道、永锡桥、缘奇桥3处已被确定为“万里茶道”申遗点，思贤桥、五福宫码头、德和茶行、良佐茶行作为申遗待定点，正在申请世界文化遗产。

②江南是湖南省特色旅游名镇，是国家4A级景区——茶马古道风景区的所在地，拥有中国传统村落保护村2个，全国特色景观旅游名村1个，湖南省美丽乡村示范村1个，全国乡村旅游扶贫重点村4个等。根据《湖南省旅游业“十三五”发展规划纲要》，安化县有3个乡镇已纳入湖南省“十三五”发展规划重点培育的百个旅游特色小镇，江南镇是其中之一。

③江南是安化千两茶的故乡，据史料记载：全世界第一支千两茶、第一片紧压黑砖茶便诞生在江南。

④江南是安化黑茶的主要产区之一，全镇茶园面积超过2万亩，拥有高马二溪、久扬、梅山、老顺祥等知名黑茶企业21家、标准化清洁化黑毛茶加工点58家，全县首家新三板挂牌上市黑茶企业——梅山黑茶坐落于江南工业园，平均每5个江南人中就有1人从事茶产业相关工作。

2. “茶马古镇”全域旅游示范区

（1）“茶马古镇”旅游产业发展的政策依据

① 江南镇被纳入湖南省 " 十三五 " 发展规划重点培育的百个旅游特色小镇；

②《安化县旅游发展总体规划（2014—2030）》；

③《安化县江南镇总体规划（2015—2030）》。

（2）重大项目的策划

为实现“茶马古镇、美丽江南”的目标，镇党委、政府深入调研，抢抓机遇，从点、线、面三个层面积极策划了五大旅游重大发展项目。

①“黑茶小镇”产城融合项目。范围：江南镇区。主要包括四大方面建设内容：一是820亩旅游地产开发，推行工业企业、工业旅游、城镇建设“三轮驱动”融合发展的路子；二是镇区市政设施改造提质；三是“万里茶道”世界文化遗产保护与修缮；四是古街的修缮与恢复。

② 洞市民俗文化街项目，建成茶马古道旅游集散地。范围：洞市社区村。主要解决三大难题。一是秉承“保护一条老街，开发一条新街，新街为老街的延续补充”的发展理念，解决洞市老街群众住房困难的问题；二是拓宽旅游公路，解决X045线交通不畅的问题；三是有机结合易地扶贫搬迁政策，解决贫困群众易地搬迁后就业困难的问题，实现脱贫致富。

③ 乡村旅游景点开发，打造特色旅游精品路线。以点带面，加大对黄石村、旸二村、茅坪村、中洞村4个全国乡村旅游扶贫重点村的扶贫开发力度，突出打造乡村旅游示范点；对全镇范围内除湖南省千秀旅游股份有限公司实质性投资的高城村之外的特色旅游资源，如茶马古道、洞市老街、梅山古寨、石牛山、石牛寨、石牛寺、龙山溪峡谷、陶澍尚书第、陶澍三世祖陵园、麻溪排帮、双公山居等，进行进一步挖掘、开发与组合，打造乡村旅游精品路线。

④ 世界文化遗产保护与修缮，打造文化溯源精品路线。一是对“万里茶道”申遗点的保护与修缮；二是对国家级传统村落的保护与修缮；三是对境内古茶亭、古茶行、古遗存、古迹、古建筑的保护与修缮；四是对民俗文化的保护与传承，丰富茶马古镇文化内涵，打造黑茶文化、马帮文化、梅山文化溯源精品路线。

3.“双公山居”生态茶园示范点

江南是省委常委挂帅、省委统战部、省质监局、湖南城市学院牵头协调的省级片区扶贫开发联系点，为全镇争资立项带来千载难逢的机遇。双公山居位于安化县江南镇，在万里古茶道的起点安化茶马古道旁，由昆明知名企业家王志伟先生于2013返乡回安化投资兴建。项目一期共完成投资5千万元，现已建成并投入试运营。双公山居是一家以茶文化为主题的精品民宿，是面向全国高端游客的黑茶养生馆、休闲度假体验场所，是安化茶叶、旅游、文化一体化推广项目的先行者与探索者。双公山居这一对年近古稀的老夫妻以回报乡邻为初心、用三年多时间建设并打磨出目前国内极具地方特色的高端精品民宿。

园区内有成片的生态茶园、古朴的民俗茶馆、体验式手工作坊，黑茶泡澡养生馆、黑茶及农产品购物超市，游客可参与采茶、制茶、品茶、玩茶的系列体验活动，对深入了解安化黑茶与安化民俗文化起到引领作用。

安化双公生态农业开发有限公司于2016年9注册成立。公司以“双公山居”品牌为依托，倡导自然农法理念，坚持不用农药、不用化肥、不用除草剂、不用地膜、不用合成激素、不用转基因种子的农业“六不用”原则，带动周边贫困户共同参与。目前正在组织农业合作社实体，以订单生产、统一管理、集中销售的形式提高农户收益。

双公山居未来要在安化县江南镇茶马古道沿线建设精品民宿100间，并完成周边村民旧房改造成普通民宿共1200间，在茶马古道沿线建设休闲旅游度假带，打造茶马古道沿线精品民宿群及田园综合体等项目。并配套建设原生态农产品种植基地、香料种植基地、青少年自然教育基地、农禅体验园、探花园、野菜园、农产品加工中心、农产品交易中心、水上儿童乐园、农产品储存冷库和新鲜果蔬物流冷链；建设森林康养示范园、民俗演艺文化中心和启迪乡村文明的开悟书院，建设一个房车营地及直升机机场；建设自行车骑行环线并打造全国最佳比赛基地等项目，同时开发具有安化特色的原生态农产品。以休闲度假游、森林康养、安化特色美食、安化民俗等茶叶旅游文化为载体，打造环洞庭湖休闲旅游目的地及湖湘特色文化品牌。

（作者：安化江南镇书记刘建辉，镇长饶聪）

第四节 体制机制灵活

陈向宏与乌镇、古北水镇的名字紧紧连在一起，晚于周庄十年而起步的乌镇，凭着自己独特的发展方式，扬名中外。乌镇戏剧节在中国小镇是个先例；而世界互联网大会更是创造了一个奇迹。它是我们所听到过的外国戏剧、电影节设在小镇，世界大会放在小镇的鲜活的中国版。陈向宏的几句话也都是创新的源头，他说但凡一个景点，不担心你不来，而是您能不能再来；他又说我从不担心旅客白天怎么看，而是晚上看什么。

屠长风，百企百村产游融合发展扶贫创新人。作为中青美景旅游投资有限公司的老总，投资是他的本行，而他却精通规划设计、策划咨询，正是因为他的博学多才，所以他把旅游投资当作扶贫的抓手，他以组织村民合作社，建立智慧村寨之家，发起村寨项目，引进三产项目，特别是投资建立创业发展基金来推动产游融合，而后百家企业扶持百个村寨的做法主攻要塞、直指人心。

一、陈向宏：投资操盘乌镇和古北水镇

1999年的乌镇没有一个游客，周庄比它早了十年，西塘比它早了五年，乌镇的发展经历了三个阶段：

第一个阶段是所谓的观光旅游建立阶段。我是从东大街开始的，之所以做的晚，也是吸取了其他古镇的经验，我们就围绕着一个线性化的旅游产品做，我们没有受很多的诱惑。在这里面，就坚持了一个，乌镇个性的凸显。我01年就提出来乌镇的宣传口号，一样的古镇，不一样的乌镇。做观光旅游，我们在东栅栏是18年前的产品，我们是修了一个旧的壳，装传统的东西，这是观光旅游。到04年，大家都在喊度假旅游时代到来了，什么是度假旅游？很多专家有各自的解释，我的解释只有一句话，度假旅游就是晚上旅游。任何一个景区，如果白天人很多，晚上以后人没了，再怎么说自己是度假区也不对，只有真正的国际度假区是上午比较冷清的，越到晚上人越多，这才是度假旅游。

所以乌镇的第二个阶段，被定位为度假区。2004年到2007年，我当时是国有企业老总，兼着政府的官员，做得很痛苦，因为当时没有一个国内古镇做度假旅游。当时我们的概念就是两个，从保护上把静态的保护变成历史街区的再利用；从理论上我是修一个壳装新东西，这就是新旧的变化。你到乌镇西栅栏就会体会到。我们说一个旅游产品，首先要领导说好，不管是谁的领导，董事长、投资者还是股东，你要领导不说好没有钱；第二要专家说好，专家不说好，写文章骂死你；第三，当地群众要说好，不然你日子难过；最重要的是市场要说好。

我们现在的度假点，最最重要的就是90后、80后，甚至是00后。我们没有刻意装新东西，当时第一步，是把民宿做起来，把游古镇变成在古镇住下来。我们从2007年开始投入巨大，没人看好，正式建完了以后，我也有各种的考虑，我们找了中青旅合

作，它是我们建完了以后再战略投资进来，我谈的条件是保持乌镇独立品牌，中青旅不参与管理，西栅建了以后，2007年第一年税后净利3000万，第三年9000万，第四年1.8亿，到今天2016年，我们乌镇旅游总营收是14亿。我们整个售票人数，卖出一个算一个，我们是936万，去年实缴税收2.5亿，税后净利5.6亿，我可以说，从投资的角度来说，乌镇是中国景区最赚钱的，中青旅股份公司91%的净利润是乌镇给他的。

但是我也看到了危机，2007年建了以后，2007年我们在乌镇里面开民宿，我看到浙江旅游局的领导，他们当时来找我，你不要叫民宿，这台湾人的叫法，你就叫旅馆吧，但现在每一个景区都叫民宿。我们景区是文化的创意，我去年开始在公司里面就讲这个问题，我们前几年就看出来了，我们从观光旅游到度假旅游到文化旅游，我们说我们要做文化小镇，我个人认为，小桥流水是共性的，只有文化是不一样的，江南历史文化是相似的，只能创造这个古镇独有的文化，所以我们建了大剧院，建了美术馆，我们做了四届戏剧节。戏剧节的影响力巨大，每年的戏剧节，所有的领馆跑来，说我们愿意出钱把我们国家的钱放到乌镇，国外以前是先了解乌镇才了解戏剧节，自从我们办了戏剧节，是先了解了戏剧节才了解了乌镇。

我们做旅游的有一个理论，特别是做景区，怎么经营好自己的独特的IP。我个人认为，文化是放大IP最好的渠道。我们所有的文化项目，分两类，一类是着眼长远，乌镇戏剧节第一年花费了6000多万，第二年4000多万，每年亏，但是去年开始持平，连奔驰宝马都开始提出赞助，我说我不冠名，你可以赞助。我觉得乌镇戏剧节是一个国际品牌。你看，刚办的时候，我到英国爱丁堡参加世界上最牛逼的戏剧节，人家不接待我们，现在爱丁堡戏剧节每年会发邀请函邀请我们。所以这个文化的传播力真的让我们学到不少，但是我也看到，依靠门票的年代已经过去了。

我每周会接待很多来自全国各地的朋友，他们都有几个共同的特点，每个人都认为自己的项目是最牛的，我就开玩笑说，你这个水库是当地最牛的，在中国是不是最牛的，在全世界是不是最牛的？所以我去年年底在公司内部开会，我说乌镇的成功在于领先市场的成功，我们现在领先市场的优势没有了，大家都在做观光的时候，我们做度假，大家做度假的时候，我做文化。但是今天怎么办？我不避讳，我觉得我是悲观主义者，特别是下半年以来，受经济大环境的影响，整个旅游市场形势是不好的。乌镇是十多年来第一次下降，怎么办？我们的下滑是人数下滑，虽然收入还是增长，但是这是代表了一个信号。

我一直在判断，我说我们要开始第四次转型，转什么？会展小镇。我觉得旅游做到今天，像乌镇这种项目没有什么资源禀赋，依靠着人文资源、设计，依靠着生活氛围的营造，依靠着这种独特的商业模式。但是，花无百日红。什么是投资？投资是讲回报的。这种回报只有超过社会平均边际率的回报才是最优的回报。人家都赚这个钱，你也赚这个钱，你的股东不会喜欢你。只有人家赚了一部分的钱，你是远远超过他们的，这才是彰显我们优秀投资操盘手价值的所在。

第二个我讲讲古北水镇，我从政府下来以后，我不是政府官员，不是红顶商人，乌镇是我的家乡，我生在这里，深爱这个地方，但是也无可奈何，以我的计划乌镇还有第三期，但是搁浅了。2010年，我跟董事会提出，跟我们的股东提出，我说我想在外地做项目，我先到福建找土楼，去了八个月，画了无数个草图，不知道今天福建的朋友在不在，我认为福建的土楼是世界文化遗产，你们这样做是不对的，福建有三万多个土楼，每个游客最大的耐心是看四个，看到十个他会反胃。所以，我说我希望做什么呢？做个生活在土楼里面的土楼区，结果没有得到领袖的认可。

我回到北京，偶然看司马台长城，那边有一个缆车，我说做这个项目，后来北京市委书记刘淇要听我的项目汇报，我拿了一个地图，把所有的山型研究透以后画了一个图，什么图呢？大家都说长城，多牛逼，我们要做长城，做索道，长城上恨不得做一个玻璃栈道。我的意思，我所有做的项目里面，长城只是我的背景，我在长城想做一个小镇，因为长城的存在，我所有小镇里面的业态，吃喝行购超过了行业的边际利润，领导很认可。我2011年6月份签约，2014年建成。我们2015年磕磕碰碰地开业，第一年到去年，我们接待游客240万，景区总收入7.4亿，税后净利2.3亿，让我很欣慰的是第二年达到了乌镇十二年的水平。我们这个项目投了50亿，真金白银，但是现在股价是80个亿，后面所有的基金投资排着队要买我们的股份。我感觉松了口气，对得起投资股东了。

很多人问，你做这么大的景区，你怎么回报？我觉得旅游产品走到今天的投资回报，静态只是一个方面，但是你不要放弃资本的力量。我个人认为，还要研究旅游项目溢出的效应。古北水镇大家如果没去过，希望大家看一下，应该说是从一片白地建起来的，地形都是整过的，差不多50万平方米，1500间客房。我们现在还没有建好，还没有大规模的进行品牌宣传，其实真正意义上是试运行，但是我相信在北方市场，在北京地区，古北水镇无疑是占住了第一的地位。

我们做这两个项目，有一个共同的特点，我补充一点，我现在所有的项目都是自己独立规划，独立建设的。我也借机会澄清一下，外围有些人打着中青旅的旗号，说古北水镇是他们做的，乌镇是他们做的，到处都在签约，到处都在拿地，所以我顺便也澄清一下。做这几个项目，有几个特点。

第一，在规划里面，我不再研究白天怎么游而是把目光更多地放在晚上怎么游。就像前面说的，我认为一个景区没有夜生活就没有第二次消费，只有门票收入。

第二，我不再讲究门票收入，而是讲究单位消费，在我规划的景区里面，我是进行三三制，三分之一的门票，三分之一的酒店收入，三分之一的景区综合收入，我两个景区基本上都达到了这个。我反而认为，一个景区的存续，门票是一个杠杆，我们对乌镇来过几次消费，或者累积达到一定数额的，都不收门票的，古北水镇只要入住酒店就不要门票。我们现在也面临着困难，就像乌镇，我很担心的是什么？名气太大，游客量太大，事实证明，观光产品和度假产品是不能混杂在一起的。游客很多，就挤掉了观光客人，真正度假的客人的感受。一起买门票，我们中国的旅游市场太大了，就无法管理了。

第三，我不是讲追求游客人数，做一个景区不怕你不来，就怕你不再来。乌镇，一年900多万游客，70%是散客，70%里面至少60%是第二次来，所以我们最新的口号，其实也不新，叫做“乌镇，来过，未曾离开”。

最后，我不再强调自己的景区是第一，而是强调自己的景区是唯一。我们做项目，好多希望自己一上来就是中国什么什么第一，亚洲什么什么第一，恨不得宇宙第一，很苍白。我恰恰说我不怕自己小，我只怕自己不是唯一。我觉得这种唯一性才是真正重要的。

我对我们这个行业有一个很悲观很糟糕的想法，大家都太浮躁了，都没有静下心来研究市场，我说我们在这里面变成了旅游行业，变成了概念风行的行业，变成了一个领导指定发挥的行业。你看，政府领导研究高科技项目，大家都很谦虚，说这个让专家说说；研究旅游项目，个个是专家，个个都能说出一套怎么做。

像乌镇和古北水镇这样的项目之所以受市场的欢迎，不是我们做得更多，而是这个市场太需要这个产品。我2010年到北京去，现在也算北京人，到北京我就发现，你看北京人，一到周末真的是无处可去，在任何一个郊县的小水潭里面围着吃烤玉米，他认为就是一个度假了，还有一个，我追踪地中海俱乐部，我研究了十年，差不多连续去了五年，带着我们的团队，每一年去都惊奇的发现，这种高端的小型的度假区，中国游客越来越多。

所以我觉得，我们现在处在一个转型期，这个转型期是一个对旅游产品的接触认知的满足感转化为个性化的生活文化体验精髓小镇。我们以前只是说这个地方没去过，我们去一次。以前是人随物转，现在是物随人心，或者说以前是人随景走，现在是景随人心。我老是说规划，规划最难的是什么，你要把这个地方的精神气质找出来，你要塑造一种道不清说不明的东西，进去以后被一种无形的体验感受到，是最难的。

我们投资项目的选择上，说到底，是市场的选择。任何一个项目，投资前你要研究你自己投资项目的产品形式，你是做主题公园还是做生态景区，你是做酒店主导型的，还是做门票型的，我们的李总，是我尊敬的前辈，我特别佩服他，他做的事情我做不了，我老觉得我们束缚太多，中国旅游投资不缺钱，好多的刚转型回来的，有些地产转型过来的，看到什么就觉得什么好。我老说你自己没想清楚，你自己都不激动的事情，你怎么感动市场，老说这边拿一点，那边拿一点，这个不行。

第二个是产能规模，我们以前说不能办小企业，企业要上规模。我特别强调，不是酒店，是景区，越小的景区挑战越大。所以我们为什么要做到一定的规模呢？反而越大越安全，这是我的感觉。你说我一个度假酒店，你做300个房间，你怎么做，人家一来没房间了。我去年的海南荧光项目，去年12月刚签，我准备做4000个房间，谁教我的，广东长隆教我的，也是老前辈，我觉得他的模式我们要好好的学习。

第三个，这是我要特别讲的问题，我们现在很多都讲投资，讲资源，其实旅游景区不能忽视的一个问题，就是产权。你看我的个人癖好，我都希望所有的产权整体拿下，但是未必都是对的。租产权的也可以做。但是历史性的文化名镇，历史性的古城，千万要注意，我们中国最弱的是开发商，老百姓一闹事，你签再多的合同，政府也不会帮你，而是帮老百姓。

这里我有两句话：第一，今天拿产权永远比明天拿便宜；第二，你拿了产权以后，你才有下一步资本运作的可能。产品形式、产能规模和产权选择是我们选择项目的前提。

今天有很多规划界的大佬，我经常觉得一个很奇妙的事，我们中国的旅游规划有各方面国家的控制，但是我们要共享，唯一一个要听的是市场的声音。我一直很奇怪，我们的政府，老为了一个项目的一句口号，甚至一个字，讨论来讨论去，讨论一个月，我说干吗啊？游客又不会冲你一个口号一个字来你这个景区。我们好多的规划做得很漂亮，效果图做得越来越漂亮。领导看了都说好，但是真正做的东西和规划图一点关系没有，落实不下来。所以我们现在的规划都是概念规划、整体规划。

我的意思是说，战略规划、概念规划必须考虑产品管理、盈利模式。我所有做的景区，每间房子，每个厨房，每个楼梯，都先考虑好，而不是说我建一堆房子以后重新回过头来想这个建筑怎么用。你做规划的时候，你考虑到产品模式没有？考虑到盈利模式没有？考虑到管理模式没有？我听到最可笑的是政府工作报告说我建一个游客接待中心。游客便民中心可以，游客接待中心是一个非常专业的事情，什么样的产品有什么样的游客接待中心。

两年前我在遵义做一个扶贫项目，在一个县市有一个巨大的游客接待中心，进去以后空空如也。所以，你看我们的规划，现在是什么？

第一，规划跟建筑，跟下一步具体的氛围的景观的营造是脱节的。而旅游规划恰恰要把这些并合起来做。

第二，规划跟产品，跟运行和管理是脱节的。从规划的节点到系统的设计，这也是我要讲的。现在好多的景区，规划的时候有一个点，比如建一个塔，建一个什么庙，其实不是，恰恰是应该把这个系统建立起来。什么是系统，规划里面强调游客的线路，我要做就要都想好，游客在这个点肯定会停下来自己拍照，所以，这是一个系统。

第三，从单体规划到全域规划。说全域旅游给我们提出来，就是所谓的目的地旅游，就是你的产品独立于这个区域之外。你看我们贵州的项目，两年前，乌镇旅游跟我们中景公司响应精准扶贫的号召，我们在贵州援建一个项目，我在当地选地点，很多人都说你为什么选这个地点，其实我是看到它离重庆特别近，虽然它可能资源不是很优厚。

有些需要注意的，第一，避免政府直接投资。现在投资都是有城投公司来，这是最糟糕的事情，政府往往对投资结果不太肯负责，他也无法进行运行管理。

第二，讲究投资和运营结合，一般最好的建设是跟运营管理团队同步的。

第三，政府股东的配合，这个很重要，我以前挑项目，首先是交通，其次是政府的配合，现在倒过来，首先是当地政府的配合度，然后是交通。现在行政越来越规范了，政府不跟你配合一块干，你什么也干不了。

第四，投资的误区，现在是一个旅游投资大冲动的年代，这是个误区。

一是公共产品市场化。我们好多的政府项目，分不清公共产品和市场产品，说我们建一个什么什么公园，我们建一个开放式的什么什么，严格意义来说，你是服务于当地老百姓的一个公共产品，而不是一个市场竞争化的产品。

二是经营资源的碎片化。很多的项目有很好的资源，今天你定一个什么酒店，明天定一个什么项目，等到一天你回过头来看，很好的资源支离破碎了。

三是博物馆的静态化。景区内容不够，博物馆来凑，其实建博物馆是最最难的，很多的博物馆是空洞无物的，几乎没有什么表达。

四是市场定位的同质化。

五是历史民俗的概念化。这也是我希望大家要注意的，我们很多景区说这里的皇帝怎么怎么的，这里历史上发生了什么什么，然后拼命地想重现这个时代，重现这个场景，其实我觉得是得不偿失的，你也无法做到。

我们身在一个最好的时代，旅游投资的春天到了，但是我们怎么把握这个机遇，我们怎么让我们的投资真正具备价值，我们怎么来迎合，或者说契合这个市场的消费，这是我们要共同努力的。

（作者：陈向宏）

陈向宏，乌镇旅游股份有限公司总裁，北京古北水镇旅游有限公司总裁，中景旅游管理（北京）有限公司董事长，北京嘉兴企业商会会长，国内著名大型景区建设管理的实践专家。

自1999年起主持乌镇古镇旅游保护开发，在全国古镇中率先提出“历史街区再利用”的理论，并将乌镇从观光型古镇打造成了国际性的著名的休闲旅游目的地小镇。

2010年，陈向宏率领数千建设大军开赴北京京郊，在密云县古北口司马台长城脚下开发建设古北水镇景区，目前已初具规模，运行良好。

2013年组建中景旅游管理（北京）有限公司，致力于国内景区的建设与连锁管理。

二、产游融合发展的扶贫创新模式

1. 背景概述

贫穷是社会的伤疤，减贫是政府的天职，扶贫济困是人类的良心。

今年是国家脱贫攻坚战的第二年，脱贫攻坚作为“十三五”时期的头等大事，受到了党中央国务院的高度重视，以中央领导关于新时期扶贫开发工作的战略思想为指导，紧紧围绕区域产业发展现状，牢牢抓住国家、省、市、县新一轮扶贫开发战略机遇，坚持以连片开发为抓手，以整村推进为载体，积极整合人力、财力、物力，凝聚社会各方力量，不断创新工作方式，加大扶贫资金争取力度，精心组织实施产业项目，打好新一轮扶贫开发攻坚战。确保农民收入稳步提高，贫困人口不断减少，脱贫攻坚主导产业逐步形成是扶贫开发工作作为农村首要政治任务。

通过对贫困地区的基础研究以及大数据的分析，我们认为贫困地区首要的问题是缺思想——缺乏能够去根治贫困的产业发展思想。

由此，我们发起了本活动，旨在从项目发起抓起，为多门类资金的进入打通环节，建立标的。用逆向思维方法，瞄准资金来源，进行定向的项目策划设计。以创意思维，形成落地项目，然后撬动产业发展，用供给侧改革的原理，产游融合发展，有效推动村镇的脱贫解困。

通过产游融合发展农民合作社，建立由点集结成面的产游联动体系，将是目前脱贫攻坚战的有效突破途径。

百企百村工程的流程关系：

调研策划—项目规划—业态设计—引资建设—村民合作—辅导运营—经营周期

2. 项目发起

（1）村民合作社

按照国家相关政策，以及目前已经成功运营中的农民合作社的样板参考，我们按照自然村落为范围，成立村民旅游发展合作社。由原来的单打独斗式的旅游发展，变成抱团出击和联动发展，相当于成立属于村民自己的旅游公司，让村落的发展利益最大化。合作社的成立，使得外来的资金资源得以在以村民主体的体系下有效调配和使用。针对村民的很多发展设施工程，包括民宿、景观治理、公共卫生、文化教育、居家养老等项目发起，得以用工程包的形式，去对接外来的资金。按照中央1号文件倡导的，打造田园综合体，形成一个具有旅游接待和旅游体验功能的旅游目的地。

（2）智慧村寨之家

通过一对一的精准配对，引入一家企业或机构作为社会资本方与政府合作成立SPV公司，在每一个自然村落或者是一个相应的村落范围内，设立一个村民服务中心。该中心有多项复合功能：农副产品营销、民宿运营服务、文卫职技培训、荣誉村民之家、居家养老服务、游客服务中心等。该中心将由统筹运营机构总体负责，直接面对每个村民，进行所有功能的平台式服务。村民中心是完全服从于村民组织，以及与政府职能部门价值观统一的民间自营运营体，是一个扁平化管理的，直接面向国际的产品和旅游发展的营销中心。

（3）村寨项目发起

民宿，是乡村旅游发展的核心命题！按照每一家村民打造2个床位计算，一个150户的村落，可以形成200-～300个床位的接待能力。将设立多个级别的现代农庄功能体，从普通的民宿功能，到餐饮服务，以及农耕体验休闲活动等。村舍建筑的棚危改，从智慧化和安全化等角度，用前瞻性的视野对古旧村落进行修旧如旧，穿衣戴帽等工程，该项工程不只是从形态上进行整治，更是从整体村落的基础设施，以及智慧村镇、安全村寨等概念上去进行工程建设，包括整体村落的景观治理和美化。

（4）三产融合项目

包括基本农田和林地在内的产游融合项目的设计，稻田养鱼和林下经济等项目，也是目前乡村发展的经济增长点。由合作社统一发起的现代农业作业下的农业经济发展，与文化旅游融合发展。

（5）公共基础设施

采用PPP模式，与政府合作下的高等级基础设施项目的建设，发展经济从基础上抓起，旅游开发交通先行，旅游开发环保先行，旅游开发智慧先行。

（6）创业发展基金

设立面向外出务工回流村民的回乡创业的创业基金。村落的建设，缺少不了原住民，特别是少壮派的文化青年的回家乡建设。80年代的外出打工潮，到今天的乡村回流潮，可以真正能够让乡村自身循环供血发展的根本条件。避免目前大部分村落，留守孤寡老人，空心村现象严重，地域文化传承流失的社会衰落状况。

在深入调研的基础上，以供给侧改革原理，产游融合发展，进行村落相关项目的发起和打造，是村镇发展的第一要务，有了具体的项目，才可以去瞄准相应的资金，进行有效的引导，使得项目能够尽快落地建设，才能够尽快形成项目的产能，在该区域内形成现金流，进而直接带动村庄发展，带来村民的收益。

3. 具体推进

①招募志愿者或对应产业的企业，以帮扶为首要前提的，以合作共赢为价值观的前期工作。由企业发起，以少量的资金，资助对应的村落，进行前期开发项目的策划和规划，这是所有工作的最前端发起步骤。创意策划为先，思想为先导的项目发起设计工作，是撬动整个扶贫攻坚战的首要任务。从战略和战术上进行精准的定位和项目确定，形成一个单体村落旅游发展的规划和项目设计。该部分的工作，直接精准指向各类引导资金的项目倾向需求，为村民负责，为政府负责，为自身合作的社会资本方负责。

②方案形成后，就可以将方案中的项目去对应相应的资金，然后引导进入由项目公司与村民中心合作，进行全面的投资建设。该部分的合作模式，可以是以PPP机制架构下的多元化的投融资合作开发模式。在项目方案设计的前提，是运营业态的前置设计，以确保项目的真实全面落地运营，真正能够做到项目的立竿见影。

③项目落成后，将由村民中心进行专家辅导和按照产业体系标准下的服务。包括一体化项目的引入，运营机构的优选，盈利模式的核定，村民利益的保证，以及相关城市化运营下的发展等。

④村民中心的政策指导和法规监督机构是镇以上人民政府，盈利模式为全商业运营，但原则是在该区域落户扎根式的合作和运营，这样能够保证项目的落地和经营成本的最优化。在成熟运营机构总体管理下，可以充分招募本地的回乡知识青年，这样的团队架构，更符合为农民办实事的原则，能够把事情办成功。

⑤本模式的推进，将是一个多资源体的联合行动，包括与国家扶贫办志愿机构的

合作，包括大量的项目业态机构的合作，和民宿运营、健康养生、居家养老、农副产品经销、大数据采集、农民淘宝、教育培训等企业机构，以市级系统总部为服务控制平台，以村民中心为落地点，实现全面的扁平化高效管理，为村民提供复合式，一站化直达服务。

4. 国家课题

以设立课题组的形式，进行深度的产业研究，以及样板化的打造，将作为一个中国乡村发展和扶贫攻坚战的试验田。

由相关机构发起的课题组，将邀请到国内顶级的专家，包括金融、PPP、运营、策划规划等，以及扶贫办相关职能部门，进行联合研究和推进。

通过课题组的建立，将一个小村落的脱贫攻坚问题，以国家级的专家智库的方式，进行诊断和提供全面的解决方案，更可以由此引起高层的重视，并且，形成的项目成果和经验，更是目前阶段全国性的扶贫攻坚战的重要思想和方式指导，将成为乡村旅游发展和脱贫攻坚的样板和标杆。

有关课题组的建立和运营，以及成果等，均将由相关机构合作建立，并且与国家扶贫办机构联动，最后形成一个工作成效的白皮书，直接上呈高层内参。

5. 工作次序

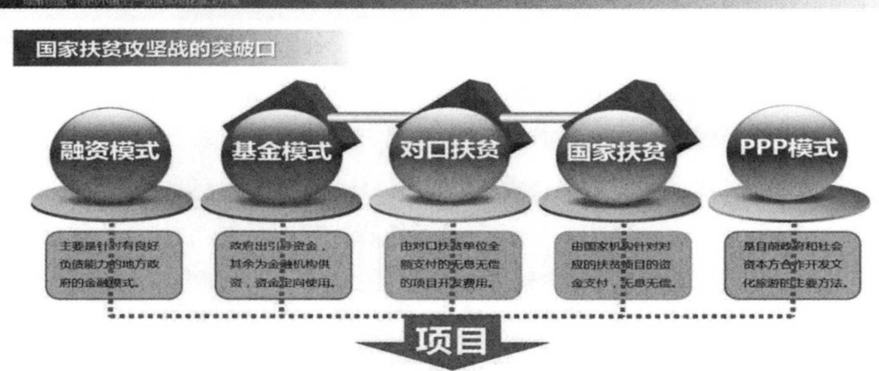

①第一阶段，为发动和选择样本定点期，选择多类型乡村为样本，进行现状调

研，形成阶段性报告。该部分的工作，可以由专业公司与当地学校组织，联合进行摸底工作。从留守人口，外出务工人员，占地和古建筑，现有产业，文化卫生基础条件等多方面进行调查。是面向产业升级和移植，文化卫生教育等方面的辅导，以及产业运营服务等方向的基础调研。

②在调查报告的基础上，针对每一个样本的基础情况，进行专家会诊和产业策划，形成一个初步的发展方案。该部分的工作，是需要将村落的产业和发展需求，去对应相应的企业或工匠名人，进行精准的帮扶工作。为村落确定发展规划，提出项目方案，然后为企业的帮扶进行量化。这是从战略方面展开的首要工作。

③在与企业或工匠专家对应的帮扶下，进行前期的深度方案的策划和设计工作，该阶段是制定战术方案的主要工作。可以联合设计院所，以及以扶贫志愿者促进会等机构的合作，为每一个村落的升级改造，提出精准的产业和景观以及文化发展的策划和规划方案。

④在具备具体的方案前提下，引入多门类的资金，包括国家扶贫资金、对口扶贫单位或城市能够解决的资金，和社会资本方的支助资金，以及PPP模式等，全方位的资本设计，全面解决村落的发展改造资金缺口。

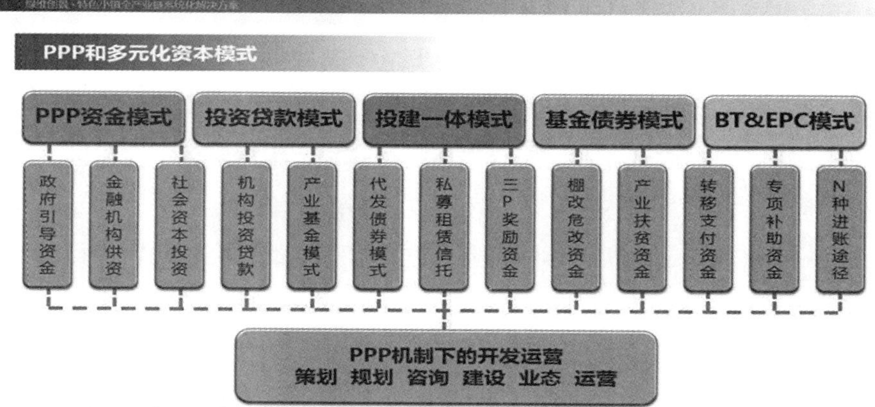

⑤在制定战略方案的同时，引入具体的项目运营机构，进行商业化的运营。包

括与政府合作，采用PPP模式，联合发起村民合作社，成立村民中心，进行所有项目的统筹和资源对接，以及建设和运营工作。该机构将是一个复合化的产业运营机构，为每一个村民，解决农产品营销、民宿客源服务、健康养老服务、公共景观整治等工作。

⑥建设初期，突击重点展示和样板项目，包括村民中心的运营体组建和试运营，以及相关产业系统的建立等。

⑦在具有一定的建设成果前提下，邀请国家相关机构领导前来考察和指导，为我们树立样板区，既定方向。

⑧形成一个相对的创建方案和实操经验总结等，汇编后成为一个传统村落保护和脱贫发展的白皮书，直接呈报国家相关机构。

⑨在开模式上，其中一个重要议程，就是白皮书的发布，这不只是一本书的发布，更是一种创业经验和扶贫攻坚战的经验报告书。

6. 具体预算

①前期启动费用，每个村落20～50万元，主要用于调研发动和初期策划和资源对接等，该费用可以先由政府垫付，然后由未来的项目公司报支。

②鼓励以合作形式，进行设计费用的支助，该阶段费用，每个村落约40～60万。可以以工程分包抵扣等形式，进行志愿合作方的招募。

③建设费用，以PPP模式，以及从多门类融资渠道，包括扶贫相关资金通道方面进行募集，也包括公益性的资金来源，并在PPP机制下的开发和建设。

④运营费用，是在以企业和政府合作下的村寨之家为运营体，在大区域服务管理资源统筹前提下，由运营主体在未来的运营收益中补差和偿还。

因为是一个扶贫课题，所以具体需要在进程过程中的研究和确定，目前是确定一个战略方向。

7. 发展愿景

以创意策划为先导的产业发展之路，是目前阶段国家扶贫攻坚战的一个重要突破口，是针对大量沉淀的扶贫资金和公益资金的最好出口，资本的选择是项目。在这个大通道下，设计一种层层撬动的杠杆原理，用微量的资金撬动前期项目引入方案，又以项目方案去吸引规模性的投资，以项目的落地运营，去让区域产生新的动能，新的动能能够带来村民的收入增长。这样的开发路径，是目前阶段国家扶贫攻坚战的重要突破口。

按照一般体量的村庄，平均每户的投入不高于50万，通过村民合作社的经营还本周期10年。村民的月收入不低于500元，高的会超过3000元，甚至更多。这主要看村落的资源情况和区位。针对交通资源情况匮乏的村落，可能前期的基础投资会大些，回报周期也会延长。如果走PPP模式的话是20 ~ 30年的周期。

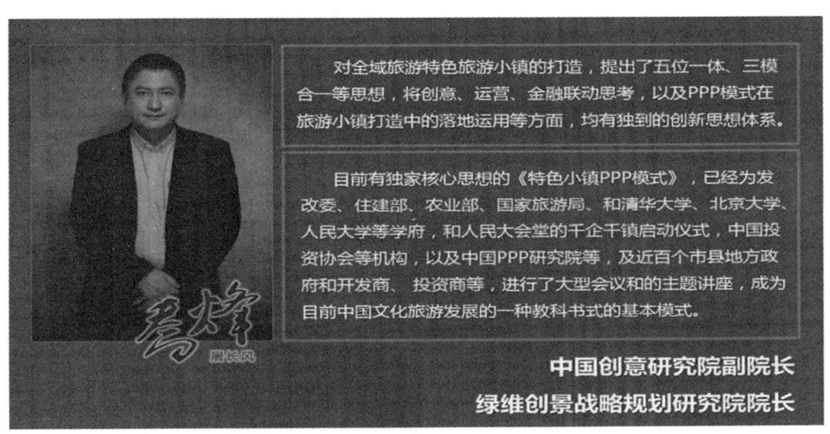

第五节　多种功能叠加

广州番禺沙湾镇位于广州深圳香港之中的大湾区，珠三角核心地带，沙湾镇上的紫泥堂村有一座五十年代的工业遗存——广州糖厂。如今糖厂早就歇业了，糖厂250万平方米的区间正在被何卫东与他的合伙人改造成一个新型的旅游艺术小镇，在这里音乐、舞蹈、电影各行其是；房车区、艺术酒店、生态酒店宾至如归；艺术银行中国公司的入驻更是如虎添翼，一个多种功能叠加的旅游艺术小镇生机勃勃。

打造中国教育特色小镇是湖北马安镇的愿景定位。位于马安镇的马安中学独创自主教育，十四年夺冠，成为全国教育系统先进集体。然而马安又有山水妩娆、旅游空地、神话故事的自然与人文资源，旅游立镇成了马安镇的第二功能、丰富的物产资源、国家地理标志产品、语言文化生动滑稽的种种的文化遗存形成了特色小镇的天然资源，营造特色小镇指日可待，特色产业潜力无限。

一、紫泥堂特色小镇

珠江三角洲，在过去的三十多年里，是中国快速城市化的试点地区，目前正面临着抉择。目前总面积为5.6万平方公里的珠江三角洲，人口数已超过8000 万人，位于中国南部的珠江三角洲正在快速成长为中国最大的特大型城市。被称为“世界工厂”的珠江三角洲，是无数个工厂的家园，这些工厂由高效运输制造产品的密集航道、高速公路、公路以及铁路系统等基础设施支持。然而，产业转型、可持续发展、社会和空间变化以及将新“产品”转向为信息和知识等新的要求，迫使该地区不得不重新构想其未来。在全面全球化，以及西方现代规划三位一体要求的驱使下，该地区看似已快速奇迹般地发展成为具有西方城市常见面貌的特大型城市，成为了可实现最大资本价值的高效城市的代表，为了追求快速发展和效率而导致了单一的城市功能分区以及大量运输基础设施。今天，我们看到，这种大规模建设已导致诸多城市问题，诸如分裂了城市空间、孤立了社区、使生活条件变得粗糙、加速了土地恶化以及使得过分依赖于进口资源。相比于其强劲的经济增长，该地区的社会和生态环境相对落后。此种局面虽然是因快速发展而造成的，但却是全世界数个其他地区共同面临的问题。于是，广州市紫泥堂创意资产管理有限公司尝试开启另一种发展方式。

根据2014年《国务院关于推进文化创意和设计服务与相关产业融合发展的若干意见》（国发〔2014〕10号）的政策指导，紫泥堂文化创意园以市场为主导，企业为主体，产学研用协同，积极推进文化创意和设计服务产业化、专业化、集约化、品牌化发展，促进与相关产业深度融合。

自2013年始，紫泥堂立足珠三角核心地带，学习和引进世界先进创意文化经验，以紫泥堂文化创意园为发展平台，聚集世界顶级设计艺术资源，吸引高端文化创意产业，构建国际化高端跨界合作机制，打造国际化创新产品孵化平台，推动产业升级转型。

1. 概况介绍

紫泥堂文化创意园位于珠三角腹地，毗邻港澳，周边人口富裕，消费能力旺盛，是未来规划的广州新城主城区，人口及消费能力增长潜力巨大。该项目处于广州市、佛山市一小时车程，番禺、顺德区半小时交通生活圈内；处珠三角四大重镇中心，地理位置优越，交通便捷。沙湾紫坭具有悠久的历史，也是岭南文化的发源地，保存着岭南淳厚的民风和深远的历史文化底蕴。园区工业遗迹保存完整，50年代的原苏式建筑保存完好，具有较大工业历史及文化价值。项目周边集群分布了著名景点宝墨园、沙湾古镇、长隆、大夫山、观音岩、莲花山等风景名胜。同时具有占地3000亩的农业基地，在空间布局与内容设计上与项目业态极为互补，体验当代农耕景观的同时也能够为园区提供健康安全的有机食品资源。

紫泥堂就是原有的紫坭糖厂，该厂区位于番禺区沙湾镇紫坭村，地处广州、番禺和顺德三地交汇之处，水陆交通便利，厂区沿顺德水道有约1.5公里的河岸线。紫坭糖厂于1953年建成投产，距今已有64年历史，是新中国成立后我国自行建设的第一家拥有自动化榨糖生产线的国有企业，也是番禺区境内最早的大型国有企业之一，老广州“含笑”这个品牌的糖，就是该厂生产的。占地约26万平方米的紫坭糖厂，具有文物价值的建筑和设备集中在近8万平方米的生产和办公的核心区域。现有1953年建筑11处，包括苏式办公楼1栋和宿舍楼3栋。整个厂区保留有上个世纪50至90年代四个不同时代的厂房，对研究广东乃至全国近代工业建筑的发展史提供了珍贵的实物。紫坭糖厂设有热电站，厂区内还有招待所和宿舍等；厂区当时有8个起卸码头，装有10吨桥式吊机5台、5吨旋转吊机3台，码头可停泊500至1000吨船只；陆路运输可达黄埔、莲花山、南沙等港口及珠三角各地。主要产品有白砂糖、商品电、水泥、蔗渣纤维板、甜蜜素、蒸压加气混凝土砌块等。上世纪90年代后期，由于原材料价格上涨过快，市场竞争激烈等多种原因，曾经盛极一时的糖业帝国轰然“倒塌”，1997年正式停产。1998年起将造纸、饮料、铸工间等厂房、设备对外租赁经营。目前，该厂由广州市紫泥堂创意资产管理有限公司投资进驻，再次赋予其新的活力。

现在紫泥堂创意园拥有创新科技、传统手工艺、文化创意、艺术教育、生活休闲等业态，园区处处体现手艺人的心思创意，是艺术与科技融于生活的文化村落。

2. 总体规划

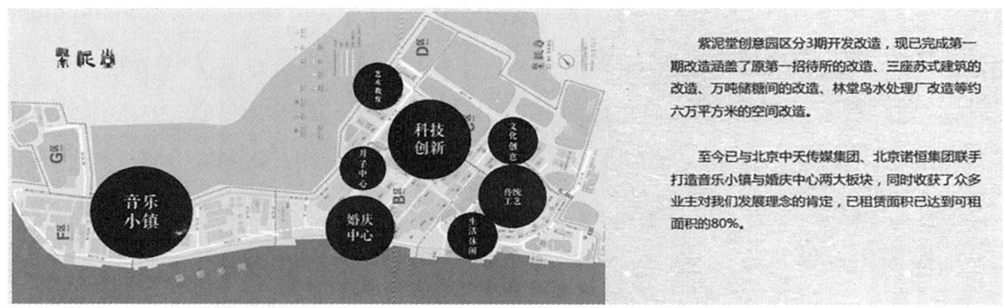

3. 实施情况

（1）建筑活化

尊重历史，尊重文化，尊重地域，尊重生态环境。紫泥堂坚守“协调、共享、再生”的发展理念。在这个精神核心的指导下，紫泥堂在改造过程中尊重园区已有的生态环境和历史建筑，合理利用改造过程中拆除的建筑材料。钢筋、水泥、红砖等老旧建筑材料经过手艺人的心思与创意，变成带有工业艺术气息的艺术装置放置在园区的每个角落。

紫泥堂邀请创意生活美学家和相关机构进驻，对园区内原有破损、荒废的五十年代苏式建筑进行修缮和维护。茶舍、壶馆、画廊、花店、咖啡馆等业态蓬勃发展。日常经常组织各种的文化艺术活动和工作坊开工日，例如创意市集、音乐会、产品发布会和艺术展览活动等，让昔日的苏式建筑重新散发新的活力和美学价值，给整个园区营造一种和谐、美好、安逸的社区文化。

（2）匠心传承

紫泥堂文化创意园项目的创意起源，来自于中国著名陶艺大师、广州美术学院客座教授曾鹏、曾力两位老师的艺术灵感。“存于未知与空无，创作于未知与空无”是曾氏兄弟多年来对于“匠心”理念的深刻阐释。以紫泥堂文化创意园为平台，成立以传统美学和当代设计概念相结合、空间创建与工艺改良相哺、岭南文化传播与现代日常生活美学共生的当代设计场“百工造”“存墨设计”“手艺人图书馆”。创作的艺术作品与紫泥堂园区的空间环境和创意构想相互交融，不可分离，更突出了紫泥堂在再造过程中所坚持的“没有废料，只有材料”原则。30多年的陶艺创作生涯被拍摄成记录片《师傅》，并在法国巴黎获“第十届国际工艺电影节”文化遗产大奖。

曾鹏老师为紫泥堂创作的雕塑

（3）兼收并蓄，中西相融

传承手工艺，秉承中西文化兼容并蓄的理念，使紫泥堂文化呈现出丰富多样性。园区引入了不少有国际知名度的企业和个人，包括国内一流的好莱坞级别影视道具制造商华漫英雄，其团队计划在园区打造以电影物理特效、原设、衍生品开发与设计制作，中国超级英雄IP系列创设、孵化为发展核心的华漫文化；在2016年获得由共青团中央、中央网信办、工业和信息化部等举办的第三届“创青春”中国青年创新创业大赛初创组金奖的Flexwarm天物新材料科技有限公司，从研发阶段就开始落户园区；杨丽萍艺术空间总部的进驻更为紫泥堂带来更高品味的美学艺术生活体验。华德福·天蕴紫泥堂幼儿园的融入，其倡导探索和认识大自然本质、让身体、心灵与自然相互迎合发展的天然教育理念与紫泥堂不谋而合；园区创始初期即引入由米其林三星主厨料理的创意餐厅——三喜生活美学空间，视觉、味觉、听觉的相结合为餐饮服务带来创新和惊喜；而即将动工的由紫泥堂与北京中天传媒打造的紫泥堂“园中园”，计划引入央视、中国爱乐乐团、亚洲爱乐乐团、中央音乐学院、朗朗工作室等国内外优质行业资源，使紫泥堂创意园充满时代感，时尚艺术生活气息愈发浓厚；“紫泥十二门”，一个集结了艺术、设计、文创等不同领域领军人物的工作和生活的共享空间，分享、交流成为园区倡导的生活美学的先行者。

紫泥堂提供了一个中西文化的兼容并蓄，资源共享，相互融合，学习交流的平台，这使得园区更有生命力与活力。

文化传承，科技支撑。紫泥堂文化创意园依托丰厚的传统文化资源、创意和设计，拓展物质和非物质文化遗产的传承和利用场景，促进文化遗产资源在市场中实现传承和可持续发展。加强科技与文化的结合，促进创意和设计产品服务的生产、交易和成果转化，创造具有中国特色的现代新产品，实现文化价值与实用价值的有机统一。

紫泥堂创意园坚持健康、和谐的理念，尊重最基本的自然法则，将栖居文化与岭南人生活细节相融合。于山林中享受时间的缓慢、于品尝中体验舌尖上的味道，在园区内信步欣赏自然景致、倾听风吹林叶，悠然乐享，在传统与科技中，学习和传承手工艺文化，培养匠人精神。

文化协调、生态共享、创造再生是紫泥堂创意园的创始理念，紫泥堂创意园通过有形的建筑和业态，将无形的艺术与科技融于生活，为未来城市和市民打造一个新的生活美学态度和方式。

（4）存墨创意设计

紫泥堂文化创意园为岭南地域传统工艺技术的传承与创新搭建切实可行的实践模式。岭南地域有着悠远深厚的传统工艺技术积淀，从古到今，广东传统工艺艺人创造出不计其数的工艺美术精品与完整精绝的工艺技术体系，如何做好岭南文化的起源与发展研究，如何保护、继承岭南工艺技术优良传统并使之与时俱进而应用于当下广东城市文化环境建设发展，成为当前我园区责无旁贷的任务。

以此为目的成立的存墨团队以"务实、创新"为原则，一直坚持融合中西、融合古今的跨界艺术设计实践，一方面着重传统特种材料工艺的传承与深化，另一方面更立足于拓展与环境结合而产生具有现代生活美学环境服务的新空间和新体验。

（5）紫泥艺术中心

我们对艺术“求知和求真”的展示平台，是通过对江畔原有工业用桥吊码头加以改建为紫泥艺术中心。改建后的艺术展馆和会议中心，面对一汪碧水，背靠昔日工业时代的巨型建筑体，聆听林间鸟鸣，我们在此如邻里相亲，近距离的体验艺术展演和美学作品。

艺术中心的形式感知是非常强烈的，悬空的空间形态，从高处体验建筑设计的极致空间美学；或者入内体验良辰美景、剪烛夜话，畅谈艺术。当代文化现象产生于不同元素的融合，然后相互生长。无论是山、水、花草还是建筑，如果几种不相干的物象开始重组并且演化成一种符号，那就代表一种充满美学意向的流动之歌。这必然是一种高度，也是一次文化创意创新。

未来，翘首以待！

（作者：何卫东）

何卫东，广州市紫泥堂创意资产管理有限公司董事。

何卫东，佛山顺德人，历任佛山市顺德区奥能电工器材有限公司董事长；顺德青年企业家协会常务副会长；顺德榕树头慈善基金会发起人诸职。

2013年在广州沙湾运用工业遗产旧址成立紫泥堂创意园区，成为紫泥堂联合创始人。

2017年响应国家特色小镇建设号召，正在将紫泥堂朝着国家特色小镇综合示范区的目标推进，建立特色小镇宜居、宜产、宜商、宜游、宜养的样板小镇。

二、郧西马安特色小镇

1. 愿景定位

打造中国教育特色小镇

2. 马安简介

相传，一宝马在烈马洞（今马安镇白家山境内）修炼，至千年功德届满，观音菩萨派东海龙王前来度化。龙王让宝马驮着金银财宝前往东海蓬莱。途中，龙王变身一衣衫褴褛病翁倒在路旁呻吟，宝马视之，弃了金鞍，驮起病翁急奔而去，至一大山（今马鞍关）挡住去路，龙王顿现真身，点化宝马坠下龙潭而入东海，化身白龙马。宝马心善救人，终归仙班，修成正果。弃鞍之处，后人称之为“马鞍川”（原马鞍乡、今马安镇政府所在地）。

马安镇位于秦岭南麓余脉郧西腹地，周边与七个乡镇毗邻。距县城35公里、40分钟车程。全镇辖12个行政村、108个村民小组、约6800户、22626人。

全镇版图面积174.2平方千米，耕地19870亩，森林覆盖率超过80%，素有“郧西之肺”之誉。年降水量800毫米左右，平均气温13.2℃，无霜期260天。

3. 魅力解读

（1）自主教育，十四连冠——教育已成特色品牌

马安中学从2008年秋开始，借鉴外地教改成功经验，成功推出了“小组合作+教学案”的全新自主教学模式，引导学生通过“独学”、“对学”、“群学”达到自主学习的目的；创新班级管理，变教师管理为学生自主管理，增强学生的行为习惯、团队意识、责任意识等。自2004年以来，马安中学连续14年中考综合评估排名全县第一，吸引了210个外地孩子在此就读。马安中学独创的“自主教育”品牌闻名全国，吸引了省内外上百所中学、8000余名教师前来考察；以“自主教育”为主要内容的课改经验引起了《中国青年报》等数十家媒体和众多教育专家的关注；2014年，荣获全国“教育系统先进集体”称号，是十堰市唯一一家获此殊荣的学校。

（2）山水妖娆，旅游宝地——旅游立镇指日可待

马安，群山绵延起伏，沟壑峡谷纵横。祖师顶、观音寺、疙瘩寺、六郎寨、天台山、烈马洞、马鞍川、马鞍关、龙头山、龙洞、龙潭、古迹洞、锣鼓洞、魔芋凸、石门、蜈蚣坎、尖刀山、猴呆颈、蜡台山、鸳鸯石、钱盘子、骆驼巷、六郎等自然、人文景观密布。每一处风景，背后都有一段耐人寻味的故事，都有一个回味无穷的传说。

相传真武大帝云游至郧西马安境内，天色已晚，急寻一安身之处，落脚歇息。他一脚踏上东南方向的一座大山，那山即刻晃动不止，一脚点过，大山被一脚踩偏；又一步跨到另一座大山之上，大山也是摇摇晃晃。真武大帝再四处观望，发现偏南方向还有一座高耸于云的千尺顶峰，耸立五山之间，立即一跃而上，稳稳当当，于是就

此安歇……于是后人就把那座踩歪的大山称之为偏头山，把那座摇摇晃晃的大山称之为晃山，把真武大帝歇息的千尺顶峰称之为祖师顶，并在峰顶处建修了一座真武行宫（至今保留完好），借以护佑方圆生灵。

这样的传奇故事数不胜数。

（3）历史悠久，物产丰富——特色产业潜力巨大

马安历史悠久，不仅拥有无数的传说和故事，并且还有传承至今的各种民间说唱表演，最典型的是在周边县市范围内极具影响力的马安方言“三句半”，深受当地老百姓和广大游客的欢迎。马安方言独特醇厚，语速慢，讲话去声多（即汉语拼音第四声），且儿话音多，语种在郧西全县独一无二。因语言更加生动滑稽，给人以老腔老调的感觉，听起来韵味更足，深受人们喜爱。同时，因马安方言接近普通话，一般人听得懂，更有利于学习和传播。

马安资源禀赋独特，圣女河、石塔河、惠家河三大河流贯穿全境，山秀林茂水丰地美，适宜发展乡村旅游、休闲观光、养生养老产业。全镇现有板栗基地2.5万亩，野生连翘、五味子、野核桃、野八角等可供开发的植物资源十分丰富，是中国地理标志产品——郧西马头山羊的核心产区，发展茶叶小气候适宜、潜力巨大。

今后一个时期，计划以打造中国教育特色小镇为目标，致力推进教育、旅游、农业、养生、养老融合发展，努力把马安建设成为鄂陕边关脱贫攻坚、同步小康的先行区和示范区。

（作者：海默，著名策划家、海默智造掌门人、《策划界》传媒CEO）

第四章
特色小镇品牌管理价值评估报告

综述

中国经济发展取得了举世瞩目的成就，自主品牌建设也取得了长足进步。特色小镇品牌作为中国文化价值的载体，承载着复兴中华民族、振兴中国经济的历史使命。因此，科学管理及评估特色小镇品牌，有效的传播特色小镇的核心价值，从而推动特色小镇品牌专业化程度，提升特色小镇品牌的中国文化价值。

当下特色小镇已然很热，以规划建设为主导的，以旅游为主导的，以农业为主导的，以产业为主导的，以金融为主导的等等，形形色色，百花齐放，万紫千红，形态各异，满园春色。既然特色小镇已经蔚然成风，就有着市场需求的硬道理，特色小镇产品一旦进入市场，一定遵循商业规律，向着品牌化发展。因为市场最终是品牌搏击的场所，没有品牌一切无从谈起，特色小镇也不例外。

以特色小镇为内容的新兴城镇是我国进入改革开放、市场供给侧改革后又一丰硕的宝贵资源领域。因此，发展特色小镇的产业特色，提升特色小镇品牌的价值，就要吸取我国前期经济发展的经验与教训，强化特色小镇品牌的科学管理，以保证我国特色小镇及其产业的健康发展，以保护、保证特色小镇的独特内容的资源优势，集成品牌管理智慧，建设中国特色小镇的著名品牌，从而完成我国经济转型、供给侧改革的伟大使命。

国务院《关于新形势下加快知识产权强国建设的若干意见》（国发〔2015〕71号）第一次以国家名誉对品牌及品牌管理作出明确表述。随之国务院办公厅在《关于发挥品牌引领作用推动供需结构升级的意见》（国办发〔2016〕44号）中明确了国家对品牌管理的基本思路："以发挥品牌引领作用为切入点，充分发挥市场决定性作用、企业主体作用、政府推动作用和社会参与作用"，"进一步优化政策法规环境，加快政府职能转变，创新管理和服务方式，为发挥品牌引领作用推动供给结构和需求结构升级保驾护航”。文件确定了四重大工程：“培育若干具有国际影响力的品牌评价理论研究机构和品牌评价机构，开展品牌基础理论、价值评价、发展指数等研究，提高品牌研究水平，发布客观公正的品牌价值评价结果以及品牌发展指数，逐步提高公信力。开展品牌评价标准建设工作，完善品牌评价相关国家标准，制定操作规范，提高标准的可操作性；积极参与品牌评价相关国际标准制定，推动建立全球统一的品牌评价体系，增强我国在品牌评价中的国际话语权。”

接着在《关于新形势下加快知识产权强国建设的若干意见》重点任务分工方案的通知（国办函〔2016〕66号）中明确态度：“支持研究机构和社会组织制定品牌评价国际标准，建立品牌价值评价体系。支持企业建立品牌管理体系，鼓励企业收购海外知名品牌。”并将此项工作直接分工给国家质检总局、商务部、工商总局、国资委来负责。

品牌管理科学化是中国品牌健康发展的根本保证。特色小镇发展要遵循管理科学，平移国际先进市场管理成果，实施品牌化管理，已使特色小镇的资源优势转化为产业品牌价值，为铸造中国梦提供新鲜动能。特色小镇品牌管理科学化就是品牌管理的专业化。科学管理的基础是建立在数据基础上的规律循证，品牌管理及品牌管理评估就是用市场数据和经验数据的循证获得的品牌管理规律，为管理者提供品牌管理的决策依据。特色小镇健康发展必要条件首先是对其实施科学化管理，就是要用品牌管理技术系统及管理价值评估系统对特色小镇品牌进行评估、认知、管理，品牌化管理是特色小镇产业健康发展的根本保证。为健康发展特色小镇及相关产业、建设特色小镇品牌，要避免仅注重当下一哄而上而挥霍特色小镇优质资源的做法，科学严谨的应用品牌管理系统技术及品牌管理价值评估系统技术，实现特色小镇的品牌科学化、系统化、日常化管理，创建我国特色小镇的优质品牌，提高我国特色小镇的品牌价值，提升我国特色小镇品牌在市场上的持久核心竞争力，为市场和供给侧改革提供中国特色小镇品牌范式。

品牌管理出现于上世纪初，它在全球商业化进程中为人们提供了商业价值样板和商业市场范式，全球市场一体化为品牌管理成为国际通用管理方法创立了更广阔的外部环境，其管理理论和技术方法被广泛应用在企业、组织、团体及个人的品牌管理领域。以品牌价值管理为目标的管理方法培育了星光璀璨、价值连城的无数著名的国际品牌，不但为消费市场带来空前繁荣，更重要的是为企业、组织、团体及个人品牌确立新的价值导向提供了科学的管理方法，使其获得品牌溢价收益。上世纪末，品牌管理已成为国际市场的通用语言和系统技术。

进入到本世纪，全球一体化市场呈现了文化的多元性和互联网的透明性，使国际市场处在一个相对复杂的同一状态下。文化多元性增添了区域性文化与国际标准化市场“冲突”的元素，互联网的透明性又将全世界各区域文化属性的个体与国际标准化市场整体紧紧的“链”在一起。在这种状态下商业流通更加方便，品牌识别度更加清晰，但文化的“冲突”元素在常态下的放大效应有所增加，正像塞缪尔·亨廷顿在《文明的冲突》中论述的一样，世界将有许多不同的文化和文明相互并存，但以文化为背景的文明是有“冲突”的，特别是在价值观念方面存在着各自的理解和追求。市场不是建立在真空世界里，市场是文化的一部分，消费是文化观念的表现，消费决策受制于文化观念。因此，品牌管理为国际标准化市场确立了以价值为导向的通用市场规则及同一的商业语言，以减少或降低文化方面的“冲突”，用管理方法帮助品牌建立核心价值以兑冲文化及观念差异，减缓市场抗性。品牌管理目的是为品牌与消费者建立双方认同的商业规则，提纯目标消费群体趋同的市场价值理念，确立价值目标，提高沟通效率，增强市场互信，加速市场流通。品牌是产品、企业、团体、组织及个人的文化载体，品牌承载着产品、企业、团体、组织及个人的核心价值，而品牌的核心价值最明显的商业特征是最大限度的彰显个性价值、最大范围的包容人类的普适价值，在人类最广泛的普适价值之上经过提纯而形成的商业属性的品牌个性核心价值，这种核心价值已经在原各区域文化属性基础上转化为特定群体所认可、相信、崇敬、信仰的品牌个性价值，这就是品牌管理哲学的辩证逻辑。

特色小镇品牌的文化属性区别于其他类别品牌。因此，特色小镇品牌在不同文化区域或城市，更要用品牌管理哲学的思辨方法，将其个性文化、区域属性的价值，转换、提纯、设计成符合标准化市场要求的品牌核心价值，在品牌的核心价值特征属性范畴内，再附加特色小镇品牌的特征价值、功能价值，普适价值，用标准化市场通用的、被消费者接受的、经过市场实践检验而适用的品牌管理方法，去表现、推广、张扬特色小镇品牌核心价值，使特色小镇品牌在市场中获得不同区域文化属性的市场、消费群体的认同，逐步建设成为著名的、认知明确的、市场及消费者接受的、品牌忠诚度极高的、国际化的具有自己文化符号的特色小镇品牌。

品牌管理使特色小镇的管理效益事半功倍。品牌是复兴中华文明、推广中国特色小镇的美丽天使，品牌核心价值是美丽天使的灵魂，品牌管理技术系统则是美丽天使的神经中枢。只有强化、推广、应用品牌管理技术系统及品牌管理价值评估系统技术才能保证我国特色小镇的健康发展，才能促进我国特色小镇品牌的建设，提升我国特色小镇品牌价值。

国务院在《关于发挥品牌引领作用推动供需结构升级的意见》中明确指出“品牌是企业乃至国家竞争力的综合体现”，因此，要“大力实施品牌基础建设工程”。工善其事，先利其器。品牌管理是实施品牌基础建设工程最有效的管理方法。特色小镇的发展，特别是特色小镇要走出“区域和属地范畴”到物理空间以外的市场中去参与竞争，特色小镇的各层级领导人及全体参与者要“切实增强品牌意识，苦练内功，改善供给，适应需求，做大做强品牌”，而这一成果在于我们是否真正引进、应用好品牌管理方法。只有用品牌管理技术系统去建设特色小镇品牌，才能将我国的优质文化资源、自然资源转变为弘扬中华文明、提升中国特色小镇品牌的核心竞争力。

在市场经济条件下，满足消费市场多样化、多层次、多方面的特色小镇需求。因此，需要科学管理特色小镇品牌，推进特色小镇品牌管理模式，加速特色小镇发展，提供优质的供给侧产品。特色小镇品牌管理是特色小镇的经营、管理者的科学实用工具，她将使特色小镇品牌获得最大社会价值和市场价值，为特色小镇品牌建设提供非凡动力。

第一节　品牌及特色小镇品牌管理的使命

一、品牌不只是现象

一本书使哈利波特衍生出了巨大无比的市场价值，一瓶水使一个依云小镇成为全球向往的旅游胜地，一间房使一个莫干山无名小村成为著名民宿酒店，一个剧场使百老汇这个名词成为现代商业演出的代名词。究竟什么在起作用，是什么在做背后的支撑，是什么方法使得这些概念、产品、地区、人、形象成为炙手可热的超级吸金器，是品牌。这个世界政府、学府、团体、企业、研究机构、媒体及个人熟知而且都津津乐道的名词，这个热词每天被数以万计的媒体传播，被数以亿计的人群提及，妙笔生云、口吐莲花，向往、追求、占有、骄傲、赞颂等等，形形色色、熙熙攘攘——这个世界如果没有这两个字，应该是寂寞的多了。所有人（甚至不知道品牌为何物的人）都知道品牌是有价值的，但又没有多少人知道他是如何管理的，人们总是不愿意付出太多就想获得更大的回报。于是，策划品牌、打造品牌的声音和行为已经溢出商业环境以外，强调品牌形象、品牌传播的重要性也大大胜过企业的管理与经营。片面偏激、急功近利、一夜成名，凡此种种不理智、不科学之风气已经把组织、团体、企业弄得高度的乌烟瘴气，甚至魂迷心窍。都是品牌二字惹的祸！

那么品牌到底是个什么，有没有一个能说得清、易学习、便操作的科学概念呢？有没有一个简便可操作的管理方法呢？回答是肯定的。品牌管理是一个老命题，但在中国是个新鲜事物，虽然品牌概念已传入中国几十年，真正了解和掌握品牌管理的人并不多，大家更多的集中于研究和实践品牌传播和广告设计、推广等方面，这是因为我国改革开放后经济发展迅猛，大家来不及看清前进的路径，没时间思考行为与目标的科学性，因此也就没有深入持久的研究和实践品牌管理的科学方法。改革开放40余年，我们在经济方面取得了举世瞩目的成就，但也不免存留一些问题，其中最重要的是世界第二的经济总量，没有太多值得我们骄傲的真正有价值的自主品牌。

在特色小镇建设过程中也是如此，人才济济、地域广袤、量产颇丰，但品牌价值却不是很高，特色小镇带动的产业中世界闻名的品牌少之甚少。

特色小镇的灵感来自于国外的特色小镇，如瑞士的达沃斯小镇、美国的格林威治对冲基金小镇、法国的普罗旺斯小镇，产业富有特色，文化独具韵味，生态充满魅力，对中国特色小镇优化生产力布局颇有启迪。

从历史渊源看，特色小镇的提出，源于浙江“块状经济”和区域特色产业30多年的实践。但这些创造过辉煌的“块状经济”，一度落入层次低、结构散、创新弱、品牌小的窠臼，如何变叠加为嵌入、变重量到重质、变模仿为创新，需要突破性的力量来冲击。

针对这些情况，我们深入研究国际先进方法，结合我国特色小镇品牌发展的现实，放眼世界，根据我们自主开发的品牌管理技术系统演化出特色小镇品牌管理及评估系统技术，以便为特色小镇品牌管理实践者提供理论帮助和实践指导。

二、与品牌管理有关的两个主要概念

1. 品牌是什么

特色小镇品牌和其他品牌有什么区别？品牌就像哈姆雷特，人人都有自己的定义，莫衷一是，特色小镇品牌和品牌有着本质的联系，但表现形式是否具有特殊性？作为特色小镇管理者一定要首先了解一个完整、清楚的品牌定义，然后以管理的角度为特色小镇品牌做个基本定义。这个定义和我们的管理有关联，和我们要讨论的特色小镇品牌管理方法有关联。不然我们会罗列出一大堆关于品牌的概念条款，有美国营销协会的定义，有国际知名人士的定义，有国内著名专家的定义。但这些概念和我们要管理的特色小镇品牌的关联性有很多值得商榷的地方。我们要谈的主要是如何特色小镇品牌管理品牌，出发点是如何管理好特色小镇品牌，要有一个从特色小镇管理角度认识品牌的定义，这才对我们的特色小镇管理有作用，不然我们不会对它有更大的兴趣。为了方便给我们研究和实践特色小镇品牌管理提供理论支持和指导，我们把品牌这个定义先拆解后整合，这样会使我们很容易记忆，也便于对特色小镇品牌管理架构的认知和实践。

（1）品牌三个前提条件

根据管理行为要求，并结合现已有的品牌定义，品牌定义有三个前提条件及六个要素。我们首先从中找出品牌定义的三个前提条件，是什么呢？

第一个，A被市场所接受（有一定的受众范围）。

从特色小镇管理的角度理解第一点，有一定的受众范围，被市场接受。品牌是市场的产物，没有流通就没有品牌。特色小镇品牌的流通是反向的，是以特色小镇为轴心而聚集消费者的反向流通。有些服务产品，包含政府提供的公共服务，一旦进入市场，或者说有了受众群体，品牌产生了被认知的事实，而这个被认知的事实作为产品已经在“市场或者客户心中”产生认知，虽然没有发生像物品那样的“消耗性消费”，但作为品牌的信息已经被市场或客户所接受。

第二个前提条件是受法律保护，这个问题在品牌界有一直存在争议，争议什么呢？一部分观点认为，有人说品牌既然是市场的，就不需要法律保护，既然品牌是市场产物，就谈不上法律保护。品牌是自由的、流通的。但当代的市场情况已经发生变化，原来没有提到知识产权保护，在产品匮乏、创新能力弱、科技不发达的年代，没有克隆和山寨，所以那个时候不会把知识产权保护放在很重要的位子上。特色小镇发展到现在同样也遇到了这样的问题，特色小镇也要有明确的知识产权保护，和其他品牌一样都应该收到法律保护。所以，受法律保护是品牌的前提条件之一。

第三个前提条件是物化的概念，一个企业，一座城市，一本书，一个产品，一个体育比赛项目，都有名称。华为、拉斯维加斯、哈利波特、海飞丝、NBA等都有自己的名称。这个名称是物化的概念，华为是企业的物化概念，拉斯维加斯是一座城市的物化概念，哈利波特是书的物化概念，海飞丝是洗发水的物化概念，NBA是美国职业篮球比赛的物化概念。品牌是物化体，要把名称或者符号物化在一个产品或者服务上，符号只是这个产品、服务的一个代号，所以作为品牌其中一个前提条件，所以也可说它是物化的概念。

品牌是一个名词，一个物化的名词，无论你是产品、服务，动产、不动产，无论是有形的或者是无形的，他一定有一个名称，是代表一个物化物的代名词。

这就是品牌的三个前提条件。这三个条件是必须的，不可多也不可少的。

（2）品牌的五个要素

①品牌的第一个要素就是品牌的“两个记忆功能”：不可替代的情感记忆功能和普通消费群体的区隔功能。

在旅游当中表现最突出的是有走马观花式和深度旅游式，走马观花式大都以普通消费群体是来区隔“我到哪哪去过”功能，深度旅游都有消费者对其品牌不可替代的情感功能。

在爱好体育赛事的群体中，如果你是中国女排的“排骨”，在国际排球锦标赛电视转播的时候，尽管有多个国家队同时播放，你一定选择首先观看中国女排，中国女排在你心中的情感不可替代。同样的条件放在国际足球赛事，你就不一定首先看中国队的比赛，因为你对荷兰队情有独钟，或者对德国队痴迷崇拜，荷兰队或者德国队对于你是情感不可替代。这种烙印在特定群体心里不可替代情感的记忆功能，就是品牌中两个记忆之一。

假如你对旅游没有多大的兴趣，所以对到哪、看什么就无所谓。那么无论江西婺源黄色菜花，还是东北的哈尔滨白色雪原，你只是知道他们是两个不同的地区，不同的气候、不同的风格而已，你是否喜欢那个都无所谓。在旅游的选择上更随意，先后次序也无所谓，对两个地区和城市的“情感记忆”不能影响你的消费决策。或者旅游内容也只是附加条件，因为你有假期，要去到不同的地区消遣，随意住下轻松一下，看白色雪景或黄色油菜花是你放假消遣的一种附加条件，不是决定条件。当然选择先去哪就无关紧要。体育赛事也是一样，也可能你对哪个体育明星或者哪个球队有“情感上的不可替代”，那你一定会关注他的赛事，无论什么时间你都要观看他的比赛，风雨交加也无阻，哪怕昼夜颠倒也无妨。这就是第一种要素，不可替代的情感记忆。但你对体育明星或者球队恰恰没有“情感上的不可替代”，所以你就无所谓观看哪场、哪个球队的比赛。但中国足球和德国足球及荷兰足球谁好谁差，你可能知道，紧紧是知道而已。这种记忆对你作为普通消费群体的一员，就是对品牌的“区隔记忆”，紧紧是把两个或两个以上的品牌加以区隔。这种在普通消费群体心里产生区隔性的“记忆功能”就是品牌要素中两个记忆之二。

记忆是通过人的感知器官确认、区别、取舍的过程与结果，在这个过程中人们需要取舍记忆结果来为消费决策提供依据。没有记忆就什么都没有，再好的品牌如果在你的脑子里没有任何记忆，就等于没有消费前提了，记忆是消费的必要条件，消费决策需要在这两个“记忆功能”做基础。“区隔记忆”，是过滤器，是识别码，“情感记忆”是消费者价值取向的守护神。你去看张艺谋的影片还是去看陈凯歌的影片，是去看姜文的影片还是去看冯小刚的影片，这些决策首先都需要你对其品牌的记忆，只有先记忆才能做出选择，记忆影响选择，观念决定消费。至于选谁，将由“区隔记忆”转为“不可替代的记忆”来完成一个循环的消费决策过程。消费先要在大脑中调取品牌记忆，这个记忆功能是关键。接下来在进行下一步，分清楚什么性质的记忆，是普通消费的“区隔记忆”还是“情感记忆的”不可替代。假如现在要你在众多城市中选出四座你觉得很好的城市，你就可以根据“区隔功能”以风格、气候、景点、美食等各种理由从区隔记忆中选择出四座城市。这些选择是以你在各种场合获得的信息后留下的记忆作为条件的，这就是“区隔记忆”功能在发挥作用。但四座城市只允许你去一个城市，你在决策时就必须放弃三个，最后你快速的决策而留下的那座城市就是你的消费品牌，你就是那座城市的特定消费群体，你对它的“情感记忆”是不可替代的。如果你不能做出明确选择，证明你对四座城市的“情感记忆”可以替代，说明它们都不是一个强势品牌。而你快速、毅然决策留下的城市是不可替代的城市，就是你需要的品牌，你对这个品牌的记忆是不可替代的。“区隔记忆”是品牌的基础功能，“情感记忆”是品牌的不可替代功能，“区隔记忆”是消费基础条件，“情感记忆”是消费的决策条件。君不见有些人只穿一个品牌的服装、专带一个品牌的手表、唯用一个品牌的手包，就开一个品牌的汽车，那就是不可替代的“情感记忆”在影响你的消费决策。哈雷摩托的会员们可以追随哈雷满世界的跑着开年会，搞比赛，那就是不可替代的情感记忆。他们为什么不去购买宝马摩托，不去购买本田摩托？正是因为他们属于哈雷摩托的特定消费群体，他们对哈雷摩托有着不可替代的“情感记忆”。现在你知道品牌的“情感记忆”的厉害了吧。

因此，我们一定要增强特色小镇品牌的两个记忆功能，特别是“情感记忆”功能，用好品牌管理技术，设计好两个记忆功能。如果一个特色小镇品牌没有设计好两个记忆功能，这个特色小镇品牌就是一个没有价值取向的品牌、一个没有个性的品牌、一个毫无乐趣的品牌，一个没有品质的品牌。特色小镇要突出表现：产业“特而强”，功能“聚而合”，形态“小而美”，机制“破旧去僵”、活而新。总之，要以特色聚集发展要素，不要“千镇一面”，要精致有潜力。

两个记忆功能都非常重要，事关你的品牌是否具有高价值，是否给你的特定消费群体带来一生的快乐与幸福，这就是特色小镇品牌的客户价值。我们有了对两个记忆功能的认知，一定要对品牌管理来一次系统整理，从现在开始为你拥有的品牌特定消费群体重新思考、设计不可替代的“情感记忆”，行动吧。

②品牌的第二个要素，就是“两个总和”：品牌内部所体现的功能价值和情感价值的总合；品牌外部认知的形象和承诺的总和。

品牌内部就是品牌本身具有的、在没有进入消费领域和已经进入消费领域的过程中所具有的内在价值，就是“功能价值”，和“情感价值”。品牌外部认知的形象和承诺总和，就是品牌对外传播的任何信息要保持和品牌价值观表达的一致，要做到准确无误，更重要的是一定要兑现对外传播信息中所表达的所有承诺。

当你端起一杯龙井茶或普洱茶时，你会感到龙井的芳馨、普洱的醇厚，龙井可以醒目提神，普洱可以减脂养胃；当你入驻莫干山民宿时，远望周边黛山碧水、玉竹翠柳，近观眼前草堂石屋、木帘苇席，你一定心静自然、心旷神怡、心安身稳，所有俗事凡物都如隔世。这些都是品牌内部的功能带给你的品牌价值，这就是特色小镇品牌内部的“功能价值”。

当你每次品茶前就一定要消费龙井或普洱的某某品牌时，周边人就一定会觉得你是有品位的茶人、有价值追求的时尚人，懂得生活的有情趣的人；当你再次旅行时你就一定选择莫干山民宿酒店，当你在与合作伙伴交流旅行感受时莫干山民宿酒店是代表着你的品位和旅行的专业程度，代表着你对特色小镇品牌的价值取向，代表着你的身份，等等。上述所列会给你带来无数、无限的情感寄托和消费荣耀。这些就是品牌的情感带给你的品牌价值，这就是特色小镇品牌内部的“情感价值”。

通过上述举例，你就可以很好理解特色小镇品牌的功能价值和情感价值。任何特色小镇品牌都要具备功能价值和情感价值。什么是功能价值，就是使用价值，有人提出有的特色小镇品牌不是使用的，比如电影是看到，不是使用的。我们说品牌的使用功能是泛指，无论是看的，闻的，吃的，玩的，泛指是在受用和消费，是特色小镇品牌能给你的直接作用，这就是特色小镇品牌的使用功能。一口好茶不但解渴还让你回味无穷，一个好菜享受口福后让你感到留香余绕等等，特色小镇品牌自身必须具备使用功能，如果没有自身使用功能特色小镇品牌就没有存在的必要。因此特色小镇品牌内部一定要具备使用功能，这是物理性的，是硬件。

特色小镇品牌的另一个内部价值就是情感价值，什么是情感价值呢？不是指我们对品牌的感情，而是特指消费群体对某一个品牌的特殊情感属性。品牌的价值就在于独特性，如果你就是要做模仿一族，那根本谈不上你的品牌价值了，就像中国的山寨产品一样，不能受到保护和赞扬，也不可能有持续的生命力，因为从本质上就是没有特质的，就生成不了一个有价值的生命体。特色小镇品牌就是这样。因此，特色小镇品牌的内部要素是由两个价值组成的，功能价值和情感价值，两个价值一个都不能少，缺少一个，品牌就是“残疾”。不健康的品牌是不会有旺盛生命力的，想获得品牌的高附加价值就是奢谈。我们在管理品牌时往往重视品牌的功能价值，而忽略情感价值。但当品牌一旦进入市场，尤其是具有高价值品牌在市场流行时，会有一大堆，甚至是成千上万的品牌有跟进。张艺谋的一个“印象”实景剧，就带出无数个“印象”实景剧，无论这个地方是否具备实景剧的要素，一些地方政府的主管部门就是要跟“印象”的风，有些地方在模仿前还罩着一块模仿遮羞布，起个其他的名称而已，但内容与形式还是照印象的“单”买药；动画品牌也是一样，有人认为“米老鼠”“唐老鸭”不就是两个画出来的动物模拟人物吗，搞笑谁不会？于是就搞出什么“羊”，什么“熊”的，动物有的是，你可以画，我当然也可以画。我们姑且先不谈价值取向问题，就谈它的基本要素，也都是不完全的。我们认为迪士尼乐园很火，模仿你也是没得商量，不但模仿你，还信誓旦旦要超过迪士尼，要让迪士尼跪服在他的脚下。还没弄清楚迪士尼的品牌的功能价值和情感价值，就敢放豪言做世界第一品牌。有价值的优秀品牌一出现，一定就有人模仿你、抄袭你、毁你、害你，但这些克隆和模仿的企业只也只能是小打小闹，因为他们只能模仿和抄袭优秀品牌的功能价值，优秀品牌的情感价值是不会被竞争者克隆、抄袭、模仿的。投机者永远做不出高价值的优秀品牌。因为，一个好的特色小镇品牌的情感价值在管理技术方面的系统性、科学性以及在市场中积累的高附加价值，竞争者从表面上是得不到的。照猫画虎、东施效颦容易，创造和创新必须要有成熟的技术与条件，必须要有对市场和消费者的敬畏之心，要尊重管理科学。因此，我们说好的特色小镇品牌、有价值的特色小镇品牌必须把功能价值和情感价值的有效的整合、交融为一体，这就是情感价值和功能价值的总和。你理解了吗？

品牌的外部认知的形象和承诺的总和。假如一个小镇或城市的品牌广而告之：山高水美、好客有礼！消费者会根据这个品牌对外传播的信息来消费这个品牌，但消费后觉得名不符实，环境很脏，没有说的那么好，消费服务根本不专业，还有欺诈行为。品牌忠诚度很高的消费者可能就要和品牌客服部门进行沟通，提出自己的意见；第一次消费这个品牌的消费者可能要求这个小镇或城市修正他们的做法，更较真儿的消费者可能要求客户部门给“退货”。但沟通结果是对待忠诚消费者的意见“不承认”、对第一次消费品牌的消费者提出的问题“不改正”、对较真儿的消费者的要求“不退货”，甚至出手打人，消费者投诉到政府主管部门，主管部门也不了了之。到此为止，这个小镇或城市的品牌外部形象推广很好、很好，但兑现品牌承诺做得很差、很差。上述例子表现了在品牌管理中，品牌的外部认识的形象和对外的品牌承诺不统一。外部认知的形象就是通过广告、公关、销售等多种传播形式推广品牌形象的消费群体记忆，消费群体对品牌外部认知的形象很直接。谈起广告和公关话题，品牌管理者往往对此也津津乐道，应该说花钱做广告无论对促销还是对品牌形象的宣传都是件极为容易的事，花钱谁不会啊！大多数品牌管理者太依赖广告了，认为广告是万能的，只要花钱做广告，品牌就会有知名度，有了知名度，产品就能卖出去，产品卖出去了就是好品牌。对此，有钱的品牌管理者不惜血本，无钱的品牌管理者也费尽心思利用各种手段做广告，所以无数次产生各种TV等媒体的广告标王，市场上也层出不穷的产生那么多宁可不要脸也要知名度的品牌炒作者。殊不知，中国有句古话：露多大脸，现多大眼。一旦品牌管理出现危机，那就询证了中国的古话“好话不出门，坏事传千里”。你的品牌形象就立即会“土崩瓦解”、“烟飞灰灭”。我们反观那么多小镇或城市品牌被消费者抛弃，无疑都是这两个管理要素上出现了错配，品牌“烈士”们的鲜血不能白流，我们要记住品牌管理方面的起码的教训。

如何避免两个要素的错配，尽可能地不发生或少发生错配，唯一的办法就是要重视兑现品牌的承诺。因此，品牌的外部总和的另一要素就是兑现承诺。承诺比形象重要得多，我们的管理者一般都忽视承诺，重视形象。形象好宣传，承诺难兑现。承诺需要管理功夫，承诺需要付出成本，绝不是“无为而治”就能实现的，品牌的价值就是在于兑现承诺。

在此，我们提醒管理者，不要片面的对待两个总和，要对情感价值、兑现承诺格外关心，中国的品牌价值在这两个要素方面做的工作远远不够，有的品牌做的甚至很差。

③品牌的第三个要素，一种资产，一种“非物质资产”。

一切物质之外的资产即是非物质资产，品牌是非物质资产。前面说过品牌是物化的概念，是无形的，原来的定义是把它定位在有形资产范围之内。但随着时代发展，这种界定已经覆盖不了品牌的内涵，同时世界已经开始使用“非物质资产”这一名词，非物质资产泛指受法律保护的或法律不保护的、除有形资产以外的所有资产，就是除了实物及货币资产以外，皆属非物质资产。品牌的非物资资产有三个内容：

a. 运用系统制度与技术管理而获得的健康资产；

b. 受法律保护的商标以及全部知识产权的法定资产；

c. 受市场及消费者信任的最有价值的信誉资产。

首先是运用系统制度与技术管理而获得的健康资产。这里有两个限制词，一个是“系统制度”一个是“技术管理”，为什么要限制在系统制度和技术管理呢？我们认为，如果一个组织、团体、企业没有一个系统的制度，其管理也是非科学化的，它对企业就无益，也不具有价值，因此它不具备非物质资产性质。还有就是“健康资产”，如果这个组织、团体、企业的无形资产是非健康的，也没有任何价值，一个通过科学管理而获得的非物质资产才具有市值。比如，并购时的财务审计和价值评估，没有一整套科学框架下正常运营的管理制度和技术，这个品牌的价值就大打折扣，说不上那天就倒掉了，在市场上退市了。如果并购这么一个品牌，到你手里它倒了，就不值钱了。所以必须限定它是健康的资产，健康的资产前提是科学化管理，两个限制词其实是互为表里，缺一不可。

其次是受法律保护的商标及全部知识产权的法定资产。这条有两个内容，一是受法律保护的商标，没有注册商标不受法律保护，这也包括国家通过行政限制使用的名称，比如：周庄、大理等，虽然不注册，但国家通过行政法规限制其他使用者使用，这些都是其一的内容。其二就是全部的知识产权，很多管理者对这个内容都不了解，为什么强调全部呢，就是一切能使品牌增值的（物质资产以外）资产，有时是不以为然的小玩意、小纸片都是知识产权。如获奖证书、管理制度，内部培训教材等等，涵盖广泛，内容庞杂。有人说这是小题大做、大惊小怪。其实不然，这个资产对你的品牌价值是重要的不得了。比如，报章发表的有关品牌的文字，你认为当时看了，没必要保护起来，这就大错特错了。一段公众媒体发表的文字，可以在法律面前为你争得荣誉和利益，可以在管理上节约成本，可以在并购时增加你的砝码，特别是在管理方面，会节约管理成本。历史可以为鉴，比如一个城市中有一座建筑，市里有关部门觉得可能是个文物，但又说不明白在哪年哪月、由谁建的，现在要维修了也找不到任何资料。怎么办呢？在城市档案馆里有一份报纸，上面记载了这栋建筑的故事，内容当中写了一个相关人物的名字的信息。因为这个馆长学习了品牌管理技术，了解品牌管理的相关内容和基本技术常识，也试着结合自己工作来实践，结果发现了“新大陆”，马上报告给市领导，市里组织人马分析文章内容，根据报纸文章线索到欧洲一个国家，费尽周折找到当事人的后代。然后就根据线索找到了此建筑的设计和施工单位，一百多年前的设计图纸就找到了。不但为此建筑报批文物取得非常重要的依据，也为修复建筑找到了非常可贵的图纸。另外的收获是，通过两个市政府为此事交往而建立友好城市关系，为这个城市招商而引来巨资，档案馆也获得市里的表彰。这就是品牌的商标和全部知识产权带来的实际利益。

再次就是品牌要具有消费者信任的最具有价值的信誉资产。为什么拉斯维加斯受到全世界旅游人的喜欢，他确实为人们提供了一套不可模仿的服务系统来保证你的满意，为什么爱尔兰的大河之舞受到中国观众的喜欢，因为她具有好的口碑，为什么苹果产品受到热捧，因为她在消费者心中是创新的代名词，产品还没上市消费者就无限期待，上市了就排大队购买，你还没有使用产品、不知道产品的属性呢，为什么那么多人整夜的排队争取第一时间去体验呢？就是因为消费者信任她。消费者的好口碑是没有国界的。无论是爱尔兰的大河之舞，还是苹果的iphone，只要消费者信任，他在市场上就有巨大的信誉价值。越是信息发达的社会这种价值传播的越广、越远，这种信誉资产越是无价之宝。

④品牌的第四个要素，它是“一种语言”，全球通用的商业语言。

如果现代管理者还不知品牌为何物，那此人就太“奥特了”！“落后就挨打”，“发展是硬道理”，跟不上时代就被淘汰，硬邦邦的道理，没得商量。所以，全球化市场中品牌是个通用名词，品牌管理也是通用管理方法。我们已经步入品牌时代，管理品牌是当代管理者不可逾越的一道门槛儿，是企业家的必修课、是管理的必备工具。如果你不懂，现在还能行于商业市场，其实是蒙着干，晕着活，不一定那天就“壮烈”了，就被时代抛弃了。到那时，你会倍感伤心和无限的孤独。所以你现在必须行动，赶快学习品牌管理技术，跟上时代的步伐。

⑤品牌的第五个要素，它特定的“一种文化形态”，是一种载体。

我们都在谈组织（团体、企业）文化，什么是组织（团体、企业）文化，我们不在这里讨论，但品牌就是文化的载体。文化是有冲突性的，起码在现实时代是有冲突性的。宗教文化，地域文化，族群文化等等，文化是人类的宝贵财富，但不得不承认它具有想当大的冲突性。我们看看当今世界，局部冲突大多是文化冲突。戏剧创作有个手法叫“误会法”，文化是个宝贵财富，但也给人类创造了无数个因“误会”而导致的冲突。组织（团体、企业）文化有没有冲突性，当然是有的。但当它附着在品牌上冲突就减少了、减弱了。因此，品牌是文化的载体，这个载体的作用就是减少文化在市场上的冲突，建立良好的沟通，让人们按照自己的“信仰”选择其符合价值取向的品牌（产品或组织、团体、企业），分层分档，各自情愿，互不干扰。

以上就是品牌的基本定义，是按照品牌管理的规律和实用性等要素归纳的，是比较全面的、实用的、简练的、可操作的一个行动性的定义。

2. 品牌基本定义

根据以上的研究，我们可以给品牌勾勒出一个基本轮廓，现在我们一起来用语言练习把品牌定义表述出来：

品牌定义是：被市场所接受的、受法律保护的、物化的实体，它是烙印在特定群体心里的不可替代的独特情感印记，这种印记在普通群体心里具有区隔性记忆功能。

是其内部所体现的功能价值和情感价值的总和，是外部对其认知的形象和承诺的总和；是品牌物化实体运用系统制度与技术管理后的健康资产；是受法律保护的商标和知识产权的法定资产；是受市场及消费者信任的最有价值的资产；是全球市场中的通用商业语言和特定的文化形态。

三、品牌能给我们带来什么

我们探讨了品牌的基本定义，从品牌的基本定义中我们再来分析品牌到底能回报给我们什么？这是一个很大的话题，品牌带给我们的利益相当的多、相当的大。最主要的是有如下几点：

1. 品牌能让人们生活的更快乐，更荣耀，更受人尊敬

如今我们处在一个什么都在爆炸的时代，信息爆炸、人口爆炸、经济总量爆炸、知识爆炸、就业人口爆炸、商品类别和品种爆炸等等，我们的时间真的是不够用了，人们面前的选择太多太多，使你应接不暇，总觉得跟不上时代的脚步。还好，商业市场品牌的发明到成熟使我们的生活才有可能有条理有秩序，不然真的很麻烦了。比如，你不了解品牌，也不享受品牌给我们带来的利益，也可以说你不是生活在现实生活当中，那可就惨了。如买一件服装可能要跑断腿也不一定买到合适的，心理毫无品牌目标，到哪个小镇去旅游？到哪个商场？买什么牌子的？什么款式的？买什么档次的？啥都不清楚，只好烦劳自己。虽然跑断腿、累岔气也不一定称你的心如你的意。这绝不是你太挑剔了，只是因为你不了解品牌，没有享受色彩斑斓的服装世界给你带来的快乐，没有享受到现代化商业环境给你带来的愉悦。这还不算，一不小心你就可能花了冤枉钱还要被别人耻笑，因为用了你仅有的时间花费在不该去的地方，因为买来的服装不适合你的身份，因为买的服装不是值得信赖的品牌你可能因为质量问题而懊丧。庆幸的是我们已进入了品牌时代，你完全可以按照你的品牌目标去选择，去充分享受品牌，去体会生活的美好。人们在消费时往往需要根据自己的价值取向来选择，因此，在营销上有种新论断，那就是消费的最终决定因素是人们的观念意识。因为人的观念意识和价值取向是文化的表象，是文化基因作为内部支撑要素来决定你的购买观念和意识，从而产生购买行为。为什么有的人喜欢繁华的大都市，为什么有人喜欢清静的小镇，为什么有人愿意穿红色的，有人愿意穿蓝色的？为什么要穿耐克？为什么要穿李宁？区域、空间、价格等不是唯一选择，表面的区域、空间、色彩、款式、材料折射出来的是你的文化观念，价值取向。为什么西方人穿的笔挺进入歌剧院如痴如醉的欣赏歌剧，而我们要端着茶碗哼着小调吆五喝六的叫好在京剧场内？都是文化观念“惹的祸”，都是人的价值取向所决定的。因此，品牌会给我们带来快乐，也使我们生活得更荣耀，更使我们受人尊敬。为什么这么说，比如，你买一件好产品心里就愉悦啊，反之你心里就烦啊。如去一个海滨城市当然要吃海鲜，结果被价格欺诈了，说理，挨打，投诉，马拉松，你一年的心情都会被一次旅游闹得心惊肉跳，心里的阴影要好长一段时间才能抹去。又如北京的一位姑娘买了一件空调，品牌的价值不是很高，服务质量没保证，自从她买了这个空调后前后两年时间没让她消停过。买来没几天就出了问题，厂家说给修啊，一修就是十几天，好不容易送回来安装上没几天，又坏了，重新修吧。一连几回都不灵，一夏天过去了。事情到此还没完，第二年又是一夏天，最终安装好了已经是好凉一个秋了。咱不说和厂家生了多少气，就因为一次又一次的安装她请假就十几次。你还能有什么好心情啊，两年堵心烦心，生活质量能提高吗，能快乐吗？如果你买到一个高价值品牌一定不会这种结果，不信你试试。去一个地区旅游、买一件产品都一样，品牌价值不高很有可能让你终身难忘，气你个半死，气出病你没地方报销药费。君不见有个游客因为旅行社不遵守协议，游客和导游发生口角，结果这位游客被打得住进医院，你说你这一年心情都好不了。因此，好品牌会使我们生活快乐。品牌能给我们荣耀感很好理解，背个LV包包，看一场著名乐团的交响乐，到北京吃一顿全聚德烤鸭，都会使你获得荣耀感。人的虚荣心谁敢保证没有？有了也没什么错。只要按照自己的价值取向有能力消费就没什么错，好品牌一定给你快乐，给你荣耀。反之你就一定很难受。不信你看看网上有一个段子，真的让你好难受啊。

2. 按照自由原则，以价值吸附方式，使社会各阶层归属定位，和谐共生

品牌管理当中的营销方法和其他的销售方法不同，就是按照价值原则吸附，不是“推广”产品，是“吸”纳价值取向相同或相近的人。所以品牌能够将具有相同价值取向的人以品牌为目标自动、自由的聚集在一起，而在这个”聚集一起”的市场环境中会产生一种我们追求的和谐的大好局面，因为减少了很多不必要的相互了解对方的时间，减少了很多不必要的误解，从经济成本上计算当然就减少了很多交易成本，减少了很多个人精力。同时也按照“物以类聚，人以群分”的方式聚集在一个“团体”中相安无事。你看品牌会有这么大的能量！

3. 按照竞和共赢原则，以他人为出发点，使社会财富务尽其责，持续发展

品牌可以将一个品牌组成一个完整的价值链，在品牌价值链上的各个利益体（企业、组织、团体）按照竞合共赢原则各有其所、各得其利。因为品牌的核心价值是有吸附性的，所以品牌的价值链是有强大聚合力的，尤其在产业链上各企业间在产业链上的各环节表现出的竞争合作、发展共赢理念，在这样理念指导下系列有序的市场行为，使市场和产业链中的企业（组织、团体）能够保持持续健康的活力，其结果就是企业的持续发展，基业长青，品牌不断增加价值。比如一个有环保绿色价值取向的品牌，一定不会和破坏资源、浪费能源的品牌合作。这就是品牌核心价值使然。在品牌管理上这一点很重要，所有的品牌在彰显特性价值同时，更应该遵循人类的普适价值理念，合作竞争，发展共赢是建立在人类普适价值基础之上的结果，不然任何企业（组织、团体）都不会持久，我们大家追求和向往的基业长青就是一句空话。

4. 特色小镇品牌能涵养一个地区人们德行，使这个地区获得持续发展、复兴，使一个地区的百姓获得自信而得以最彻底的展现其价值

我们国家在十三五规划当中，把特色小镇提升到重点发展的地区经济的支柱性产业的战略高度，国家多个部门都做了特色小镇的战略规划，要大力发展特色小镇，特色小镇复兴区域经济，特色小镇品牌是我们富民强国、经济转型的重要元素，也是我国经济持续发展的重要基础。因此，特色小镇品牌最基础的、最有表现活力的、最有张力的、最能鼓舞区域气势的典型产业，这就需要我们建立众多的高价值特色小镇品牌、建立具有竞争能力的优秀特色小镇品牌。

五、什么是品牌管理，品牌管理管什么

既然品牌能给我们带来这么多好处，我们就必须重视特色小镇品牌的建设，如果没有高价值品牌，恐怕我们就是想要特色小镇品牌为我们做出贡献也是枉费口舌。高价值特色小镇品牌是如何建设的呢？那就是一定需要一套好的方法来管理，用一套科学的方法来管理，用一个系统的方法来管理，用一个实效好用的方法来管理。

谈管理的范围是很大的，但管理和我们今天的话题有关联的就是品牌，当然就要谈品牌的管理。什么是品牌管理，什么是特色小镇品牌管理？品牌管理是管理大科目当中的一个子项目管理，但品牌管理非常重要，特色小镇品牌管理更是重要之重要。当代经济和特色小镇生活当中，品牌管理可能是最重要的管理内容之一。特色小镇的终极目标是什么？不是要赚多少钱、有多少利润，或者是占多少市场份额，而是要实现特色小镇的终极目标。什么是特色小镇的终极目标？是品牌价值最大化，不是利

润最大化，不是市场占有率最大化。因为品牌价值就是“母鸡”，不是不会下蛋的公鸡，是可以无限的下“蛋”好鸡、有价值的鸡。而利润就是母鸡下的“蛋”，是母鸡下的可以孵出或孵不出小鸡的“蛋”，因为它可能也是“死蛋”，这要看母鸡的质量和品种、看饲养人的水平。现在我们清楚了为什么用品牌管理的方法来建设特色小镇，原因就是我们要弄懂是养鸡还是做蛋，即使养了鸡要知道是母鸡还是公鸡，要懂得怎样养得更好。既然蛋不如鸡，养鸡就要认真，要有方法，母鸡养不好也是不下蛋的。因此，我们就研究特色小镇品牌管理，要学会品牌管理方法，要使用品牌管理工具，就是让大家都能养好自己的会下蛋下好蛋的母鸡——一个有价值的特色小镇品牌。

什么是品牌管理？这个问题一般性的认识上真是有莫大的偏差，所以，对特色小镇品牌管理认识有偏差，特色小镇品牌就一定会有差距。如，大多数管理者误认为品牌管理是做广告，就是炒作。再有进步一点的误认为品牌管理是传播形象，花钱做媒体传播，制造广告产品，不是在鸡蛋上下工夫，总是在鸡蛋包装上下工夫。再进步一点的误认为是做销售，只要把产品卖出去，哪怕是骗出去就是做好了品牌管理，所以有些管理者不惜一切代价卖产品，无论是臭鸡蛋，破鸡蛋，甚至是假鸡蛋只要卖出去就是胜利。结果产品卖出去了品牌却死了。

品牌管理绝不是只有这几方面的内容，即使是这些同样的内容，也绝不是这样管理的，何况绝不仅仅是这些。如果说品牌管理就是炒作，那新闻媒体的品牌每个都应该是最有价值的品牌了。如果形象传播或者是做广告就是品牌管理，央视标王不会死那么多了，没那么容易。如果品牌管理就是卖产品，乔布斯用不着花那么大气力去创新了，宝马也不用花巨资去做概念车了，更不用建设什么创新价值系统了。管理是件很要功夫的事。品牌管理也是如此，特色小镇品牌管理的技术难度更大。它是一套完整的系统，因此我们要重视它，学习它，掌握它，才会管理好我们自己的品牌。好了，既然要学习品牌管理方法，什么是品牌管理呢，我们要弄清楚基本定义。

1. 首先我们了解哪些是品牌管理的基本要素

品牌管理是什么性质的状态、物质和意识，第一要给它定性。

首先要清楚它是哪一种技术，什么样的技术。品牌管理一个是实现企业（组织、团体）或者一个品种、品类的品牌终极目标而必须使用的最重要的核心技术，是一个系统、科学、可检测评估、可实证的实践管理技术。

第一个技术指的是企业（组织、团体、项目）等等，最终都要实现品牌价值最大化这一目标，为了这个目标要调动一切力量，整合一切资源，使用一切方法而直奔主题，实现终极目标——品牌价值最大化。我们在实践中始终坚持一个目标，而且是有方法、有理性的坚持，这样做是很不容易的，一般企业（组织、团体）及管理者做不到，成功者是少数。更多的企业（组织、团体）管理者往往把子目标或者把手段当成目标，如单纯追求利润、单纯创新产品，单纯促销等等。

第二个技术稍微复杂些，涉及四个方面，第一强调“系统技术”，不是零打碎敲，是一环扣一环的，不是单一的，是每个环节缺一不可；第二强调“科学性”指的是要具有规律，要有理论依据，要坚持方法论；第三强调“可检测”的就是要具有实践性质，可以检测整个管理过程，要出结果；第四强调考核指标，强调对每个管理细节都有对应的考核指标，如特色小镇品牌核心价值、承诺、形象设计、资本增值等技术环节，要有具体的考核指标，而这些指标又是衡量品牌管理即管理人实际成效的尺度。

品牌管理是实施品牌战略的系统行为，伴随品牌发展、经营全过程，是保证实现品牌总体战略目标的最根本的、最科学的、最实效的、最系统的管理科学方法。

下面，我们一起来总结品牌管理的基本定义，首先我们狭义诠释品牌管理的基本定义是：在建设品牌过程中，操作性的技术动作和系统管理程序。

我们再广义诠释品牌管理的基本定义是：涉及品牌价值理念、实践行为等各管理环节的系统、 科学的管理行为。

最后我们对品牌管理做一个最基本的定义：无论从品牌的设计、战略规划再到品牌的管理行为，处处体现它的技术性和重要性、连续性、科学性。所以通常将品牌建设的全过程及有目的行为统称或概括为品牌管理。

2. 品牌管理特质

品牌管理与其他管理在本质上有很大区别，如质量管理、人力资源管理、销售管理、成本管理等，无论在管理方法、管理范围、管理原则、管理技术、管理结果等方面都存在不同点，如质量管理的原则是严格执行标准，管控产品质量，品牌管理的原则就不是产品质量，如人力资源管理的范围是企业内的在职人员，品牌管理的范围就扩大到企业外部，销售管理的结果是销售指标，但品牌管理的结果就不单纯是销售指标，成本管理技术上是表现计算和预测推演结果，品牌管理的技术是创新性过程控制。

特色小镇的魂是由当地的人文脉络，现代文明的新风尚，以及当地产业的进化升级等要素共同融合的结果。其作用是提领小镇的各种功能，元素，让其有凝聚力，形成足够的信息差，具备品牌传播特性。不够聚焦的品牌，就不具备传播特性。

品牌管理是解决特色小镇的最终价值最大化，而不是当下特色小镇收益，是通过管理特色小镇品牌行为的全过程来实现对终极目标进行控制。因此特色小镇品牌管理的特质本身具有复杂性。为了使管理者能够清晰的认识品牌管理特质，我们有必要将品牌管理特质逐条分析，然后总结出其本身具有的规律性的特质，这样有助于品牌管理者在重大战略决策和日常管理中随时都有对标物，而不至于忙于琐碎工作而忽略战略和方法，也有助于特色小镇品牌在任何时候都能清晰其实现的终极目标方向，使特色小镇健康成长，使品牌价值最大化。

（1）品牌管理的结果是以提升品牌价值为目标

可能有人会问，特色小镇有哪项管理不是以提升品牌价值为目标的呢？还有人问，品牌管理的结果当然是提升品牌价值，难道还有什么其他结果？这两个问题都很具有典型性，是完全对立的观点。其实无论是特色小镇还是管理者每天都处于这两种观点之间，有时的行为是前者，有时的行为又是后者，总而言之大家很少有意识地主动地将这两种观点和谐的统一起来。比如，在谈自己品牌时候，我们把这种时候的话说成是品牌吹牛阶段，谁说起自己的品牌都是天下第一，眼睛里没有别人，特别是在品牌建立时期，简直就是天下最牛B的最好的，中国有句老话，那就是在孔夫子面前卖三字经，在关老爷面前卖大刀，全世界就属自己最大了。殊不知自己连品牌是什么都不清楚，在这个时候人往往就是虚无主义，认为不要把品牌搞得神神秘秘的，品牌不就是一个名字吗。有这种意思的人怎么会重视品牌管理呢？当然他就是不清楚品牌管理的结果是什么，往往秉持这种观点的人对管理是轻视的，尤其不承认管理是科学。我们有些管理者一般喜欢把管理当成艺术，自己是艺术家，这样比较酷，科学有些乏味不如艺术更吸引眼球，在当下社会上艺术家当然比起科学家和管理家更有人气。所以，我们一些企业家、政府官员现在作秀的很多，想当明星的人也非常多，出镜率甚至高过艺人和歌星，对个人成果的崇拜已经到了自恋的程度。有位企业家很早就说过，管理是寂寞的，职位越高越孤独。但明星就不孤独，风光的很。所以，对于品牌管理的结果是提升品牌价值，有很多管理者人认识的不到位，甚至是不清楚什么是品牌管理结果。比如在对待成本控制和产品定价这两个问题时，我们大多数决策者没有从品牌角度来决策，在此时的终极目标就不是品牌价值最大化，而是成本最小化和利润最大化。因此，我们收入不是全球最高的，但我们的车的价格是全球最高的，我们的演出质量不是最高的，但我们的票价是不低的。这种现象在我们的特色小镇品牌当中比比皆是，为什么到了成本控制和产品定价时就出现了这样的问题呢？结果不是为了提升品牌价值，而是为了最少的投入，甚至不惜质量下降，为了获得更高的利润，甚至牺牲市场销量（到了营销阶段销售定位和产品定价的定位就不一致了）这个时候没有想到品牌价值最大化，而是想着成本最少利润最高。在管理中成本控制和产品定价是两个伤害品牌价值的老问题，福特汽车历史上出现过在成本控制最优秀时期而品牌价值却明显下降的案例，我们的电影也存在产品定价严重影响电影品牌价值的问题。所以我们把品牌管理结果确定在提升品牌价值方面，是一个科学而持久的方法，一切都要以品牌价值为目标去考核管理结果，比如我们的成本控制不能影响科研投入，不能影响产品质量，我们的产品定价不能牺牲品牌美誉度，不能失去定位消费群体。因此品牌管理特质是结果导向品牌价值最大化，而不是其他目标，对此我们还在其他有关章节详细论述，请和我们一起关注和讨论。

（2）品牌管理方法是以客户（消费者）为出发点的实证性管理科学

这个问题涉及两方面内容，一是客户，就是消费者，二是实证科学。品牌管理方法是以客户为中心的，就是围绕客户展开的。什么是以客户为中心，不仅是产品定位，不仅是销售目标，而是在产品研发过程中，甚至在产品定向时期就要围绕客户来论证，说直白些就是产品来源于消费对象，说专业些就是要开发客户需求。这种观点不是新鲜词汇，而是几十年前在品牌管理界已经研发的管理技术，国际上GE的韦尔奇早在二十年前已经试验这种管理方法，而成果颇丰，现在国际上著名品牌大多采用此方法。围绕此方法衍生出新型服务公司，颠覆了传统产品研发方法。基本方法就是邀请各方面专家围绕人群来考察各方面未来需求。比如在心理上的，天气方面的，在健康方面的，在人的社会行为方面的，在人体结构上的等等专家来研究未来将要发生的需求，这些社会现象和统计数据在新型服务机构那里就是研发新产品的初级素材，还要根据每一项具体数据进行社会调研，甚至生产出产品来进行人的消费试验。一旦成熟将研发成果付诸实践，也就是交给企业（组织、团体）大规模生产、上市。这样的产品怎能没有市场，怎能不提高品牌价值，想消费者所想，产消费者所用，这样的品牌怎能不让消费者接受而叫好呢？功夫熊猫、苹果手机等都是在此方法下产生的产品，因而都提升了其品牌价值。而在此方法的实践中每个环节都是经过科学实证的，这就是本问题的第二个方面。没有科学实证的方法一定不是科学的，所以对品牌价值也就不会有长久的益处。因此，以客户为中心、进行科学实证，是当今国际企业（组织团体）提升价值和核心竞争力的战略转向。我们的企业（组织、团体）还在一味地追求成本控制和产品利润。

在品牌管理方面，我们不能只顾其表，不顾其本，不能在国际市场落后他人，这绝不是拾人牙慧跟人家屁股后面跑，而是要站在科学创新的高度与国际级品牌并驾齐驱，最好是跑在他们前面。

（3）品牌管理的范围是在系统的、全方位的、全员参与的企业（组织、团体）管理全过程

我们现在的品牌管理误区就在与对品牌和品牌管理基本定义上。品牌管理大多数管理者认为就是广告和传播管理，在学科设置上基本没出广告和传播范畴，有的学科分类把品牌分在营销学科当中，所以就有了对品牌管理认识的局限性。如，企业在设计企业CIS系统时只是在少数人当中做一些调研和研讨，在整理和建设品牌核心价值系统时往往也是“老板个人价值观”，我们不否认“老板”对企业价值观形成起到至关重要的作用，但品牌的核心价值系统绝不是仅仅是属于“老板”一个人的私产，品牌的公共性就决定品牌一定是具有普适价值的，就是共享的价值系统，前一个问题已经说明品牌是以客户为中心的，所以品牌绝不是“老板”的个人私产，尽管可以享有利润和荣誉，但品牌价值系统一旦形成，她已是“大众情人”。因此，对于品牌的任何管理环节都是开放的，不是局限于小众圈的，是要全员参与的、是全方位的、始终在管理全过程当中的。从产品研发、到产品生产、再到产品销售和服务等等，不仅仅局限在广告、传播环节。

（4）品牌管理的原则是在企业（组织、团体）总战略下的执行性战略行为

有观点认为品牌战略就是企业（组织、团体）战略，品牌战略已经全覆盖企业（组织、团体）战略内容，因此，做了品牌规划再不用制定企业（组织、团体）战略。还有观点认为品牌战略不同于企业（组织、团体）战略，品牌战略是在广告和传播方面做的战略规划，而企业（组织、团体）战略是对其长远发展做出规划。这两种观点全部是从战略内容界定其性质，但内容是否一样暂时不去探讨，我们从两个战略的性质方面如何界定两个战略的不同。如果性质不同，无论从内如方面还是从方法方面就一定不同，当然管理原则就不同。首先先看看性质方面的不同，企业（组织、团体）战略要回答的问题简单说是回答“我是谁，做什么，怎么做，做到什么程度”。

品牌战略也是回答这些问题，在内容上一样。如果按照两个战略相同的观点看没什么问题，两个战略是一样的。但在回答一样的问题时要在那个管理环节回答，两个战略不同的观点把回答问题的环节限于广告和传播领域，就是说在广告传播领域回答问题。就是说企业（组织、团体）战略要在大方向上，或者说总体发展上要回答“我是谁，做什么，怎么做，做到什么程度”的问题，而不在具体管理环节上回答。在具体管理环节回答问题的任务交给了品牌战略。但按两个战略不同的观点认为品牌战略只在广告和传播管理环节回答问题，那么品牌又是终极目标，是全过程系统管理。这就出现了矛盾。因此从内容上区别两个战略就存在问题了。所以只能在性质上区别两个战略的不同。企业（组织、团体）战略和品牌战略的本质区别是一个把握方向性和长远目标的，这就是企业（组织、团体）战略，一个是在长远目标和方向一致的前提下要如何实现，这就是品牌战略，所以我们把品牌战略定性为在企业（组织、团体）总战略下的执行性战略行为。是动作性战略，是行动的战略，是为了实现总战略而实施性战略。根据性质，第一确定了品牌管理是具体的、有方法的、系统的、全员参与的、贯穿管理全过程的总体原则，第二确定了品牌管理的边界，第三确定了品牌管理的性质。只有解决了这些问题，在日常管理中我们才不会迷失方向，才不会用错方法，才不会犯周而复始的错误。

（5）品牌管理的技术充分体现创新性、科学性、可操作性，品牌管理更能体现成果性

前面的三性很好理解，创新取决于品牌管理的复杂性，没有创新就不可能保持其管理方法的长久价值，管理方法不科学性不具有普适性、实用性，没有可操作性再好的管理方法也不会执行下去，当然也就不具备使用价值。品牌管理能够体现成果性如何来认识？在品牌管理界最有名的一句话就是奥格威所说的“我知道有一半的广告费是浪费的，但我不知道哪一半是浪费的”。这个问题很严重，这会给管理带来一系列问题。如何考核管理行为，如何考核管理者？难道品牌管理者就不承担管理责任吗，难道我们在品牌管理方面的投入就不考核效率吗？只有目标，没有考核，没有结果，这是管理大忌。品牌管理当然不会违犯大忌，品牌管理最大的优势就是有考核方法，对结果负责人，只是品牌管理所体现的对人对事的考核技术与其他管理方法不一样罢了，品牌管理对执行人、对执行结果一定是有技术，有方法来考核的，这就是品牌管理的魅力。

3. 品牌管理的使命

为使在企业（组织、团体）及社会各阶层消费公众能够享受优质产品或服务、提高生活品质，充分体验优质生活带来的快乐而建立更多的优秀品牌。这就是品牌管理的使命，强调的是让公众“享受”高品质生活，提高生活质量，而不是其他。

第二节　特色小镇品牌管理及价值评估报告

一、特色小镇的品牌管理

科学管理，首先要是系统的管理，特色小镇品牌的管理也如此一定要系统管理。没有系统就奢谈科学，没有技术奢谈管理。有人说管理是门艺术，有人说管理是禅悟，玄机无限，云山雾罩，挺吓人的。其实管理是实实在在的科学实践，是很专业的技术活。当然，根据每个管理者的性格、经历及此时此刻的境遇可能影响管理结果，但决不能说管理无章可循，也不是随心所欲，更不是“无为而治”，管理科学犹如精确尺度，管理技术就是实证的经验。管理不要虚无，要科学，不要感受，要实证。基于此，我们将特色小镇品牌管理更为精准的限定在科学系统和实证技术很窄的范围内。这还不够，还要再套上一个“紧箍咒”，那就是要坚持立体思维，单项、单面都不行，要立体的管理，要立体的技术，如不要单一的角度理解或规划特色小镇品牌战略，更不要以平面的思维去认知特色小镇品牌管理系统技术。

<table>
<tr><td>横向
纵向</td><td>思辨</td><td rowspan="2">决定</td><td colspan="5" rowspan="3">行动</td><td rowspan="8">坚持</td></tr>
<tr><td>观念</td><td>明确概念
明晰方向</td></tr>
<tr><td colspan="2">态度</td><td>选择正确的行为</td></tr>
<tr><td colspan="3" rowspan="5">技术</td><td rowspan="2">建立价值体系</td><td>技术方法</td><td>品牌利益</td><td>健康体检</td><td>定位</td></tr>
<tr><td>模式选择</td><td>承诺</td><td>核心价值</td><td>愿景</td></tr>
<tr><td>正确传播价值</td><td>设计形象</td><td>媒介传播管理</td><td>公关管理</td><td>危机管理</td></tr>
<tr><td>营销独特价值</td><td>营销品牌</td><td>客服系统建设</td><td>支持系统设立</td><td>关注合作者</td></tr>
<tr><td>管理价值资产</td><td>商标注册</td><td>专利申请</td><td>知识产权保护</td><td>资源开发</td></tr>
<tr><td colspan="3">毅力</td><td colspan="6">间隔重复持续努力才能获得成功</td></tr>
</table>

为方便理解，直观的认识立体思维模式，我们将特色小镇品牌战略和管理技术系统画一张图表，我们叫它导示图或导航图，从这张导航图我们了解这个管理系统是如何建立立体思维模式，如何从横向和纵向两个方向来聚焦审视或检讨我们的特色小镇品牌战略及品牌系统管理技术的。

我们看品牌管理的导航图的横向和纵向每项管理内容，横项的管理内容和纵向的管理内容不同，发散的路径犹如星球的经纬线，在中间交叉的点就是品牌管理系统技术，犹如GPS，这样就会以横纵两方向的内容线交叉为一个原点，这个原点就是准确的测量出品牌战略所需要的准确内容和所有管理环节上的聚焦点，这个准确的内容和聚焦点是唯一的，是两线的交汇点，是唯一的，是精确的，因此，在立体思维模式下的战略规划和品牌管理系统技术绝不会在具体操作时走偏或漏项。

正因为如此，在具体工作时很难把握什么是规范的工作内容、工作标准、工作程序，更难掌控工作质量，也无法考核工作结果。为了使我们操作这项工作时有一个简约而可操作的方法和技术，我们对特色小镇品牌管理做以图解式说明。

二、特色小镇品牌管理技术程序

我们在设计品牌管理技术系统时也进行了双向思维模式，横纵两条项线交叉聚焦生成品牌管理技术内容。纵向分为四个表述内容：“观念、态度、技术和毅力”，四个表述全部使用的是名词，重点描述我们在品牌管理系统中秉承的认识、思想等“思维”范畴。但只有“思维”范畴还不够全面，我们又在与之相对应的横向设计了四个表述内容：“思辨、决定、行动和坚持”，四个表述全部使用的动词，是描述我们在品牌管理技术系统中秉承的方法、动作的行为原则。纵向的思维与横向的行为每个表述内容双向交叉，焦点为特色小镇品牌管理技术的具体项目。这样框定每个具体管理项目就可以使我们在品牌管理的具体工作时对内容有准确的把握，在品牌管理实践中就会针对我们的管理行为就有明确具象的指向，从而使我们在日常品牌管理实践中就不会跑偏，不会漏项，在明确具象的品牌管理项目中，我们就可以清晰认识、掌握其具体管理内容和技术。

1. 观念和思辨相交的管理技术的具体内容为“整理观念，思考方法，明晰方向”

在这点上管理决策者首先要明确自己的思考结果。品牌管理首先是个观念问题，是否引进品牌管理方法，品牌管理的目的是什么，看似简单实为复杂，不是品牌管理的技术复杂，是我们的目的复杂，因为在大多数管理决策者中品牌管理的目的是多样化的，我们称之为多目标性，给品牌管理承载的太多，但在太多的承载中管理决策者往往又走向反面，那就是直奔主题，“能给我赚多少钱”？其实赚多少钱不是管理的目的，只是手段而已，但为什么大多数管理决策者心里清楚行为上出现偏差呢？观念作怪。我们的认知出现了问题。所以在第一项品牌管理技术内容里首先设计了要理清观念，明确我们的目的。此基础上才能选择达成目标之方法。

2. 态度和决定相交的管理技术的具体内容为“端正态度，要做出正确的选择、而又要选择做正确的事”

这个管理动作是在完成上一个管理动作的前提下实现的。上下是个联动，如果没有思辨，观念就失去基础，如果没有观念基础，就没有态度的内容，如果没有态度内容，就不会有正确的决策，所以方向和目标就犹如脱缰的野马，野马跑得再快，我们是否会达到目标就成为约数，在此提醒各位管理决策者要牢牢记住，品牌管理绝不是放飞心情的休闲旅游。

3. 技术和行动相交的管理技术的具体内容为“建立品牌价值体系、正确传播价值、营销独特价值、管理价值资产”等四项管理技术项目

这是品牌管理技术的核心部分，动作性非常强，涉及的管理内容多，需要有很好的技术条件。犹如我们对健康有了明确的认知，也有了一定要一个健康人的正确的态度，也找到了健身教练、选择了健身科目和训练场地，这个时候，要学习科学健身的方法，没有技术方法，我们就不会有一个健康的体魄。企业和品牌也是一样，如果没有专业的品牌管理技术，只有态度和愿望，把自己的品牌建设成为世界顶级品牌只是一句空话，痛快嘴一定要伤身体，对自己的品牌也是一样，只说不做是要伤着你的品牌的，因为只痛快嘴它就是个负数，品牌管理就像银行储蓄，只取不存就要亏空，尽管你有信用卡，只花钱不还贷，银行就有不良记录，弄不好还要吃官司。

（1）建立特色小镇品牌价值体系

特色小镇品牌管理的核心问题是价值体系的管理。如何按照规范的程序和正确的方法。

建设特色小镇品牌价值体系，事关一个品牌是否具备永久性竞争能力，也决定一个品牌的价值表现和价值结果。核心价值是特色小镇品牌的灵魂，而品牌的核心价值是建立在由此而演化的价值体系当中。正如一个人，要成为什么样的人，这是每个人都遇到的问题，很多家长都为孩子设立的具体目标。为什么孩子长大以后就发生变化，为什么我们常常不能按照目标达到自己的修炼结果？其实我们有很多价值观念是和自己目标不一致的价值取向。没有家长为自己的孩子设立要做一个流氓的人生目标，但这个孩子心目中有崇尚暴力、凌弱欺软的价值取向，他很难成为一个家长所期望的有作为人。品牌也是一样，价值系统是否合乎主流价值，是否有一个上善追求，就不会成就一个世界顶级品牌。因此，一些博彩业、游戏行业的品牌尽管不是那么让人赞叹不已的行业，它也一定设计提炼一套好的价值系统，不然它就不会生存下去。所以，品牌一定要建设好品牌价值系统，为品牌寻找灵魂，建构精神品格。这是品牌管理的最核心的工作内容，是品牌管理最关键的管理环节。

品牌价值体系建设分为八个管理环节，分别是品牌管理方法与技术（表格中称：方法与技术）审核品牌利益获得程度（表格中称：品牌利益）品牌的自我健康体检（表格中称：健康体检）给自己定位（表格中称：定位）品牌管理模式选择（表格中称：模式选择）品牌承诺（表格中称：承诺）与品牌核心价值和品牌愿景的设计与提炼。

品牌价值系统管理需要方法，更需要技术。如价值管理是独立与其他企业管理之外，还是统领其他企业管理？它是一个子性管理科目，还是一个根性管理科目？是企业的精神目标还是终极目标？这些问题不仅需要方法更需要技术来解决。

我们平时都说自己的品牌价值连城，但有谁审核过自己的品牌到底市值多少？其实品牌的价值只要我们在日常管理中用方法测试一下，就会得出结果。所以管理者一定要做到心里有数。目前我们有些管理者就不清楚自己的品牌市值多少，对自己品牌价值高估的多，没有根据的多，对自己的品牌价值结果有很多都是自恋，有的自恋到沉迷，这对品牌管理是有害的，对品牌也是有害的。

对品牌做定期健康体检是管理者的既要做还要懂得如何做，这是一项常规性动作。如果你没有为自己的品牌做定期健康体检，你就不是一个负责任的管理者。一个对自己身体都不爱惜的人不是一个负责任的人，品牌管理者同样，不为自己品牌定期做健康体检他一定不会是一个负责任的管理者。

将上述八个管理内容提炼、设计、审核并合格的完成，品牌的价值体系基本架构就完成了。

（2）正确传播特色小镇品牌价值

品牌价值体系建成后，我们要设计及审核传播品牌价值的技术程序，目的是将准确的品牌价值用正确的方法准确的传递给特定消费群体及公众消费者。

传达到特定群体及公众之中，是特色小镇品牌传播技术的最高原则。

在此管理环节中请特别注意两个限制性词语：一个是“正确的传达”，另一个是“传达准确的信息”。正确的传达室指在品牌价值传播过程中，为了降低管理成本、提高传播效率、减少传播失误，一定要使用科学方法和管理技术，而这种方法和技术的覆盖范围绝不仅仅局限于广告和传媒领域，也不是在广告制作和媒体发布两个环节，要将传播品牌价值的管理前置到有效规划和检查考核各个管理动作的环节上，才能做到正确的传达，而方法和技术正是正确传达的保障。传达准确的信息是在正确的传达方法确立后如何识别传达信息的质量，就是为了防止传播信号在传播过程中衰减和变形，衰减降低传播效果，变形使传播失去效力，甚至使传播目的走向反面。因此，传播品牌价值秉承品牌管理技术系统的思维方式，在确保“正确”而达到“准確”的两个维度立体的思维和工作方法。

正确的传达是要规划传播渠道，考察渠道价值取向、传播方向、方式、价值等技术型指标；准确的传达是要考察核心价值系统在传播过程中是否有信号减弱和偏差等技术性指标。如果传播渠道不正确、传递信息不准确，都将影响品牌价值的传达效杲，有时候也可能产生事与愿违的结果。

我们要在设计形象、媒介传播、公关管理、危机管理等各项管理环节中，按照程序正确使用管理技术，才能保证传播质量。

（3）营销独特价值

提高营销一定会想到卖产品（服务），我们有些管理者在营销3.0的时代还是把营销看的很直接，不就是卖产品（服务）吗？胜者为王，只要把产品（服务）卖出去就是“大爷”，所以在市场上就出现了为了卖产品（服务）不惜以欺骗的手段欺诈消费者，也出现了营销职业阶层的“换血过快”、“人才流失”的现象。

营销什么？这是特色小镇品牌管理者要思考的最重要的问题。将产品卖出去是每个组织、团体、企业的每时每刻都要做的手段性日常工作，它不是目标性工作。那么消费者为什么非要消费我们的产品或服务呢？我们的产品和服务与其他同类品牌有何区别？管理者和销售人员没有人不能回答这个问题，但回答的是否准确，是否对营销有长久的利益，是否是品牌的本质所述求？对于这个问题通常是给予了不准确的、看重短期利益的、非本质的答案，存在问题的症结是大多数管理者和销售人员错把品牌的功能价值当做品牌的情感价值（关于功能价值和情感价值详细论述请关注营销品牌价值章节）。虽然二者是品牌价值系统的组成部分，但没有情感利益的品牌价值是残缺性品牌，在品牌基因方面已经埋下了品牌成长障碍的隐患，这种品牌基因存在缺欠的品牌不可能成长为优秀品牌，品牌的生命也不可长久。

对待这个问题的答案，品牌管理的回答是这样表述的，品牌营销是要向消费者宣扬我们独特的价值，是以功能价值为基础，侧重传播品牌的情感价值，给予消费者不可替代的情感利益。品牌价值营销是以品牌核心价值“吸附”的方式、而不是以功能价值“推广”的方式工作，这就是品牌营销与其他营销方法的本质性区别。价值吸附方法是营销工作最简洁、成本最低、效果最持久的品牌管理方法。

功能性价值很容易被模仿，情感性价值却无法克隆。这就是品牌价值营销核心技术。

我们将营销品牌、客服系统建设、支持系统设立、关注合作者等四个项目列为具体内容。客服系统是品牌价值体现的最后环节，是使品牌价值保值增值的最后防线；支持系统是保证品牌价值的内部制度性条件，是执行品牌价值营销的物质基础；合作者是品牌价值延展的载体，是品牌整体价值的一部分。因此它们是价值营销管理环节的组成部分，是不可或缺的组成部分。

（4）积累、整合、增效一切资产价值是品牌管理的重要技术

其中商标注册、专利申请、知识产权保护、开发资源是此技术项目的四个重要内容。这些都是品牌价值最大化的基础性的要素，对法律的、科技的、技术的、特色小镇的、观念的管理知识与技术，在四项内容中都有很好的指导。

4. 毅力和坚持，坚持和毅力相交的管理技术的具体项目为“间隔重复，持续努力，才能获得成功”

不能做到持久性坚持品牌核心价值，就不可能使品牌价值最大化。没有毅力就不可能持久坚持品牌核心价值，没有间隔性重复更不会获得预期效果。

三、特色小镇的品牌管理价值评估

在品牌管理技术系统基础上、根据特色小镇品牌管理特点，我们将特色小镇品牌管理评估做了系统整理。特色小镇品牌管理价值评估旨在对特色小镇品牌管理进行常量跟踪调查后，协助特色小镇管理者使用品牌管理的技术性方法，完善管理过程中的

考核尺度，以提高特色小镇品牌管理技术水准，完善特色小镇品牌管理制度，培养特色小镇品牌管理技能型人才。从技术层面使特色小镇日常品牌管理通过系统评价及时获得高价值结果，使特色小镇品牌管理日常化、规范化、科学化。

特色小镇品牌管理价值评估系统，根据中国特色小镇管理实际状况和借鉴国际特色小镇品牌管理技术研究成果、经验而制定的评估技术，目的是为中国快速发展、健康成长的特色小镇在节约资金、降低成本、减少管理失误的前提下，有效解决经营短期利益与长期目标的矛盾和冲突，快速积累特色小镇的两个资本，提高特色小镇品牌附加值，提升品牌影响力，全面提高整体品牌管理水准，使特色小镇品牌建设工作能够系统、有序、平稳、科学的发展，打造著名特色小镇品牌。

目前国际通行的品牌价值评估方法主要有是成本重置法。国际品牌机构和商业周刊每年一度的世界著名品牌排行榜具有一定权威性，获得国际上专业组织的广泛认可。但由于特色小镇品牌的管理特性，当前的品牌评估方法不是从品牌管理的角度去评价品牌，没有对品牌管理成果及其管理价值进行品评估，不具有品牌管理实用功能，对品牌管理不具有指导性，没有对品牌管理过程实施全程监督、评价，没有对管理现实给予评价数据结论。

现阶段特色小镇的品牌管理价值评估确实需要对特色小镇品牌管理过程进行监督、评价，以便使特色小镇的品牌的管理更加健康、其管理价值获得认可。本评估系统结合特色小镇管理运营诸多特性与要素，采用金融资本测算方法和管理过程控制方法而研制的、旨在能反映特色小镇品牌管理资产的实际价值的“品牌管理价值评估方法”。目的是使特色小镇品牌资产管理价值能逐步走上健康发展道路，并获得市场的承认，以维护新兴的特色小镇品牌的现实利益，也帮助特色小镇品牌在市场中运用品牌资产获得更高的价值和利益。

本系统为四个一级指标，15个二级指标。再通过三个指数加权的方式进行评估，既是品牌管理专家、特色小镇管理者、消费者三方全方位、科学、系统的评价体系。三个评价指数可以单独开展工作，也可以两项指数评价。本系统拥有强大的品牌管理专家对产品品牌进行科学的评估，特色小镇可对所属产品品牌进行自评，消费者可对熟悉的特色小镇品牌进行评估和发表意见、建议。本评估系统将依据专家、特色小镇管理者、消费者三方评估数据，测算出综合指数，按指数高低进行（月、季、年度）评估结果排行。

本评估系统最大的特点是给特色小镇品牌和管理者本身提供了自评机会，这是根据特色小镇目前发展状况及财务制度、文化习性等因素而设计的，考虑了评估结果的客观性和实用性。

关于消费者参与评价的设计也是本系统的特征之一。目前中国消费市场属于发展阶段，消费者的各方面权益需要获得更多的保护，消费者本身的消费成熟度还有待提高，因此动员消费者参与品牌管理与价值评估是对现阶段特色小镇的品牌建设、增加社会责任心、提高服务和产品质量有巨大的帮助，对建设这个和谐社会，提高我国经济发展质量有不可替代的功效作用。

本系统为四个一级指标，15个二级指标，三个指数加权的方式进行评估，是品牌管理专家、特色小镇管理者、消费者三方全方位、科学、系统的评价体系

四个一级指标为：核心价值管理评估；文化功能管理评估；社会功能管理评估；经济功能管理评估。

1. 核心价值管理评估

每个特色小镇都有一个明细的价值表述系统，与小城镇特色主导产业、公共文化资源、社会发展、经济成果相对应的价值表述。其中包括价值系统的普适性、独特性、识别性、操作性四项基本内容，也是评估特色小镇价值管理的四项二级指标。

核心价值的普适性、独特性、识别性及操作性四个方向进行可量化指标评估，其指标考核的数据量低于品牌管理价值评估技术系统的数据量。但从特色小镇价值评估功能方面已经能够反映特色小镇品牌核心价值的全貌，也符合现在市场实际状况，满足现有特色小镇的实际需求。

核心价值评股二级指标分为4项，每项评分25分，满分100分。

内容及分值分配如下：

1	普适性	项目价值诉求易被大众接受，价值推广受众具有普遍性，符合大众最具普适性的价值追求	25分
	A	无普适性	0分
	B	具有一定普适度，有一定普遍性	10分
	C	在其他地域也有普遍适应用性，表现良好	15分
	D	适应性较好，便于学习借鉴	20分
	F	普遍应用性极好，可以在全国落地推广	25分

2	独特性	特色小镇项目价值诉求具有独特性，与其他小镇的差异性化价值诉求，是小镇独有的价值特征	25分
	A	无独特性、平庸	0分
	B	独特性不突出，没有项目特色优势	10分
	C	具有一定独特性，但不够突出	15分
	D	相比较其他特色小镇有一定独特内容	20分
	E	独特性优势明显	25分
3	识别性	易识别性，容易记忆	25分
	A	识别性差比较混乱无法被客户记忆	0分
	B	具有一定识别性，但仍不突出	10分
	C	识别性良好，有视觉形象但不够强烈	15分
	D	视觉清晰，有一定连贯性和整体性	20分
	E	视觉形象具有创意，极易识别，形象统一，让人印象深刻	25分
4	操作性	项目可操作性，可实施性	25分
	A	无可操作性 异想天开	0分
	B	操作性一般，但执行难度大	10分
	C	操作性良好，但有个别难题	15分
	D	相对容易操作，需要多方准备	20分
	E	极易操作，整体项目可控	25分

特色小镇品牌管理价值评估核心价值评估指数表

核心价值评估量化评估指标	分值统计		权重	
普适性	0–25分		25%	
独特性	0–25分		25%	
识别性	0–25分		25%	
操作性	0–25分		25%	
综合四项平均评分	0–25分	25–60分	60–80分	80–100分

特色小镇是一个以价值目标而形成的社会聚合体，不仅仅是一个项目，她所涵盖的社会意义不是一个企业品牌所能支撑的，因此，她是一个社会性质的品牌，是一个区域性质的品牌。因此，特色小镇的品牌价值是为小镇的社会属性而产生，在这个聚合体中要孵化出系列单核经济品牌，没有孵化品牌或者孵化系列品牌就无小镇经济发展。因此，从特色小镇的品牌核心价值建立开始就要对特色小镇品牌进行科学化管

理，只有品牌管理科学化才能提纯好、形成特色小镇的品牌价值系统，才能孵化单核经济品牌，才能支撑共生品牌的创新，从而提升小镇产业和产品品质，提升特色小镇的核心竞争力，增强特色小镇的品牌涵养度和人文环境所聚合的社会凝聚力。

2. 文化功能管理评估

特色小镇的相关文化历史、资源、符号等文化要素对特色小镇的性格及发展注入活的灵魂，对其管理能力是考核特色小镇是否健康发展的重要指标。其中包括历史长度、覆盖广度、完整度、延展度四项基本内容，是评估特色小镇文化功能管理的四项二级指标。

文化功能评估中重点在特色小镇的历史长度、覆盖广度、完整度、延展度四个方向进行量化指标评估。历史长度评估特色小镇的文化属性和原发性，新建特色小镇品牌的文化历史长度指标主要对其发现价值的度量评估，完整性是对其文化属性和原发性的认知及表述评估。覆盖广度评估是特色小镇的品牌影响和文化惠受幅度，文化覆盖广度指标是评估优秀特色小镇品牌的重要指标。延展度是评估特色小镇文化的稳定性及可持续性，优秀特色小镇品牌的价值增值其主要反应在文化功能的延展度指标上。

4项每项评分25分，满分100分

		历史长度	25分
	A	10年以下，历史短暂	0分
	B	10年以上	10分
	C	20年以上	15分
	D	50–100年，有一定历史	20分
	F	200年以上，有历史文化典故	25分
		覆盖广度	25分
	A	无覆盖，无品牌影响	0分
	B	覆盖范围窄，品牌影响少部分人群	10分
	C	覆盖范围一般，部分人群受到文化惠受	15分
	D	覆盖范围宽，覆盖较多人群	20分
	E	覆盖社会大多数人群，大多数人群获得文化惠受	25分
		完整度	25分
	A	无原创文化属性	0分

	B	原创文化欠缺，有一定文化	10分
	C	有一定文化原创属性	15分
	D	具有核心原创文化属性，而且相对完整	20分
	E	具有完整文化属性和大众对原发性的完整认知	25分
延展度			25分
	A	无延展性，很难持续发展	0分
	B	延展性一般	10分
	C	延展性综合力强，小镇发展具有一定稳定性	15分
	D	延展性良好，小镇发展具有长期可持续性	20分
	E	延展性极好，小镇有丰富文化内涵，有持续发展核心动力	25分

特色小镇品牌管理价值评估文化功能评估指数表

文化功能评估量化评估指标	分值统计		权重	
历史长度	0–25分		25%	
覆盖广度	0–25分		25%	
完整度	0–25分		25%	
延展度	0–25分		25%	
综合四项平均评分	0–25分	25–60分	60–80分	80–100分

在特色小镇建设中塑造文化灵魂，树立文化标识，留下文化印象，是文化作为特色小镇内核的必然要求。推进特色小镇文化建设，要着力推动“文化+特色小镇”融合发展，这样有利于强化特色小镇的文化功能、融入特色小镇的文化元素、提升特色小镇的文化品质，实现文化让特色小镇更加美好、特色小镇让文化更具魅力的双重目标。

文化应是特色小镇内核的必然要求，加快推进特色小镇的文化建设，推动“文化+特色小镇”融合发展，有利于统筹城乡发展和小城镇建设，打造文化与新型城镇化建设有机结合的新样本；强化特色小镇的文化功能、融入特色小镇的文化元素、提升特色小镇的文化品质，有利于各级文化文物行政部门整合汇聚全省文化资源，推动特色小镇成为创新、协调、绿色、开放、共享发展的重要功能平台。运用“文化+”的动力和路径，有效助推特色小镇建设，充分发挥文化在塑魂、育人、兴业、添乐、扬名等方面不可替代的作用，切实指导特色小镇挖掘文化资源、提供文化服务、提炼文化品质，真正在特色小镇建设中塑造文化灵魂，树立文化标识，留下文化印象。

特色小镇不仅是体现在地域特色和环境上，更要让文化作为特色小镇建设内核，从多方面挖掘产业的文化附加值，使特色小镇具有明确的产业定位、文化内涵、文化标识，并对区域协同发展、环境保护、人民生活质量、历史文化传承等多方面发挥重要作用。

3. 社会功能管理评估

特色小镇是一个社会独立单元，其法制环境、生态环境是考核特色小镇管理者价值承诺兑现的直观性指标，对特色小镇能否提供满足服务人群各类社会功能的服务内容是考核特色小镇社会功能的指标。其中包括法制环境、环境建设、价值兑现三项二级指标。

社会功能评估中主要对价值兑现、法制与环境建设三个方向进行评估，价值兑现主要评估其兑现承若指数，其法制与环境是价值兑现的精神与物质条件，对法制与环境的评估可以反映特色小镇品牌兑现承诺、坚守价值的量化指数。

1	价值兑现		25分
	A	承诺兑现无	0分
	B	承诺兑现10%	5分
	C	承诺兑现30%	10分
	D	承诺兑现70%	15分
	F	承诺兑现100%	25分
2	法制环境		25分
	A	不安全	0分
	B	一般，零星犯罪	10分
	C	较好，完整法制体系	15分
	D	良好，有完整法制体系	20分
	E	极安全，客户有保障安全	25分
3	环境建设		40分
	A	没有按照规划实施环境建设	0分
	B	按照规划实施环境建设	10分

	C	严格实施了环保措施	15分
	D	水质空气环境达标	20分
	E	环保设施运营良好	25分

特色小镇品牌管理价值评估社会功能评估指数表

社会功能性评估	分值统计		权重	
价值兑现	0–30分		30%	
法制	0–30分		30%	
环境建设	0–40分		40%	
综合四项平均评分	0–25分	25–60分	60–80分	80–100分

4. 经济功能管理评估

特色小镇的经济发展，用总产值指标、年增幅度、人均数值、品牌贡献率等四项指标评估其产业结构是否合理、经济是否持续性发展。主要评估特色小镇品牌的经济发展数据。

1	总值	小镇每年经济产值	25分
	A	1000万	5分
	B	5000万	10分
	C	1亿–10亿	15分
	D	30亿–50亿	20分
	F	100亿以上	25分
2	增长幅度	每年增长幅度	25分
	A	0%	0分
	B	5–10%	5分
	C	10–15%	15分
	D	15–20%	20分
	E	20%以上	25分
3	人均数值	每年人均经济收入	25分

	A	人均每年500元	5分
	B	人均每年1000元	10分
	C	人均每年2000元	15分
	D	人均每年5000元	20分
	E	人均每年10000元以上	25分
4	品牌经济贡献率	原创品牌商品总值所占比例	25分
	A	1–10%	5分
	B	10%–20%	10分
	C	20–40%	15分
	D	40%–70%	20分
	E	70%–100%	25分

特色小镇品牌管理价值评估经济评估指数表

经济功能评估指标	分值统计	权重
小镇总产值	0–25分	25%
年增长幅度	0–25分	25%
人均数值	0–25分	25%
品牌经济贡献率	0–25分	25%

评估特色小镇四项一级指标主要目标是实现特色小镇的产业化、科学化、市场化。

产业化暨特色小镇的主导产业定位应符合国家产业政策，有独特性，产业优势明显，市场占有率和产品知名度高，利润率和装备水平有优势，注重研发投入。产业环境优良，配以支持特色产业发展的鼓励政策，产业增长势头良好且经济社会带动作用就会很明显。

特色小镇科学化主要是两个方面考量，一是规划科学，以特色为导向的各种元素高度关联的综合性规划不是简单的小城镇规划，也不能单一的照搬城市规划，而是以特色为导向的各种元素高度关联的综合性规划。因此，必须坚持规划先行、多元融合，突出规划的前瞻性和协调性，统筹考虑人口分布、生产力布局、国土空间利用和生态环境保护。还要注重特色小镇的建设期的科学实施。二是特色小镇管理科学、统一规划小镇、产业链科学管理等注重采用新技术手段和推动传统产业改造升级。

特色小镇产业市场化是指与大众对关联产品认可度、针对主体产品及衍生消费购买力等。特色小镇与建制镇的最大区别是按照市场规律配置有效资源，按照市场规律组织市场要素，品牌导向完全符合市场要求，是一个和市场复合在一起的社会和经济实体。

5. 三个指数加权的方式对特色小镇品牌进行评估

特色小镇品牌管理价值评估在四个一级指标基础上，用三方加权评估指数的方法进行指数评估，第一个指数源于消费者或公众，消费者一直是品牌最具权威的评估专家，品牌存在的意义就是为消费者提供有价值的品牌产品及服务，因此，特色小镇品牌管理价值基础的评估数据来源于消费者。特色小镇品牌的消费者包括特色小镇所提供的产品与服务的直接受众和注册在特色小镇区域的品牌拥有者及创建者。前者是社会消费公众，后者为企业法人。

第二个指数源于特色小镇品牌管理者。为更真实的反映特色小镇的品牌管理质量，全面、客观的询证品牌管理过程，本评估系统为品牌管理者设立了品牌管理自我评估系统，也为品牌管理者对日常的品牌管理过程提供自我检测系统，协助品牌管理者解决品牌管理内部的监控、检测品牌管理每个节点的系统方法和工具。在特色小镇品牌管理评估中对其数据采集形成第二个指数，加权到评估系统之中，增强评估的客观性和精细度。

第三个指数源于品牌管理专家，对四个一级指标所有数据进行去伪存真，用专业工具审核各项数据，最终对评估数据作出判断、作出结论。

消费者、品牌管理者、品牌管理专家三方全方位、科学、系统的对品牌进行评估，品牌管理专家的评测意见及各项打分、特色小镇管理者科学统计评估，消费者对特色小镇的影响评价指数及综合平均得分。三个指数分值及权重比例如下：

<table>
<tr><td>三个指数加权方式进行评估</td><td colspan="2">分值统计</td><td colspan="2">权重比例</td></tr>
<tr><td>品牌管理专家</td><td colspan="2">0–30分</td><td colspan="2">30%</td></tr>
<tr><td>特色小镇管理者</td><td colspan="2">0–30分</td><td colspan="2">30%</td></tr>
<tr><td>消费者</td><td colspan="2">0–40分</td><td colspan="2">40%</td></tr>
<tr><td></td><td colspan="2"></td><td colspan="2"></td></tr>
<tr><td>综合三项平均评分</td><td>0–25分</td><td>25–60分</td><td>60–80分</td><td>80–100分</td></tr>
</table>

特色小镇品牌管理评估系统整体架构

<table>
<tr><td colspan="2">主要核心指数</td><td>得分</td><td colspan="3">权重比例</td></tr>
<tr><td colspan="2">核心价值评估量化评估指标</td><td>分值统计</td><td colspan="3">权重</td></tr>
<tr><td colspan="2">普适性</td><td>0–25分</td><td colspan="3">25%</td></tr>
<tr><td colspan="2">独特性</td><td>0–25分</td><td colspan="3">25%</td></tr>
<tr><td colspan="2">识别性</td><td>0–25分</td><td colspan="3">25%</td></tr>
<tr><td colspan="2">操作性</td><td>0–25分</td><td colspan="3">25%</td></tr>
<tr><td colspan="2"></td><td></td><td colspan="3">满分100分</td></tr>
<tr><td colspan="2">文化功能评估量化评估指标</td><td>分值统计</td><td colspan="3">权重比例</td></tr>
<tr><td colspan="2">历史长度</td><td>0–25分</td><td colspan="3">25%</td></tr>
<tr><td colspan="2">覆盖广度</td><td>0–25分</td><td colspan="3">25%</td></tr>
<tr><td colspan="2">完整度</td><td>0–25分</td><td colspan="3">25%</td></tr>
<tr><td colspan="2">延展度</td><td>0–25分</td><td colspan="3">25%</td></tr>
<tr><td colspan="2"></td><td></td><td colspan="3">满分100分</td></tr>
<tr><td colspan="2">社会功能性评估</td><td>分值统计</td><td colspan="3">权重比例</td></tr>
<tr><td colspan="2">价值兑现</td><td>0–30分</td><td colspan="3">30%</td></tr>
<tr><td colspan="2">法制</td><td>0–30分</td><td colspan="3">30%</td></tr>
<tr><td colspan="2">环境建设</td><td>0–40分</td><td colspan="3">40%</td></tr>
<tr><td colspan="2"></td><td></td><td colspan="3">满分100分</td></tr>
<tr><td colspan="2">经济功能评估指标</td><td>分值统计</td><td colspan="3">权重比例</td></tr>
<tr><td colspan="2">小镇总产值</td><td>0–25分</td><td colspan="3">25%</td></tr>
<tr><td colspan="2">年增长幅度</td><td>0–25分</td><td colspan="3">25%</td></tr>
<tr><td colspan="2">人均数值</td><td>0–25分</td><td colspan="3">25%</td></tr>
<tr><td colspan="2">品牌经济贡献率</td><td>0–25分</td><td colspan="3">25%</td></tr>
<tr><td colspan="2"></td><td></td><td colspan="3">满分100分</td></tr>
<tr><td colspan="2">三个指数加权方式进行评估</td><td>分值统计</td><td colspan="3">权重比例</td></tr>
<tr><td colspan="2">品牌管理专家</td><td>0–30分</td><td colspan="3">30%</td></tr>
<tr><td colspan="2">特色小镇管理者</td><td>0–30分</td><td colspan="3">30%</td></tr>
<tr><td colspan="2">消费者</td><td>0–40分</td><td colspan="3">40%</td></tr>
<tr><td colspan="2"></td><td></td><td colspan="3">满分100分</td></tr>
<tr><td>得分</td><td>0–100分</td><td>100–200分</td><td>200–300分</td><td>300–400分</td><td>400–500分</td></tr>
<tr><td></td><td>极差</td><td>较差</td><td>一般</td><td>良好</td><td>优秀</td></tr>
<tr><td>分级</td><td>E级</td><td>D级</td><td>C级</td><td>B级</td><td>A级</td></tr>
</table>

特色小镇品牌管理价值评估系统可以分拆各项指标进行评估，可以量化评估各项单指标指数，可以统一简化后评估全国、区域、系统的特色小镇品牌管理价值指数，可以量化为排行榜，可以为各种奖励提供评估依据，可以为政府调研特色小镇发展提供市场数据，可以为行业管理、专业研究提供基础数据及研究素材。还可以为特色小镇品牌量身订制评估技术，根据特色小镇品牌管理技术方法全面制定个案的全方位管理价值评估技术系统。也可以特色小镇管理者提供单一深度数据分析，帮助特色小镇管理者了解品牌管理过程中所发生的管理节点，及时掌握管理过程中的问题，及时修正管理过错，降低管理成本，减少执行过程中的损耗，及时处理危机事件，减少品牌损失。

四、2071年特色小镇品牌管理价值报告数据分析

2017年5–7月用特色小镇品牌管理价值评估系统采集了10个特色小镇的数据样板，经过数据统计后对10个调研样板进行了数据模板分析，将数据模板分析结果分送了品牌专家审核后对数据模板进行了品牌管理价值评估，做出2017年特色小镇品牌管理价值评估分析。

1. 被调查特色小镇的抽样问卷数据统计结果中第一个一级指标核心价值总值335.6，均值：83.9，指数值：839

其中被调查问卷抽样数据统计结果显示第一个一级指标核心价值中普适度最高数值22，最低分值20，总值214，均值85.6，指数值856。从指数值分析特色小镇核心价值观的受众接受程度很高，被调查的问卷抽样中的价值内容和表述普遍具备正向性，表述直接明了，消费公众容易理解，更容易接受，认知度较高，值得称赞。

被调查特色小镇的抽样问卷数据统计结果中第一个一级指标核心价值的独特性分值最高22，最低15，总值201，均值80.4，指数值：804。从指数值分析核心价值的独特性存在不均衡现象，被调查的问卷抽样中的独特性定位方向、定位准确度、传播方法和效果存在不均衡现象，表明特色小镇在品牌核心价值提纯和建设方面存在技术差距，也表明目前特色小镇建设中一个普遍问题，特色小镇的特色不足问题，在项目前期的价值定位时已经为特色小镇埋下了无特色或者模仿、跟风的后遗症。

被调查特色小镇的抽样问卷数据统计结果中第一个一级指标核心价值的识别性分值最高22，最低20，总值218，均值87.2，指数值：872。从指数值分析核心价值的识别性最好，分值最高。调查问卷统计结果说明特色小镇在推广和传播方面技术成熟，

传播效果优良。同时证明全国对特色小镇的关注度非常高，也反映国家关于支持特色小镇建设的政策深入人心，消费关注度高，针对特色小镇的资本市场活跃。因此，也带动了媒体的积极跟进，特色小镇的传播正在风口。所以调查问卷统计数据结果显示分值在第一级指标的四个二级指标中分值是最高的。

被调查特色小镇的抽样问卷数据统计结果中第一个一级指标核心价值的操作性分值最高最高25，最低20，总值206，均值82.4，指数值：824。从指数值分析核心价值的操作性最高数值25，在四项二级指标中占据最高数值的地位，统计数据证明特色小镇的对品牌核心价值的管理是有效的，尽管核心价值的独特性管理方面有不均衡现象，但还是将特色小镇独特性差异用管理能力补齐了特色小镇核心价值管理技术想先天不足的短板。

纵观第一个一级指标中的四项二级指标各项数据，有几个特点，第一，特色小镇管理者对品牌实操有着一定经验和技术准备，这和进入特色小镇领域的人才结构和建设者出身有关，被调查的特色小镇建设者大都是由房地产界转型而来，目前我国特色小镇的建设现状也证明由房地产转型而来的管理者在品牌实操方面确实有着天然的优越性，在调查问卷统计数据中也证明了这一点。第二，对品牌管理的基础工作存在很大潜力，如调查问卷统计数据显示，品牌的独特性存在不均衡现象，也导致了特色小镇创新度不高，对特色小镇的理解没有脱离房地产的管理窠臼，对中央关于特色小镇的建设意义、特性、目的理解在处在前期房地产业界的传统思维当中，这将决定在今后一个时期内在特色小镇领域的供给侧产品会出现不足的现象，市场产品同质化会显现出来。第三，特色小镇概念已经成为热点，全民对特色小镇的关注度非常高，说明党中央、国务院关于建设特色小镇决策深入人心，政策的关注度极高，特色小镇建设也获得全面的赞同。第四，媒体对特色小镇的传播深度、广度起到了积极性作用，功不可没。但同时也显示媒体也有跟风现象，关于特色小镇的信息本身的独特性内容也少之甚少，理论性相对较弱，对特色小镇的传播引领作用有待商榷。

2. 被调查特色小镇的抽样问卷数据统计结果中第二个一级指标文化功能总值304，4，3均值：均值：76.1，指数值：指数值：761

其中被调查问卷抽样数据统计结果显示第二个一级指标历史长度分值最高25，最低5，总值120，均值48.0，指数值480。综合指标数值排在总值序列的第三位。从被调查问卷数据统计结果分析特色小镇的文化功能极弱，特别是历史长度在被调查的问卷抽样中指标未达到50%，显示特色小镇的文化功能没有被引起重视，特色小镇大都是新近开发，也未将文化历史资源纳入其品牌管理，最低分值5的结果及被调查问卷抽样虽然在总值表现出48%的数值，但在个案中数值有70%都未达标，在单项统计中仅有10%达到满分。这种现象值得特色小镇建设者关注。

调查问卷抽样数据统计第二个一级指标文化功能中覆盖广度分值最高25，最低20，总值217，均值86.8，指数值868。这样的数据结果与第一个一级指标数据结果一样，特色小镇的传播是有成效的，无论是政府政策的落实，还是传媒的积极介入，以及特色小镇的建设者在传播方面都有上佳表现，本指标统计结果在第二个一级指标数值中排位第一，特色小镇的覆盖广度值达868，40%的被调查问卷抽样数值满分，其他也在高位数值阶位，这些数值也证明特色小镇在公众认知、普及以致在惠众方面表现非常出色。

调查问卷抽样数据统计第二个一级指标文化功能中的完整度数值最高25，最低20，总值216，均值86.4，指数值864。从统计数据结果中可以肯定特色小镇建设的努力，大都在致力于其文化资源的整合、利用、发扬，被调查问卷抽样数据统计结果显示40%数值排在高位，60%数值也都排在中高位，说明特色小镇的建设者大都还保存着理想主义色彩，工作尽可能的尽善尽美。

调查问卷抽样数据统计第二个一级指标中延展度数值最高25，最低20，总值208，均值83.2，指数值：832。数据表现略逊色于完整度，一方面被调查的特色小镇大都处在发展期，努力当前现象非常普遍，一方面也证明特色小镇在前期的价值方向整理存在一定技术盲区，这就注定在后期的延展度表现不尽理想，因为延展度需要在价值定位方向上深度创意，这正是当前特色小镇所急需的，也是欠缺的。

纵观特色小镇文化功能调查问卷抽样统计数值显示，特色小镇选址、品牌价值整理和提纯、文化属性分析、文化资源的整合及开发利用等方面表现可圈可点，数值证明特色小镇的建设者的管理是有成效的，努力看得见，效果很显著。但在价值方向把握，特别是在文化价值的开掘方面可能存在技术欠缺、方法不得当、认知不足等问题。特色小镇建设的选址应该都是“风水宝地”其文化资源同样也一定非常丰厚，如何发现、发掘、开发、利用当然是价值取向问题，在品牌管理技术当中，价值取向取决于个人及品牌的整体价值观，也取决于品牌管理者的技术程度。

3. 被调查问卷抽样数据统计中第三个一级指标社会功能总值228，1，均值76.0，指数值760

其中被调查问卷抽样数据统计中第三个一级指标社会功能中价值兑现分值最高28，最低24，总值250，均值83.3，指数值833。从数值当中显现60%的被调查问卷此项数值基本达到满分，其余40%也处在中高位数值。被调查的抽样特色小镇大都是单一经济模式，规模较小，且大都是新的经济体，因此，在价值兑现方面有出色的表现，这是值得称赞的。

被调查问卷抽样数据统计中社会功能的法制环境数值最高29，最低18，总值202，均值67.3，指数值673。在本项数值中虽然最高数值已基本达到满分29，但最低数值刚刚及格，证明在被调查问卷的特色小镇中法制环境有喜有忧，喜的是被调查问卷抽样的特色小镇有40%统计数值处在高位，有40%处在中位，有20%处在低位。此项数值应该是不均衡的，原因可能是多方面的，社会、人文环境、政府政策落实等外部因素影响此项数值高低，但不可否认特色小镇在管理及品牌价值兑现方面也存在很大提升空间。

被调查问卷抽样数据统计中社会功能环境建设数值最高38，最低27，总值310，均值77.5，指数值775。此项数值中有20%被调查问卷抽样的特色小镇评估数值处在高位，其余80%处在中位，特色小镇的环境建设虽然值得肯定，但大都处在中阶位的现象还是值得我们深思，特色小镇的环境建设远远没有达到预期效果。

纵观本项统计数值特色小镇在以往的管理中没有将社会功能纳入自己的管理之中，这对特色小镇的管理者是一个新的课题，在认识上也需要逐渐提高特色小镇管理者的意识，特别是在法制环境和环境建设方面远远不能满足消费市场及消费公众的需求，特色小镇在社会功能建设方面还需要从理论上、实践上、方法上探讨、试验，以便在我国普及特色小镇经济模式过程中让特色小镇真正担当起社会功能作用。

4. 被调查问卷抽样数据统计中第四个一级指标经济功能总值304，8，均值：76.2，指数值762

其中被调查问卷抽样数据统计中第四个一级指标经济功能中总产值最高数值25分，最低10，总值188，均值75.2，指数值752。本项数值中20%达到满值（25）其经济总量达到100亿元人民币，有40%达到中高位数值，其个案经济总量均达到30–50亿元人民币，有30%达到中位数值，其个案经济总量均达到1–10亿元人民币，有10%达到中低位数值，其经济总量为5000万元人民币。从被调查问卷抽样统计数据显示，特色小镇的经济发展基本是健康的，虽然数值高低有些不均衡，但可能是受特色小镇规模所限造成的。

被调查问卷抽样数据统计中第四个一级指标经济功能年增幅数值最高24，最低10，总值186，均值74.4，指数值744。本项数值中年增长高速值的占10%，年增长率达20%；年增长中数值的占60%，年增长率达15-18%；年增长中低数值的30%，年增长率到10以上。从被调查问卷抽样统计数据显示，特色小镇的经济增长率虽然不均衡，但横向比较数值还是很高，被调查问卷抽样数值中最低增长率也达到10%，这数值好于一般经济类别，被调查问卷抽样统计数值的特色小镇经济增长率最高已超过20%，这在我国经济转型时期已经是非常靓丽的高增长数值了，说明特色小镇确实是新经济的发动机，领头羊，也再一次证明党中央国务院有关发展特色小镇的决策正确，有关政策落实到位，这对特色小镇经济发展起到至关重要的作用。

被调查问卷抽样数据统计中第四个一级指标经济功能人均年收入数值最高24，最低10，总值194，均值77.6，指数值776。本项数值中人均收入高速值的占10%，人均收入数值中高位的达80%，人均收入数值中低位的10%。从本项数据统计中显现特色小镇的人均收入发展基本均衡，但人均收入总值基数还不是很理想，最高人均可支配收入仅仅接近30000元人民币。由于本项调查数据来源、数据量、调查方式等多种原因所限，此项调查问卷数据中还有待进一步改进，因此本项分析及结论只具参考价值。

被调查问卷抽样数据统计中第四个一级指标经济功能品牌贡献率数值最高24，最低18，总值194，均值77.6，指数值776。项数值中品牌贡献率高速值的占20%，品牌贡献率中高数值的70%，品牌贡献率中低数值的仅占10%。被调查问卷抽样数据统计中大都是有专项经济类别的特色小镇，因此品牌贡献率数值处于高阶位，品牌对特色小镇的经济贡献显而易见。本项数值也说明无论是特色小镇当地的主管政府还是特色小镇建设者，都对品牌实施了有效管理，其品牌价值都在不同程度上增强了特色小镇的核心竞争力。

纵观本项统计数值特色小镇在经济发展、经济增长率、人均收入、品牌贡献率四个方面的表现令人满意，其特点为：在经济发展增长率方面走在了全国经济增长率的前列，增长率普遍高于其他经济类别；人均可支配收入还不够均衡、数值还不够亮眼；品牌贡献率很高，但品牌管理有待提高，品牌管理科学化是特色小镇建设者、管理者（包括政府主管部门）一道必选的课题；经济发展总量不够均衡，虽然受到特色小镇规模所限，但创新不够，创意力低下也是造成特色小镇经济总量不均衡的主要原因。规模不限定经济发展总量的提高，创新创意经济价值无限，这是特色小镇建设者、管理者应该意识到而且应该身体力行的。

5. 三方评估数值统计

根据特色小镇品牌管理价值评估方法，对调查问卷抽样特色小镇做了消费市场及消费者问卷调查抽样数值统计，数值最高35，最低20，总值296，均值74.0，指数值740。在被调查问卷抽样数据统计中特色小镇的自我评估数值最高28，最低15，总值239，均值79.6，指数值：796。对被调查问卷抽样兑现专家给予评价最高数值为28，最低19，总值237，均值79.0，指数值790。三方评估数据总值232，6，均值77.5，指数值775。

纵观三方统计数据显示特点1、被调查问卷抽样的特色小镇的市场反映良好，消费市场对特色小镇的品牌价值、品牌影响力、品牌形象、品牌品质给予积极的关注。2、数据统计结果与四个一级指标的数据统计结果趋向一致，在特色小镇自我评估中数值高低差异较大，说明被调查问卷抽样特色小镇对自身管理有着自我审视的客观。3、对存在的管理问题主客观都适度清楚，如特色小镇的文化功能指标、品牌价值指标、社会功能指标都从自我及社会、公众的角度给予适当的反思和审视，数值显示特色小镇的管理随着时间推移会从学习借鉴型逐步转为理性方法型，特色小镇的品牌管理会进一步提升。

通过数据统计，将调查问卷抽样的特色小镇的品牌管理价值评估的统计数据排列分析，总值达389.7，均值77，94，单项总值率：1405.5，均值为 78.03，被调查问卷抽样子项总值为785.4，均值为78.54，最终合成数值均值为77.98，总指数为779.8。

通过总数值的核算、对比、分拆、去伪、提纯，对2017年特色小镇发展趋势、品牌管理、品牌价值等做出初步分析，第一，品牌普适度受到管理者及消费市场的普遍关注，特色小镇的品牌影响力在横向经济类别比较中明显占有优势；第二，特色小镇的管理者的管理能力显现出专业化趋势，品牌管理者的管理愿景具有相当明显的正向性；第三，特色小镇的文化功能覆盖较广，文化功能的作用也较完整的表现出来；第四，特色小镇的价值兑现较好，决策者、管理者们信守承诺的将特色小镇对外各项价值诉求基本兑现；第五，特色小镇的经济发展快速且健康，增长率均高于国家经济发展增长均率；第六，特色小镇的品牌贡献率获得释放，数据显示特色小镇的品牌贡献率越来越大。

特色小镇是新经济模式，进入特色小镇建设的企业大都是跨行业进入，正处于政策风口、资本风口，因此，特色小镇发展迅速，经济前景很好，但同时存在很多问题。通过调查问卷数据统计分析，特色小镇存在的问题是：①由于特色小镇发展过快，特色小镇的独特价值急需深入研究，特色小镇的价值定位需要创新，需要品牌管理技术的介入，根据每个地区、每个特色、每个行业、每个经济类型等特色小镇的个性寻找各自的价值独特性，唯有找到精准的价值独特性，特色小镇才会健康发展。②特色小镇的属性决定了特色小镇的文化功能的差异化、区域化，但被调查问卷抽样数据显示，特色小镇的建设者忽略了在文化历史资源和文化地域资源的提纯和整合，在管理上缺少主观能动意识和客观技术介入。③由于特色小镇的文化功能减弱，致使特色小镇的文化功能延展性不强，在横向和纵向两个方向都存在延展不够的现象，浪费了特色小镇的文化资源，也影响已建的特色小镇经济价值，影响特色小镇品牌核心竞争力，可能阻断特色小镇的持续发展。④特色小镇赋予的社会功能没有很好的体现，在法制环境、环境建设等社会功能方面，已建的特色小镇还有很长的路要走，特色小镇最终要承担社会以致族群的制度性管理责任，但目前特色小镇的建设者在主客观两个方面准备不足，在管理技术方面也缺乏有效的路径，随着时间的推移，社会法制、区域环境治理都会显现尖锐矛盾，需要特色小镇建设者提前预案，未雨绸缪。⑤特色小镇的经济涵养量有待提高，人均可支配收入增长要跟上时代步伐，由于特色小镇的地域特征，要解决好特色小镇人均可支配收入与城市同步的问题，只有解决了这个问题，特色小镇的经济涵养量才能提高，特色小镇的经济发展才会健康持久。⑥品牌是特色小镇核心竞争力，要提高特色小镇的品牌贡献率需要解决单一经济模式的品牌管理问题，要使特色小镇的品牌具备优质品牌的价值，学习品牌管理技术是不可或缺的选项。⑦消费者及消费社会对特色小镇的容错几率越来越低，特色小镇建设者要以社会管理的心态，对特色小镇的孵化品牌、联合品牌、属地品牌、主业品牌给予更多的关照，确实在品牌管理方面起到推进、引领、帮助的作用，培育特色小镇自有品牌，提高特色小镇自有品牌管理能力，提升特色小镇自有品牌价值，保持特色小镇的核心竞争力。⑧提高特色小镇产业能力，全力发展特色小镇产业经济，解决好产业和环境的矛盾，为产业健康发展、特色小镇经济保持优势，要不断创新特色小镇产业发展模式，制定特色小镇产业系统的品牌管理标准，促进产业品牌发展，提高产业品牌贡献率。

四项一级指标指数表

指数内容	总值	总均率值	均指数值	指数数值（基数1000）
核心价值观指数	839	335.6	83.9	839
文化功能指数	761	304.4	76.1	761
社会功能指数	760	228.1	76.0	760
经济功能指数	762	304.8	76.2	762
三方评估指数	775	232.6	77.5	775
总数值	总均值	总均值率	特色小镇品牌管理价值评估总指数（基数10000）	
785.4	389.7	77.94	779.8	
总均值率	单项总值	单项均值率		
78.54	1405.5	78.03		

特色小镇品牌管理价值评估单项排行榜

序	小镇单项排名	核心价值	小镇单项排名	文化功能	小镇单项排名	社会功能	小镇单项排名	经济指标	小镇单项排名	三方指数
1	巧克力小镇	85	农业公园小镇	88	智慧电气小镇	93	宠物小镇	85	特色中药小镇	89
2	智慧电气小镇	85	特色中药小镇	86	宠物小镇	90	农业公园小镇	84	巧克力小镇	88
3	宠物小镇	84	智慧电气小镇	82	特色中药小镇	83	智慧电气小镇	82	光伏小镇	84
4	农业公园小镇	84	机器人小镇	80	农业公园小镇	80	特色中药小镇	80	智慧电气小镇	81
5	荔枝风情小镇	84	巧克力小镇	75	数据智能小镇	78	数据智能小镇	79	数据智能小镇	78
6	数据智能小镇	84	宠物小镇	70	时尚针织小镇	75	机器人小镇	75	宠物小镇	75
7	时尚针织小镇	84	时尚针织小镇	70	机器人小镇	75	光伏小镇	73	荔枝风情小镇	75
8	光伏小镇	83	荔枝风情小镇	70	荔枝风情小镇	75	时尚针织小镇	70	时尚针织小镇	75
9	机器人小镇	82	光伏小镇	65	巧克力小镇	75	荔枝风情小镇	70	机器人小镇	67
10	特色中药小镇	80	数据智能小镇	65	光伏小镇	72	巧克力小镇	64	农业公园小镇	65

特色小镇品牌管理价值评估排行榜

序	小镇名称	核心价值	文化功能	社会功能	经济指标	三方指 数	总和	均率
1	智慧电气小镇	85	82	93	82	81	423	84.6
2	特色中药小镇	80	86	83	80	89	418	83.6
3	宠物小镇	84	70	90	85	75	404	80.8
4	农业公园小镇	84	88	80	84	65	401	80.2
5	巧克力小镇	85	75	75	64	88	387	77.4
6	数据智能小镇	84	65	78	79	78	384	76.8
7	机器人小镇	82	80	75	75	67	379	75.8
8	光伏小镇	83	65	72	73	84	377	75.4
9	时尚针织小镇	84	70	75	70	75	374	74.8
10	荔枝风情小镇	84	70	75	70	75	374	74.8

问卷调查：宜峰

问卷统计：刘斯哲

数据分析：刘斯哲、宜峰

二、国策篇

特色小镇作为国家倡导，正在全国兴起空前未有的建设热潮，自2017年7月国家发改委、住建部、财政部发布《关于做好2016年特色小镇培育工作的通知》，忽如一夜春风来，国家、部委、省市有关特色小镇的政策、文件、标准接连不断，一场饱含着全国人民热情奔小康、实现中国梦的自觉行动力正在全国展开。

本篇章不仅辑录了国家、各部委、部分省市的特色小镇政策、文件；还专门辟出章节介绍国家特色小镇申报标准与认定方法；对于国家级（各部委）特色小镇申报条件与扶持政策也节选了不少，尤其是对于农业部、林业部、国家中医药局、体育总局等局委办开设的农业特色小镇、森林特色小镇、中医康养小镇、运动休闲小镇的具体标准、申报方式做了专门的介绍。

本篇《国策篇》是对《报告篇》的重要辅佐，由于政策、文件接连不断，本篇只节选至2017年8月31日止。余后在再版时予以补充。

第五章
国家特色小镇政策与制度

第一节 关于做好2016年特色小镇推荐工作的通知

关于做好2016年特色小镇推荐工作的通知

建村建函〔2016〕71号

各省（区、市）住房城乡建设厅（建委）北京市农委、上海市规划和国土资源管理局：

根据《住房城乡建设部、国家发展改革委、财政部关于开展特色小镇培育工作的通知》（建村〔2016〕147号）（以下简称《通知》）的要求，为做好2016年特色小镇推荐上报工作，现将有关事项通知如下。

一、推荐数量

根据各省（区、市）经济规模、建制镇数量、近年来小城镇建设工作及省级支持政策情况，确定2016年各省推荐数量（见附件1）。

二、推荐材料

推荐特色小镇应提供下列资料：

（一）小城镇基本信息表（见国家住建部官网）。各项信息要客观真实。

（二）小城镇建设工作情况报告及PPT（编写提纲见国家住建部官网）。报告要紧紧围绕《通知》中5项培育要求编写。同时按编写提纲提供能直观、全面反映小城镇培育情况的PPT。有条件的地方可提供不超过15分钟的视频材料。

（三）镇总体规划。符合特色小镇培育要求、能够有效指导小城镇建设的规划成果。

（四）相关政策支持文件。被推荐镇列为省、市、县支持对象的证明资料及县级以上支持政策文件。

以上材料均需提供电子版，基本信息表还需提供纸质盖章文件。

三、推荐程序

各省（区、市）要认真组织相关县级人民政府做好推荐填报工作，组织专家评估把关并实地考核，填写专家意见和实地考核意见，将优秀的候选特色小镇报我司。候选特色小镇近5年应无重大安全生产事故、重大环境污染、重大生态破坏、重大群体性社会事件、历史文化遗存破坏现象。我司将会同国家发展改革委规划司、财政部农业司组织专家对各地推荐上报的候选特色小镇进行复核，并现场抽查，认定公布特色小镇名单。

中华人民共和国住房和城乡建设部村镇建设司

2016年8月3日

附件　第一批中国特色小镇名单

住建部根据《住房城乡建设部 国家发展改革委 财政部关于开展特色小镇培育工作的通知》（建村〔2016〕147号）精神和相关规定，在各地推荐的基础上，经专家复核，会签国家发展改革委、财政部，认定北京市房山区长沟镇等127个镇为第一批中国特色小镇，名单如下：

各省（区、市）特色小镇推荐数量分配表

编号	省（区、市）	数量	小镇名称
1	北京市	3	房山区长沟镇、昌平区小汤山镇、密云区古北口镇
2	天津市	2	武清区崔黄口镇、滨海新区中塘镇
3	河北省	4	秦皇岛市卢龙县石门镇、邢台市隆尧县莲子镇、保定市高阳县庞口镇、衡水市武强县周窝镇
4	山西省	3	晋城市阳城县润城镇、晋中市昔阳县大寨镇、吕梁市汾阳市杏花村镇
5	内蒙古	3	赤峰市宁城县八里罕镇、通辽市科尔沁左翼中旗舍伯吐镇、呼伦贝尔市额尔古纳市莫尔道嘎镇
6	辽宁省	4	大连市瓦房店市谢屯镇、丹东市东港市孤山镇、辽阳市弓长岭区汤河镇、盘锦市大洼区赵圈河镇
7	吉林省	3	辽源市东辽县辽河源镇、通化市辉南县金川镇、延边朝鲜族自治州龙井市东盛涌镇
8	黑龙江省	3	齐齐哈尔市甘南县兴十四镇、牡丹江市宁安市渤海镇、大兴安岭地区漠河县北极镇
9	上海市	3	金山区枫泾镇、松江区车墩镇、青浦区朱家角镇
10	江苏省	7	南京市高淳区桠溪镇、无锡市宜兴市丁蜀镇、徐州市邳州市碾庄镇、苏州市吴中区甪直镇、苏州市吴江区震泽镇、盐城市东台市安丰镇、泰州市姜堰区溱潼镇

续表

编号	省（区、市）	数量	小镇名称
11	浙江省	8	杭州市桐庐县分水镇、温州市乐清市柳市镇、嘉兴市桐乡市濮院镇、湖州市德清县莫干山镇、绍兴市诸暨市大唐镇、金华市东阳市横店镇、丽水市莲都区大港头镇、丽水市龙泉市上垟镇
12	安徽省	5	铜陵市郊区大通镇、安庆市岳西县温泉镇、黄山市黟县宏村镇、六安市裕安区独山镇、宣城市旌德县白地镇
13	福建省	5	福州市永泰县嵩口镇、厦门市同安区汀溪镇、泉州市安溪县湖头镇、南平市邵武市和平镇、龙岩市上杭县古田镇
14	江西省	4	南昌市进贤县文港镇、鹰潭市龙虎山风景名胜区上清镇、宜春市明月山温泉风景名胜区温汤镇、上饶市婺源县江湾镇
15	山东省	7	青岛市胶州市李哥庄镇、淄博市淄川区昆仑镇、烟台市蓬莱市刘家沟镇、潍坊市寿光市羊口镇、泰安市新泰市西张庄镇、威海市经济技术开发区崮山镇、临沂市费县探沂镇
16	河南省	4	焦作市温县赵堡镇、许昌市禹州市神垕镇、南阳市西峡县太平镇、驻马店市确山县竹沟镇
17	湖北省	5	宜昌市夷陵区龙泉镇、襄阳市枣阳市吴店镇、荆门市东宝区漳河镇、黄冈市红安县七里坪镇、随州市随县长岗镇
18	湖南省	5	长沙市浏阳市大瑶镇、邵阳市邵东县廉桥镇、郴州市汝城县热水镇、娄底市双峰县荷叶镇、湘西土家族苗族自治州花垣县边城镇
19	广东省	6	佛山市顺德区北滘镇、江门市开平市赤坎镇、肇庆市高要区回龙镇、梅州市梅县区雁洋镇、河源市江东新区古竹镇、中山市古镇镇
20	广西壮族自治区	4	柳州市鹿寨县中渡镇、桂林市恭城瑶族自治县莲花镇、北海市铁山港区南康镇、贺州市八步区贺街镇
21	海南省	2	海口市云龙镇、琼海市潭门镇
22	重庆市	4	万州区武陵镇、涪陵区蔺市镇、黔江区濯水镇、潼南区双江镇
23	四川省	7	成都市郫县德源镇、成都市大邑县安仁镇、攀枝花市盐边县红格镇、泸州市纳溪区大渡口镇、南充市西充县多扶镇、宜宾市翠屏区李庄镇、达州市宣汉县南坝镇
24	贵州省	5	贵阳市花溪区青岩镇、六盘水市六枝特区郎岱镇、遵义市仁怀市茅台镇、安顺市西秀区旧州镇、黔东南州雷山县西江镇
25	云南省	3	红河州建水县西庄镇、大理州大理市喜洲镇、德宏州瑞丽市畹町镇
26	西藏自治区	2	拉萨市尼木县吞巴乡、山南市扎囊县桑耶镇
27	陕西省	5	西安市蓝田县汤峪镇、铜川市耀州区照金镇、宝鸡市眉县汤峪镇、汉中市宁强县青木川镇、杨陵区五泉镇
28	甘肃省	3	兰州市榆中县青城镇、武威市凉州区清源镇、临夏州和政县松鸣镇
29	青海省	2	海东市化隆回族自治县群科镇、海西蒙古族藏族自治州乌兰县茶卡镇
30	宁夏回族自治区	2	银川市西夏区镇北堡镇、固原市泾源县泾河源镇
31	新疆维吾尔自治区	3	喀什地区巴楚县色力布亚镇、塔城地区沙湾县乌兰乌苏镇、阿勒泰地区富蕴县可可托海镇

续表

编号	省（区、市）	数量	小镇名称
32	新疆生产建设兵团	1	第八师石河子市北泉镇
合 计		127	

第二节　关于做好第二批全国特色小镇推荐工作的通知

关于做好第二批全国特色小镇推荐工作的通知

建办村函〔2017〕357号

各省（区、市）住房城乡建设厅（建委）北京市农委、上海市规划和国土资源局：

为落实《住房城乡建设部 国家发展改革委 财政部关于开展特色小镇培育工作的通知》（建村〔2016〕147号）精神，做好第二批全国特色小镇推荐工作，经商财政部，现将有关事项通知如下：

一、推荐要求

各地推荐的特色小镇应符合建村〔2016〕147号文件规定的培育要求，具备特色鲜明的产业形态、和谐宜居的美丽环境、彰显特色的传统文化、便捷完善的设施服务和充满活力的体制机制，并满足以下条件：

对存在以房地产为单一产业，镇规划未达到有关要求、脱离实际，盲目立项、盲目建设，政府大包大揽或过度举债，打着特色小镇名义搞圈地开发，项目或设施建设规模过大导致资源浪费等问题的建制镇不得推荐。县政府驻地镇不推荐。以旅游文化产业为主导的特色小镇推荐比例不超过1/3。

二、推荐程序

我部根据各省（区、市）建制镇数量、规划编制与实施情况、特色小镇培育工作进展、地方组织推进小城镇建设力度等因素，确定了2017年各省（区、市）特色小镇推荐名额（附件1）。请各省（区、市）按照分配名额组织好特色小镇推荐工作。

按照自愿申报、择优推荐的原则，由县（市、区）住房城乡建设部门做好特色小镇信息填报等工作，经县（市、区）人民政府审核后，于2017年6月15日前将有关材料报省级住房城乡建设部门。省级住房城乡建设部门要严格按照建村〔2016〕147号文件要求，组织专家对上报的有关材料进行初审、评估并实地考核，确定本省（区、市）特色小镇推荐名单和排序，于2017年6月30日前将推荐名单和推荐材料报我部村镇建设司。我部将以现场答辩形式审查推荐的特色小镇，会同财政等部门认定并公布第二批全国特色小镇名单。现场答辩的有关安排另行通知。

三、材料要求

各省级住房城乡建设部门上报的推荐材料应包括特色小镇推荐信息表、特色小镇培育说明材料、相关视频（可选）和有关规划。培育说明材料应逐项用文字、照片和图纸进行说明，以PPT格式提交（说明材料模板及示例可从特色小镇培育网下载）。视频材料时长为5～10分钟，文件格式不限。有关规划包括总体规划、详细规划和专项规划，提交电子版。推荐材料可通过光盘或U盘方式提交。

中华人民共和国住房和城乡建设部办公厅

2017年5月26日

附件　第二批中国特色小镇分配指标

住建部发布《关于做好第二批全国特色小镇推荐工作的通知》，并公布了全国31省市自治区特色小镇分配数量，共计276个小镇（详见国家住建部官网）。

第三节　国家特色小镇政策

住房城乡建设部　国家发展改革委　财政部
关于开展特色小镇培育工作的通知
建村〔2016〕147号

各省、自治区、直辖市住房城乡建设厅（建委）发展改革委、财政厅，北京市农委、上海市规划和国土资源管理局：

为贯彻党中央、国务院关于推进特色小镇、小城镇建设的精神，落实《国民经济和社会发展第十三个五年规划纲要》关于加快发展特色镇的要求，住房城乡建设部、国家发展改革委、财政部（以下简称三部委）决定在全国范围开展特色小镇培育工作，现通知如下。

一、指导思想、原则和目标

（一）指导思想

（二）基本原则

（三）目标

二、培育要求

（一）特色鲜明的产业形态

（二）和谐宜居的美丽环境

（三）彰显特色的传统文化

（四）便捷完善的设施服务

（五）充满活力的体制机制

三、组织领导和支持政策

三部委负责组织开展全国特色小镇培育工作，明确培育要求，制定政策措施，开展指导检查，公布特色小镇名单。省级住房城乡建设、发展改革、财政部门负责组织开展本地区特色小镇培育工作，制定本地区指导意见和支持政策，开展监督检查，组织推荐。县级人民政府是培育特色小镇的责任主体，制定支持政策和保障措施，整合落实资金，完善体制机制，统筹项目安排并组织推进。镇人民政府负责做好实施工作。

国家发展改革委等有关部门支持符合条件的特色小镇建设项目申请专项建设基金，中央财政对工作开展较好的特色小镇给予适当奖励。

三部委依据各省小城镇建设和特色小镇培育工作情况，逐年确定各省推荐数量。省级住房城乡建设、发展改革、财政部门按推荐数量，于每年8月底前将达到培育要求的镇向三部委推荐。特色小镇原则上为建制镇（县城关镇除外），优先选择全国重点镇。

2016年各省（区、市）特色小镇推荐数量及有关要求另行通知。

中华人民共和国住房和城乡建设部

中华人民共和国国家发展和改革委员会

中华人民共和国财政部

2016年7月1日

国家发展改革委关于加快美丽特色小（城）镇建设的指导意见

发改规划〔2016〕2125号

各省、自治区、直辖市、计划单列市发展改革委，新疆生产建设兵团发展改革委：

特色小（城）镇包括特色小镇、小城镇两种形态。特色小镇主要指聚焦特色产业和新兴产业，集聚发展要素，不同于行政建制镇和产业园区的创新创业平台。特色小城镇是指以传统行政区划为单元，特色产业鲜明、具有一定人口和经济规模的建制镇。特色小镇和小城镇相得益彰、互为支撑。发展美丽特色小（城）镇是推进供给侧结构性改革的重要平台，是深入推进新型城镇化的重要抓手，有利于推动经济转型升级和发展动能转换，有利于促进大中小城市和小城镇协调发展，有利于充分发挥城镇化对新农村建设的辐射带动作用。为深入贯彻落实习近平总书记、李克强总理等党中央、国务院领导同志关于特色小镇、小城镇建设的重要批示指示精神，现就加快美丽特色小（城）镇建设提出如下意见。

一、总体要求

二、分类施策，探索城镇发展新路径

三、突出特色，打造产业发展新平台

四、创业创新，培育经济发展新动能

五、完善功能，强化基础设施新支撑

六、提升质量，增加公共服务新供给

七、绿色引领，建设美丽宜居新城镇

八、主体多元，打造共建共享新模式

九、城乡联动，拓展要素配置新通道

各级发展改革部门要把加快建设美丽特色小（城）镇作为落实新型城镇化战略部署和推进供给侧结构性改革的重要抓手，坚持用改革的思路、创新的举措发挥统筹协调作用，借鉴浙江等地采取创建制培育特色小镇的经验，整合各方面力量，加强分类指导，结合地方实际研究出台配套政策，努力打造一批新兴产业集聚、传统产业升级、体制机制灵活、人文气息浓厚、生态环境优美的美丽特色小（城）镇。国家发展改革委将加强统筹协调，加大项目、资金、政策等的支持力度，及时总结推广各地典型经验，推动美丽特色小（城）镇持续健康发展。

国家发展改革委

2016年10月8日

国家发展改革委　国家开发银行关于开发性金融支持特色小（城）镇建设促进脱贫攻坚的意见

发改规划〔2017〕102号

各省、自治区、直辖市及计划单列市发展改革委、新疆生产建设兵团发展改革委，国家开发银行各分行：

建设特色小（城）镇是推进供给侧结构性改革的重要平台，是深入推进新型城镇化、辐射带动新农村建设的重要抓手。全力实施脱贫攻坚、坚决打赢脱贫攻坚战是“十三五”时期的重大战略任务。在贫困地区推进特色小（城）镇建设，有利于为特色产业脱贫搭建平台，为转移就业脱贫拓展空间，为易地扶贫搬迁脱贫提供载体。为深入推进特色小（城）镇建设与脱贫攻坚战略相结合，加快脱贫攻坚致富步伐，现就开发性金融支持贫困地区特色小（城）镇建设提出以下意见。

一、总体要求

扶贫紧密衔接，夯实城镇产业基础，完善城镇服务功能，推动城乡一体化发展，通过特色小（城）镇建设带动区域性脱贫，实现特色小（城）镇持续健康发展和农村贫困人口脱贫双重目标，坚决打赢脱贫攻坚战。

二、主要任务

（一）加强规划引导。

（二）支持发展特色产业。

（三）补齐特色小（城）镇发展短板。

（四）积极开展试点示范。

（五）加大金融支持力度。

（六）强化人才支撑。

（七）建立长效合作机制。

各级发展改革部门和开发银行各分行要支持贫困地区特色小（城）镇建设促进脱贫攻坚，加强合作机制创新、工作制度创新和发展模式创新，积极探索、勇于实践，确保特色小（城）镇建设取得新成效，打赢脱贫攻坚战。

国家发展改革委

国家开发银行

2017年1月13日

第四节 部委特色小镇政策

农业部关于组织开展农业特色互联网小镇建设试点工作的通知

各省（自治区、直辖市）农业（农牧、农村经济）厅（委、局），新疆生产建设兵团农业局：

为贯彻落实党中央、国务院关于农业农村信息化发展和特色小城镇建设的部署要求，加快农村互联网建设步伐，让更多农民用得上、用得起、用得好互联网，推动信息化与农业现代化融合发展，提高农业生产智能化、经营网络化、管理数据化、服务在线化水平，我司决定组织开展农业特色互联网小镇建设试点，探索镇域范围内加快农业农村信息化建设的有效途径、机制和模式。现将有关事项通知如下。

一、重要意义

小镇相对独立于市区，具有明确的农业产业定位、农业文化内涵，有别于行政区划单元和产业园区。农业特色互联网小镇（以下简称小镇）建设是深入推进新型城镇化的重要抓手，有利于推动经济转型升级和发展动能转换，有利于促进大中小城市和小城镇协调发展，有利于充分发挥城镇化对新农村建设的辐射带动作用。

（一）小镇建设是落实新发展理念的重要举措。小镇是经济社会发展中孕育出的新事物，贯穿着创新、协调、绿色、开放、共享新发展理念在基层的探索和实践。加快小镇建设，有利于破解资源瓶颈、聚集高端要素、促进创业创新，能够增加有效投资，促进消费升级，带动城乡统筹发展和生态环境改善，提高村镇生活质量，形成新的经济增长点。

（二）小镇建设是全面深化改革的有益探索。小镇是改革创新的产物，也是承接、推进改革创新的平台。加快小镇建设，可以充分发挥市场在资源配置中的决定性作用，激发企业和创业者的创新热情和潜力，也能推动政府转变职能，营造良好发展环境，形成政府引导、企业主体、市场化运作、多元化投资的开发建设格局。

（三）小镇建设是推进产业转型升级的有效路径。小镇突出新兴产业培育和传统特色产业再造，是推进供给侧结构性改革、培育发展新动能的生力军。加快小镇建设，既能增加有效供给，又能创造新的需求；既能带动工农业发展，又能带动旅游业等现代服务业发展；既能推动产业加快聚集，又能补齐新兴产业发展短板，打造引领产业转型升级的示范区。

（四）小镇建设是统筹城乡发展的重要抓手。加快小镇建设，能够推动产业之间、产城之间、城乡之间融合发展，有利于落实新型城镇化和统筹城乡协调发展的功能定位，破解城乡二元结构，提速农民就地城镇化进程，形成独具魅力的城乡统筹发展新样板。

二、建设目标

力争在2020年试点结束以前，原则上以县（市、区）或垦区为单位，在全国建设、运营100个农业特色优势明显、产业基础好、发展潜力大、带动能力强的农业特色互联网小镇。在小镇内，培育一批经济效益好、辐射带动强的新型农业经营主体，打造一批优势特色明显的农业区域公用品牌、企业品牌和产品品牌，将小镇培育成农业农村经济的重要支柱。

三、建设原则

（一）促进产业融合发展。农业特色互联网小镇的核心在农业，要统筹空间布局，集聚资源要素，推动现代农业产业园、特色农产品优势区、农业科技园区与农业特色互联网小镇等建设的有机融合，促进农村一二三产业融合发展，构建功能形态良性运转的产业生态圈，激发市场新活力，培育发展新动能。

（二）规划引领合理布局。小镇规划不以面积为主要参考，遵循控制数量、提高质量、节约用地、体现特色的要求，推动小镇发展与疏解大城市中心城区功能相结合、与特色产业发展相结合、与服务“三农”相结合，打通承接城乡要素流动的渠道，打造融合城市与农村发展的新型社区和综合性功能服务平台。以镇区常住人口5万以上的特大镇、3万以上的专业特色镇为重点，兼顾多类型多形态的特色小镇，因地制宜规划建设。

（三）积极助推精准扶贫。围绕种植业结构调整、养殖业提质增效、农产品加工升级、市场流通顺畅高效、资源环境高效利用等重点任务，发挥各地区各部门优势，协同推进农业特色互联网小镇建设运营，带动贫困偏远地区农民脱贫致富。

（四）深化信息技术应用。将农业特色互联网小镇作为信息进村入户的重要形式，充分利用互联网理念和技术，加快物联网、云计算、大数据、移动互联网等信息技术在小镇建设中的应用，大力发展电子商务等新型流通方式，有力推进特色产业发展。

四、建设投资机制

农业特色互联网小镇建设试点采取政府和社会资本合作（PPP）模式。政府负责宏观指导和引导，积极争取金融机构融资支持，充分发挥企业主体作用，鼓励企业投入资金并组织申报、审核、建设、运营工作。

各地在建设过程中如有资金需求，可向北京中投炎黄文化创意中心申请支持。该中心设立了农业特色互联网小镇专项资金（简称“专项资金”），设置专项资金管理办公室负责制定资金申报细则，接受申报（专项资金管理办公室联系方式：010-64011007-308。小镇建设遵循自愿原则，以县级政府为主组织，制定建设方案，明确四至范围、产业定位、建设运营单位、投资规模、建设计划，并附概念性规划。建设运营单位应具有独立法人资格、有独立对公账户。对于自愿申报、审定合格的建设运营主体，专项资金按照PPP模式提供项目投资总额70%以内的资金支持，与小镇建设运营主体建立利益共建共享机制。在建设运营中，申报主体管理自有资金，负责建设运营工作，不能撤离资金或将资金挪作他用；专项资金管理办公室负责监管专项资金的使用进度和类别是否与建设运营方案一致，但不参与具体建设运营工作。由于小镇建设具有高度个性化、差异化的特点，专项资金管理办公室将组织对申报主体开展一对一服务。

五、有关安排和要求

（一）各地要把农业特色互联网小镇建设试点纳入本辖区内特色小镇建设规划，充分体现出农业特色，找准互联网与农业产业的结合点，按照成熟一个、建设一个的思路，有计划、有步骤、分期分批开展建设，申报小镇不平均分配名额，凡符合申报条件的，均纳入初审名单。各地要充分遵循共建共享的互联网理念，将农业特色互联网小镇建设试点与信息进村入户工程推进统筹安排，互为补充、形成合力。

（二）各地应加强制度机制创新，力争通过农业特色互联网小镇建设试点，探索实践出一批统筹城乡发展、推进供给侧结构性改革、加强美丽乡村建设、推动大众创业万众创新、发展农村数字经济等方面的制度机制成果。

（三）农业特色互联网小镇建设试点采取“先建设、后认定”的方式。2018年，我司将在各省份自愿申报的基础上，组织专家进行评审，并按程序报批后，先期认定一批农业特色互联网示范小镇。

农业部市场与经济信息司

2017年6月9日

国家旅游总局：关于印发乡村旅游扶贫工程行动方案的通知

旅发〔2016〕121号

各省、自治区、直辖市、新疆生产建设兵团旅游委（局）发展改革委、国土资源厅（局）环保厅（局）住房城乡建设厅（建委）交通运输厅（局）水利厅（局）农业厅（局）林业厅（局）扶贫办，国家开发银行、中国农业发展银行各分行：

为贯彻落实《中共中央国务院关于打赢脱贫攻坚战的决定》（中发〔2015〕34号）和中共中央办公厅、国务院办公厅《贯彻实施〈中共中央国务院关于打赢脱贫攻坚战的决定〉重要政策措施分工方案》（厅字〔2016〕4号），深入实施乡村旅游扶贫工程，充分发挥乡村旅游在精准扶贫、精准脱贫中的重要作用，我们联合制定了乡村旅游扶贫工程行动方案，现印发给你们，请认真贯彻执行。

国家旅游局 国家发展改革委 国土资源部 环境保护部 住房城乡建设部

交通运输部 水利部 农业部 国家林业局 国务院扶贫办

国家开发银行 中国农业发展银行

2016年8月11日

附件　乡村旅游扶贫工程行动方案

为贯彻落实《中共中央、国务院关于打赢脱贫攻坚战的决定》和中共中央办公厅、国务院办公厅《贯彻实施<中共中央、国务院关于打赢脱贫攻坚战的决定>重要政策措施分工方案》，深入实施乡村旅游扶贫工程，充分发挥乡村旅游在精准扶贫、精准脱贫中的重要作用，国家旅游局、国家发展改革委、国土资源部、环境保护部、住房城乡建设部、交通运输部、水利部、农业部、国家林业局、国务院扶贫办、国家开发银行、中国农业发展银行共同制定本行动方案。

一、总体要求

（一）工作目标

“十三五”期间，力争通过发展乡村旅游带动全国25个省（区、市）2.26万个建档立卡贫困村、230万贫困户、747万贫困人口实现脱贫。

——2016—2018年减少1.26万个建档立卡贫困村，实现400万贫困人口脱贫；

——2019—2020年减少1万个建档立卡贫困村，实现347万贫困人口脱贫。

——通过实施乡村旅游扶贫工程，使全国1万个乡村旅游扶贫重点村年旅游经营收入达到100万元，贫困人口年人均旅游收入达到1万元以上。

（二）基本原则

中央统筹、地方负责。按照中央统筹、省（自治区、直辖市）负总责、县（市、区、旗）抓落实的管理体制，中央各相关部门负责制定配套方案，明确工作部署。各省（自治区、直辖市）统筹负责本辖区内乡村旅游扶贫工作，整合省内资源予以支持。各县（市、区、旗）政府要组织实施好扶贫项目，确保政策措施落到实处，扶贫资金用到刀刃上。

部门协作、合力推进。各相关部门根据行动方案要求，结合各自职能，在制定政策、编制规划、分配资金、安排项目时向乡村旅游扶贫重点村倾斜，形成旅游扶贫开发合力。

因地制宜、创新模式。因地制宜确定各类乡村旅游建设发展类型，选择精准到户到人的脱贫模式。创新投融资方式和途径，为贫困地区发展乡村旅游提供更有力的资金支持。各项旅游建设尽可能利用原有建设用地，不占或少占耕地，严禁占用永久基本农田，突出农村特色和田园风貌。

精准施策、提高实效。按照“六个精准”的要求，精准锁定乡村旅游扶贫重点村、建档立卡贫困户和贫困人口，精准发力，精准施策，切实提高乡村旅游扶贫脱贫工作成效。

二、乡村旅游扶贫工程主要任务

（一）科学编制乡村旅游扶贫规划。各地要将乡村旅游扶贫规划与国民经济和社会发展规划、脱贫攻坚规划、土地利用总体规划、县域乡村建设规划、易地扶贫搬迁规划、风景名胜区总体规划、交通建设等规划有效衔接。推动乡村旅游规划与村镇规划、传统村落保护发展规划、森林旅游发展规划、林地保护利用规划、非物质文化遗产保护规划、休闲农业发展规划等专项规划合并编制。乡村旅游扶贫重点村分布比较集中的省市，应当编制区域旅游扶贫规划，打造沿山、沿河、沿路、沿湖、沿海乡村旅游扶贫开发带（区），整村整镇、成带成片、全景全域推进乡村旅游扶贫开发。乡村旅游扶贫应充分体现针对建档立卡贫困户和贫困人口的帮扶途径、支持措施和收益安排。

（二）加强旅游基础设施建设。各地要积极整合资源力量，加大投入力度，挖掘当地生态旅游、民俗文化等资源，因地制宜打造乡村旅游重点景区，引导生活在周边不具备基本生存条件的建档立卡易地扶贫搬迁对象适度集中居住并依托乡村旅游就业脱贫。集中精力解决好乡村旅游扶贫重点村旅游基础和公共服务设施，完善乡村旅游服务体系。加快具备条件的建制村通硬化路，加强农村公路安全生命防护设施建设和危桥改造，对不能安全通客车的窄路基路面公路合理进行加宽改造，提高通行能力和安全水平。推进重点旅游景点景区到干线公路的连接线、旅游路建设，改善重点景点景区的交通条件。加快完善乡村宽带信息基础设施。加快农村生活污水治理，深入推进“厕所革命”向乡村延伸，开展“六小工程”建设，大力推进有条件的贫困户开展乡村旅游服务，对从事乡村旅游经营的贫困户实施改厨、改厕、改房、整理院落为主要内容的“三改一整”工程，提升改善旅游接待条件。

（三）大力开发乡村旅游产品。各地要突出乡村自然资源优势，挖掘文化内涵，开发形式多样、特色鲜明的带动贫困户参与的乡村旅游产品。要发展一批以农家乐、渔家乐、牧家乐、休闲农庄、森林人家等为主题的乡村度假产品，建成一批依托自然风光、美丽乡村、传统民居为特色的乡村旅游景区，策划一批采摘、垂钓、农事体验等参与型的旅游娱乐活动，大力开发徒步健身、乡村体育休闲运动，培育发展自驾车房车营地、帐篷营地、乡村民宿等新业态，打造丰富多彩的乡村特色文化演艺和节庆活动。

（四）加强旅游宣传营销。各地要因地制宜，加大对乡村旅游扶贫重点村的宣传推介，通过电商平台、节庆推广、主题活动等一系列载体，开展乡村旅游扶贫公益宣传。大力推广乡村度假生活理念，开展乡村旅游进社区、高校、企业单位等宣传，把乡村旅游点变成“单位的疗养院”、“学校的实践基地”、“社区的活动中心”。利用互联网等信息平台推介民宿客栈等乡村旅游特色产品，引导乡村旅游扶贫重点村挖掘当地乡土文化、民俗风情，举办农事节庆游、山水美景游、民俗风景、农家乐厨艺大赛等系列节庆活动，打造乡村旅游品牌。

（五）加强乡村旅游扶贫人才培训。各地要创新乡村旅游扶贫人才培养方式，积极开展乡村旅游经营户、乡村旅游带头人、能工巧匠传承人、乡村旅游创客四类人才和乡村旅游导游、乡土文化讲解等各类实用人才培训，依靠人才支持和智力投入促进乡村旅游发展，提高贫困人口旅游服务能力。实施“乡村旅游扶贫培训种子工程”，培养一批乡村旅游扶贫培训师，深入基层一线、面对贫困群众进行技能辅导。

三、乡村旅游扶贫八大行动

1. 乡村环境综合整治专项行动。大力改善乡村旅游基础和公共服务设施，规划启动“六小工程”，确保每个乡村旅游扶贫重点村建好停车场、旅游厕所、垃圾集中收集站、医疗急救站、农副土特产品商店和旅游标识标牌。到2020年全国2.26万个乡村旅游扶贫重点村实现“六小工程”和“厕所革命”全覆盖，50万户建档立卡贫困户实施“三改一整”工程。

2. 旅游规划扶贫公益专项行动。组织和支持300家旅游规划设计单位开展旅游规划扶贫公益行动，围绕旅游产品建设和促进旅游产业发展，为乡村旅游扶贫重点村编制旅游发展规划。每年促成不少于500个乡村旅游扶贫重点村与规划设计单位结对，5年完成3000个乡村旅游扶贫重点村的规划编制。

3. 乡村旅游后备箱和旅游电商推进专项行动。依托乡村旅游发展带动农副土特产品销售，支持乡村旅游扶贫重点村在邻近的重点景区景点、高速公路服务区、主要交通干道旅客集散点等设立农副土特产品销售专区。开展旅游电商万村千店行动，优先支持有条件的重点村利用已有资源建设旅游扶贫电商平台，组织实施贫困地区“一村一店”、“旅游淘宝村”、“旅游扶贫村＋特色馆”立体扶贫，依托村民中心、超市等营业场所建设电商服务站点，支持各大电商平台开展旅游电商扶贫行动，为贫困地区开设扶贫频道，开展在线宣传推广、特产销售、旅游线路营销。到2020年，全国建设1000家“乡村旅游后备箱工程示范基地”，销售产值8000亿元，带动不低于50万户贫困户脱贫；建设1000个乡村旅游扶贫电商示范村，每年实现旅游商品销售100亿元。

4. 万企万村帮扶专项行动。组织动员全国1万家旅游企业、宾馆饭店、景区景点、旅游规划设计单位、旅游院校等单位，对乡村旅游扶贫重点村进行帮扶脱贫。采取安置就业、项目开发、输送客源、定点采购、指导培训等多种方式帮助乡村旅游扶贫重点村发展旅游，通过5年时间解决100万左右贫困人口的脱贫。

5. 百万乡村旅游创客专项行动。组织和引导百万返乡农民工、大学毕业生、专业艺术人才、青年创业团队等各类“创客”投身乡村旅游发展，通过一系列的创意研发、产品开发、宣传推广，推动乡村旅游实现转型提升、创新发展。到2020年，全国培育1000个乡村旅游创客示范基地，形成一批高水准文化艺术旅游创业示范乡村。

6. 金融支持旅游扶贫专项行动。加快乡村旅游扶贫项目库建设，统筹资源支持国开行、农发行等银行创新金融服务，设计符合旅游扶贫项目特点、与旅游扶贫项目周期相匹配的支持产品。探索建立乡村旅游投融资主体、担保平台、风险准备金制度及信用评级体系，优先在乡村旅游扶贫重点村进行授信，为贫困户提供小额贷款，相关部门给予贷款贴息。积极探索景区带村、能人带户、企业（合作社）+农户等扶贫信贷政策，引导金融机构根据带动贫困村、贫困户实现增收的情况，为景区、能人、企业（合作社）提供成本低、期限长的信贷支持。每年金融支持旅游扶贫项目不少于1000个，资金不少于3000亿元。

7. 扶贫模式创新推广专项行动。探索景区带村、能人带户、企业（合作社）+农户等多种类型的旅游扶贫新模式，按照景区扶贫加分政策，鼓励每个4A、5A级景区带动周边乡村旅游扶贫重点村不少于3个，每个能人带动不少于5户建档立卡贫困户，一个合作社带动不少于20户建档立卡贫困户，通过招工、订单采购农产品、建设绿色食品基地、成立互助社等方式帮扶脱贫。加快扶贫创新模式推广，到2020年，全国建设旅游扶贫示范景区1000个、企业（合作社）+农户旅游扶贫示范基地1万家，培育旅游扶贫带头人5万个，带动80万户贫困户脱贫。

8. 旅游扶贫人才素质提升专项行动。设立乡村旅游扶贫东部、西部培训基地，组建“全国乡村旅游扶贫专家库”，动员规划、管理、营销专业人才到扶贫开发重点县、易地扶贫搬迁小镇、乡村旅游扶贫重点村开展公益指导培训。到2020年前，各省要以市、县为基础，建立地方培训基地，实现对2.26万个乡村旅游扶贫重点村致富带头人培训全覆盖，培养旅游扶贫带头人10万人。

四、实施保障

（一）明确任务分工。建立由旅游、发改、国土资源、环保、住建、交通、水利、农业、林业、扶贫、国家开发银行、中国农业发展银行等部门和金融机构共同参加的乡村旅游扶贫工作机制。旅游部门建立旅游扶贫工作领导小组，负责重点村的旅游规划引导、公共服务设施建设、宣传推广、人才培训、市场监管以及跟踪统计工作。发展改革部门加强重点村和周边重点景区基础设施建设的指导。交通运输部门指导协调重点村交通体系发展和重点村、重点景区交通基础设施建设。国土资源主管部门负责指导重点村开展规划建设，合理安排乡村旅游扶贫各项用地的规模、布局和时序。环保部门指导重点村环境综合整治工作。住房城乡建设部门指导重点村人居环境改善、风景名胜区保护和规划建设。水利部门负责指导乡村河流、湖泊、水利风景区资源保护利用。农业部门负责重点村的特色农产品开发，促进休闲农业发展和美丽乡村建设。林业部门指导森林旅游资源的开发利用与保护，打造精品景区。扶贫办负责协调利用扶贫资金和扶贫小额信贷，支持重点村建档立卡贫困户参与乡村旅游项目。国家开发银行、中国农业发展银行创新金融产品，加大对旅游扶贫的金融支持。

（二）加强组织协调。各地将旅游扶贫工作有机融入党委政府扶贫攻坚大局，构建跨部门、跨单位、全社会共同参与、多元主体的旅游扶贫体系，统筹解决旅游扶贫工作中的规划对接、用地保障、行政审批和资金整合使用等问题，打好组合拳，形成政策合力。

（三）强化督查考核。各地应建立旅游扶贫开发督导考核机制，把乡村旅游扶贫工作纳入各级党委政府和有关部门的议事日程，纳入工作考核体系。及时开展旅游扶贫情况动态跟踪监测、督导检查，每年年底进行考核。各地要通过电台、电视台、报刊、网站、微信等多种手段，大力宣传旅游扶贫成果，进一步强化典型示范引领，推动各方参与旅游扶贫，共同分享旅游扶贫成果。

各省区市旅游部门牵头，结合实际尽快制定推进落实行动方案的具体举措，确保各项任务落到实处，各有关部门要按照职责分工抓紧制定配套政策，营造良好环境。

国家旅游总局：关于加快推进2016年自驾车房车营地建设的通知

旅办发〔2016〕241号

各省、自治区、直辖市旅游委（局）公安厅、交通厅、国土厅、住房城乡建设厅、工商局（市场监督管理部门）：

为落实国务院提出的“加快自驾车房车营地建设，2016年建设500个营地”的部署，国家旅游局会同公安部、交通运输部、国土资源部、住房城乡建设部、国家工商总局编制了《2016年全国自驾车房车营地建设项目表》（以下简称《项目表》），现印发给你们，并就做好《项目表》所列的营地建设工作通知如下：

一、各地旅游部门要跟踪项目进展情况，及时会同有关部门研究项目落实中的重大问题，督促《项目表》中所列的514个营地建设任务落实。

二、各地公安部门要加强对营地办理消防、安全、住宿登记等业务的指导，方便营地正常开展经营。

三、各地交通、住建、旅游等相关部门和营地投资开发单位，按照道路属性和事权，加强营地与相邻交通干道及重要景区的连接道路建设，完善旅游交通标识。

四、各地国土部门要加强营地用地指导，支持营地合法合规用地，优先确保《项目表》所列营地项目用地。

五、各地住建部门要会同旅游部门加强营地建设与城乡规划的衔接，制定营地配套设施建设指南，加强对营地建设的指导。

六、各地工商部门要做好营地工商注册登记工作。原则上，开展旅游经营的各类营地纳入景区序列登记管理。

按照国务院办公厅要求，今年年底国家旅游局将会同各有关部门进行自驾车房车营地建设专项督查。请各地旅游部门主动会同公安、交通、国土、住建、工商等部门，于2016年12月15日前将《项目表》所列本地区营地项目建设情况、存在问题及意见建议及时报送国家旅游局规划财务司ghc@cnta.gov.cn。

国家旅游局办公室 公安部办公厅

交通运输部办公厅 国土资源部办公厅

住房城乡建设部办公厅 国家工商总局办公厅

2016年9月22日

住房城乡建设部　中国建设银行关于推进商业金融支持小城镇建设的通知

各省、自治区、直辖市住房城乡建设厅（建委），北京市农委、规划和国土资源管理委，上海市规划和国土资源管理局，新疆生产建设兵团建设局，中国建设银行各省、自治区、直辖市分行，总行直属分行，苏州分行：

为贯彻落实党中央、国务院关于推进小城镇建设的工作部署，大力推进商业金融支持小城镇建设，现就有关工作通知如下。

一、充分认识商业金融支持小城镇建设的重要意义

二、支持范围和内容

（一）支持范围。

（二）支持内容。

三、实施项目储备制度

（一）建立项目储备库。

（二）推荐备选项目。

四、发挥中国建设银行综合金融服务优势

（一）加大信贷支持力度。

（二）做好综合融资服务。

（三）创新金融服务模式。

五、建立工作保障机制

住房城乡建设部与中国建设银行总行签署《共同推进小城镇建设战略合作框架协议》，建立部行工作会商制度。省级住房城乡建设部门、中国建设银行省级分行要参照部行合作模式尽快建立定期沟通机制和工作协作机制，及时共享小城镇建设信息，共同协调解决项目融资、建设中存在的问题，做好风险防控，为小城镇建设创造良好的政策环境和融资环境。执行过程中如有问题和建议，请及时与住房城乡建设部和中国建设银行总行联系。

中华人民共和国住房和城乡建设部

中国建设银行股份有限公司

2017年4月1日

住房城乡建设部　中国农业发展银行关于推进政策性金融支持小城镇建设的通知

建村〔2016〕220号

各省、自治区、直辖市住房城乡建设厅（建委）北京市农委、上海市规划和国土资源管理局，中国农业发展银行各省、自治区、直辖市分行，总行营业部：

为贯彻落实党中央、国务院关于推进特色小镇、小城镇建设的精神，切实推进政策性金融资金支持特色小镇、小城镇建设，现就相关事项通知如下：

一、充分发挥政策性金融的作用

二、明确支持范围

（一）支持范围。

（二）优先支持贫困地区。

三、建立贷款项目库

四、加强项目管理

中国农业发展银行各分行要积极配合各级住房城乡建设部门工作，普及政策性贷款知识，加大宣传力度。各分行要积极运用政府购买服务和采购、政府和社会资本合作（PPP）等融资模式，为小城镇建设提供综合性金融服务，并联合其他银行、保险公司等金融机构以银团贷款、委托贷款等方式，努力拓宽小城镇建设的融资渠道。对符合条件的小城镇建设实施主体提供重点项目建设基金，用于补充项目资本金不足部分。在风险可控、商业可持续的前提下，小城镇建设项目涉及的特许经营权、收费权和政府购买服务协议预期收益等可作为中国农业发展银行贷款的质押担保。

中华人民共和国住房和城乡建设部　中国农业发展银行

2016年10月10日

文化部办公厅关于做好2017年度中央财政文化产业发展专项资金重大项目申报工作的通知

党中央有关部门办公厅（室），国务院各部委、各直属机构办公厅（室），各省、自治区、直辖市文化厅（局），新疆生产建设兵团文化广播电视局，各计划单列市文化局，有关中央企业，文化部各直属单位：

为进一步加大文化领域供给侧结构性改革力度，推动文化产业转型升级，根据财政部办公厅《关于申报2017年度文化产业发展专项资金的通知》（财办文〔2017〕25号）要求，2017年文化产业发展专项资金（以下简称专项资金）继续重点用于落实党中央、国务院和宣传文化体育部门确定的重大政策、项目。其中，文化部牵头负责“实施文化金融扶持计划”、“支持特色文化产业展”、“促进文化创意和设计服务与相关产业融合发展”等三个重大项目的征集、遴选工作。按照财政部通知要求，对符合三个重大项目支持重点的政府和社会资本合作（PPP）项目、文化与科技融合发展项目，将优先予以支持。

为做好2017年度专项资金重大项目申报工作，现就有关事项通知如下：

一、主要目标

二、支持内容

（一）文化金融扶持计划。

（二）特色文化产业发展。

（三）文化创意和设计服务与相关产业融合发展。

三、申报单位条件

（一）文化企业

（二）其他文化单位

四、申报要求

（一）申报方式

（二）申报材料

（三）申报程序

（四）报送数量

五、工作要求

（一）请有关中央部门、各省（区、市）文化部门高度重视此次申报工作，紧紧围绕国家经济社会发展十三五规划、《国家“十三五”时期文化发展改革规划纲要》和《文化部“十三五”时期文化产业发展规划》确定的重点方向，以及本部门、本地区发展改革重点领域，做好项目征集申报工作。文化部相关直属单位要认真策划重大项目，按要求提供相关申报材料。

（二）有关中央部门、各省（区、市）文化部门应遵循公开、公平、公正的原则，做好申报单位指导和项目推荐工作，严格初审程序和标准，提高项目审核透明度，确保申报项目质量和申请文件质量。

（三）各省（区、市）文化部门领导同志应统筹协调，加强内设财务、产业处室的分工协作和信息共享，并加强与同级财政部门的沟通协调，确保项目申报工作有序开展。

（四）请各省（区、市）文化部门按要求组织申报，严格把握推荐数量和保证工作进度。超过规定报送数量或逾期申报的，对推荐项目不予受理。

文化部办公厅

2017年4月28日

体育总局办公厅关于推动运动休闲特色小镇建设工作的通知

体群字〔2017〕73号

各省、自治区、直辖市、新疆生产建设兵团体育局，体育总局各运动项目管理中心，中国足球协会：

运动休闲特色小镇是在全面建成小康社会进程中，助力新型城镇化和健康中国建设，促进脱贫攻坚工作，以运动休闲为主题打造的具有独特体育文化内涵、良好体育产业基础，运动休闲、文化、健康、旅游、养老、教育培训等多种功能于一体的空间区域、全民健身发展平台和体育产业基地。

为贯彻党中央和国务院关于推进特色小镇建设、加大脱贫攻坚工作力度的精神，充分发挥体育在脱贫攻坚工作中的潜在优势作用，更好地为基层经济社会事业、全民健身与健康事业、体育产业发展服务，引导推动运动休闲特色小镇实现可持续发展，体育总局决定组织开展运动休闲特色小镇建设、促进脱贫攻坚工作。现将有关事宜通知如下。

一、重要意义

二、总体要求

（一）指导思想

（二）基本原则

三、主要任务

四、组织实施

（一）项目报送

（二）政策支持

（三）有关要求

各省（区、市）体育局和体育总局运动项目管理中心要认真组织，做好运动休闲特色小镇遴选和推荐工作，坚持优中选优、宁缺毋滥，把好关口，保证推荐上报的材料真实准确。

请组织填报《2017年度运动休闲特色小镇推荐表》（附件1），按附件2的提纲格式报送《运动休闲特色小镇建设工作汇报材料》（含电子版），提供运动休闲特色小镇建设总体规划，于2017年6月20日前一并报送体育总局。

体育总局办公厅

2017年5月9日

国家林业局办公室关于开展森林特色小镇建设试点工作的通知

办场字〔2017〕110号

各省、自治区、直辖市林业厅（局），内蒙古、吉林、龙江、大兴安岭森工（林业）集团公司，新疆生产建设兵团林业局：

为贯彻落实中发〔2015〕6号文件精神，深入推进国有林场和国有林区改革及林业供给侧结构性改革，推动林业发展模式由利用森林获取经济利益为主向保护森林提供生态服务为主转变，提高森林观光游览、休闲度假、运动养生等生态产品供给能力和服务水平，不断满足人民群众日益迫切的生态福祉需求，大力提升林业在国民经济发展中的战略地位，我局决定在国有林场和国有林区开展森林特色小镇建设试点工作，为全面推进森林特色小镇建设探索路子、总结经验。现将有关事项通知如下：

一、建设目的

森林特色小镇是指在森林资源丰富、生态环境良好的国有林场和国有林区林业局的场部、局址、工区等适宜地点，重点利用老旧场址工区、场房民居，通过科学规划设计、合理布局，建设接待设施齐全、基础设施完备、服务功能完善，以提供森林观光游览、休闲度假、运动养生等生态产品与生态服务为主要特色的，融合产业、文化、旅游、社区功能的创新发展平台。

开展森林特色小镇建设，有利于提高国有林场和国有林区吸引和配置林业特色产业要素的能力，推动资源整合、产业融合，促进产业集聚、创新和转型升级；有利于深化国有林场和国有林区改革，助推林场林区转型发展，改善国有林场和国有林区生产生活条件、增加职工收入，增强发展后劲；有利于促进林业供给侧结构性改革，提高生态产品和服务供给能力和质量，不断满足广大人民群众日益增长的生态福祉需求；有利于保护生态和改善民生，促进国有林场和国有林区经济发展、林农增收，助推脱贫攻坚，着力践行习近平总书记提出的“绿水青山就是金山银山”等新发展理念。

二、试点原则

（一）坚持生态导向、保护优先。要以保护好当地森林资源、原生生态环境和原生生态景观为森林特色小镇建设的立足点和出发点，在确保森林资源总量增加、森林质量提高、生态功能增强的前提下，采用环境友好型、资源节约型等建设模式和方式，实现生态环境、生态文化、森林景观和服务设施有机融合，充分发挥森林生态多种功能，为社会提供更多的生态产品和更优良的生态服务。

（二）坚持科学规划、有序发展。要与国有林场和国有林区发展规划、森林经营方案相结合，坚持规划先行，科学设计，立足实际，深入挖掘特色，找准发展方向。要严格按照当地生态环境的承载量，科学规划，经过严格的科学评估论证，按照程序批准后严格执行。

（三）坚持试点先行、稳步推进。要优先选择发展基础好、政府支持力度大、建设积极性高的国有林场和国有林区林业局作为建设试点。在及时总结试点成功经验和模式的基础上，逐步示范推广、稳步推进。

（四）坚持政府引导、林场主导、多元化运作。各级林业主管部门要积极协调有关部门在基础设施建设、项目立项和资金投入、易地搬迁、土地使用审批以及投融资政策等方面予以倾斜，不断优化政策和投融资环境，大力支持小镇建设；国有林场和国有林区林业局是森林特色小镇建设的主体，要创造条件，推进小镇与企业、金融机构有效对接，促进场镇企融合发展、共同成长。

三、试点内容

（一）范围和规模。在全国国有林场和国有林区林业局范围内选择30个左右作为首批国家建设试点。

（二）建设方式。在稳定和充分保障国有林场和国有林区森林资源权益的基础上，可采取使用权与经营权分离的方式，放活经营权。可采取自建、合资合作和PPP合作建设等模式推进小镇建设，实现场镇企有效对接、互利共赢，融合发展。小镇建设要坚持改造利用、提档升级为主，原则上不搞新建，确需新建的要从严控制、严格把关。重点通过对国有林场和国有林区林业局的老旧场（局）址工区、场房住房等的改造，将其建设成地方特色鲜明，又与原生态景观风貌紧密融合的特色民居、森林小屋等接待设施。要注重与生态扶贫、林场棚户区改造、移民搬迁和场部搬迁重建，以及森林公园、湿地公园等工程项目建设相结合，相互促进，融合发展。

（三）建设条件

1. 具有一定规模。一般应选择在森林分布集中，森林覆盖率一般应在60%以上，森林景观优美、周边生态环境良好，具备较好文化底蕴、无重大污染源，规模较大的国有林场或国有林区林业局建设。

2. 建设积极性高。国有林场和国有林区林业局建设积极性较高，当地政府重视森林特色小镇建设工作，在小镇项目建设投入、招商引资、土地优惠以及基础设施建设等方面政策扶持力度大。

3. 主导产业定位准确。主要依托森林资源和生态优势，重点发展森林观光游览、休闲度假、运动养生，以及森林食品、森林药材等林产品培育、采集和初加工的绿色产业。

4. 基础设施较完备。国有林场和国有林区林业局水电路讯等基础设施较完善，建设地点原则上要选择在距机场或高铁站50–100公里范围内。

（四）建设主要内容

1. 改善接待条件。通过对国有林场和国有林区林业局老旧场（局）址工区、场房民居等的改造，建设成地方特色鲜明，又与小镇森林特色生态景观风貌紧密融合的特色民居、森林小屋等，努力提升食宿接待能力和服务水平。

2. 完善基础设施。建设水、电、路、讯、生态环境监测等基础设施和森林步道等相应的观光游览、休闲养生服务设施，为开展游憩、度假、疗养、保健、养老等休闲养生服务提供保障，不断提升小镇公共服务能力、水平和质量。

3. 培育产业新业态。充分发掘利用当地的自然景观、森林环境、休闲养生等资源，积极引入森林康养、休闲养生产业发展先进理念和模式，大力探索培育发展森林观光游览、休闲养生新业态，拓展国有林场和国有林区发展空间，促进生态经济对小镇经济的提质升级，提升小镇独特竞争力。

（五）工作程序

1. 摸清家底。各省（含自治区、直辖市、森工集团、新疆兵团，下同）要尽快组织力量对本省国有林场和国有林区森林特色小镇建设情况和潜力进行调查摸底，填写森林特色小镇资源情况调查统计表（见附件1）。

2. 推荐上报。各省组织国有林场和国有林区林业局开展森林特色小镇建设试点申报工作，根据当地实际情况，推荐2–3个国有林场或国有林区林业局作为国家建设试点，填写试点申报表（见附件2）。

3. 确定试点。我局将在各省推荐的基础上，统筹考虑区域布局、建设特点、发展特色等因素，确定全国森林特色小镇建设试点单位，并予以公布。

四、有关要求

各地要及时对森林特色小镇建设试点工作进行安排部署，做好摸底调查和试点申报工作。认真填写森林特色小镇资源情况调查统计表，确保各项信息的客观、真实、准确。推荐为试点单位的要提供3000字左右的文字材料和小镇概念性规划，有条件的可同时提供10～15分钟的视频材料。

文字材料应包括建设基本情况，建设目标、建设任务、建设方式、建设路径措施等主要内容；概念性规划应包括小镇区域产业规划、功能布局、配套设施建设、文化底蕴研究等。

国家林业局办公室

2017年7月4日

第五节　省市特色小镇政策

2016年7月21日，住房城乡建设部、国家发展改革委、财政部联合发出《关于开展特色小城镇培育工作的通知》〔2016〕147号，提出即日起在全国范围内开展特色小城镇培育工作，到2020年争取培育1000个左右各具特色、富有活力的特色小镇，引领带动全国小城镇建设牢固树立并贯彻落实创新、协调、绿色、开放、共享的发展理念，因地制宜、突出特色，充分发挥市场主体作用，创新建设理念，转变发展方式，探索小城镇建设健康发展之路。

各地也纷纷出台政策、通知等来指导自己省（市）特色小镇的创建：

北京市

《北京市“十三五”时期城乡一体化发展规划》指出，“十三五”期间，本市将统筹规划建设一批功能性特色小城镇，提高小城镇承载力，更好地对接非首都功能疏解，起到“桥头堡”作用。

在疏解北京非首都功能的进程中，郊区将迎来历史性重大发展机遇。疏解北京非首都功能，治理“大城市病”，需要在更广阔的空间配置资源。郊区，特别是平原地区，是非首都功能疏解的重要承接地。其中，小城镇更是城乡体系中的重要节点。

“十三五”期间，作为重点小城镇的升级版，北京市将充分利用北京非首都功能疏解的重大机遇，调整重点镇规划布局，明确各类小城镇的功能定位。如平原地区的乡镇，位于京津冀协同发展的“中部核心功能区”，将积极承接中心城和新城疏解的生产性服务业、医疗、教育等产业项目，打造一批大学镇、总部镇、高端产业镇；西北部山区乡镇，位于京津冀协同发展的“生态涵养区”，将重点发挥生态保障、水源涵养、旅游休闲、绿色产品供给等功能，打造一批各具特色的健康养老镇、休闲度假镇；围绕重大项目建设、重点资源利用，还将统筹规划建设雪上运动小镇、世园小镇、环球影城小镇、新机场服务小镇、科技信息小镇等一批功能性特色小城镇，带动农民实现就地城镇化和增收致富。

河北省

中共河北省委河北省人民政府出台《关于建设特色小镇的指导意见》。力争通过3至5年的努力，培育建设100个产业特色鲜明、人文气息浓厚、生态环境优美、多功能叠加融合、体制机制灵活的特色小镇。

1. 特色小镇既不是行政区划的“镇”，也不是“区”。

2. 建设用地面积1平方公里左右，聚集人口1万至3万人。

3. 按照3A级以上景区标准建设。

4. 要有明确产业定位。

5. 每个小镇投资20亿元以上。

6. 引进人才，创新特色产业。

集聚高端要素。根据产业定位量身订制政策，打造创新创业平台，吸引企业高管、科技创业者、留学归国人员等创新人才，引进新技术，开发新产品，做大做强特色产业。建设特色小镇公共服务APP，提供创业服务、商务商贸、文化展示等综合功能。

四川省

近3年来，四川大力实施 “百镇建设行动”，每年遴选100个小城镇重点培育。目前，推出的300个试点示范特色小镇竞相发展，形成了“百镇示范带动、千镇蓬勃发展”的良好势头，乡土四川正加速向城镇四川迈进。

四川鲜明提出，要统筹城市和小城镇规划布局，突出小城镇文化底蕴、民族风情、自然风光和产业特色，为小城镇建设注入鲜活的生命力。

坚持“多规合一”。四川统筹小城镇布局和功能，把小城镇建设系统纳入了新型城镇化规划体系，确保300个试点镇的土地、城建、产业和基础设施配套，与城镇总体规划相适应。

坚持"一镇一规"。四川众多小城镇分布于平原、河谷、丘陵、山地，发展条件参差不齐。按照宜工则工，宜旅则旅，宜商则商，宜居则居的原则，精准规划，使每个镇都有鲜明特色和发展方向。

坚持"绿色优先"。四川小城镇山、水、林生态优势突出，坚持以原有城镇自然风貌为基础，划定小城镇规划红线，创建山水相依、绿色低碳、自然和谐的宜居小城镇。

向改革问"钱从哪里来"。省财政3年安排专项资金15亿元，整合专项资金近5亿元，通过"以奖代补"竞争机制对小城镇基础设施资金配套。运用PPP、财政贴息、直接补助、发行地方政府债券等多种方式，激励社会资本投入小城镇建设。

山东省

2012年，山东省委、省政府确定实施"百镇建设示范行动"。出台了《山东省人民政府关于开展"百镇建设示范行动"加快推进小城镇建设和发展的意见》，在实施扩权强镇、保障发展用地、适度扩大财权、加强资金扶持、优化机构设置等七个方面制定了创新性的优惠政策。

委托给示范镇的行政许可和审批事项，一律进入镇便民服务中心，实行"一站式服务"。

"十二五"期间省里每年为100个示范镇安排不少于5000亩的新增建设用地计划指标，直接单列下达。

省里每年安排10亿元的示范镇建设专项资金。

陕西省

2016年，陕西省发出《进一步推进全省重点示范镇文化旅游名镇（街区）建设的通知》，提出通过建立动态调整机制、持续加大扶持力度、提升规划建设管理水平、切实落实扩权强镇、加强技术支持和专家指导、严格目标责任考核等8项措施，进一步推动全省重点示范镇、文化旅游名镇，即"两镇"建设，带动全省特色小城镇发展。

持续推进简政放权，配备规划管理专职人员。两镇的主要负责人可由县级领导兼任。

从2016年到2020年，省财政给予每个省级重点示范镇每年1000万元专项资金支持，每个省级文化旅游名镇每年500万元专项资金支持。

同时，省上还将分批次给予每个省级重点示范镇1000亩、文化旅游名镇200亩城乡建设增减挂钩用地指标、新增建设用地指标。

浙江省

浙江省政府出台《关于加快特色小镇规划建设的指导意见》（浙政发〔2015〕8号），明确了特色小镇规划建设的总体要求、创建程序、政策措施、组织领导等内容。

规划建设一批特色小镇是省委省政府从推动全省经济转型升级和城乡统筹发展大局出发作出的重大决策，将在全省重点培育和规划建设100个左右产业特色鲜明、体制机制灵活、人文气息浓厚、生态环境优美、多种功能叠加的特色小镇。

根据《指导意见》，特色小镇产业定位着力聚焦信息经济、环保、健康、旅游、时尚、金融、高端装备制造等支撑我省未来发展的七大产业，兼顾茶叶、丝绸、黄酒、中药、青瓷、木雕、根雕、石雕、文房等历史经典产业，坚持产业、文化、旅游“三位一体”和生产、生活、生态融合发展。

《指导意见》明确了特色小镇规划面积一般控制在3平方公里左右，建设面积一般控制在1平方公里左右，原则上3年完成固定资产投资50亿元，所有特色小镇都要建设成为3A级以上景区。采用“政府引导、企业主体、市场化运作”的方式，由企业为主推进项目建设，加强政府引导和服务保障。

天津市

到2020年，天津市将创建10个市级实力小镇、20个市级特色小镇，在现代产业、民俗文化、生态旅游、商业贸易、自主创新等方面竞相展现特色，建设成一镇一韵、一镇一品、一镇一特色的实力小镇、特色小镇、花园小镇。特色小镇与以往示范镇相比，特色小镇具有四大特色。

一是重运营、轻开发。

以往的示范镇建设需要对原有镇区进行大拆大建，多以房地产开发为主。特色小镇的建设不再以简单的大规模开发为主，更多引入城市运营的理念，把文化功能作为“内核”，充分挖掘、展示地域优秀传统文化，更强调对传统文化的活化利用，形成凝聚特色小镇的新的文化氛围。

二是重市场、轻行政。

特色小镇具有紧凑而明确的空间范围（3平方公里左右），更强调“转型”和

“创新”的含金量，它集聚的是整个产业链中一部分高端的核心环节，以及与主导产业相互关联、共存、促进的各种创新功能、服务功能、社区功能、文化功能等。

三是重颜值、低成本。

特色小镇在满足小镇居民产业、居住、游憩等功能基础上，更强调精细、美观而具有地域辨识性，更加强调小镇绿化景观等的塑造，实现城乡空间建设与生态文明建设相融合。

四是重制度、轻蓝图。

要“一镇一策”，“一类一策”，摒弃“先拿牌子、政府投资、招商引资”的传统做法，同时对特色小镇的企业全面实现电子化审批。

目前，天津各区相继启动编制特色小镇规划。武清区将打造电商小镇、台商小镇、工业创新小镇、创客小镇、欧式风情小镇、运河创意休闲小镇等“市级特色小镇”，以及自行车小镇、绢花小镇、泉州水城、津门首驿、东方马都等“区级特色小镇”。西青区中北镇打造产城融合特色小镇，大力发展新能源汽车、无人驾驶汽车。东丽区华明高新区建设制造业特色小镇，打造智能网联汽车生产基地，同时发展生物医药与医疗器械、新材料、工业科技打印等。

江苏省

2015年底江苏省提出计划，通过“十三五”的努力，加大重点镇和特色镇的培育力度，到2020年全省形成100个左右富有活力的重点中心镇和100个左右地域特色鲜明的特色镇。

南京市将通过要素聚合、资源整合、产城融合，把特色小镇打造成为经济增长的新引擎、创业创新的新平台、产业发展的新高地、文化传承的新载体、美丽南京的新名片。到2020年，全市将力争建成30个左右产业富有特色、文化独具韵味、生态充满魅力的市级特色小镇，并鼓励建设一批区级特色小镇。

江苏省旅游局正式启动全省特色旅游小镇申报工作。建设目标是到“十三五”末，全省培育50个特色旅游小镇。

目前除了南京已率先进行试点建设，扬州、泰州、宿迁等市也在积极探索中。

广东省

到2020年广东将建成约100个省级特色小镇，特色小镇的产业发展水平、创新发展能力、吸纳就业能力和辐射带动能力显著提高，成为新的经济增长点广州目前已编制了《关于加快特色小镇规划建设的实施意见》，计划先期创建30个市级特色小镇，为其提供用地扶持、资金扶持、产业扶持和人才支持。

黄浦区依据知识城、科学城和临港经济区三大板块空间布局，重点规划建设4个特色小镇：知识小镇、宜居健康小镇、海丝文化特色小镇和旅游休闲慢行小镇。

增城区打造成以岭南中医药为特色，以健康管理为模式，以温泉度假为配套的健康小镇；谋划建设新塘基金小镇、朱村科教小镇、增江街1978文化创意小镇等10个特色小镇。

从化区打造6个特色主题小镇，西塘村“童话小镇”，以“互联网+”生态旅游为主题的“莲麻小镇”，联溪村“徒步休闲小镇”，温泉镇风景区“温泉浪漫小镇”，以花为主题的西和村“风情小镇”，集桃花、美食、音乐于一体的锦洞村“桃花小镇”等。

甘肃省

甘肃省政府办公厅印发《关于推进特色小镇建设的指导意见》。《意见》明确用3年时间重点建设18个特色小镇，特色小镇均要建设成为3A级以上旅游景区，其中旅游产业类特色小镇要按5A级旅游景区标准建设。

通过3年的努力，甘肃省计划通过3年的努力，坚持产业、文化、旅游“三位一体”，生产、生活、生态“三生融合”，工业化、信息化、城镇化、农业现代化“四化驱动”，项目、资金、人才、管理“四方落实”的要求，坚持以人为本、公平共享，科学规划、产业集聚，生态文明、绿色低碳，文化传承、彰显特色，政府引导、市场运作，统筹协调、分类指导的原则，围绕不同区域的产业发展、自然风貌、文化风俗和资源禀赋，按照“一镇一业”、“一镇一品”的要求，在全省范围内初步建成一批特色鲜明、绿色低碳、功能完善、产业集聚、开放包容、机制灵活、示范效应明显的特色小镇。特色小镇均要建设成为3A级以上旅游景区，其中旅游产业类特色小镇要按5A级旅游景区标准建设。支持各地以特色小镇理念改造提升产业集聚区和各类开发区（园区）的特色产业。建设工作从今年7月起至2018年底。

福建省

福建省政府印发《关于开展特色小镇规划建设的指导意见》，要求通过3年到5年的培育创建，建成一批产业特色鲜明、体制机制灵活、人文气息浓厚、创业创新活力迸发、生态环境优美、多种功能融合的特色小镇。要求各地坚持特色为本、产业为根、精致宜居、双创载体、项目带动和企业主体，聚焦新一代信息技术、高端装备制造、节能环保、新材料、生物与新医药、海洋高新、旅游、互联网经济等新兴产业，兼顾工艺美术、纺织鞋服、茶叶、食品等传统特色产业，来规划创建特色小镇。

一是强化要素保障。优先满足特色小镇用地需求，对每个特色小镇各安排100亩用地指标，新增建设用地计划予以倾斜支持。在符合相关规划和不改变现有工业用地用途的前提下，对工矿厂房、仓储用房进行改建、扩建及利用地下空间，提高容积率的，可不再补缴土地价款差额。符合条件的建设项目优先列入省重点建设项目。

二是加大资金支持力度。对特色小镇给予债券和贴息支持，小镇范围内符合条件的项目，优先申报国家专项建设基金和相关专项资金，优先享受省级产业转型升级等相关专项资金补助或扶持政策，优先支持向政策性银行争取长期低息的融资贷款，给予特色小镇规划设计补助，支持特色小镇生活污水处理设施和生活垃圾处理收运设施建设。

三是给予人才扶持。借鉴中关村国家自主创新示范区和我省自贸试验区做法，对特色小镇范围内的高端人才实行税收优惠和个税优惠政策，加大对高层次人才运营项目的担保支持。

四是鼓励改革创新。列入省级创建名单的特色小镇，优先上报国家相关改革试点；优先实施国家和省里先行先试的相关改革试点政策；允许先行先试符合法律法规要求的改革。

贵州省

贵州省委省政府提出建设100个示范小城镇的战略，建设了一批旅游小镇、白酒小镇、茶叶小镇等各具特色的小城镇。

第一，坚持改革创新，建设活力小城镇。

第二，协调推进、精心演绎城乡统筹发展的二重唱。

第三，坚持绿色发展，建设生态小城镇。

第四，坚持民生为本，建设小康小城镇。

在全国率先开展以镇为单位，全面小康社会创建工作，制定了《贵州省100个示范小城镇全面小康统计监测工作实施办法》，建立了以镇为单位，全面小康统计监测指标体系，极大地促进了示范小城镇全面小康的进程。

海南省

《海南省特色风情小镇建设指导意见》（2014年）规定：项目和资金上优先；建议预算安排一定资金；村镇规划区内建设项目缴交的基础设施配套费全额返还小城镇；部门整合支持。

《海南省人民政府关于印发全省百个特色产业小镇建设工作方案的通知琼府》（〔2015〕88号）规定：

一是设立产业小镇产业发展引导基金，重点用于产业小镇的产业培育；

二是各方面的财政专项资金（基金）在符合投向的情况下，要向产业小镇的产业发展及相关基础设施建设等项目倾斜。新增财政收入部分，省财政可考虑给予一定返还。

安徽省

整合对特色小镇的各类补助资金。省发展改革委支持符合条件的建设项目申请专项建设基金；省财政对工作开展较好的特色小镇给予奖补；市、县财政要进一步加大特色小镇建设投入。

辽宁省

辽宁省在近期发布《辽宁省人民政府关于推进特色乡镇建设的指导意见》，支出将在“十三五”期间，力争规划建设50个产业特色鲜明、体制机制灵活、人文气息浓厚、生态环境优美、多种功能叠加的特色乡镇，培育新的经济增长点，推动新型城镇化建设，促进城乡统筹协调发展。

辽宁省要求：特色乡镇3年内要完成固定资产投资20亿元左右（不含住宅和商业综合体项目）；对支撑未来经济发展产业和历史经典产业类特色乡镇，投资时限可适当放宽到5年。

研究制定相关配套优惠政策，整合各类涉农资金，支持特色乡镇建设。列入省级新型城镇化试点，并可推荐申报国家新型城镇化综合试点镇。省财政通过不断优化财政支出结构，支持各地推进特色乡镇建设。

内蒙古自治区

各级财政统筹整合各类已设立的相关专项资金，重点支持特色小镇市政基础设施建设。在镇规划区内建设项目缴交的基础设施配套费，要全额返还小城镇，用于小城镇基础设施建设。

自治区按照工业、农业、牧业、林业、旅游、物流、商贸、口岸、文化等几种类型，每年选择8—12个示范镇，各旗县（市、区）至少选择1个示范镇，通过自治区、盟市、旗县三级集中投入，逐年推进建成一批特色小镇。

西藏自治区

自治区财政安排10亿元特色小城镇示范点建设工作启动资金。

地（市）县（区）人民政府要以规划为统领，以基础设施项目、产业项目、民生项目为重点，进一步整合交通运输、住房城乡建设、农牧、水利、林业、电力等部门资源，调整资金结构，按照“渠道不乱、用途不变、统筹安排、集中投入、各负其责、各记其功、形成合力”的原则，加大对特色小城镇建设的投入力度。同时，要广泛吸纳社会资金和民间资本支持特色小城镇示范点建设。充分发挥援藏资金在小城镇建设中的重要作用。

广西壮族自治区

自治区将整合涉及示范镇建设的相关资金和项目，积极为示范镇争取中央专项和转移支付资金支持。自治区本级资金补助标准为每个示范镇1000万元，示范镇总投资一般不低于2000万元。

湖北省

特色小（城）镇建设要作为国土资源节约集约示范省创建工作的重要内容，按照节约集约用地的要求，充分利用低丘缓坡和存量建设用地，以及充分利用城乡建设用地增减挂钩政策，积极探索人地挂钩。涉及新增建设用地的，各地依法办理农用地转用及供地手续。省里将于2017年起单列下达每个特色小（城）镇500亩增减挂钩指标用以支持建设（属于21个省级“四化同步”示范乡镇的除外）。各地要结合城乡规划修编和土地利用总体规划调整完善工作，优先保障特色小（城）镇建设用地。

在符合相关规划的前提下，经市（州）县（市、区）人民政府批准，利用现有房屋和存量建设用地，兴办文化创意、科研、健康养老、众创空间、现代服务业、“互联网＋”等新业态的，可实行继续按原用途和土地权利类型使用土地的过渡期政策，过渡期为5年，过渡期满后需按新用途办理用地手续。对存量工业用地，在符合相关规划和不改变用途的前提下，经批准在原用地范围内进行改建或利用地下空间而提高容积率的，不再收取土地出让价款。

湖南省

湖南省政府办公厅日前发布《关于推进集镇建设的意见》，推动城市、集镇和乡村协调发展，到2020年，创建一批中国特色小镇和培育建设一批湖南特色小镇。

根据《湖南省住房和城乡建设事业第十三个五年规划纲要》，“十三五”期间，湖南将培育100个左右各具特色、富有活力的特色小镇。

重庆市

加大市级小城镇建设专项资金投入，调整优化市级中心镇专项建设资金，重点支持特色小镇示范点建设。特色小镇示范点建设项目打捆纳入市级重点项目。

江西省

江西省人民政府关于印发《江西省特色小镇建设工作方案》的通知要义：

特色小镇主要指以某种产业为特色，既有城市功能，又有乡村风貌，大小适宜的人口聚集区，主要包括以传统行政区划为单元的建制镇和不同于行政建制镇、产业园区的创新创业平台两种形态。建设特色小镇是推进供给侧结构性改革的重要平台，是深入推进新型城镇化的重要抓手，有利于推进经济转型升级和发展动能转换，有利于促进大中小城市和小城镇协调发展，有利于发挥城镇化对新农村建设的辐射带动作用。为深入贯彻落实习近平总书记、李克强总理等中央、国务院领导同志关于特色小镇建设的重要批示指示精神，根据《住房城乡建设部国家发展改革委财政部关于开展特色小镇培育工作的通知》（建村〔2016〕147号）《国家发展改革委关于加快美丽特色小城镇建设的指导意见》（发改规划〔2016〕2125号）精神和省政府工作部署，决定开展省级特色小镇建设工作。

（一）申报范围。①以传统行政区划为单元的建制镇（不含城关镇）。②聚焦特色产业和新兴产业、集聚发展要素，不同于行政建制镇和产业园区的创新创业平台。

（二）申报时间。由省特色小镇建设工作联席会议办公室印发通知，2017、2018年的每年4月底分别集中申报一次。

（三）申报数量。为重点扶持条件成熟、发展较好的特色小镇，省特色小镇建设工作联席会议2017、2018年的每年6月底分别确定公布一批省特色小镇名单，两年合计确定公布60个左右省特色小镇名单。

（四）申报方式。2017、2018年的每年4月底，由设区市建设局（建委）会同发改委、财政局向省特色小镇建设工作联席会议办公室汇总上报各县（市、区，含省直管试点县）申报材料。申报条件和评选程序由省住房城乡建设厅会同省发改委等省直部门另行确定。

云南省

《云南省人民政府关于加快推进特色小镇建设的意见》（节选）

连年来，我省按照科学发展观要求，以旅游小镇建设为重点，努力发展不同类型的特色小镇。积极探索政府引导、市场运作方式建设特色小镇的新路子并取得了明显成效。但是，小城镇建设发展思路不清晰、结构不合理、特征不明显、产业支撑缺乏等问题仍然突出。为充分发掘云南资源优势，加快特色小镇建设，促进城乡协调发展，特提出以下意见。

加快推进特色小镇建设的主要内容：

选择有资源、有基础、有规模、有带动力的建制镇、乡集镇或中心村，采取省级重点开发建设210个、州（市）有序建设一批的方式，突出抓好基础设施、公共服务体系建设和特色产业发展工作，引导农村富余劳动力向城镇有序转移，力争5年新增城镇人口140万人以上，为全省城镇化水平贡献0.5个百分点以上。“十二五”期间，要重点建设以下6种类型特色小镇：

（一）现代农业小镇。

（二）工业小镇。

（三）旅游小镇。

（四）商贸小镇。

（五）边境口岸小镇。

（六）生态园林小镇。

吉林省

吉林省住房和城乡建设厅关于开展吉林省特色小镇培育的通知（节选）

吉建村〔2017〕9号

各市（州）建委（住房城乡建设局），长白山管委会住房城乡建设局，各县（市）住房城乡建设局（规划局）：

2016年7月，住房和城乡建设部、国家发展改革委、财政部发布《关于开展特色小镇培育工作的通知》，提出到2020年我国将培育1000个左右的特色小镇，并特别强调，要根据特色资源优势和发展潜力，科学确定培育对象。规划建设特色小镇，是加强生态文明建设和深化供给侧改革、推动经济转型升级、实现可持续发展的具体体现。为了进一步深刻领会省委、省政府决策部署，统一思想、抢抓机遇，找准定位、挖掘潜力，不断提升村镇建设管理水平，加快推进城乡人居环境和特色小镇建设，我省“十三五”期间要高水准、高标准培育我省特色小镇健康有序发展。

黑龙江

黑龙江省农委发布了《关于组织开展农业特色互联网小镇建设试点工作的通知》，争取在2018年，有一批试点成为农业部审核认定的农业特色互联网示范小镇。

通知要求，各地要把农业特色互联网小镇建设试点纳入本辖区内特色小镇建设规划，充分体现出农业特色，找准互联网与农业产业的结合点，按照成熟一个、建设一个的思路，有计划、有步骤、分期分批开展建设，将农业特色互联网小镇建设试点与信息进村入户工程推进统筹安排，互为补充、形成合力。

农业部在日前发布的《关于组织开展农业特色互联网小镇建设试点工作的通知》中提出，力争在2020年试点结束以前，原则上以县（市、区）或垦区为单位，在全国建设、运营100个农业特色优势明显、产业基础好、发展潜力大、带动能力强的农业特色互联网小镇。在小镇内，培育一批经济效益好、辐射带动强的新型农业经营主体，打造一批优势特色明显的农业区域公用品牌、企业品牌和产品品牌，将小镇培育成农业农村经济的重要支柱。

第六节　千企千镇联合创建

我国正处在城镇化快速推进的过程中。城镇化是现阶段经济增长的最大动力源泉。改革开放30多年来，随着工业化的迅猛发展，城镇化水平大幅提高，2015年城镇化率已达56.1%，迅速兴起的大大小小的城市，在集聚生产要素、带动经济发展、提升国际竞争力等方面发挥了重要作用。国家发展和改革委员会颁布了《关于实施“千企千镇工程”推进美丽特色小（城）镇建设的通知》

关于实施“千企千镇工程”推进美丽特色小（城）镇建设的通知

发改规划〔2016〕2604号

各省、自治区、直辖市及计划单列市发展改革委、企业联合会、企业家协会，国家开发银行、中国光大银行各分行，新疆生产建设兵团发展改革委：

为深入贯彻落实习近平总书记、李克强总理等党中央、国务院领导同志关于加强特色小镇、小城镇建设的重要批示指示精神，按照《国家发展改革委关于加快美丽特色小（城）镇建设的指导意见》要求，在总结近年来企业参与城镇建设运营行之有效的经验基础上，国家发展改革委、国家开发银行、中国光大银行、中国企业联合会、中国企业家协会、中国城镇化促进会拟组织实施美丽特色小（城）镇建设“千企千镇工程”。有关事项通知如下：

一、主要目的

“千企千镇工程”，是指根据“政府引导、企业主体、市场化运作”的新型小（城）镇创建模式，搭建小（城）镇与企业主体有效对接平台，引导社会资本参与美丽特色小（城）镇建设，促进镇企融合发展、共同成长。

二、主要内容

（一）聚焦重点领域。

（二）建立信息服务平台。

（三）搭建镇企合作平台。

（四）镇企结对树品牌。

（五）推广典型经验。

三、组织实施

（一）强化协同推进。

（二）完善支持政策。

（三）积极宣传引导。

四、工作要求

（一）各地发展改革部门要强化对特色小（城）镇建设工作的指导和推进力度，积极组织引导特色小（城）镇参与结对工程建设，做好本地区镇企对接统筹协调。

（二）国家开发银行、中国光大银行各地分行要把特色小（城）镇建设作为推进新型城镇化建设的突破口，对带头实施“千企千镇工程”的企业等市场主体和特色小（城）镇重点帮扶，优先支持。

（三）各地企业联合会、企业家协会要充分发挥社会组织的作用，动员和组织本地企业与特色小（城）镇结对，以市场为导向，以产城融合为目标，把企业转型升级与特色小（城）镇建设有机结合起来。

国家发展改革委　国家开发银行　中国光大银行
中国企业联合会　中国企业家协会　中国城镇化促进会
2016年12月12日

“千企千镇工程”是指根据“政府引导、企业主体、市场化运作”为新型小（城）镇创建模式，搭建小（城）镇与企业主体有效对接平台，引导社会资本参与美丽特色小（城）镇建设，促进镇企融合发展、共同成长。

根据《通知》，“千企千镇工程”的典型地区和企业，可优先享受有关部门关于特色小（城）镇建设的各项支持政策，优先纳入有关部门开展的新型城镇化领域试点示范。

国家开发银行、中国光大银行将通过多元化金融产品及模式对典型地区和企业给予融资支持，鼓励引导其他金融机构积极参与。政府有关部门和行业协会等社会组织将加强服务和指导，帮助解决“千企千镇工程”实施中的重点难点问题。

“千企千镇”主要有这么几个要点：

1. 根本宗旨就是要充分调动我国广大企业，特别是大中型骨干企业和小城镇双重的积极性，共同推进以人为核心、以产城融合为根本的新型城镇化。

2. 可以充分发挥我国大中型骨干企业及各类优质企业的带头引领作用，以科技为导向，以产业为龙头，带动全国特色小城镇率先实现工业化和城镇化。

3. 可以充分调动全国成千上万个小城镇的积极性、主动性和创造性，鼓励他们因地制宜、突出特色、大胆创新。

4. 它可以充分释放我国内需的潜力和发展动能。根据我们的调查经验，每个镇能够充分实现企业与特色小镇融合，这无疑对我们国家是巨大的投资拉动。

5. 可以有力推动我国小城镇供给侧结构改革，小城镇千镇一面，没有自己的特色，通过供给侧改革，我们可以加大对小城镇的政策优势、服务优势、资源优势的挖掘，使它形成更有竞争力的供给侧改革，这也是非常重要的意义。

“千企千镇工程”是推进我国城镇化的重要举措，也是推动我国特色小镇的建设方案。我国的特色小镇一般位于城乡接合部，建设特色小镇既能与都市经济融为一体，又能带动农业农村的发展。特色小镇的出现是生产社会化、专业化发展的必然结果。搞好特色小镇建设应注意以下几点：

一是精心布局、整体规划。

特色小镇的布点应优先选择在大城市、特大城市周边一小时生活圈内，接受城市第二、三产业的扩散、辐射和带动。

二是突出特色、创造优势。

小城镇建设要围绕一个核心产业或产品，吸引相关企业进入。

三是城乡一体、盘活资源。

贯彻落实中央关于城乡一体化改革发展的各项政策，使进入小城镇的居民平等享受各项基本权益和公共服务。

四是财政引导、金融支持。

要运用PPP模式，通过财政资金的引导，吸引民间资金进入小城镇建设。

五是千企千镇、搞好示范。

推行千企千镇计划，即鼓励1000家企业自愿到1000个小镇落户，建立研发、生产、营销、物流基地。

第六章
国家特色小镇标准与认定

第一节　《国家特色小镇认定标准》解读

全国各地的特色小镇建设掀起了一轮热潮，很多小镇已经跃跃欲试。那么如何才能入选中国特色小镇？特色小镇的评选标准是什么？标准是如何制定的？带着这些问题，全程参与本次《国家特色小镇认定标准》制定的冯新刚先生，为大家做深入解读。

一、特色小镇认定标准特点

1. 以评“特色”为主，评“优秀”为辅

以往的小城镇系列评选以“评优秀”为主，例如全国重点镇，标准制定的基本思路是依据其优秀水平设定不同的评分等级。而特色本身是一个多样化的名词，不同的镇有自身不同的特色，如何用一个标准体系评判不同镇的不同特色是本次标准制定的难点。

本次标准制定，是在“优秀”的基础之上，挖掘其“特色”因素。因此，本次标准制定将评价指标分为“特色性指标”和“一般性指标”。

特色性指标反映小城镇的特色，给予较高的权重；一般性指标反映小城镇基本水平，给予较低的权重。做到以评“特色”为主，评“优秀”为辅。

2. 以定性为主，定量为辅

小城镇的特色可简单概括为产业特色、风貌特色、文化特色、体制活力等，这些特色选项的呈现以定性描述居多。但是，完全的定性描述会导致标准评判的弹性过大，降低标准的科学与严谨性。而少量且必要的定量指标客观严谨，虽然使评审增加了一定的复杂性，但能够保证标准的科学与严密。

所以，本次标准的制定以定性为主，定量为辅。在选择定量指标时首先尽量精简

定量指标的数量，同时尽量使定量指标简单化增强可评性。

二、特色小镇分项指标解读

根据《开展特色小镇培育工作的通知》，此次特色小镇认定对象原则上是建制镇，特色小镇要有特色鲜明的产业形态、和谐宜居的美丽环境、彰显特色的传统文化、便捷完善的设施服务和灵活的体制机制。在此基础上，构建五大核心特色指标。

1. 产业发展——如何衡量小城镇的产业是否有特色

小城镇的产业特色首先表现在产业定位与发展特色上，要做到“人无我有、人有我优”，具体表现为：产业是否符合国家的产业政策导向；现有产业是否是传统产业的优化升级或者新培育的战略新兴产业。产业知名度影响力有多强；产业是否有规模优势。其中产业规模优势为定量指标。

特色产业还应该具有产业带动作用以及较好的产业发展创新环境。产业带动作用分农村劳动力带动、农业带动、农民收入带动等三个方面，分别用农村就业人口占本镇就业总人口比例、城乡居民收入比等定量数据表征。

产业发展环境采用产业投资环境与产业吸引高端人才能力两个指标表示，具体指标分别用产业投资额增速和龙头企业大专以上学历就业人数增速两个定量指标来表征。

特色鲜明的产业形态是小城镇的核心特色，因此，在百分制的评分体系中，对此给予25分的权重。

2. 美丽宜居——如何衡量小城镇的建设是否宜居

和谐宜居的美丽环境是对小城镇风貌与建设特色的要求。首先是对城镇风貌特色的要求，依据研究，将城镇风貌分为整体格局与空间布局、道路路网、街巷风貌、建筑风貌、住区环境等5个指标，全方位评价小城镇风貌特色。其次，标准对镇区环境（公园绿地、环境卫生）以及镇域内美丽乡村建设两大项提出了相关考核要求。

和谐宜居的美丽环境是特色小镇的核心载体，对此给予25分的评分权重。

3. 文化传承——如何衡量小城镇的文化是否传承良好

彰显特色的传统文化关乎小镇文化积淀的存续与发扬。因此，标准从文化传承和文化传播两个维度考察小镇的文化传承情况。

由于不是所有的小城镇都有很强的历史文化积淀，加强对缺乏历史文化积淀的小镇在文化传播维度的审查。此项指标的权重为10分。

4. 服务便捷——如何衡量小城镇的设施服务是否便捷

便捷完善的设施服务是特色小镇的基本要求。小城镇设施服务的标准较为成熟，依据以往经验，标准从道路交通、市政设施、公共服务设施等三大方面考核小镇的设施服务便捷性。同时，注重对现代服务设施的评审，包括WIFI覆盖，高等级商业设施设置等指标。此大类是特色小镇的硬性要求，给予20分的评分权重。

5. 体制机制——如何衡量小城镇的体制机制是否有活力

充满活力的体制机制是特色小镇最后一个重要特征。首先，小镇发展的理念模式是否有创新。发展是否具有产镇融合、镇村融合、文旅融合等先进发展理念；发展是否严格遵循市场主体规律等是考察的重点；其次，规划建设管理是否有创新，规划编制是否实现多规合一；最后，省、市、县对特色小镇的发展是否有决心，支持政策是否有创新。

此大类是考核特色小镇创新发展的要求，给予20分的评分权重。

小结：

特色小镇认定标准经过首批特色小镇认定工作的检验也发现一些需要进一步修改完善的内容：

一是避免评选出的镇都是“全能冠军”型的优秀重点镇，而使 “单打冠军”特色镇不能脱颖而出。

二是标准进一步强化“定性定量相结合”的思路，在评审程序复杂性的前提下，避免其过于弹性化。

三是标准中定量的指标要进一步深入研究，更加符合特色小镇的实际。

（文章来自：搜狐地产）

第二节　国家特色小镇申报问答

一、申报种类

1. 国家三部委

国家发改委、住建部、财政部三部委所发出的文件，制定的政策是国家三部委特色小镇建设标准。

2. 国家发改委

国家发展与改革委员会，既有联合住建部、财政部的国家特色小镇，又有以国家发改委为主导的“千企千镇”特色小镇项目，我们将之称为国家发改委版特色小镇。

3. 国家住建部

国家住房与建设部是特色小镇的业务主管部门，一直以来国家住建部就有小城镇建设项目，这次除了与国家发改委、财政部联合发布的国家特色小镇以外，国家住建部还保留了自身的特色小镇项目。

4. 国家各部委

国家各部委，在这里指的是除了国家发改委、住建部、财政部联合发布的国家特色小镇政策以外的特色小镇体系，是国家各部委版，例如农业部发布的田园综合体。

5. 国企、央企

国企是指分布在全国各地的国有企业，央企是主要集中在北上广的中央企业，在这次波澜壮阔的特色小镇建设的热潮中，国企、央企都成为了国家发改委“千企千镇”建设的企业单位。

6. 精准扶贫

特色小镇的建设除了城乡建设、生态建设融合以外，扶贫成为它的主要要义，精准扶贫指的是一个城市的企事业单位对准一个乡村的特色小镇，实行一对一、一帮一，加快特色小镇建设的历程.

7. 全国各省市

除了国家各部委、国企央企以外，全国各省市都有自己的特色小镇发展计划、建设指标与相关政策，经济发达的东南沿海，除了有省一级的外，还有市一级的特色小镇，例如广东省中山市就有自己市级的特色小镇。

二、申报前状态

1. 国家建制镇

我国有41636个乡镇级。国家三部委要建的特色小镇要求必须是建制镇，所以在申请特色小镇时国家建制镇成为一个行政级别要求。

2. 国家重点镇

国家住建部、国家发展改革委、民政部、国土资源部、农业部、科技部等七部委共同批准确定，全国重点镇有3675个，在申请特色小镇时有优先申报机会。

3.一般县乡镇

交通位置优越、生态环境优美、物产丰富、文化底蕴较好的县乡镇会得到特色小镇优先申报机会。

4. 仅有动议，刚有毛地

非乡非镇，仅仅有一个想法，一块毛地，没有基础建设，也没有产业业态，属于特色小镇最初级的状态。

5. 已有基建，园区改建

非乡非镇，有一些基建材料，属于园区改建，如农机厂、化肥厂、服装厂等旧工厂在县乡镇周边，接近农村，有一定的基建基础。

6. 业已成型，待补内容

具有初步产业模式，如产业支柱、基本业态。但需要补充文化特色与旅游资源等内容。

7. 楼盘社区，冠名补虚

房地产楼盘社区，如碧桂园建设的奥林匹克公园、华夏幸福、万达城、恒大社区等。

8. 城中村落，创建工作

在城市内部有城中村，在城市包围中，融入城市的基本要素。城中村是向城市靠近的模式，不是特色小镇建设的主流发展发向，但可以作为一个形态存在。

9. 厂区校园，增补单元

民办学校和大量厂区，具备特色小镇的基本要素，能够让产业、商业、居住融为一体，但要补充其他特色单元。

三、申报前准备

1. 简易材料审阅

任何单位和机构在申报小镇前都需要备齐申报资料，包括土地用地性报告、红线图、特色小镇申报报告，对于行政、交通、物产、人口、教育、卫生基本要素的陈述，构成简易材料，送交代理部门审阅。

2. 专家考察小镇

中央和省市派出由城建、农业、旅游、文化等相关专家，亲临小镇实地考察，给出专家意见。

3. 考察调研报告

由前往小镇考察过的专家，对小镇的基础条件与特色小镇政策比对，寻找人文要素，发掘历史文化，提供产业构想，做一个从考察到调研的工作报告，作为第一个单元的终结。

4. 策划概念规划

这是特色小镇第二部分的前导，要先有一个创意，形成一个概念，围绕这个概念提出问题，寻找问题，解决问题，做出一个以文字为主，图片为辅的特色小镇报告。

5. 标准建设规划

这是根据住建部城镇司关于小城镇建设、村镇建设的标准来提出符合国家要求的建设规划，包括生态环境评估、建筑用地规划、小城镇建设环境配套、环境保护等一系列的标准建设规划。

6. 项目可研报告

作为第二部分的结论部分，把概念规划以标准化划，以及政策许可，人力、物力、财力的配置，形成一个项目可行性报告。

7. 项目商业计划

在完成标准建设规划可研报告之后的，是对这个项目整体运行的商业计划，首先作工程预算、项目投融资、项目产出建设连线、各种不可预测的风险控制和问题的排出，形成一个完整的商业计划。

8. 特色小镇视频

由于特色小镇需要层层上报，还有可能跨越不同等级的行政管理，所以要拍摄一条特色视频，把当地的景象、交通、人文、商贸、以及规划中的小镇前景、效果，运用实拍加3D的手法呈现出来，作为特色小镇申报、路演的有效材料。

9. 小镇申报计划

这是特色小镇申报前准备的最后一个程序，要将此前做过的所有工作加以梳理，系统整理，做出完整的向县、市、省、中央各部委申报的计划安排，要准备好路演人和路演PPT。

第三节 国家特色小镇建设样本

特色小镇的内涵、特征与发展理念：

特色小镇并不是一个行政意义上的城镇，而是一个大城市内部或周边的，在空间上相对独立发展的，具有特色产业导向、景观旅游和居住生活功能的项目集合体。特色小镇既可以是大都市周边的小城镇，又可以是较大的村庄，还可以是城市内部相对独立的区块和街区，其中部分服务功能可以和城市共享。

特色小镇的核心是特色产业，一般是新兴产业，如私募基金、互联网金融、创意设计、大数据和云计算、健康服务业，或其他智力密集型产业。特色小镇也是一个宜居宜业的大社区，既有现代化的办公环境，又有宜人的自然生态环境、丰富的人性化交流空间和高品质的公共服务设施。

特色小镇建设将秉持“政府引导、企业主体、市场化运作”的原则，将占地面积控制在1～3km的范围内，打造一个高度产城融合的空间，并体现其特有的地域文化。

同时，特色小镇建设要达到AAA级以上景区标准，休闲旅游类小镇须以AAAAA级景区标准作为建设硬指标。总之，特色小镇是按创新、协调、绿色、开放、共享的发展理念，结合自身特质，找准产业定位，科学规划，挖掘产业特色、人文底蕴和生态禀赋，“产、城、人、文”四位一体、有机结合的重要功能平台。

在具体规划建设中，特色小镇的发展秉持四大发展理念：产业定位摒弃“大而全”，力求“特而强”，避免同质竞争，错位发展，保证独特个性；功能体系摒弃“散而弱”，力求“聚而合”，重在功能融合，营造宜居宜业的特色小镇；城镇形态摒弃“大而广”，力求“精而美”，形成“一镇一风格”，多维展示地域文化特色；制度设计摒弃“老而僵”，力求“活而新”，将其定位为综合改革试验区，“特色小镇”优先作为政策试点示范基地，把握政策先试先行机遇，体现制度供给的“个性化”。

从特色小镇的内涵出发，将其发展水平评估体系分为4个维度，分别为产业维度、功能维度、形态维度和制度维度；将发展理念和内涵进行交叉构建，得到评估框架。

1. 产业维度

特色小镇的产业应具有一定的创新性和特色性，并且能和周边产业或者自身形成一定长度的产业链，发展绿色低碳型产业，产业的经济开放性和生产效率较高。

2. 功能维度

特色小镇的功能应具有一定的集聚度及和谐度，经济、社会和生态等各功能之间协调发展，功能结构合理，公共服务功能均等化程度较高。

3. 形态维度

特色小镇就是要全面体现“特色”，除了特色产业以外，在空间上也要体现明显的特色，建筑、开放空间、街道、绿化景观和整体环境都要体现相应的特色，具有较为统一和鲜明的风貌特征，城乡空间形态和环境质量协调发展，投资的空间环境品质较好。

4. 制度维度

特色小镇在一定意义上也是一个特殊政策区，应围绕特色小镇的发展目标，建立起与其发展相适应，设计能激励相应产业、资金和人才进驻的制度，以及保障特色小镇可持续发展的环境治理和收益共享的机制。

第七章
国家级（各部委）特色小镇申报与扶持

第一节　各部委类特色小镇称谓清单

部 委	申报项目（举例）
1.国家发改委	国家特色小镇（国家三部委）、千企千镇
2.国家住建部	国家特色小镇（国家三部委）、小城镇建设、历史文化名村
3.国家农业部	农业特色小镇、国家农业公园、田园综合体、私人农庄等
4.国家林业部	国家森林公园、林业特色小镇
5.水利部	国家水利风景公园、温泉小镇
6.交通部	自驾游线路与宿营地建设
7.旅游局	中国乡村旅游模范村、最美旅游小镇
8.文化部	历史文化城镇、非遗文化小镇
9.国土资源局	村土地利用规划工作编制、《国家新型城镇化规划》
10.环境保护部	养老服务业放管服改革、生态艺术小镇
11.国家工信部	国家互联网小镇、物流小镇
12.国家商务部	“一带一路”小镇、百年老字号小镇
13.国家民航总局	国家通用航空机场与低空开放、航空小镇
14.国家体育总局	冠军小镇、国家体育休闲小镇
15.中央老龄委扶贫办	养老工程、对口扶贫单位
16.国家科技部	星火小镇、科技体验小镇
17.国家绿茵办	绿茵小镇、青少年足球工程、曼联足球俱乐部
18.国有企业	如　中信国安建设熊猫乐园
19.国家机关	如　中央电视台广告扶贫（不收广告费）
20.高等院校	如　北师大建党百年油画创作基地
21.科研机构	如　中国科学院博士小镇
22.国家中医药局	如　中医药康养小镇、示范基地

第二节　特色小镇申报指标说

特色小镇新的说法是“非镇非区”，是创新发展平台。特色小镇不是行政区划单元上的“镇”，它没有行政建制；特色小镇也不是产业园区的“区”，它不是单纯的“大工厂”，而是按照创新、协调、绿色、开放、共享发展理念，聚焦特色产业，融合文化、旅游、社区功能的创新创业发展平台。

关键词：特色是小镇的关键词，是小镇的核心元素。

面积：3–5平方公里（4500–7500亩）。

核心建设用地：1平方公里（1500亩）。

总投资额：3年30亿元到50亿元。

运行：各方参与者联合成立“特色小镇规划建设工作联席会议办公室”，作为统筹特色小镇的重要机构。

产业方向：发展国家政策扶持的七大产业和十大历史经典产业。

发展使命：特色小镇是区域经济的发动机，是转型升级的试验田。示范小镇可以从市级开始，升级到省级、国家级、世界级，特色小镇要有领跑者，为建成一批高质量特色小镇树好典型、做好榜样，带动其他小镇比学赶超。

第三节　特色小镇成功创建指南

一、服务政府

特色小镇是一个社会共生有机体，离不开开明、服务型政府的支持，政府引导不越位，这是成功的母体。

特色小镇是探索供给侧改革的重要举措。什么是供给侧改革？就是着力加强结构性改革，在适度扩大总需求的同时，提高供给体系质量和效率，包括制度供给、要素供给、公共产品和服务供给。

特色小镇，在小空间里融合产业功能、旅游功能、文化功能、社区功能，构筑集产业链、投资链、创新链、人才链、服务链于一体的产业创业创新生态圈，能集聚各类高端要素，诞生各种创新因子，孵化出新产业业态，将是新常态下创造有效供给、提高供给质量、提升供给效率、创新制度供给的全新空间。

二、投资主体

特色小镇需要一个核心投资主体，可以是村镇股份制企业、可以是当地龙头企业、可以是外来投资企业。

特色小镇建设得如何，不在于政府给帽子、给政策，关键在于企业是否有动力、市场是否有热情。如果只是靠政策、靠资源，缺乏市场基础，肯定干不久，不可持续。

因此，特色小镇建设不能由政府大包大揽，而必须在政府的引导下，充分发挥企业的主体作用，坚持市场化运作。

三、核心特色

特色小镇产业定位要“一镇一业”、“一镇一特”。突出“特而强”。产业是特色小镇建设的核心内容。要做到不重复、不雷同，具有鲜明的独特性和旺盛的生命力。

“特”，是指每个特色小镇都要锁定信息经济、环保、健康、旅游、时尚、金融、高端装备等七大新产业，以及历史经典产业中一个产业，主攻最有基础、最有优势的特色产业来建设，而不是“百镇一面”、同质竞争。即便是主攻同一产业，也要差异定位、细分领域、错位发展，不能丧失独特性。

“强”，是指要每个小镇要紧扣产业升级趋势，瞄准高端产业和产业高端，3年投入30亿元到50亿元，引进行业领军型团队、成长型企业，以及高校毕业生等90后、大企业高管、科技人员、留学归国人员创业者为主的“新四军”到小镇来创业创新，培育行业“单打冠军”，构筑产业创新高地，成为新经济的增长点。

坚持特色为王，突出特色亮点、强化高端引领，这个“特”体现在产业特色、生态特色、人文特色、功能特色等多个方面。

1. 要彰显产业特色

产业特色是小镇特色亮点的重中之重。小镇建设不能“百镇一面”。即便主攻同一产业，也要差异定位、细分领域、错位发展，不能丧失独特性。

小镇只有1平方公里的建设用地，产业过于分散，肯定形成不了特色。在打造产业特色过程中，要着眼长远，聚焦前沿技术、新兴业态、高端装备和先进制造，突出科技含量、高新技术的比重、高端制造业的高端水平上。

如高端装备制造业小镇，要把新材料、新能源、机器人、智能装备、航空航天等作为重点；健康小镇，要把生物医药、大型建设医疗设备领域等作为重点；环保小镇，要把能源环保作为重点。只有这样，才能在引领转型升级上作出示范。

2. 要彰显生态特色

特色小镇建设必须坚持生态优先，坚守生态良好底线，根据地形地貌和生态条件做好整体规划、形象设计，硬件设施和软件建设都应当“一镇一风格”，充分体现“小镇味道”。

特别要重视生产和生态融合发展，做到特色小镇生态特色与产业特色、当地自然风貌相协调，打造的生态特色与小镇周边有显著区别。切不能发展了小镇经济，破坏了小镇环境。

可实行“嵌入式开发”，借鉴乌镇等模式，保留原汁原味的自然风貌，建设有地方特色和优良生态的风情小镇。

3. 要彰显人文特色

文化特色是软实力，也是产业发展最终的生命力。每个特色小镇都要汇聚人文资源，形成人文标识。特别是要把文化基因植入产业发展、生态建设全过程，结合自身实际着力培育创新文化、延续历史文化根脉、保护非物质文化遗产、打造独特的山水文化，形成“人无我有”、“人有我优”的区域特色文化。

四、产业驱动

特色小镇功能集成要“紧贴产业”，力求“聚而合”。产业、文化、旅游和社区四大功能融合，是特色小镇区别于工业园区和景区的显著特征。

聚，就是所有特色小镇都要聚集产业、文化、旅游和社区功能；合，就是四大功能都要紧贴产业定位融合发展。

尤其是旅游、文化和社区功能，要从产业发展中衍生、从产业内涵中挖掘，也就是要从产业转型升级中延伸出旅游和文化功能，完善功能，而不能是简单相加、牵强附会、生搬硬拼。

特色小镇形态打造要“突出精致”，展现“小而美”。特色小镇的建设形态很重要。尤其是现代社会，美好的事物、美丽的环境都能转化为很强的生产力。

首先，骨架小。特色小镇的物理空间要集中连片，有清晰的界定规划范围和建设用地范围。规划面积要控制在3平方公里左右，建设面积控制在1平方公里左右，建设面积原则上不能超出规划面积的50%。

其次，颜值高。所有特色小镇要建成3A级景区，其中旅游产业特色小镇要按5A级景区标准建设。再次，气质特。特色小镇要根据地形地貌，结合产业发展特点，做好整体规划和形象设计，保护好自然生态环境，确定好小镇风格，展现出小镇的独特味道，原则上不新建高楼大厦。

五、创新机制

特色小镇运作机制要“破旧去僵”，做到“活而新”。

市场化机制是特色小镇的活力因子。“活”，就是建设机制活。用创建制代替审批制，实施动态调整制，彻底改变“争个帽子睡大觉”的旧风气；建设上采用政府引导、企业主体，市场化运作的机制，摒弃政府大包大揽，体制机制非常活。

“新”，就是制度供给新。扶持政策有奖有罚，运用期权激励制和追惩制双管齐下的办法，对如期完成年度规划目标任务的特色小镇，省里给予建设用地和财政收入奖励，对3年内未达到规划目标任务的，加倍倒扣用地奖励指标；对于国家的改革试点、省里先行先试的改革试点、符合法律要求的改革试点，允许特色小镇优先上报、优先实施、先行突破。

坚持创新为魂，建设创意小镇、打造人才小镇。要强化产业创新发展。

一是要强化技术创新，做强特色产业。特色小镇应该是先进技术的发明和应用小镇。二是要加强创意发展，加快培育新业态。三是要加强合作创新，加速集聚高端要素。

七大新兴产业的特色小镇，要紧紧围绕各自的产业定位，运用互联网+、信息智能等现代技术，借助科研机构共同开发应用先进技术，结成创新伙伴，缩短创新成果转化过程，助力产业转型升级、引领产业发展；历史经典产业，要深挖传统工艺，运用现代新技术，开发新产品，培育新粉丝，力争做成代表中国文化的符号。

特色小镇要建成创意小镇。每个特色小镇要根据产业特点和自然禀赋，建设一个创客中心，以好创意来丰富特色小镇的业态，创造性地培育出一批一二三产联动、历史现代未来同现、生产生态生活共融、宜居宜业宜游的新产业，实现产品创新与业态创新联动，以新产业新业态培育新的消费群体，激发新的消费需求。

特色小镇是有物理空间边界，但没有产业合作边界，是各种高端要素集聚流动的开放小镇。

所有小镇要瞄准与产业定位相关的高端人才、高端资源和高端产品，运用现代信息手段，搭建创新交流平台、技术合作平台、品牌发布平台等，集成利用好各种高端要素，打通产业链、创新链、人才链，促进各种技术、资金、人才自由流动、高效利用。

六、和谐社区

特色小镇是一个新型城乡经济和消费发展的纽带，在这里要大力发展社区组织力量，形成一个可以聚人气、通人文的体现社会主义核心价值观的和谐社区，让城市人找得到“乡愁”，吃得到健康农产品，享受旅居度假生活。

七、客户市场

特色小镇不能面面俱到，满足所有消费者的需求。一定要结合自身竞争优势，抓住核心客户群体，充分挖掘核心客户的需求，满足客户消费利益，客户才能忠诚相随，客户市场才能坚固不破。

八、利益分配

特色小镇是一个政府、村民、企业、消费者等多方利益交集的共生体。一荣俱荣、一损俱损，要用市场化、股权化的利益分配机制，只有共同做大蛋糕，才能分享经济成果，才能造福一方百姓。

九、公益力量

公益力量是无穷的。特色小镇要引导和自发成立大批社会公益组织机构，政府给予政策支持，在特色小镇要培育和践行社会主义核心价值观，大力弘扬爱国、爱社、爱民的优良传统，要崇尚公德心、孝心、博爱、宗教等精神信仰，要为特色小镇注入精神力量，为民众凝聚价值依归。

第四节 如何培育特色小镇

自2016年以来，三部委就推进特色小镇发展部署了一系列举措，内容涵盖打造、培育、建设、政策、资金等方面内容；各地也纷纷出台政策推动特色小镇建设。这次特色小镇的建设热潮也反映出小城镇在目前新型城镇化发展中的重要作用。

特色小镇是新型城镇化的破题之一。特色小镇位于城和乡之间，是城乡之间的纽带，建设特色小镇将成为推进新型城镇化的突破口，成为走新型城镇化道路的带动力量。

特色化发展是小城镇发展的主要方向。小城镇是推进城镇化的重要载体之一，既担负责任又面临着诸多挑战。我国小城镇数量多、规模小，多年来发展动力普遍不足，即便是全国重点镇也面临此问题。近年浙江等地特色小镇的发展充满活力，其经验说明特色发展将是未来我国大多数小城镇的主要发展方向。

正确健康地引导特色小镇建设热潮。目前，各地踊跃打造特色小镇，文旅地产充满热情，文章层出不穷……为了更健康引导，促进小城镇发展，积极培育中国特色小镇，我们应聚焦如何科学培育和创建特色小镇？而精心申报、科学创建、探索特色小镇规划是其中的关键。

一、精心申报特色小镇

1. 遴选的基本条件

一是产业有优势。特色小镇应是推动产业集聚、创新和升级的新平台。培育特色小镇要求具备一定的产业基础，产业定位科学精准，在产业规模、市场份额和特色方面要具有明显的优势，能够发挥产业的集聚效应和叠加效应。同时能够吸纳就业，带来长足发展。

二是风貌有特色。特色小镇应是融合风貌、文化、旅游等多元要素特色发展的新载体。注重对地域文化的挖掘与传承，将文化元素植入小镇的风貌建设的各个方面，指引建筑、街区、空间、环境等多维度的风貌建设，形成具有文化底蕴的特色风貌，增强文化认同感，同时促进特色旅游发展。

三是发展有成效。特色小镇应是创新发展的引擎和有示范作用的排头兵。特色小镇自身需具备一定的发展基础，能够在短期内快见成效，成为带动自身及周边地区发展的引擎，同时在发展路径、发展模式上能成为条件相似的小城镇发展的范例。

四是动力有保障。特色小镇应是发挥市场主体作用和吸纳社会资本投资的新热土。培育特色小镇要选择动力有保障的小城镇，处理好政府与市场的关系，充分发挥市场主体作用，政府重在搭建平台、提供服务，政府为企业创业提供条件，让小城镇在提升社会投资效率、推动经济转型升级方面发挥更重要的作用。

2. 申报的主要内容及评选要点

特色小镇的申报和遴选将严格按照“产业形态、宜居环境、传统文化、设施服务、体制机制”这五个方面及相关要点遴选和考评。

一是特色鲜明的产业形态。主导产业定位应符合国家产业政策要求，有独特性，注重采用新技术手段和推动传统产业改造升级。产业优势明显，产品市场占有率和产品知名度高，利润率和装备水平有优势，注重研发投入。产业环境优良，有支持特色产业发展的鼓励政策。产业增长势头良好且经济社会带动作用明显。

产业要有基础、有依托，产业选择不可“空穴来风”；产业类型能完善小镇功能，拉动小镇发展。兼顾镇里原有产业，提升品质。

二是和谐宜居的美丽环境。城镇风貌和谐统一，能有效彰显小镇特色文化内涵。镇区新建建筑体量适宜，形式与传统建筑风貌相协调，能较好的表现本地区的建筑文化特色。镇区沿街建筑的体量、色彩、材质、符号、细部协调统一。特色小镇周边美丽乡村建设要保留乡土特色和田园风光。

注重自然山水，避免人工打造；景观多用自然，不要套用城市。风貌要突出地域、民族、时代的特征，注重地域材质、符号的应用，避免欧式，尊重地域文化，找到文化自信。

三是彰显特色的传统文化。传承独特的民俗活动、特色餐饮、民间技艺、民间戏曲等传统文化类型。保护好文保单位、历史街区、传统建筑挂牌等物质文化遗存。政府支持传承人及非遗文化活动的持续开展。文化传播具有独特地域文化特质，宣传途径多样。

特色小镇要有文化、有内涵。要注重保护历史、传统文化，提升完善小镇精神，形成小镇的文化认同。

四是便捷完善的设施服务。镇区对外交通路面等级在二级以上，且情况良好。道路设施及绿化配置完善。公用设施建设水平较高，给水管网全覆盖，且符合国家相关标准。镇区污水管网全覆盖，且污水处理设施完善。建成区小学建设规模、标准、配置数量达到要求，可满足实际需求。镇区内中心医院、卫生院建设规模和标准达到国家相关规范要求，镇区建有一座综合超市，商业设施可满足多元需求。

公共服务设施建设应是市场与政府相结合，相得益彰；共建共享，与原有镇结合，不要两层皮，考虑季节性需求变化。

基础设施建设要完善、要适用、要小，切忌大规模；共建共享，满足生活、发展需求；集约利用，符合小城镇的特点；污水、垃圾处理做到科学合理，保护特色小镇赖以发展的环境。

五是充满活力的体制机制。有创新的发展理念与模式，符合自身发展规律。建设管理方面实现多规协调，设有专门的规划管理机构，实现“四所合一”，制度健全，能实现规划管理数字化。社会管理服务水平高，建有综合的办事大厅，基础行政管理适度下放。在机构人员、购买服务、财政收支、人才培养等方面有突破性创新。

二、科学创建特色小镇

1. 区别对待东、中、西不同地区的发展重点

我国东、中、西地区条件各不相同。东部地区建制镇在地理空间上布点密集度、城镇在国内生产总值、镇区人口规模、城乡规划管理、宜居环境建设水平等方面，高于中、西部地区水平。针对东中西部地区的这种差异，特色小镇建设必须因地制宜地明确不同的培育重点和方向。各省也要根据不同的情况科学确定特色小镇发展重点。

东部地区重点要控制规模，提升存量，防止大拆大建。如浙江经验是核心区建设控制在1平方公里，规划范围控制在3平方公里。

中部地区则重在找准产业方向，明确市场定位，找准发展动力。

西部地区要注重发展特色乡镇，宜农则农、宜商则商、宜游则游。

2. 精心策划、找准定位

根据自身的基础和独特的潜力，抓准特色，精心策划，明确特色小镇的发展定位。

基于现状基础，充分挖掘潜力。基于小镇的自然、生态、文化、景观、民俗等资

源，对这些资源进行充分挖掘，去粗取精，找到特质。如古北水镇是在本身有司马台古长城等优势旅游资源基础上，打造成为京郊最具北方特色的度假小镇。

特色要鲜明。聚焦优势产业、独特文化内涵和环境特色等因素，立足自身优势强化突出特色。如拈花小镇定位特有禅文化，打造禅意度假小镇。

3. 在现状产业基础上提升和发展

产业有基础。在现有基础上发展产业，不要凭空创造和引进新的产业。

提升和发展。借势特色小镇的人气与资源集聚优势，拉动、促进小镇产业发展，完善产业结构，升级产业体系；延长产业链，构建合理的产业集群，打造竞争优势，扩大产业影响力，提升产业竞争力。

4. 严控建设规模

规模一定要小，小才能精，小才能美。特色小镇建设应该走精明收缩的道路，小城镇规模较小，避免建设规模过大，反对粗放式、快速式，一窝蜂地建设。规模建设根据浙江经验，规划三平方公里，建设一平方公里。

建设应紧凑布局和集约节约建设用地的原则，避免摊大饼式或脱离现有产业分布人为划定建设区，根据自身资源和产业基础及其分布情况，尽可能连片提升和完善现有建设区。

精心打造。特色小镇建设要完善原有城镇功能，提升生活质量，高标准建设，成为小城镇建设的示范和城镇化的新样板。提升、完善打造小而精，小而美的特色小镇。

分期建设。鼓励分期建设，反对一次成型，建一个成一个，要有高标准和长远性，可放慢建设速度但要保证质量。分期建设还可以保证特色小镇在风貌和形态上的多样性。

5. 打造地域特色的宜居环境

有地域特色才能特。我们国家有着丰富的风貌类型，材质、符号、元素等可提取和利用的要素充分，多用地方材料、符号，体现地域特色。

结合自然山水，避免人工打造。山川、河流、森林、沙漠等自然景观和小桥流水的田园风光结合起来。注重整体格局和风貌的打造，格局自然，风貌整体和谐统一，体现特色。景观多用自然，注重小品等景观打造。

因地制宜，反对国际式和徽派的泛滥。风貌提倡地域式，反对国际式。反对整体格局、建筑风貌完全复制国外小镇。尊重本地建筑文化，发扬特色，找到文化自信。

6. 传承重塑小镇文化

有文化才有灵魂。文化是特色小镇的“内核”，需深入挖掘和精心打造。求快往往效果不好，将文化做足，影响大且深远，可以形成很好的品牌。

文化传承。对历史文化丰厚的小镇，注重保护历史、传统文化，做好传承、挖掘文化要充分，形成小镇的文化认同。

品质提升。合理开发利用文化资源，系统打造，形成文化品牌，增强竞争软实力。

重塑精神。对于文化资源匮乏或是新建的小镇，注重文化培育和打造，在现有建设的基础上发展，逐步形成自身文化特色。

7. 聚集人气和活力，防止鬼镇的出现

特色小镇要注重人气和活力，要聚集一定的人口，给小镇带来持续的发展动力，避免建设“鬼镇”。

打造活力街区。要结合棚户区改造等，打造一些有活力的早餐、夜宵、娱乐街区等受大众欢迎的有活力的街区。

提升冬季的活力。北方地区特色小镇选择考虑弥补气候条件等因素，积极发展全季节旅游，增加冬季项目。

注重夜色经济打造。增加夜晚的商业和文化活力，打造具有魅力的夜色景观，增加小镇活力。

8. 打造宜游宜产的旅游环境

挖掘旅游题材。特色小镇的开发建设，旅游不是核心目的，但拥有一定的旅游功能作支撑，小镇会更有生命力。可将山水风光、地形地貌、风俗风味、古村古居、人文历史等作为旅游题材。

对接区域市场需求，尤其大城市周边，旅游产品策划考虑外溢的功能需求。

9. 提升和共享服务水平

特色小镇的公共服务设施、基础设施建设除了满足基础生产、生活需求以外，还应做好三个服务。

服务社会事业。设施建设要与镇区结合，共建共享，建设完善的服务体系，推动特色小镇可持续发展。

服务经济发展。建立完善与经济社会发展相适应的服务体系，提升综合承载能力，成为整合资源、集聚创新、特色产业的“新载体”。

服务周边村民。统筹布局、互联互通，完善补足城乡服务设施体系，促进服务设施向周边农村延伸。

10. 构建信息通达的智慧体系

智慧发展。互联网是最先进的代表，小城镇是传统的居住形态，二者完美结合，通过信息的便捷，释放空间对人的约束。节约人流物流，实现智慧化，更易于小城镇打造；用智慧手段促进产业发展，对接更广阔的市场，服务更多人群；用智慧系统提升镇区的服务水平，提升幸福指数，从而提升特色小镇的吸引力。

绿色发展和生态低碳。特色小镇发展模式、布局形态、建筑技术都应采用绿色化和生态低碳的发展思路和标准。基于绿色低碳和物联网、云计算等高新技术结合的“智慧城镇”是面向未来的全新的城镇形态。

三、探索特色小镇规划

特色小镇规划不是简单的小城镇规划，特色小镇规划也不能单一的照搬城市规划，而是以特色为导向的各种元素高度关联的综合性规划。应注重特色小镇的建设性和可实施性。

1. 特色小镇规划体系和主要内容

一个定位策划+五个要求+两个提升+一个空间优化落地的规划体系。

一个定位策划：要找准发展定位，明确特色小镇发展思路和重点；

五个要求：产业、宜居、文化、设施服务、体制机制五个方面的专项规划和实施方案，保障特色小镇发展；

两个提升：旅游和智慧体系两个提升规划，建设系统提升；

一个空间优化落地：最终通过一个空间优化落地规划落实所有规划设想，并明确实施步骤。

2. 特色小镇规划重点

特色小镇规划是以特色为导向的各种元素高度关联的综合性规划。必须坚持规划先行、多元融合，突出规划的前瞻性和协调性，统筹考虑人口分布、生产力布局、国土空间利用和生态环境保护。

特色导向。作为立镇之本的产业规划要找准自身的特色，要为自身发展提供充足的背景支撑。文化是特色小镇发展之源，其规划要注重挖掘文化魅力，围绕文化内容深入挖掘。特色小镇一般生态环境优美，其旅游规划要注重挖掘、整合小镇的特色自然与人文资源。

多元融合。提高产业竞争力，注重高端产业、新兴产业与传统产业的融合发展，以产业、项目规划，引导特色小镇空间规划的功能组织与布局。以文化特色、生态资源为导向，在空间、风貌、项目、活动、环境等方面进行落实。规划内容不是简单的叠加，而是高度融合。

3. 特色小镇规划方法

多规合一。从内容上看，除了常规的空间规划内容，还包括产业规划、社区规划、旅游规划、交通规划等，同时需突出生态、文化等功能。特色小镇规划必须坚持多规融合，突出规划的前瞻性和协调性。推进产业、空间、设施等方面协调有序发展，引导项目与产业落地。

重点突出。特色小镇规划的重点应在详细规划和城市设计上，确保规划的综合性和实用性。

项目落地。建设项目落地是衡量特色小镇规划可操作性的重要内容，也是规划成败与否的关键性要素之一。结合小镇特点选择发展项目并进行合理定位布局是保障建设项目落地的重要手段。

近远结合。近远结合是评价特色小镇规划可实施性的重要标准。以往的小城镇规划重视规划期末终极蓝图的编制，而忽视近期建设规划的安排。近期建设项目对于完成规划期末的目标有着重要的作用，特色小镇规划应注重近远结合，尤其要保持近期建设规划的相对完整。

“镇小能量大，创新故事多；镇小梦想大，引领新常态。”创新特色小镇的生动画卷已经在全国各地展开……

未来建设中，特色小镇也将成为耀眼的明珠。一批特色鲜明、人文气息浓厚、生态环境优美、多功能叠加融合、体制机制灵活的特色小镇将扮演重要的角色，为新型城镇化增添多彩的一笔！

（作者：方明，中国城市科学规划设计研究院院长）

第五节　地方特色小镇申报流程

浙江特色小镇申报流程及条件

浙江省为加快形成“培育一批、创建一批、验收命名一批”的特色小镇建设格局，助力经济转型发展、城乡统筹发展，2015年8月颁布《浙江省特色小镇创建导则》。

【申报条件】

（一）产业定位：符合信息经济、环保、健康、旅游、时尚、金融、高端装备制造等七大产业，以及茶叶、丝绸、黄酒、中药、青瓷、木雕、根雕、石雕、文房等历史经典产业。

（二）建设空间：相对独立于城市和乡镇建成区中心，原则上布局在城乡结合部。规划面积一般控制在3平方公里左右（旅游类特色小镇可适当放宽），其中建设面积一般控制在1平方公里左右。

（三）投入资金：完成固定资产投资50亿元以上（商品住宅项目和商业综合体除外），信息经济、金融、旅游和历史经典产业特色小镇的总投资额可放宽到不低于30亿元，特色产业投资占比不低于70%。

（四）建设内涵：以集聚特色产业高端要素为核心，着力打造创新创业平台，吸引“国千、省千”人才，以及大学生、大企业高管、科技人员创业者、留学归国人员，运用现代新技术，开发新产品，加快特色产业转型发展、领先发展。

（五）功能定位：实现产业、文化、旅游和一定的社区功能有机融合。建有特色小镇公共服务APP，提供创业服务、商务商贸、文化展示等综合功能的小镇客厅，建设成为3A级以上景区，其中旅游产业要按5A级景区标准建设。积极应用现代信息传输技术、网络技术和信息集成技术，实现公共WIFI和数字化管理全覆盖，建设产城人融合发展的现代化开放型特色小镇。

（六）运行方式：坚持政府引导、企业主体、市场化运作。特色小镇要有明确的建设主体，由企业为主推进项目建设。政府做好规划编制、基础设施配套、项目监管、文化内涵挖掘、生态环境保护、统计数据审核上报等工作。

（七）建设进度：原则上3年内完成投资，其中26个加快发展县（市、区）建设期限可放宽到5年。其中，第一年完成投资不少于10亿元，26个加快发展县（市、区）和信息经济、旅游、金融、历史经典产业特色小镇不低于6亿元。

（八）综合效益：建成后有大量的新增税收、新增就业岗位产生，年接待游客30万人次以上，集聚一大批工商户、中小企业、中高级人才，加快形成新业态，培育在全国乃至全世界具有核心竞争力的特色产业和品牌。

【申报材料】

（一）规划方案：有符合土地利用总体规划、城乡规划、环境功能区规划的特色小镇概念性规划，包括空间布局图、功能布局图、项目示意图，如已经开工的要有实景图。

（二）建设计划：有分年度的投资建设计划，明确每个建设项目的投资主体、投资额、投资计划、用地计划、建设规模、项目建成后产生的效益，以及相应的年度推进计划。以表格形式进行汇总。

（三）业主情况：简明扼要介绍特色小镇建设主体的公司名称、实力、资金筹措计划等。可附上已建成运营项目案例。

（四）扶持举措：特色小镇所在县（市、区）政府支持申报省级特色小镇创建对象的服务扶持举措或政策意见。

（五）基本情况：如实、完整地填写《特色小镇基本情况表》。

【申报程序】

（一）申报范围：所有符合基本条件的特色小镇。其中，39个工业大县以制造业特色小镇为重点，兼顾有竞争优势和潜力产业的其他特色小镇。

（二）申报时间：由省特色小镇规划建设工作联席会议办公室（以下简称省联席会议办公室）根据各地特色小镇规划建设情况发文通知，原则上每年集中申报2次。

（三）申报数量：坚持上不封顶、下不保底，为明确重点、分期推进，每个县（市、区）每次申报数量为1个，最多不超过2个。

（四）申报方式：县（市、区）规划的特色小镇，由县（市、区）政府向省联席会议办公室上报申请材料，并抄送所在设区市政府，如申报对象超过1个，请排序上报；规划范围跨行政区域，以及设区市直管的产业集聚区和经济开发区规划的特色小镇，由设区市政府向省联席会议办公室上报申请材料；省属企事业和高等院校单位规划的特色小镇，由省属企事业单位和高等院校向省联席会议办公室上报申请材料。

福建省特色小镇申报流程及条件

为加快推进特色小镇规划建设工作，助力产业转型升级，推动大众创业万众创新和城乡统筹发展，福建省2016年6月印发《福建省特色小镇创建指南》。

【申报条件】

（一）产业定位：特色小镇产业定位应结合所在城市的产业、人才和资源优势，聚焦新一代信息技术、高端装备制造、新材料、生物与新医药、节能环保、海洋高新、旅游、互联网经济等新兴产业，兼顾工艺美术（木雕、石雕、陶瓷等）纺织鞋服、茶叶、食品等传统特色产业。特色小镇产业发展规划必须符合生态环境保护的要求。

（二）空间形态：特色小镇规划区域面积一般控制在3平方公里左右（旅游类特色小镇可适当放宽）。其中，建设用地规模一般控制在1平方公里左右，原则上不超过规划面积的50%。特色小镇要建设3A级以上景区，旅游产业类特色小镇按5A级景区标准建设。

（三）建设投资：新建类特色小镇原则上3年内完成固定资产投资30亿元以上（商品住宅项目和商业综合体除外），改造提升类18亿元以上，23个扶贫开发工作重点县可分别放宽至20亿元以上和10亿元以上，其中特色产业投资占比不低于70%。互联网经济、旅游和传统特色产业类特色小镇的总投资额可适当放宽至上述标准的80%。

（四）建设内涵：以集聚人才、资本、技术等高端要素为核心，通过运用新技术、构筑新平台、催生新业态、应用新模式，推进特色产业转型发展、迈向中高端，实现“产、城、人、文”四位一体有机结合。在投资便利化、商事仲裁、负面清单管理等方面改革创新，最大限度集聚人才、技术、资本等高端要素，打造更有效率的政务生态系统、更有活力的产业生态系统、更有激情的创业生态系统和更有魅力的自然生态系统，建设产城融合发展的现代化开放型特色小镇。

（五）运行方式：坚持企业主体、政府引导、市场化运作。特色小镇要明确投资建设主体，鼓励以社会资本为主推进项目建设。地方政府负责做好规划引导、基础设施配套、资源要素保障、文化内涵挖掘、生态环境保护、投资环境改善等。

（六）建设进度：原则上3年内完成投资，其中第一年完成投资不少于5亿元，互联网经济、旅游和传统特色产业的特色小镇不低于3亿元。

（七）综合效益：建成后有大量的新增税收、新增就业岗位产生，集聚一大批工商户、中小企业、中高级人才，加快形成新业态，培育具有核心竞争力的特色产业和品牌。

【申报材料】

（一）规划方案：有符合土地利用总体规划、城乡规划、环境功能区规划的特色小镇概念性规划，包括空间布局图、功能布局图、项目示意图，如已经开工的要有实景图。

（二）建设计划：有分年度的投资建设计划，明确每个建设项目的投资主体、投资额、投资计划、用地计划、建设规模、项目建成后产生的效益，以及相应的年度推进计划。以表格形式进行汇总。

（三）业主情况：简要介绍特色小镇建设主体的公司名称、实力、资金筹措计划等。可附上已建成运营项目案例。

（四）扶持举措：特色小镇所在县（市、区）政府支持申报省级特色小镇创建对象的服务扶持举措或政策意见。

（五）基本情况：如实、完整地填写《特色小镇基本情况表》。

【申报程序】

（一）申报范围：所有符合基本条件的特色小镇。

（二）申报时间：由省城镇化办根据各地特色小镇规划建设情况发文通知，原则上每年于3月份、9月份分两批集中申报。

（三）申报数量：坚持上不封顶、下不保底，为明确重点、分期推进，每个设区市每批申报数量不超过5个。

（四）申报方式：县（市、区）规划的特色小镇，由县（市、区）政府向设区市政府上报申报材料，经设区市筛选后由设区市政府统一报省城镇化办；规划范围跨行政区域，以及设区市直管的产业集聚区和经济开发区规划的特色小镇，由设区市政府向省城镇化办上报申请材料；省属企事业和高等院校单位规划的特色小镇，由省属企事业单位和高等院校向省城镇化办上报申请材料。如申报对象超过1个，需排序上报。

河北省特色小镇申报条件及流程

为加快打造一批体现河北特点、引领带动区域发展的特色小镇，助力产业转型升级、城乡统筹发展，推动美丽乡村和旅游强省建设，2016年12月印发《河北省特色小镇创建导则》。

【申报条件】

（一）产业定位：特色小镇要聚焦特色产业集群和文化旅游、健康养老等现代服务业，兼顾皮衣皮具、红木家具、石雕、剪纸、乐器等历史经典产业。每个小镇要根据资源禀赋和区位特点，明确一个最有基础、最有优势、最有潜力的产业作为主攻方向，突出“一镇一主业”。

（二）规划布局：以现有城镇、景区、产业园区为依托，根据产业和人口聚集发展趋势和连片开发条件，合理确定规划布局。一般位于城镇周边、景区周边、高铁站周边及交通轴沿线，选址应符合城乡规划、土地利用总体规划要求，相对独立于城市和乡镇建成区中心，原则上布局在城乡结合部。严格划定小镇边界，规划面积一般控制在3平方公里左右（旅游产业类特色小镇可适当放宽），建设用地面积一般控制在1平方公里左右。特色小镇规划要注重特色打造，突出“一镇一风格”。

（三）有效投资：三年内完成固定资产投资20亿元以上（商品住宅项目和商业综合体除外），金融、科技创新、旅游、文化创意、历史经典产业类特色小镇的总投资额可放宽到不低于15亿元，特色产业投资占比不低于70%，第一年投资不低于总投资的20%。

（四）功能定位：立足特色产业，培育独特文化，衍生旅游功能以及必需的社区功能，实现产业、文化、旅游和一定社区功能的有机融合。一般特色小镇要按3A级以上景区标准建设，旅游产业类特色小镇要按4A级以上景区标准建设。建有特色小镇公共服务APP，提供创业服务、商务商贸、文化展示等综合功能。加快实现公共WIFI和数字化管理全覆盖。

（五）运作方式：坚持政府引导、企业主体、市场化运作。特色小镇要有明确的投资建设主体，以企业为主推进项目建设，尽可能采取企业统一规划、统一招商、统一建设的发展模式。政府引导和服务到位，统筹做好规划编制、基础设施配套、资源要素保障、文化内涵挖掘传承、生态环境保护、统计数据审核上报等方面工作。

（六）综合效益：创建过程中能够带动和形成大规模有效投资，建成后能够创造大量的新增税收、新增就业岗位、营业收入，集聚一大批工商户、中小企业、中高级人才，培育具有核心竞争力的特色产业和品牌，形成新的经济增长点。

【申报材料】

（一）规划方案：有符合土地利用总体规划、城乡规划、环境功能区规划的特色小镇概念性规划，包括空间布局图、功能布局图、项目示意图，如已经开工的要有实景图，明确特色小镇的四至范围、产业定位。

（二）建设计划：有分年度的投资建设计划，明确每个建设项目的投资主体、投资额、投资计划、用地计划、建设规模、项目建成后产生的效益，以及相应的年度推进计划。以表格形式进行汇总。

（三）业主情况：简明扼要说明特色小镇建设主体的公司名称、实力、资金筹措计划等。可附上已建成运营项目案例。

（四）扶持举措：特色小镇所在设区市、县（市、区）政府支持申报省级特色小镇创建对象的服务扶持举措或政策意见。

（五）基本情况：如实、完整地填写《特色小镇基本情况表》。

【申报程序】

（一）申报范围：所有符合基本条件的特色小镇。

（二）申报时间：由省特色小镇规划建设工作联席会议办公室（以下简称省联席会议办公室）发文通知，原则上每年集中申报1次。

（三）申报数量：总体上坚持上不封顶，不平均分配名额。为集中力量、突出重点，每个县（市、区）每次申报数量为1个，最多不超过2个。

（四）申报方式：由各县（市、区）结合实际自愿提出申请，经各市（含定州、辛集市）甄别筛选，整体排序后上报省联席会议办公室。

【审核程序】

（一）审核分类：根据规划建设工作深度和实际进度，每批次分创建类、培育类两类审核确认。

（二）部门初审：省联席会议办公室将各市申报材料提交省联席会议成员单位，分别提出审核、推荐意见。

（三）评估论证：省联席会议办公室会同省住房城乡建设厅对初审意见进行汇总

梳理，并委托第三方机构，对申报材料进行评估论证，确定备选名单。

（四）审定公布：省联席会议办公室根据第三方机构论证意见，将特色小镇创建、培育名单报请省特色小镇规划建设联席会议审定，由联席会议办公室向社会公布。

山东省特色小镇申报条件及程序

【创建目标】

特色小镇是区别于行政区划单元和产业园区，具有明确产业定位、文化内涵、旅游特色和一定社区功能的发展空间平台。到2020年，创建100个左右产业上“特而强”、机制上“新而活”、功能上“聚而合”、形态上“精而美”的特色小镇，成为创新创业高地、产业投资洼地、休闲养生福地、观光旅游胜地，打造区域经济新的增长极。

【创建标准】

（一）定位明确，特色突出。以产业为基础，一业为主，多元发展，特色突出。

（二）以产兴城，以城兴业。围绕打造创新创业载体，做大做强主导产业，就业岗位和税收有较大增长，主导产业税收占特色小镇税收总量的70%以上。

（三）产城融合，功能配套。优化功能布局，集聚大批工商户、中小企业、中高级人才，实现产业、文化、旅游和社区有机结合，实现生产、生态、生活融合发展。

（四）规模集聚，品牌示范。主导产业在行业内有较大影响力，特色产业和品牌具有核心竞争力，在全省或全国有较大知名度。

（五）宜居宜游，生态优美。人文气息浓厚，旅游特色鲜明，每年接待一定数量游客，达到省级特色景观旅游名镇标准，其中旅游类小镇达到国家级特色景观旅游名镇标准。

【创建内容】

（一）明确产业定位。尊重经济规律，按照一镇一业、一镇一品要求，因势利导，突出主导产业，拉长产业链条，壮大产业集群，提升产业层次，做大做强特色经济。聚集人才，培育海洋开发、信息技术、高端装备、电子商务、节能环保、金融等新兴产业；挖掘资源禀赋，发展旅游观光、文化创意、现代农业、环保家具等绿色产业；依托原有基础，优化造纸、酿造、纺织等传统产业。

（二）科学规划布局。特色小镇规划符合城镇总体规划，并与经济社会发展、土地利用、生态环境保护、历史文化保护、旅游发展等相关专业规划有效衔接。规划面积一般控制在3平方公里左右，起步阶段建设面积一般控制在1平方公里左右。将城市设计贯穿特色小镇规划建设全过程，塑造特色风貌。

（三）增加有效投资。原则上5年完成固定资产投资30亿元以上，每年完成投资不少于6亿元。西部经济隆起带的特色小镇和信息技术、金融、旅游休闲、文化创意、农副产品加工等产业特色小镇的固定资产投资额不低于20亿元，每年完成投资不少于4亿元。

（四）完善功能配置。高标准配套建设基础设施和教育、医疗等公共服务设施。建设具有创业创新、公共服务、商贸信息、文化展示、旅游信息咨询、产品交易和信息管理等功能的综合服务平台，积极应用现代信息技术，实现公共WIFI和数字化管理全覆盖。

（五）创新运营方式。发挥政府服务职能，积极做好规划编制设计、基础设施配套、资源要素保障、文化内涵挖掘传承、生态环境保护等工作；发挥市场在资源配置中的决定性作用，以企业为主推进项目建设；发挥第三方机构作用，为入驻企业提供电子商务、软件研发、产品推广、技术孵化、市场融资等服务，将特色小镇打造为新型众创平台。

【创建程序】

（一）自愿申报。特色小镇申报每年组织1次，按照创建内容，凡具备创建条件的均可申报。凡列入新生小城市和重点示范镇的不再列为特色小镇。设区市政府向省城镇化工作领导小组办公室报送书面申报材料（包括创建方案，特色小镇的建设范围、产业定位、投资主体、投资规模、建设计划、营商环境改善措施，并附概念性规划）。

（二）审核公布。省城镇化工作领导小组办公室将申报材料送省有关部门初审，并在初审基础上组织联审，根据联审结果提出建议名单分批报省政府审定后公布。

（三）年度评估。对列入创建名单的小镇，省城镇化工作领导小组办公室委托第三方评价机构进行年度评估，达到发展目标要求的兑现扶持政策。

（四）验收命名。对经过创建，达到创建内容标准要求，通过省城镇化工作领导小组办公室评价验收的，省政府命名为山东省特色小镇。

湖北省创建流程

第一步：自愿申报

1. 创建方案（区域范围、产业定位、投资主体、投资规模、建设计划）

2. 概念性规划

第二步：分批审核

1. 初审（省特色小城镇规划建设工作联席会议办公室提出初审意见）

2. 会议审查（省特色小城镇规划建设工作联席会议审查）

3. 审定公布（省政府审定后分批公布创建名单）

第三步：年度考核

1. 制定《湖北省特色小城镇考核细则》

2. 兑现扶持政策《考核合格》

3. 考核结果公布（考核结果纳入目标考核体系并在省级主流媒体公布）

4. 退出机制（连续两年未完成年度目标考核任务的特色小镇）

第四步：考核验收

1. 制定《湖北省特色小城镇创建导则》

2. 组织验收（省特色小城镇规划建设工作联席会议）

3. 认定为省级特色小城镇（通过验收）

甘肃省创建流程

第一步：调研论证、确定名单

第二步：制订方案、编制规划

1. 制定特色小镇建设实施方案

2. 编制特色小镇规划建设：

A. 特色小镇的规划建设范围、产业定位、投资主体、投资规模、建设计划

B. 规划范围约3平方公里控制性详细规划

C. 核心区约1平方公里的城市设计

第三步：分类指导、分步实施

第四步：总结验收，交流提升

辽宁省创建流程

第一步：自愿申报

1. 创建方案（四至范围、产业定位、投资主体、投资规模、建设计划）

2. 概念性规划

第二步：分批审核

1. 初审（各有关部门）

2. 联审（省宜居乡村建设领导小组办公室组织）

3. 批准公布（创建名单经省政府批准后公布）

第三步：年度考核

1. 建立年度考核制度

2. 考核结果公布（考核结果纳入目标考核体系并在省级主流媒体公布）

第四步：验收命名

1. 评价验收（省宜居乡村建设领导小组办公室）

2. 省政府命名为省级特色小镇（通过验收）

天津市创建流程

第一步：组织申报

1. 提出本市级特色小镇名单（本区域内）

2. 编制方案与规划（特色小镇创建方案、概念规划、环境规划）

3. 明确四至范围和产业定位

4. 分解三年或五年建设计划

5. 落实投资主体和投资项目

第二步：分批审核

1. 初审（市规划局初步审查各区特色小镇规划方案、择优选出市级特色小镇创建对象）

2. 审定公布创建对象（报市特色小镇规划建设联席会议审定同意后予以公布）

3. 重点推荐培育对象（市特色小镇规划建设联席会议办公室会同相关区人民政府）

第三步：培育建设

1. 有序推进各项建设任务（各区人民政府组织相关建设主体）

2. 通报特色小镇规划建设情况（市特色小镇规划建设联席会议办公室按季度进行通报）

第四步：年度考核

1. 各区年度目标考核体系（市级特色小镇建设任务纳入）

2. 退出机制（未完成年度目标考核任务，下一年度不再享受市级特色小镇政策）

第五步：验收命名

1. 评估验收（市发展改革委组织相关部门）

2. 命名为天津市特色小镇（验收合格并报市级人民政府同意）

江西省创建流程

第一步：组织申报

1. 申报范围：建制镇（不含城关镇）创新创业平台

2. 申报时间：2017、2018年4月底集中申报

3. 申报数量：2017、2018年合计公布60个左右

4. 申报方式：2017、2018年4月底汇总上报各县申报材料，省直部门确定申报条件和评选程序

第二步：日常运行

1. 县级政府为主：建设专项规划和工作方案编制、市政公用设施配套，项目监管，文化内涵挖掘，生态环境保护，统计数据审核数据上报

2. 企业为主：项目建设推进

第三步：动态监管

1. 建立省特色小镇评价指标体系（省特色小镇建设工作联席会议办公室牵头）

2. 统一监测省特色小镇建设名单，观察名单（半年度通报、年度考核）

3. 评出年度优秀，合格，不合格特色小镇（以年度统计数据、项目推进情况为依据）

第四步：联动指导

1. 省（负责前期辅导、协调指导、日常督查和协调政策落实）

2. 市（负责特色小镇规划、申报建设等工作的督促和指导）

3.　县（部门职责分工，明确责任，分工合作）

第五步：期末验收

1. 实地查看（2020年底特色小镇建设工作联席会议办公室组织有关成员单位实地查看）

2. 审议（省特色小镇建设工作联席会议审议验收意见，具体验收）

海南省创建流程

第一步：规划审核

1. 编制特色产业小镇产业发展

2. 编制特色产业小镇建设规划

3. 初审（省政府相关职能部门）

4. 联审（省特色产业小镇产业发展和建设工作联席会议办公室组织）

5. 审定（省特色产业小镇产业发展和建设工作联席会议）

第二步：年度考核

1. 建立年度考核制度

第三步：验收命名

3. 组织验收（省特色产业小镇产业发展和建设工作联席会议）

4. 认定（通过验收）

第六节　国家第二批特色小镇，申报政策六大变化

一、政策变化一：房地产化小镇一票否决

住房城乡建设部办公厅发布《关于做好第二批全国特色小镇推荐的通知》中明确规定，不得以房地产为单一产业，不得打着特色小镇名义搞圈地开发，项目或设施建设规模过大导致资源浪费等问题的建制镇不得推荐。县政府驻地镇不推荐。以旅游文化产业为主导的特色小镇推荐比例不超过1/3。对去年特色小镇建设中存在的过度房地产化、房企打着特色小镇旗号“圈地”现象，今年的申报要求对此直接一票否决。

二、政策变化二：没有产业支撑的小镇基本落空

在申报数量上，虽然比第一次多了141个，但各地还大量存在着“找不到产业”的小镇困惑。以去年第一批国家级申报为例，申报名额是159个，但最终仅仅127家差强人意入选，名额都没用完。如果第二批小镇申报仍然没有系统规划，没有产业支撑、没有特定要素、不能形成价值链条的小镇项目，申报希望多半会落空。

三、政策变化三：注重文化、精神，更注重基础设施“接地气”

本次申报更加注重文化建设，要求申报2015年至2017年第一季度举办的文化活动，并要求参加人次和活动级别。这条要求是第一批没有的。除此之外，这次要求精神更注重产业发展前景，基础设施要求更加“贴地气”，这次对学校和医院情况没有必填选项。这表明了住建部对产业带动地方发展的支持和鼓励，不再“嫌贫爱富”，预计将有经济暂时发展缓慢的“潜力镇”进入特色小镇名单。

四、政策变化四：环境要求加量化、明确绿化率

在环境评估方面，这次对环境进行了量化考核，明确了绿化率选项。在第一批申报要求中只提出了绿地的要求，没有提出绿化率的概念，表明了这次申报对环境的要求更加量化。

五、政策变化五：注重创新措施和取得成效

本次申报更注重体制机制创新，此次申报将“创新措施和取得成效”单独列出，并用“体制机制创新”取代了第一批“社会管理”项目。不仅如此，评审增加现场答辩环节，增强评审的科学性和合理性。

六、政策变化六：增加“大考”、需掌握小镇方方面面

《通知》要求第二批全国特色小镇“将以现场答辩形式审查推荐的特色小镇”。可以想见，这就要求被推荐特色小镇的答辩人、汇报人在熟悉掌握特色小镇各方面工作情况前提下，通过现场宣讲、汇报和答辩，让评审专家短时间内全面了解小镇情况。这也就是对各市县、镇特色小镇负责人的一场“大考”。

点评：

经济全球化、文化趋同造成小城镇建设千篇一律，而地域、文化、产业以及气候等的差异，为特色小镇的建设提供了素材。特色小镇不单单是为了好听的名声简单地“戴帽子”，特色小镇的培育是带有实质性资源倾斜的，只有鲜明的产业形态，才能彰显特色的传统文化。

第七节　住建部：如何保持和彰显小镇“特色”

住房城乡建设部关于保持和彰显特色小镇特色若干问题的通知

各省、自治区住房城乡建设厅，北京市住房城乡建设委、规划国土委、农委，天津市建委、规划局，上海市住房城乡建设管委、规划国土局，重庆市城乡建设委：

党中央、国务院作出了关于推进特色小镇建设的部署，对推进新发展理念、全面建成小康社会和促进国家可持续发展具有十分重要的战略意义。保持和彰显小镇特色是落实新发展理念，加快推进绿色发展和生态文明建设的重要内容。目前，特色小镇培育尚处于起步阶段，部分地方存在不注重特色的问题。各地要坚持按照绿色发展的要求，有序推进特色小镇的规划建设发展。现就有关事项通知如下。

一、尊重小镇现有格局、不盲目拆老街区

（一）顺应地形地貌。小镇规划要与地形地貌有机结合，融入山水林田湖等自然要素，彰显优美的山水格局和高低错落的天际线。严禁挖山填湖、破坏水系、破坏生态环境。

（二）保持现状肌理。尊重小镇现有路网、空间格局和生产生活方式，在此基础上，下细致功夫解决老街区功能不完善、环境脏乱差等风貌特色缺乏问题。严禁盲目拉直道路，严禁对老街区进行大拆大建或简单粗暴地推倒重建，避免采取将现有居民整体迁出的开发模式。

（三）延续传统风貌。统筹小镇建筑布局、协调景观风貌、体现地域特征、民族特色和时代风貌。新建区域应延续老街区的肌理和文脉特征，形成有机的整体。新建建筑的风格、色彩、材质等应传承传统风貌，雕塑、小品等构筑物应体现优秀传统文化。严禁建设“大、洋、怪”的建筑。

二、保持小镇宜居尺度、不盲目盖高楼

（一）建设小尺度开放式街坊住区。应以开放式街坊住区为主，尺度宜为100—150米，延续小镇居民原有的邻里关系，避免照搬城市居住小区模式。

（二）营造宜人街巷空间。保持和修复传统街区的街巷空间，新建生活型道路的高宽比宜为1：1至2：1，绿地以建设贴近生活、贴近工作的街头绿地为主，充分营造小镇居民易于交往的空间。严禁建设不便民、造价高、图形象的宽马路、大广场、大公园。

（三）适宜的建筑高度和体量。新建住宅应为低层、多层，建筑高度一般不宜超过20米，单体建筑面宽不宜超过40米，避免建设与整体环境不协调的高层或大体量建筑。

三、传承小镇传统文化、不盲目搬袭外来文化

（一）保护历史文化遗产。保护小镇传统格局、历史风貌，保护不可移动文物，及时修缮历史建筑。不要拆除老房子、砍伐老树以及破坏具有历史印记的地物。

（二）活化非物质文化遗产。充分挖掘利用非物质文化遗产价值，建设一批生产、传承和展示场所，培养一批文化传承人和工匠，避免将非物质文化遗产低俗化、过度商业化。

（三）体现文化与内涵。保护与传承本地优秀传统文化，培育独特文化标识和小镇精神，增加文化自信，避免盲目崇洋媚外，严禁乱起洋名。

各地要按照本通知要求，加强特色小镇规划建设的指导和检查。我部已将是否保持和体现特色作为特色小镇重要认定标准，将定期对已认定特色小镇有关情况进行检查。

中华人民共和国住房和城乡建设部

2017年7月7日

第八节　中国特色旅游艺术小镇标准（国家协会标准）

本篇是继《中国旅游艺术小镇标准》一、总则篇与二、规划篇之后的第三篇《标准篇》。本篇由总序号四、评分标准；五、星级达标；六、评分体系共三部分组成，为方便工作起见本篇全部系用表格式，简明扼要、重点突出，条分缕析、便于评审。

《中国旅游艺术小镇标准》标准篇由三部分组成，它们是：

1. 评分标准

2. 星级达标

3. 评价体系

一、【评分标准】

评分标准由类项、类别、主项、权重、评分、定义等科目组成，其中类项分旅游资源、旅游设施、艺术活动、艺术金融、融合发展；

每个类顶又分五个类别，例如第二类项《旅游设施》就分别由：

五个一工程、四化措施、旅游交通线路、公共通讯服务、医疗卫生安全等五类组成；每类别又由三五个主项组成，如五个一工程中的艺术小镇牌坊、艺术商业街区、艺术中心、艺术会所酒店、旅游艺术综合体等。

评分标准是这样设计的：

三星级60分

四星级80分

五星级100分

六星级120分设计，在类别下设权重，权重又由主项评。

中国旅游艺术小镇标准·权重评分表（表一）

类项	类　别	权重	主　项	评分	定　　义	得分	备注
一、旅游艺术资源	1.1自然生态景观	5	1.1.1天文气象景观	1	宜人气候、热带风光、冰雪雾凇、天象奇观等		
			1.1.2地质生态景观	1	山丘独峰、象形山石、峡谷、沙漠、戈壁、摩崖、洞穴、海岸、喀斯特、特异地貌等		
			1.1.3水域风光景观	1.5	江、河、湖、海、瀑、泉、水库、水利工程、湿地、南水北调等		
			1.1.4生态植被景观	1.5	原始次森林、香山红叶、动植物景观、野生植物园、野生动物园、生态保护区		
	1.2小镇田园风光	5	1.2.1农业田园景观	1	农业场景、水乡景观、旱地景观、梯田景观、油菜花地、花海、植物工厂		
			1.2.2林业风光景观	1	草原、森林、 种植园、规模农（林/牧/渔）业产业基地、茶园果园		
			1.2.3牧区渔区景观	1	海洋渔场 、淡水渔场、草原牧区、奶牛场、饲养场		
			1.2.4农场庄园景观	2	封建地主庄园、农场庄园、现代农场、无土栽培、葡萄庄园		
	1.3文化遗址景观	5	1.3.1文化古迹遗址	1	古建筑、陵墓、遗址、石窟、园林庙宇、会馆、特色聚落		
			1.3.2文化名人故里	1	名人故居、百年巨匠、文化名人家乡；艺术作品的源发地、故事发生地		
			1.3.3历史建筑景观	1.5	历史名城、历史纪念建筑、展示演示场馆、楼阁亭台、书院、水工建筑、墓（群）		
			1.3.4艺术主题公园	1.5	音乐公园、雕塑公园、花卉公园、红楼梦园、戏剧公园、体育公园等		
	1.4艺术养生养老	5	1.4.1健康疗养生态	1	温泉养生、森林氧吧、花卉疗养、水疗 SPA、盐疗泥疗、中医养生、禅佛养生等		
			1.4.2禅修太极道教	1	佳肴特产、手工产品与制品、主题餐厅、风味小吃、林畜产品及制品、中草药材		
			1.4.3户外体育娱乐	1	高尔夫球场、赛马射箭、游泳馆、网球场、漂流、攀岩、狩猎、潜水、跳伞、垂钓		
			1.4.4艺术养生会馆	2	音乐养生、舞蹈养生、书画养生、手工艺养生、文学创作养生等		
	1.5文化艺术科教	5	1.5.1文化艺术	2	民间演艺、文学曲艺、书法碑楹、宗教文化、杂技魔术、武术功夫		
			1.5.2民俗风情	1	民间节庆、传统庆典、宗教祭祀、特色风俗、旗袍服饰、民俗表演、婚嫁喜庆		
			1.5.3现代文博	1	旅游节与文化节、展会拍卖、博物馆、艺术馆、园艺博览会、嘉年华、狂欢节		
			1.5.4科技创客	1	科技园、创客园、机器人、科教馆、无人飞机、航模等		
小计		25		25			

中国旅游艺术小镇标准·权重评分表（表二）

类项	类　别	权重	主　项	评分	定　　义	得分	备注
二、艺术旅游设施	2.1五个一工程	5	2.1.1艺术小镇牌坊	1	位于艺术小镇出入要道的艺术门楼、牌楼是艺术小镇的第一张名片。		
			2.1.2艺术商业街区	1	小镇门楼与艺术广场，或是中心广场联通养生酒店、旅游艺术综合体的艺术商业街区		
			2.1.3艺术中心广场	1	艺术中心广场是艺术小镇的核心，不仅是位置中心，还是主题中心、集散中心		
			2.1.4艺术会所酒店	1	艺术环境，艺术空间，艺术客房，艺术餐厅，艺术展出，艺术拍卖，艺术品仓库等		
			2.1.5旅游艺术综合体	1	艺术博物馆、陈列中心；艺术剧场与电影院；艺术茶室与咖啡厅；艺术院校基地等		
	2.2旅游交通线路	5	2.2.1地理位置	1.5	景区的地域组合条件；周边辐缘地的开发条件和经济状况；		
			2.2.2交通路线	1	区内游览（参观）路线，线路布局合理、方便顺畅，有与景观环境相协调的停车场		
			2.2.3交通工具	1.5	交通设施完善，进出便捷，具有一级公路或高等级航道、航线直达；		
			2.2.4景区交通	1	与县乡镇交通便利，通往地市、省城有便捷交通、自驾游线路		
	2.3公众通信服务	5	2.3.1公众通信	1	公众信息资料（如研究论著，科普读物，综合画册，音像制品，导游图和导游材料等）公共信息图形符号的设置合理，设计精美，特色突出，有艺术感和文化气息		
			2.3.2游览设施	1.5	游客中心位置合理，规模适度，设施齐全，功能体现充分；引导标识特色突出，游客公共休息设施布局合理，设计精美，特色突出，有艺术感和文化气息		
			2.3.3导游服务	1.5	导游员（讲解员）持证上岗，能满足游客需要；导游（讲解）词科学、准确、有文采		
			2.3.4邮电网	1	提供邮政及邮政纪念服务，手机信号良好，网络连接信号良好，景区wifi覆盖		
	2.4医疗卫生安全	5	2.4.1医疗卫生	1.5	建有县级人民医院，有救护车、救援机构		
			2.4.2爱护卫生	1.5	环境整洁，无污水污物，乱建乱放现象，各种设施完备，空气清新垃圾箱标识明显，公共厕所布局合理，数量能满足需要		
			2.4.3安全预警	2	执行公安、交通、劳动、质量监督、旅游等部门的安全法规，建立紧急救援机制；要求消防、防盗、救护等设备齐全，交通、机电、游览、娱乐等设备完好		
	2.5四化措施	5	2.5.1 美化	1	给艺术小镇做专门的艺术规划，强调人、事、景自然和谐		
			2.5.2 亮化	1.5	亮化小镇由照明、装饰、广告、艺术视觉约五部分协调完成		
			2.5.3 绿化	1.5	道路绿化、经济林区、镇树镇花、微缩盆景、草地花园、园林景观相结合		
			2.5.4 净化	1	比卫生更为讲究的是环境美、视觉美、心灵美		
小计		25		20			

中国旅游艺术小镇标准·权重评分表（表三）

类项	类　别	权重	主　项	评分	定　　义	得分	备注
三、艺术活动	3.1艺术创意	5	3.1.1建筑设计创意	1.5	小镇建筑及装饰设计有创意；建筑物体量、高度、色彩、造型与景观相协调		
			3.1.2文化传播创意	1.5	开设出版、文艺创作与表演、电影艺术品及手工艺及创意工作室		
			3.1.3时尚消费创意	1	开办时尚讲座、创意课堂、促进时尚文化消费		
			3.1.4艺术活动创意	1	经常举办艺术创意大赛，加强小镇与城市的对话		
	3.2艺术节庆	5	3.2.1民族民俗	1	充分发挥少数民族的节庆元素、增添民俗旅游项目		
			3.2.2时尚节日	1	创造像“11.11”类似的专为艺术小镇打造的节目		
			3.2.3永久会址	1.5	将国际会议国家会议落户到小镇，将永久会址作为生产力		
			3.2.4生日晚会	1.5	每天为来到小镇的5000人中的200人举办生日晚宴晚会		
	3.3艺术商品	5	3.3.1一镇一品	1	每一个小镇都有一个特色产品，例如珠宝、家具、旗袍		
			3.3.2地理标志产品	1	须向国家申请的中国地理标志产品与艺术小镇品质经营入扣		
			3.3.3名家书画收藏	1.5	书画名家的家乡、工作地开办画廊、工作室俱乐部		
			3.3.4百年老字号	1.5	百年老字号是国家倡导的品牌工程，与艺术小镇特色吻合		
	3.4艺术体验	5	3.4.1艺术酒店会所	2	改造酒店、建造分所，运用艺术酒店的吸引力开拓市场		
			3.4.2名家工作室	1	名家授权的工作室既收学生徒弟又做书画艺术品收藏		
			3.4.3艺术俱乐部	1	艺术俱乐部是艺术小镇人力资源中心活动策划中心		
			3.4.4艺术生教室	1	以体验为特色的艺术教室为艺术科目学习打前站		
	3.5艺术进修	5	3.5.1艺术科目学习	1.5	音乐歌舞、影视艺术、武术功夫、杂技魔术、非遗手艺		
			3.5.2艺术师生一对一	1.5	在艺术小镇周一到周五建立艺术师生一对一的学习制度		
			3.5.3艺术养生禅修	1	纳入学习情境的艺术养生禅修功夫在诗外，养生在内功		
			3.5.4博士工作站	1	以高等院校研究生学研课题为中心的博士工作站		
小计		25		25			

中国旅游艺术小镇标准·权重评分表（表四）

类项	类别	权重	主项	评分	定义	得分	备注
四、艺术金融	4.1艺术机构	5	4.1.1艺术会所	1	艺术会所是艺术小镇的艺术中心学术中心展示中心		
			4.1.2艺术学院	1	艺术学院供旅游客艺术爱好者学习进修再造提升		
			4.1.3艺术俱乐部	1	艺术租赁、采购、认养、供奉；艺术品交易、认购、艺术品投资理财保险		
			4.1.4艺术运营机构	2	或称某艺术小镇投资公司或项目公司或文化运营公司		
	4.2金融机构	5	4.2.1艺术基金	1	专为某艺术小镇投资建设资本运作而建立的艺术基金		
			4.2.2艺术银行	1	由商业银行投行所成立的项目运营金融机构或外资银行合作项目		
			4.2.3艺术交易所	1	为艺术小镇、艺术品及其金融产品交易建立的文交所艺术交易所		
			4.2.4艺术品仓库	2	以艺术品存储、投资、展示、交易而建立的艺术品大保管箱业务与转让、遗产业务		
	4.3艺术鉴赏	5	4.3.1艺术欣赏	1	为游客常驻客而举办的展示、讲座、沙龙与学术交流		
			4.3.2艺术鉴定	1.5	对入会入库的艺术品进行确权确真的艺术品鉴定工作		
			4.3.3艺术评估	1.5	对交易权的艺术品价值、交易价，质押价予以评估		
			4.3.4艺术仿拍	1	仿照拍卖形式对会员游客提供学习和体验的仿拍活动		
	4.4交易方式	5	4.4.1艺术品租赁	1.5	将入会入展入库的艺术品向全社会租赁向会员租赁		
			4.4.2艺术高仿品	1	将百年巨匠和名家字画艺术品制作成高仿艺术品出售		
			4.4.3艺术拍卖行	1	开放举办艺术品拍卖，一周一小拍，一月一大拍，天天夜场拍		
			4.4.4艺术品网商	1.5	运用网络开展艺术品电商、租赁，征集艺术品与艺术品电商		
	4.5会员制度	5	4.5.1成为会员	1	最大限度的发展艺术小镇会员，发行艺术小镇通用信用卡		
			4.5.2会员活动	2	高频率开展艺术鉴赏、艺术展演、艺术节庆、艺术交流活动		
			4.5.3子俱乐部	1.5	在百脑会旗下创建会员自治的子俱乐部，低成本孵化俱乐部		
			4.5.4退出机制	0.5	艺术金融俱乐部遵照国际俱乐部原理自愿加入随时退出		
小计		25		25			

中国旅游艺术小镇标准·权重评分表（表五）

类项	类别	权重	主项	评分	定义	得分	备注
五、融合发展	5.1生态环境	4	5.1.1A级景区	1	艺术小镇同时也是国家3A级以上景区		
			5.1.2五星级酒店	1	艺术小镇拥有一家国家三星级以上酒店		
			5.1.3特色小镇	2	艺术小镇同时申报国家其它部委的特色小镇		
	5.2文化遗产	4	5.2.1名人故里	1	艺术小镇曾经是文化历史名人出生地工作地墓葬地		
			5.2.2明清村落	1	艺术小镇拥有或邻近住建部文化部评选的明清村落		
			5.2.3非遗保护	2	艺术小镇拥有县市级以上非物质文化遗产项目、非遗传人		
	5.3品牌宣传	4	5.3.1手机终端	1	艺术小镇开发有发布资讯广告、能够手机支付的APP与端口		
			5.3.2每日头条	1.5	艺术小镇经常有新闻故事、事件报道经常见之于报刊、广电、网络、头条		
			5.3.3官方网站	1.5	艺术小镇建有开发商运营商面向社会的公众号、官方网站		
	5.4跨界融合	4	5.4.1旅行社投资	1	联合旅行社旅投公司向艺术小镇实施旅游建设投资		
			5.4.2养老基地	1.5	按照国家养老政策建设的艺术养老基地、养老床位		
			5.4.3艺术养生	1.5	结合太极禅修、道家养生的艺术养生基地、养生酒店		
	5.5国际交流	4	5.5.1涉外旅游	1	按照涉外旅游规定开展的旅游目的地与国际艺术交流活动		
			5.5.2国际人寿	1	联手中国人寿保险公司接纳世界各国来华高保户、游居旅游团、外国专家团		
			5.5.3世界小镇	2	创建一带一路、奥运冠军小镇，建设世界同纬度的中国艺术小镇旅游胜地		
小计		20		20			

【权重评分表使用说明】

1. 权重与评分：每一个类别设计了一个权重，如5.1生态环境权重是4，而生态环境又由A级景区1分，星级饭店1分，特色小镇2分共同组成的；

2. 评分实得分：评分实得分可以不是满分，例如5A级景区是1分，4A级景区就只有0.8分；又如五星级酒店是一分；那三星级酒店就是0.1分；

3. 类别小积分：三至五个主项为一个类别，一个类别的得分小积分永远小于权重，小于权重50%的类别是警戒线，评审时要加以特别注意；

4. 类项小计分：类项由十数个主项合成，小计积分要达到10至15分以上为合格，小于这个数要实行全面权衡；

5. 权重总评分：五大类项权重120，对应总评分是120分，两者关联却不等于。权重表示其重要性，而总分表示其综合性。

星级达标

为配合中国旅游而打造的艺术小镇作为当下国家特色小镇建没的重要组成部分，尤其是在特色小镇选题上注重旅游要素齐全，艺术要素丰富，小镇特色鲜明，遵循中国旅游景区A级评定，中国旅游酒店星级评定的原则，将中国旅游艺术小镇定为星级式评审，在艺术小镇权重评分表的基础上实行星级达标评定。

星级达标分数是这样设计的：六星级小镇达标总分是120分；依次往下

五星级小镇达标分：100分

四星级小镇达标分：80分

三星级小镇达标分：60分

各星级之间相差20分，达到三星级60分不到四星级80分，先给予三星级荣誉称号，但对70分以里的在语音文字上表述时可称为三星+，对70以上近80分的可称为准四星。其他类推。

《艺术小镇星级达标表》又分为表一小镇自测表，表二专家评审表。

在评审时将把小镇自测表得分相加专家评审表得分之和除以二，便是某艺术小镇最后得分。

附表

《中国旅游艺术小镇.星级达标表》

（表一，小镇自测表）

《中国旅游艺术小镇.星级达标表》

（表二，专家评审表）

中国旅游艺术小镇星级达标表（自测版）

星级\满分	旅游资源	旅游设施	艺术活动	艺术金融	融合发展	自测得分
☆☆☆ 三星总分 60 分 自测评分	10 分	20 分	25 分	5 分		
☆☆☆☆ 四星总分 80 分 自测评分	12 分	20 分	30 分	10 分	8 分	
☆☆☆☆☆ 五星总分 100 分 自测评分	15 分	25 分	35 分	15 分	10 分	
☆☆☆☆☆☆ 六星总分 120 分 自测评分	18 分	30 分	40 分	20 分	12 分	

【达标表使用说明】（与专家表（一）一致）

1. 表（一）为自测表，各小镇根据《权重评分表》各类项得分与本表对应，认定星级所属。

2. 表（二）为专家表，各专家参阅《权重评分表》依据星级达标表给分，达标者获星级。

3. 将表（一）总分加表（二）总分，再乘以50%所得分为艺术小镇星级达标分。

中国旅游艺术小镇星级达标表（专家版）

星级/满分	旅游资源 18 分	旅游设施 30 分	艺术活动 40 分	艺术金融 20 分	融合发展 12 分	专家评分
☆☆☆ 三星总分 60 分 专家评分	8 至 12 分	15 至 25 分	20 至 30 分	5 至 10 分		
☆☆☆☆ 四星总分 80 分 专家评分	10 至 15 分	15 至 25 分	25 至 35 分	8 至 12 分	5 至 10 分	
☆☆☆☆☆ 五星总分 100 分 专家评分	12 至 18 分	20 至 28 分	30 至 38 分	12 至 18 分	8 至 12 分	
☆☆☆☆☆☆ 六星总分 120 分 专家评分	15 至 18 分	25 至 30 分	35 至 40 分	15 至 20 分	8 至 12 分	

【达标表使用说明】（与自测表（一）一致）

表（一）为自测表，各小镇根据《权重评分表》各类项得分与本表对应，认定星级所属。

表（二）为专家表，各专家参阅《权重评分表》依据星级达标表给分，达标者获星级。

将表（一）总分加表（二）总分，再乘以50%所得分为艺术小镇星级达标分。

评价体系

1. 评价体系表与以上一、权重评分表；二、星级达标表异曲同工，都是对艺术小镇予以评价，所不同吧的是评价体系表示供规划设计、运营策划之用；同样是指标志性建设，艺术馆是重中之重，在权重中，达标时都有着不同指向。

2. 评价体系表自上而下有十一个“指标分类”，在其下再分为40余项“评价指标”，再之后其内容项达到100多项作为艺术小镇规划、设计、运营之选择；评价体系是管理层面上的策略。例如艺术小镇工作人员配置就是一个很有学问又很有科学的问题，大量启用艺术院校师生、社会艺术工作者、热爱艺术的游客志愿者就是一个极具潜力又能节省成本的管理命题。

3. 评价体系表示对艺术小镇的品牌价值、特色功能、潜力开发、产业形成的综合作用，尚有资源配置、公共设施诸多选题有待开发，进一步的标准制定与评价体系须通过标准推行一段时间后再作开发。

中国旅游艺术小镇体系评价表

指标分类	分值	评价指标	分值	内容	分值	说明
一、小镇规划	**	1. 标志性建设	**	山门、牌楼、艺术广场、雕塑、园林、艺术街区	**	
				艺术馆、博物馆、艺术酒店、旅游艺术综合体		
				造型各异的旅游导游标志		
		2. 中心广场		艺术广场*		
				休闲广场、停车场		
		3. 四化措施		美化：标志性建筑*、特色标志物		
				亮化：避免破坏自然生态环境的光污染的其它亮化		
				绿化：利用自然生态环境进行绿化为主		
				净化：改善卫生条件，室外干净整洁		
二、小镇业态		4. 艺术产业		艺术类手工艺、画家村、书法村、陶艺村		
				影视基地、油画村、陶瓷工坊、百工坊		
				展览展示、画廊、艺术馆、博物馆、工作室 艺术学院、展厅、展览活动		
				艺术金融、艺术基金、艺术品仓库、艺术品拍卖 艺术品担保、艺术家公盘		
				文化艺术养生、禅修院、养生馆、俱乐部		
		5. 服务业		文化艺术中介、艺术教育、收藏拍卖、典当质押		
				游客服务中心、艺术金融中心		
				其他服务（美容、美发、摄影、票务等）		
		6. 文化艺术教育		艺术教育、文化艺术进修		

		7. 文化创意产业	文旅产业、创意产业、艺术服务业、艺术家具业		
		8. 工业艺术	奢侈品、艺术品		
		9. 艺术商业	艺术街区、艺术电商大厦		
		10. 观光农业	种植、养殖、盆景、花海、梯田		
三、小镇艺术及文化		11. 动态	地方戏曲、地方歌舞、民俗风情、杂技曲艺 小舞台、小戏台、小剧院		
		12. 静态	非遗文化、文化名人、艺术名人、艺术教育		
四、小镇产品		13. 特色产品	特色产品优势，相关认证，如绿色有机无公害、品牌认证		
		14. 地方产品	地方产品种类及优势，商标、品牌认证		
		15. 品牌产品	小镇突出的优势产品品牌知名度、美誉度、品牌认证		
		16. 区域品牌	区域品牌的知名度和影响力		
五、小镇公共场所		17. 医疗	医院、中医诊所		
		18. 商店	中小型商场、中小型超市		
		19. 交通	公交、地铁、飞机场、便捷交通工具、自驾游线路		
		20. 通讯	手机信号覆盖、无线网络		
		21. 酒店	民宿、快捷宾馆、艺术酒店		
		22. 餐饮	饭店、特色小吃、美食城、餐饮加盟店		
		23. 公安	公安局、派出所、治安巡逻		
		24. 银行	储蓄所、ATM 机、银行网点、艺术小镇银行卡		
六、小镇景区		25. 公园	雕塑公园、山地公园、街心公园、主题公园		
		26. 特色园区	艺术院校园区、艺术机构园区、		
		27. 主题乐园	微缩景观、民俗村、世界公园		
		28. 博物馆、展览馆	名人博物馆、非遗艺术馆、财富 100 馆		
		29. 永久会址	国家部委以上、国际组织指定永久会址		
		30. 名人宅院	齐白石故居、黄永玉旧居		
		31. 明清村落	文化部住建部评定的明清村落		
七、小镇宣传		32. 宣传片	宣传片、广告片、形象片、纪录片		
		33. 广告	平面媒体、电视媒体、网络媒体、新媒体、自媒体		
		34. 其它	APP、微博、微信公众号		
八、小镇环境保护及非遗保护		35. 生态环境	生态环境保护，无光污染及其他污染		
		36. 非遗保护	非遗保护程度		
九、小镇服务管理		37. 人员配置	根据小镇规模配置相应服务人员		
		38. 人员培训	根据小镇特点和特色进行人员培训和考核		
		39. 服务监督	设立监督部门，对各项服务进行监督检查		
		40. 服务质量	服务态度、服务意识、服务技巧、服务能力、服务标准		
		41. 投诉管理	投诉处理、投诉分析、管理提升		
十、小镇资源配置		42. 存目			
十一、小镇公共设施		43. 存目			

第九节　农业特色小镇

2016月12月，国务院下发的《关于进一步促进农产品加工业发展的意见》中指出，将加快建设农产品加工特色小镇，实现产城融合发展。根据该意见，农业特色小镇建设被提上日程，契合一系列国家战略，前景值得期待。

农业类特色小镇由于其农业休闲业、高附加值农产品加工业发展的显著优势，将有望成为这一轮特色小镇建设中的热点。2016年北京设立总规模100亿元的小城镇发展基金，引导全市42个重点小城镇打造成旅游休闲特色镇、科技和设施农业示范镇等五类特色小镇。其中，靠近北京城市副中心的通州区西集镇便提出了以“慢生活、微旅游”为理念，打造轻养生业态、生态度假业态和观光游学业态，建设运河乡土文学博物馆、农耕文化博物馆、农业游学体验馆等内容的农业田园休闲小镇。现特色农业小镇的建设和发展在全国发酵。

1. 为什么要发展特色农业小镇

特色小镇是推动小城镇发展的重要手段，提高城镇环境建设，要以人为本，推进以人为核心的城镇化才是根本。改革开放至今，农业依然是我国国民经济发展的基础，尤其是对于承接城市和拉动农村发展的特色小镇来说，农业生产、农产品加工、农业科技、农业服务、休闲农业必将发挥重要作用。我国农业开始从传统的农业大镇转向休闲农业特色小镇发展，逐渐形成了集农业、休闲、生态、旅游、消费等一体的产业集群。

2. 什么是特色农业小镇

有特色产业才能建特色小镇，如果为了特色而人造特色便是偏离了政策的初衷。而利用自身的优质农业资源打造农业类特色小镇将是一条实事求是的道路。

亮眼辩景认为，农业特色小镇是指依赖农业特色产业和特色环境因素（如地域特色、生态特色、文化特色等），打造具有明确的农业产业定位、农业文化内涵、农业旅游特征和一定社区功能的综合开发项目。它是通过现代农业+城镇，构建产城一体，农旅双链，区域融合发展的农旅综合体。它是旅游景区、消费产业聚集区、新型城镇化发展区三区合一，产城乡一体化的新型城镇化模式。

3. 如何打造特色农业小镇

推动农业可持续发展，必须确立发展现代绿色生态农业的同时保护生态，加快形成资源利用高效、生态系统稳定、产地环境良好、产品质量安全的农业发展新格局。积极推广高效生态循环农业模式，加强农业生态保护和修复。

特色农业小镇应以文化为精髓，以农业产业为特色，以休闲农业和乡村旅游为抓手，打造壮美现代田园、多彩文化演绎，创新产业示范，活力宜居的城乡农业旅游共同体。

特色农业小镇在规划建设中，应按照“生产、生态、文化、生活”四位一体融合发展的角度出发，构建现代化农业产业体系，形成新型的城乡统筹发展模式。通过创建新型的农村生活方式，用现代农业与城镇发展空间充分融合、衔接，打造特色的城乡生态空间，构建农业主题产业特色鲜明，产品多元，可持续发展的农旅综合体。

特色农业小镇发展的关键基于当地的农业产业特色优势，营造一种区别于都市的生活方式，从土地到餐桌到床头的原乡生活方式。原乡生活方式从空间上看，是一个系统圈层架构：

第一层为农户业态，包括每一农户所提供的餐饮、农产品和民宿方式；

第二层以村落为中心的原乡生活聚落；

第三层为更广阔的半小时车程范围内的乡村度假复合功能结构。

而从产品业态角度看，原乡生活方式包括“耕种体验（采摘、种植），农产品体验（加工、饮食、购买），民俗民风体验（节庆、活动、演艺），风貌体验（建筑风貌、景观风貌、田园风貌），住宿体验（民宿、营地、田园度假酒店）”。当然，原乡生活方式离不开完善的城市标准的公共服务配套设施的支撑。

一、农业互联网小镇

信息在线上，产品在线下。“互联网+”正在进入千家万户的生活，也渗透进了农业生产、农村生活的各个角落。互联网农业特色小镇是互联网和农业跨界融合的新途径。根据《关于组织开展农业特色互联网小镇建设试点工作的通知》，2017年全国将布局、建设不少于100个农业特色互联网小镇，每个申报合格的建设运营主体，将获项目投资总额70%以内的资金支持。

关于组织开展农业特色互联网小镇建设试点工作的通知

各省（自治区、直辖市）农业（农牧、农村经济）厅（委、局），新疆生产建设兵团农业局：

为贯彻落实党中央、国务院关于农业农村信息化发展和特色小城镇建设的部署要求，加快农村互联网建设步伐，让更多农民用得上、用得起、用得好互联网，推动信息化与农业现代化融合发展，提高农业生产智能化、经营网络化、管理数据化、服务在线化水平，我司决定组织开展农业特色互联网小镇建设试点，探索镇域范围内加快农业农村信息化建设的有效途径、机制和模式。现将有关事项通知如下。

一、重要意义

小镇相对独立于市区，具有明确的农业产业定位、农业文化内涵，有别于行政区划单元和产业园区。农业特色互联网小镇（以下简称小镇）建设是深入推进新型城镇化的重要抓手，有利于推动经济转型升级和发展动能转换，有利于促进大中小城市和小城镇协调发展，有利于充分发挥城镇化对新农村建设的辐射带动作用。

（一）小镇建设是落实新发展理念的重要举措。小镇是经济社会发展中孕育出的新事物，贯穿着创新、协调、绿色、开放、共享新发展理念在基层的探索和实践。加快小镇建设，有利于破解资源瓶颈、聚集高端要素、促进创业创新，能够增加有效投资，促进消费升级，带动城乡统筹发展和生态环境改善，提高村镇生活质量，形成新的经济增长点。

（二）小镇建设是全面深化改革的有益探索。小镇是改革创新的产物，也是承接、推进改革创新的平台。加快小镇建设，可以充分发挥市场在资源配置中的决定性作用，激发企业和创业者的创新热情和潜力，也能推动政府转变职能，营造良好发展环境，形成政府引导、企业主体、市场化运作、多元化投资的开发建设格局。

（三）小镇建设是推进产业转型升级的有效路径。小镇突出新兴产业培育和传统特色产业再造，是推进供给侧结构性改革、培育发展新动能的生力军。加快小镇建设，既能增加有效供给，又能创造新的需求；既能带动工农业发展，又能带动旅游业等现代服务业发展；既能推动产业加快聚集，又能补齐新兴产业发展短板，打造引领产业转型升级的示范区。

（四）小镇建设是统筹城乡发展的重要抓手。加快小镇建设，能够推动产业之间、产城之间、城乡之间融合发展，有利于落实新型城镇化和统筹城乡协调发展的功能定位，破解城乡二元结构，提速农民就地城镇化进程，形成独具魅力的城乡统筹发展新样板。

二、建设目标

力争在2020年试点结束以前，原则上以县（市、区）或垦区为单位，在全国建设、运营100个农业特色优势明显、产业基础好、发展潜力大、带动能力强的农业特色互联网小镇。在小镇内，培育一批经济效益好、辐射带动强的型农业经营主体新，打造一批优势特色明显的农业区域公用品牌、企业品牌和产品品牌，将小镇培育成农业农村经济的重要支柱。

三、建设原则

（一）促进产业融合发展。农业特色互联网小镇的核心在农业，要统筹空间布局，集聚资源要素，推动现代农业产业园、特色农产品优势区、农业科技园区与农业特色互联网小镇等建设的有机融合，促进农村一二三产业融合发展，构建功能形态良性运转的产业生态圈，激发市场新活力，培育发展新动能。

（二）规划引领合理布局。小镇规划不以面积为主要参考，遵循控制数量、提高质量、节约用地、体现特色的要求，推动小镇发展与疏解大城市中心城区功能相结合、与特色产业发展相结合、与服务“三农”相结合，打通承接城乡要素流动的渠道，打造融合城市与农村发展的新型社区和综合性功能服务平台。以镇区常住人口5万以上的特大镇、3万以上的专业特色镇为重点，兼顾多类型多形态的特色小镇，因地制宜规划建设。

（三）积极助推精准扶贫。围绕种植业结构调整、养殖业提质增效、农产品加工升级、市场流通顺畅高效、资源环境高效利用等重点任务，发挥各地区各部门优势，协同推进农业特色互联网小镇建设运营，带动贫困偏远地区农民脱贫致富。

（四）深化信息技术应用。将农业特色互联网小镇作为信息进村入户的重要形式，充分利用互联网理念和技术，加快物联网、云计算、大数据、移动互联网等信息技术在小镇建设中的应用，大力发展电子商务等新型流通方式，有力推进特色产业发展。

四、建设投资机制

农业特色互联网小镇建设试点采取政府和社会资本合作（PPP）模式。政府负责宏观指导和引导，积极争取金融机构融资支持，充分发挥企业主体作用，鼓励企业投入资金并组织申报、审核、建设、运营工作。

小镇建设遵循自愿原则，以县级政府为主组织，制定建设方案，明确四至范围、产业定位、建设运营单位、投资规模、建设计划，并附概念性规划。

建设运营单位应具有独立法人资格、有独立对公账户。对于自愿申报、审定合格的建设运营主体，专项资金按照PPP模式提供项目投资总额70%以内的资金支持，与小镇建设运营主体建立利益共建共享机制。

在建设运营中，申报主体管理自有资金，负责建设运营工作，不能撤离资金或将资金挪作他用；专项资金管理办公室负责监管专项资金的使用进度和类别是否与建设运营方案一致，但不参与具体建设运营工作。

由于小镇建设具有高度个性化、差异化的特点，专项资金管理办公室将组织对申报主体开展一对一服务。

五、有关安排和要求

（一）各地要把农业特色互联网小镇建设试点纳入本辖区内特色小镇建设规划，充分体现出农业特色，找准互联网与农业产业的结合点，按照成熟一个、建设一个的思路，有计划、有步骤、分期分批开展建设，申报小镇不平均分配名额，凡符合申报条件的，均纳入初审名单。各地要充分遵循共建共享的互联网理念，将农业特色互联网小镇建设试点与信息进村入户工程推进统筹安排，互为补充、形成合力。

（二）各地应加强制度机制创新，力争通过农业特色互联网小镇建设试点，探索实践出一批统筹城乡发展、推进供给侧结构性改革、加强美丽乡村建设、推动大众创业万众创新、发展农村数字经济等方面的制度机制成果。

（三）农业特色互联网小镇建设试点采取“先建设、后认定”的方式。2018年，我司将在各省份自愿申报的基础上，组织专家进行评审，并按程序报批后，先期认定一批农业特色互联网示范小镇。

农业部市场与经济信息司

2017年6月9日

二、田园综合体解读

田园综合体是出现在中共中央2017年一号文件中的一个新词，一个生于天字第一号文件的国家命题、一个打造诗意栖居理想地的时代课题、一个构建城乡命运共同体的现实问题。

1.“田园综合体”的建设理念

一是以旅游为先导。乡村旅游已成为当今世界性的潮流，田园综合体顺应这股大潮应运而生。看似匮乏实则丰富的乡村旅游资源需要匠心独运的开发。一段溪流、一座断桥、一棵古树、一处老宅、一块残碑都有诉说不尽的故事。瑞士有被称为无烟工业（手表、军刀）无本买卖（金融业）无中生有（旅游业）的“三无经济”。旅游本就是一个无中生有的产业，瑞士在这方面开发得风生水起，值得借鉴。

二是以产业为核心。一个完善的田园综合体应是一个包含了农、林、牧、渔、加工、制造、餐饮、酒店、仓储、保鲜、金融、工商、旅游及房地产等行业的三产融合体和城乡复合体。对农民来说，远走他乡和抛家别亲的进城务工牺牲太大，在本区域内多元发展，从多个产业融合发展中获取收益的模式更为可行。没有一个比较高的生活水准，人心必背，没有产业支撑的田园综合体也只能是一副空皮囊。各级各类现代农业科技园、产业园、创业园，应适当向田园综合体布局。

三是以文化为灵魂。文化就是“人化”与“化人”的过程。田园综合体要把当地世代形成的风土民情、乡规民约、民俗演艺等发掘出来，让人们可以体验农耕活动和乡村生活的苦乐与礼仪，以此引导人们重新思考生产与消费、城市与乡村、工业与农业的关系，从而产生符合自然规律的自警、自醒行为，在陶冶性情中自娱自乐，化身其中。缺乏文化内涵的综合体是不可持续的。

四是以交通、物流和通讯等基础设施为支撑。各种基础设施是启动田园综合体的先决条件，而及时地提供一些关键的基础设施又会对后续的发展产生持续的正向外部性。缺乏现代化的交通、通讯、物流、人流、信息流，一个地方就无法实现与外部世界的联系沟通，乡村偏僻的地理位置被阻隔世外，就无法与外部更广阔的地域结合在一起，形成一个向外开放的经济空间。

五是以体验为价值。田园综合体是生产、生活、生态及生命的综合体。在经济高度发达的后现代，人们对“从哪里来”的哲学命题已经无从体悟，田园综合体通过把农业和乡村作为绿色发展的代表，让人们从中感知生命的过程，感受生命的意义，并从中感悟生命的价值，分享生命的喜悦。

六是以乡村复兴再造为目标。在工业化和城市化的初始阶段，农业和乡村与国家和社会的落后往往紧密联系在一起，城市化和工业化的过程就是乡村年轻人大量流出的过程和老龄化的过程、放弃耕作的过程和农业衰退的过程，以及乡村社会功能退化的过程。田园综合体是乡与城的结合、农与工的结合、传统与现代的结合、生产与生活的结合，以乡村复兴和再造为目标，通过吸引各种资源与凝聚人心，给那些日渐萧条的乡村注入新的活力，重新激活价值、信仰、灵感和认同的归属。

2.“田园综合体”的核心要素

一是景观吸引区。可以是自然景观，也可以是有特色的人造景观。

二是“三养”集聚区。即养神、养生和养老的聚集区，让暂居的养神者恢复精神和体力，让久驻的养生者颐养生命、增强体质和预防疾病，让常住的养老者享受乡村的田园风光，颐养天年。

三是农业生产区。这是有别于乡村特色小镇与城市社区最显著的标志。农业生产区的意义不单单是为了提供安全、放心的生态绿色食物和获取相应的收入。农业与自然密切交织在一起。农田的维持和管理有利于气候的稳定、储存雨水、调节河川流量并防止洪涝，农业也有利于延续传统文化，并形成绿色的空间和景观。更重要的是，农业支撑着区域乡村共同体的活动，农业活动本身“嵌入”到自然和乡村共同体之中，让整个乡村社会恢复到其应有的状态。从生活的角度看，农业生产就是“农活”，它是人性的综合。

四是居民生活区。居民生活区应该是一个日常的生活世界，是以面对面的熟人关系结合而成的、充满活力的乡村新型现代社区。环境打造上，必须克服高楼大厦的城市模本，小桥流水的乡村图景在这里应充分展现。

五是服务配套区。服务是田园综合体的生命线，生产性服务业应向专业化和价值链高端延伸，生活性服务业应向精细化和高品质转变。让游客与居民吃住放心，娱乐舒心。在主体架构中，核心要素是：田园生产、田园生活、田园景观。

3.“田园综合体”的意义

田园综合体具有重要的经济意义，主要表现为“五器”，即资源聚集的推进器、产业价值的扩张器、新型业态的孵化器、区域发展的牵引器、农民增收的助力器。同时，它还有重要的社会、文化、生态意义。

社会方面：

一是“三生融合”的统一体。“三生融合”，就是生产不离生活，生产、生活不离生态。三者互为因果，互相促进，这样才能打造出高品质的生活、高效率的生产、高文明的生态。放眼世界，庄园生活、庄园经济飞速发展成庄园外交，这应是田园综合体努力的最高境界。

二是城乡重构的新生体。城与乡的关系是相互配合的夫妻关系，各有分工，不是非此即彼的对立关系，少了谁都不行。城镇化的本意是居民不论在哪里生活都能享受到与城市相仿的公共设施和公共服务。田园综合体是城乡共享的开放型社区。尤其在城市病加剧的背景下，人们发现，身处田园才是最宜居的环境。

三是功能整合的多元体。一个完整的田园综合体应该包括六大功能：食物保障功能、就业收入功能、原料供给功能、旅游休闲功能、生态保育功能、文化传统功能。在一个合理的田园综合体里，这些功能应相互促进，相互融合，成为在经济价值、生态价值和生活价值上获得均衡的人类“生的空间”。

四是健康中国的养生体。健康中国有三层含义：一是提高老百姓的健康水平和长寿水平；二是要有健康理念，配备完善的健康服务条件，以及基本的健康保障；三是要求把健康列入国家发展首位，实施全方位、全周期的健康服务和健康保障。田园综合体紧紧围绕健康中国这一核心做文章，体现这三个方面的价值意义。可以预言，它不仅能够实现“农业增效、农民增收、农村增美”的三增目标，还能够向着“人民增寿”的四增目标拓展。

五是休戚荣衰的共同体。田园综合体应打造四个层面的共同体：利益共同体、情感共同体、文化共同体、命运共同体。按市场规律生成的田园共同体中每个个体都将围绕共同的利益超越自我，在更深广的时空里，思考共同的价值，建立相互联系、相互支撑、唇齿相依、休戚与共、和谐共处、平等共生的紧密关系。

文化方面：

一是盛世乡愁的存放地。在田园综合体里，可以体验闲适、体验农事、体验自然风光。

二是农业文明的复兴地。农业文明是与工业文明、城市文明并行不悖的一种文明形态，是人类文明的三大基本载体之一。没有农业文明，工业文明就是空中楼阁，没有农业文明，城市文明也会昙花一现。复兴农业文明，田园综合体就是一个绝佳的载体。

三是传统文化的弘扬地。乡村是中华文化的源头，中国几千年积累的传统文化精华大多与农村、农业息息相关。中华文化发源于乡村，田园综合体可以做好“发源与发扬”、“传统与传承”的大文章。

四是家园红利的再生地。家园红利增强了一个社区的凝聚力、吸引力和归属感。家园红利是中华民族长期积淀的宝贵资源，应予传承。近些年来，由于农民工大量外流，乡村亲族的纽带越来越淡薄，社会资本消耗殆尽。就一个国家一个民族而言，家庭的集合是家族，家族的集合是民族，民族的集合是国家，这是一个环环紧扣的生态链。田园综合体的建设，即可提高社区的向心力、凝聚力、归属感，重新累积生成家园红利。

五是“诗意栖居”的理想地。“诗意栖居”是德国哲学家海德格尔对人类生活最高境界的精妙概括，诗意则源于对生活的理解与把握，尤其是内心的那一种安详与和谐。田园综合体可以在环境的诗意、文化的诗意、哲学的诗意和技术上的诗意四个方面体现、满足诗意的栖居。

生态方面：

一是自为的绿色发展。现代的田园综合体，围绕原有的自然景观，按照生态学原理去设计和建设，实现原有的自然景观的延伸。这是自发自为的绿色发展。

二是自觉的生态认知。生态环境破坏的源头在西方四唯论即唯人类论、唯科技论、唯速度论、唯对立论。与四唯论相反，田园综合体在自然面前保持谦逊，它是工农结合、城乡结合、人与自然结合的地域复合社会，生活在其中的个体，对周遭的生态环境有着非常自觉的认知。

三是自律的生态保育。田园综合体是生命的共同体，个人生于斯长于斯，乡与土维系着人们的魂，团体道德有很强的约束力，个体的自律已内化为潜意识，时时处处在约束自己的行为。

四是自警的生态捍卫。田园综合体是人们生活、工作赚钱和子孙赖以生存的地方，利益所系，他们尤其警惕来自外部的对本社区生态环境的破坏。我们有古今中外最严厉的环保制度“责任终身追究制”，但再严厉的制度约束也不如当地人自我捍卫来得有效。

五是自然的生态循环。田园综合体是一个按照自然规律运行的绿色发展模式。人们生产生活方式由过去的“二物思维”转变为“三物思维”，植物是生产者，动物包括人是消费者，微生物是分解还原者，三物组合，构建起一个完整的生态循环链条。比如农作物的秸秆通过微生物发酵工程变为饲料或肥料，生产出绿色生态有机农产品将成为常态。

总之，中国农村是“中国乡愁”的载体，也是“中国问题”的载体。田园综合体，是一个值得开拓探索、常议常新的“百年立论”，是一个需要世代实践、薪火相传的“世纪命题”。我们有理由相信，田园综合体普及建成之日，就是中华民族实现伟大复兴之时！

（作者：刘奇，中国农业经济学会副会长，转自网络）

三、国家农业公园

1. 国家农业公园缘起

农业部于2008年制定了农业公园的相关标准，中国村社发展促进会、亚太环境保护协会等5家单位根据该标准联合制定了《中国农业公园创建指标体系》，该体系包括乡村风景美丽、农耕文化浓郁、民俗风情独特、生态环境优化、规划设计协调等事宜大评价指数，共计100分，经申报评审等程序，计分达到有关条件的，批准其为“中国农业公园”。

2. 概念定义

国家农业公园作为一种新型的旅游形态，它既不同于一般概念的城市公园，又区别于一般的农家乐、乡村游览点和农村民俗观赏园，它是中国乡村休闲和农业观光的升级版，是农业旅游的高端形态。其必须以原住民生活区域为核心，涵盖园林化的乡村景观、生态化的郊野田园、景观化的农耕文化、产业化的组织形式、现代化的农业生产，是一个更能体现和谐发展模式、浪漫主义色彩、简约生活理念、返璞归真追求的现代农业园林景观与休闲、度假、游憩、学习的规模化乡村旅游综合体。

3. 申报范围

全国范围内的村庄、社区、乡镇，与新农村建设、农业产业化相结合的乡村旅游景区。

4. 申报条件

1. 与乡村、农业文化相关的风景、风物、风俗、风情具有吸引广大旅游休闲者的资源禀赋与基本质素；

2. 产业结构中必须有农业产业（包括农林牧渔）作为重要方面；

3. 有对乡村实施绿色文明和可持续发展的基本要求与考量；

4. 以村域范围为主体来规划布局和开发建设；

5. 尽力保留原农户、农民的人居原生态，农民生活情景应活化与融化在农业公园游览体系当中；

6. 有相对完善的管理机构。

5. 评定标准

1. 乡村风景美丽。有吸引力较强的田园美景、地貌美景、水系美景和社区美景。

2. 农耕文化浓郁。有展示传统农耕文化和现代农耕文化的场所。

3. 民俗风情独特。有特色的饮食文化、特色的生产习俗、特色的生活习惯、特色的节令节庆、特色的民间工艺、特色的村规民约、特色的建筑人居。外界口碑评价良好。

4. 历史遗产有效传承。乡村遗产保护传承机制健全，保护传承措施完善，保护传承效果良好，有相应的乡村遗产保护传承荣誉。

5. 产业结构发展合理。耕地与农林用地保护状况良好，农业产业（农林牧渔）及内部产业结构和谐发展。

6. 生态环境优化。社区生态环境、产业区生态环境、旅游服务提供区生态环境良好。

7. 区内经济主体实力较强。经济组织形式先进、经济产业结构合理、经济管理模式健全、经济发展总量在同级区域中居于领先地位。

8. 区内居民生活幸福指数较高。居民人均住房面积、居民就业率、居民人均收入、居民子女入学率在同级区域中居于领先水平。

9. 服务设施配置完善。区内有较为完善的道桥游线设施、下榻接待设施、餐饮服务设施、娱乐休闲设施、购物消费设施、管理与导游设施、出行运载设施、通讯视讯设施和康疗救护设施。

10. 品牌形象塑造良好。有鲜明、有特色的休闲农业与乡村旅游品牌形象，品牌传播力广、美誉度强。

11. 规划设计协调。现有规划设计符合国家农业公园各项标准要求。

以上标准评分分值见文章末《国家农业公园申报评价体系》。

6. 申报程序与评定办法

1. 申报单位自愿报名，填写国家农业公园申报表格，申报材料以报告的形式整理，并采用文字与图片的合理搭配方式，装订成册，以便专家评审。

2. 县区旅游和农业部门根据申报单位上报材料，联合进行初审，并在申报表格填写推荐意见，形成推荐报告，分别报送市旅游和农业部门。每个县区限推荐1个单位。

3. 市旅游和农业部门根据申报单位上报材料和县区旅游、农业部门的推荐意见，组织有关专家进行实地调查与调研，综合确定评定结果。根据评定结果确定国家农业公园试点地点。对评定确定的候选地点按照《国家农业公园申报评价体系》进行指导完善，并上报省委农工办、省旅游局争取相关政策扶持，同时上报中国村社发展促进会申请中国农业公园创建单位资格认定。

四、共享农庄

随着共享经济的发展，共享理念逐步推广到各个领导。从我们最熟悉的共享单车、共享雨伞，到现在的共享农场理念的出现。将共享植入农业领域，又会带给农业怎么样的发展前景。

海南省召开“以发展‘共享农庄’为抓手建设田园综合体和美丽乡村”培训推进会。省委副书记李军指出，以发展“共享农庄”为抓手建设田园综合体和美丽乡村，是解决农产品滞销和价格波动、美丽乡村建设缺少商业模式和持续运营能力、乡村旅游产品单一和水平较低、贫困户持续稳定脱贫致富、农耕文化传承等问题的有效举措。国家和省级层面近期出台的一系列政策为发展“共享农庄”提供了政策支持，省委书记刘赐贵、省长沈晓明就“共享农庄”作为美丽海南百镇千村建设一个抓手先行试点、结合农业供给侧结构性改革积极推进等提出明确要求，各市县各部门要认真落实、积极实施。

“共享农庄”作为一种平台化思维的产物，对于政府、农庄主、农民以及城市消费者而言，可谓“四赢”局面。

对于政府而言，“共享农庄”模式，通过使用权的交易，将农庄的闲置资源与城市需求之间进行最大化、最优化的重新匹配，将不确定的流动性转化为稳定的连接，间接地缩减了城乡差距问题。

对于农庄和农民而言，通过产品认养、托管代种、自行耕种、房屋租赁等多种私人定制形式，不仅可以降低经营风险、提升产品附加值，还能够和以往低频消费的用户建立强连接。

对于城市消费者而言，有一方良田，播撒夏秋之繁实，有一处宅院，纳三五好友，赏四季之风月，几乎是人生最大幸事。但以往，这种梦想和经营一家农庄的现实，对于大多数人来说都遥不可及。不过，如今“共享农庄”模式的出现，将“梦想照进了现实”。

农庄作为一种生活、一个自由呼吸的场所，一个城乡之间“第三种生活”的本质属性，也因为共享经济的融入，得以淋漓尽致地展现。

共享农场就是，把共享经济的这种理念，带到具体的农场经营中去，打造出的大联盟。这个大联盟成员需要：消费者和农场、线上和线下的购物渠道和流程，还有，要保证良好的农场体验，包括参与农事活动和购买土地、农资、农产品衍生品的工艺制作等的体验等。

农业公司或者创业借鉴共享模式，哪些方面可以采用这些模式？

1. 农村土地

国家提倡土地流转与变现，土地已经成为资本追捧的对象。一家创业型公司如果流转了1000亩土地可以解决共享模式来资金的困局。

目前有些地方已经在开始认种、认养的项目。只要你有地，你也可以开展认种、认养项目。比如，一个城市家庭可以认种1亩地，支付管理费用，之后由你来帮他们搭理，种出来的农产品归城市用户。

2. 农机

很多朋友之前抱怨农机的价格太贵，一台农机十几万，甚至上百万。而且，要命的是农机闲置率太高。

如果通过开展农机租赁，一台农机可以提供给一个村里的农户使用，大家一起来共享这台农机。

3. 农村物流

目前，很多大型的物流公司。比如顺丰、申通等物流的渠道已经下沉到村镇了。国家也发文提出发展农用车来开展物流和配送。毕竟，农村比较分散，物流跑起来比较吃力。

4. 农村仓储

农产品大量上市之后，不肯一次就能卖掉。因此，仓储或冷链显得特别重要。但建设一个仓储成本太高、闲置率也特别大。通过共享模式，激活农村仓储，提供仓储利用率，帮助农民解决农产品存储及农产品安全等问题。

五、农业休闲综合体

农业休闲综合体是在“休闲农业”和“旅游综合体”的概念基础上形成的，是新型城镇化发展进程中，都市周边乡村城镇化发展的一种新模式。

在架构上，“农业休闲综合体”在“旅游综合体”构架下，基于一定的农业资源与土地基础，将农业和休闲游憩相结合，以农业为切入点，以景观打造为基础，引入泛旅游产业，形成以旅游休闲为导向的土地综合开发。

在功能上，“农业休闲综合体”在农业的基础上延伸产业链条，增加服务功能，以农业为依托，集合观光、休闲、娱乐、创意、研发、地产、会展、博览等三种以上的相关功能为一体，在进行农业生产以及产业经营的同时，展现农业文化和农村生活，从而形成一个多功能、复合型、创新性的产业综合体。这种休闲农业模式既可以是一个农业园、一个农业区域、也可以是一个主题产业或者一个卖场，只要具备农业链条中的一个环节，就都有可能通过合理的规划将其发展成农业综合体。

1. 农业休闲综合体发展助推新型城镇化

农业休闲综合体以农业为主导，融合工业、旅游、创意、地产、会展、博览、文化、商贸、娱乐、物流等三个以上相关产业与支持产业，形成多功能、复合型、创新性的产业结合体。它是“大农业”的复合结构形态，是资源整合的“驱动器”，产业价值的“放大器”，城乡共生的“交响曲”，是区域发展的“发动机”。它能有效提高产业集成度、产业集聚度、产业融合度和产业关联度，改变传统产业结构，转变产业发展和运作模式，增强产业间互动与支持效应，降低产品和服务成本，创造收益递增机会，催生出新型业态，提高产业附加值，扩大产业价值，形成产业复合的“倍增效应”。它是一条破解“三农”困局之路，也是一条中国经济未来发展之路。

2. 农业休闲综合体的动力机制

“农业休闲综合体”是产业模式升级、产品模式升级、土地开发模式升级三大升级共同作用的结果。

其综合特征包括以下三个方面：

（1）以一定的田园景观环境与农业生产生活为基础

农业休闲综合体是在结合农林牧渔生产与经营活动及农村文化与农家生活的基础上，充分利用田园景观、自然生态及环境资源，将生态农业与旅游综合体进行美妙组合的创新型综合体，具有引领区域资源共生、聚合增值之特质。它以休闲观光为营销点，试图全资源旅游化，并以着力聚集、发展其他服务业之平。其核心是农业生产和生活资源休闲观光化。

（2）以观光休闲功能为核心

农业休闲综合体是顺应城乡居民消费新趋势而发展起来的，与传统农业最大的不同是其具有的服务业功能，且依托城市、服务城市、受益于城市，强调城乡经济有机融合、人与自然和谐发展，这促使农业由第一产业向第三产业延伸。作为农业休闲综合体，观光休闲功能必须是核心，基于泛休闲农业产业综合发展的构架下，融合观光、游乐、休闲、科普、会议、度假、居住等多种功能。当然，在实际开发中的功能综合配置，不是多种功能的简单的大糅合，而是要根据具体情况，侧重打造其中某一项或几项功能。

（3）以综合开发为主要手段

其一，是资源的综合开发。在结合农林牧渔生产与经营活动及农村文化与农家生活的基础上，充分利用田园景观、自然生态及环境资源，同时将生态农业与休闲旅游进行合理组合，是农业休闲综合体打造的本质所在。

其二，是产业的综合发展。农业休闲综合体，由单一的农业生产到泛休闲农业产业化的转变，实际上是包括旅游、休闲度假、地产、会展等在内的泛休闲农业产业的综合发展架构。

其三，是功能的综合配置。农业休闲综合体，区别于传统观光农业的特色之一，就是聚集了多种旅游功能，既要突出某项功能，又能够一站式满足游客全方位的旅游体验需求。

其四，是配套的综合建设。农业休闲综合体，除了产业、功能外，还需要市政设施、基础配套、服务管理机构等方面的综合建设。

其五，是目标的综合打造。一个成功的农业休闲综合体，实际上完全有可能发展成为“城市特色功能区、新型城镇化的典范、农业休闲示范区”，这是一个综合目标的构架。

其六，是效益的综合体现。以农业为切入点，以景观提升为基础，引入休闲旅游功能形成土地综合开发，是对农业产业化的提升、农产品品牌提升、土地价值的提升、区域经济效益的提升。

3. 以“农业庄园”为主要开发模式

“农业庄园”作为一种农业产业化发展新模式，能够将规模经营的理论引入农业生产经营，通过对资金、土地、劳动力及设备各生产要素的优化组合，加快推进农业的集约化，进而实现农业现代化。

其典型的形式是：土地开发商通过购买土地所有权或租赁一定面积的土地，把土地相应地划分为若干等份，通过出售土地权益证或股份受益凭证向社会招商融资，并实行统一规划、统一经营、统一管理。

（1）产权模式

“农业庄园”以农村土地使用权为产权基础，但不是简单地将土地使用权转让和组合，而是将农村土地使用权在营运过程中的权益进行有效地组合。“农业庄园”产权组合的实质，是在对私有财产、社团产权和法人产权边际效应重新界定的基础上，将产权制度中一系列权能分解成为营运权能，将营运权能按价值转换原则进行组合，即将土地使用权中的占有、使用、收益、处分权进行分离，将财产权益营运中的经营、管理，将产品的生产、消费进行综合性的、多样化的组合，使之成为全新的产权制度，合理地解决了营运产权中的投资者、营运组织的权责边界。

①深化农村经营体制改革

现代农业庄园打破了过去分散经营的小农格局，推动了土地所有权、承包权、使用权“三权分离”，是农业产权制度、融资方式、农业功能、技术引进和推广、管理方式、产业组织方式的创新，对深化农村经营体制改革，激发农村经济全面发展的内在潜能具有重要作用。

②提高农村土地的利用效率

现代农业庄园以市场配置土地资源，通过承包、租赁、购买、股份合作等形式，对农村的耕地、林地、园地、草地、水域等土地资源进行流转，实行适度规模经营，提高了土地利用效率。

③促进农业产业的规模化发展

现代农业庄园对土地、资金、劳动力、技术及设备等生产要素优化组合，使过去“劳动力+土地”的一家一户分散经营模式，转变成“劳动力+土地+资本+技术+管理+规模”的现代农业发展模式，带动农业向专业化、集约化、规模化、标准化、品牌化发展。

④提高农业产业的综合效益

现代农业庄园以生产产品和组织产品加工为目的，大投入、高产出，讲求规模效应，注重综合开发，种养加工一起上，产供销一条龙，农林牧副渔齐发展，有利于挖掘产业要素潜力，改善农业基础条件，优化农业产业结构，提高农业综合效益。

⑤增强农业抵御市场风险的能力

现代农业庄园以市场为导向，培育农业合作经济组织，建立紧密的利益联结机制，使生产、加工、流通、投资、经营管理、科研融为一体，使农业生产与市场紧密连接，增强了农业抵御市场风险的能力。

⑥增强农业产业发展的融资能力

现代农业庄园以资本为纽带，将土地、劳动力、资金、管理、技术等生产要素以资本形式进入农村，积极引导社会资本盘活农村闲置资源，实现了资源与资本的有效对接。

⑦加快推进城乡一体化进程

现代农业庄园合理配置生产要素，集生产、加工、经营、旅游观光、农事体验、休闲娱乐、运动、住宿、餐饮、购物等功能为一体，延伸了农业产业链，使现代农业与现代服务业、旅游业相结合，促进了一、二、三产业的高度融合，有利于形成以工补农、以城带乡、城乡互动的发展格局。

（2）开发模式

“农业庄园”就其类型而言，主要有以下4种：

①农业观光采摘庄园

主要以观赏采摘类的农业休闲形式为主，常见的形式有：a. 采果园。包括荔枝、柑橘、杨桃、葡萄、橄榄等果实以及蔬菜、茶、花卉的采摘，属产地采果业型农业观光。这是新型农业经营形态，主要利用农业生产的场地、产品、设备、作业及成果作为观光对象，获取收益。b. 挖掘园。以种植番薯为主，兼及马铃薯、芋头、萝卜、胡萝卜、花生及竹笋等，农庄在收获期间供学生和市民挖掘，让其接近自然、亲近泥土。c. 观光花园。这类庄园培植花卉、树木，创造优雅环境，使之成为生产和观赏结合的花卉园。目前，随着人民生活水平的提高，花卉市场发展潜力很大，除鲜花、盆景外，对阴生观赏植物需求量很大，攀援植物行情也很好。一些农庄利用这一形势积极发展花卉生产，已取得初步成绩。观花类、观叶类和观叶赏果类植物的栽培以及盆景生产都有发展。d. 药材园。这类农庄利用本地山区野生药材资源繁多的优势，栽培许多名贵药材和普通药材，并建立一些贵重或市场紧缺而需要量大的药材如甘木通、肉桂等的生产基地，进行批量生产。

②农业产业化庄园

以市场为导向，以经济效益为中心，以主导产业、产品为重点，优化组合各种生产要素，实行区域化布局、专业化生产、规模化建设、系列化加工、社会化服务、企业化管理，形成种养加、产供销、贸工农、农工商、农科教一体化经营体系。

③农业文化娱乐庄园

以乡村游乐体验、回味农耕文明为主题，将近郊农业文化、休闲娱乐功能相结合，集美食、娱乐、购物于一体。主要形式有：a. 以家庭为单位，闲暇时光居住在此，从事一些种花、种菜、修剪果树、采摘水果、蔬菜等乡间劳作，以此体验亲近自然的乐趣。b. 饲养珍品动物，如羊驼、长颈鹿、藏獒等，让人们在与这些动物的零距离接触和交流中，切身感受不同于家养宠物的体验，相对于乡间劳作其面对的市场又高一层次。c. 以生态餐饮的形式，即生态有机食品原料都是庄园自己生产的新鲜无公害有机农产品，顾客可以自己动手采摘，现摘现做现吃，吃得透明，吃得放心。

④农业养生度假庄园

是一个集养生、度假、娱乐、体验、休闲为一体的度假区域。在以养生为主题的前提下，不仅包括了养生生态环境，还包括亲力亲为的体验项目。依托项目地的良好生态环境，设立休闲会所，提供康体休闲活动，如健身场馆、SPA疗养、海浴、盐浴以及其他康体项目；采用有机种植果蔬，亲自采摘，制作罐头等方式，来丰富整个养生农庄的游程。此外，从配套产品到建筑类型，从销售方式再到服务模式，每个环节都体现出自身的特色。

4. 农业休闲综合体体系构建

在新型城镇化构架下，农业休闲综合体实际上是由五个部分构成：景观吸引核、休闲聚集区、农业生产区、居住发展带、社区配套网。

（1）景观吸引核

景观吸引核是吸引人流、提升土地价值的关键所在，是农业休闲综合体打造的关键。农业休闲综合体通常位于地形丰富多变、景观资质良好的地段，往往依托观赏型农田、瓜果园，观赏苗木、花卉展示区，湿地风光区，水际风光区等等。可以使游人身临其境的感受田园风光和自然美景，使游人放松身心、体会农业魅力。

（2）休闲聚集区

休闲聚集区，是为满足由核心吸引物带来客源的各种休闲需求而创造的综合休闲产品体系，实际上是各种休闲业态的聚集（Mall构架的游憩方式）。主要包括农家风情建筑（如庄园别墅、小木屋、传统民居等）乡村风情活动场所（特色商街、主题演艺广场等）垂钓区等。休闲聚集区使游人能够深入农村特色的生活空间，体验乡村风情活动，享受休闲农业带来的乐趣。

（3）农业生产区

生产区通常选在土壤、气候条件良好，有灌溉和排水设施的土地上，主要的基础生产项目为：农作物生产、果树、蔬菜、花卉园艺生产、畜牧业、森林经营、渔业生产等。生产区主要让游人认识农业生产的全过程，让游人在参与农事活动中充分体验农业生产的乐趣。

同时还可以开展生态农业示范、农业科普教育示范、农业科技示范等项目。通过浓缩的典型科技农业和农业传统知识的推广，向游人展示农业独具魅力的一面，增强游人的农业意识，加深对农业的了解。

（4）居住发展带

居住发展带，是农业休闲综合体迈向城镇化结构的重要支撑。旅游各要素的延伸带动农业产业与休闲产业发展，形成以农业为基础，休闲为支撑的泛休闲农业产业，通过产业融合与产业聚集，形成人员聚集，形成农民城镇化居住、产业人口聚集居住、外来游客居住、外来休闲居住（二居所）外来度假居住（三居所）等五类人口相对集中居住，从而形成了依托休闲农业产业的城镇人口以及为此建设的居住社区，构建了城镇化的核心基础。

（5）社区配套网

社区配套网，是农业休闲综合体必须具备的城镇化支撑功能。服务于农业、休闲产业的金融、医疗、教育、商业等等，我们称为产业配套。而与此结合，服务与居住需求的居民，同样需要金融、医疗、教育、商业等等公共服务。由此，形成了产城一体化的公共配套网络。

5. 综合产业价值链演化

农业休闲综合体产业链的扩展与构建是农业核心竞争力的物质基础。其重点内容是综合体内的生产与加工业转型升级，服务业丰富发展，在农业生产、农产品加工、服务业紧密融合的基础上再派生新产业。因此，综合体产业链扩展既要高度重视三次产业链的高端性，又要强调经济效益、社会效益、生态效益与资源效益的全面性。

（1）综合产业体系构建

农业休闲综合体的主题定位与功能开发对产业链扩展也有特定的要求与限定。在产业规模、技术水平、公共服务平台、科研力量和品牌积累等方面具有一定比较优势的基础上，借鉴国际产业集群演化与整合趋势，对照农业价值链演化规律，依据产业补链、伸链、优链的需要，形成综合产业链。可以形成包括核心产业、支持产业、配套产业、衍生产业四个层次的产业群：核心产业是指以特色农产品和园区为载体的农业生产和农业休闲活动；支持产业是指直接支持休闲农产品的研发、加工、推介和促销的企业群及金融、媒体等企业；配套产业则是为创意农业提供良好的环境和氛围的企业群，如旅游、餐饮、酒吧、娱乐、培训等等；衍生产业是以特色农产品和文化创意成果为要素投入的其他企业群。各产业之间相互带动、推动关系。

（2）产业延伸与互动模式设计

将各产业进行融合、渗透，拓展农业休闲综合体的产业链，形成以市场为导向，以农村的生产、生活、生态为资源，将农产品与文化、休闲度假、艺术创意相结合，以提升现代农业的价值与产值，创造出优质农产品，拓展农村消费市场和旅游市场。休闲农业具有高文化品位、高科技性、高附加值、高融合性，是现代农业发展的重点，是现代农业发展演变的新趋势。通过各个产业的相互渗透融合，把休闲娱乐、养生度假、文化艺术、农业技术、农副产品、农耕活动等有机结合起来，能够拓展现代农业原有的研发、生产、加工、销售产业链。在休闲农业产业体系中，一二三产业互融互动，传统产业和现代产业有效嫁接，文化与科技紧密融合，传统的功能单一的农业及加工食用的农产品成为现代休闲产品的载体，发挥着引领新型消费潮流的多种功能，开辟了新市场，拓展了新的价值空间，产业价值的乘数效应十分显著。

第十节 国家森林特色小镇

国家林业局办公室关于开展森林特色小镇建设试点工作的通知

办场字〔2017〕110号

各省、自治区、直辖市林业厅（局），内蒙古、吉林、龙江、大兴安岭森工（林业）集团公司，新疆生产建设兵团林业局：

为贯彻落实中发〔2015〕6号文件精神，深入推进国有林场和国有林区改革及林业供给侧结构性改革，推动林业发展模式由利用森林获取经济利益为主向保护森林提供生态服务为主转变，提高森林观光游览、休闲度假、运动养生等生态产品供给能力和服务水平，不断满足人民群众日益迫切的生态福祉需求，大力提升林业在国民经济发展中的战略地位，我局决定在国有林场和国有林区开展森林特色小镇建设试点工作，为全面推进森林特色小镇建设探索路子、总结经验。现将有关事项通知如下：

1. 建设目的

森林特色小镇是指在森林资源丰富、生态环境良好的国有林场和国有林区林业局的场部、局址、工区等适宜地点，重点利用老旧场址工区、场房民居，通过科学规划设计、合理布局，建设接待设施齐全、基础设施完备、服务功能完善，以提供森林观光游览、休闲度假、运动养生等生态产品与生态服务为主要特色的，融合产业、文化、旅游、社区功能的创新发展平台。

开展森林特色小镇建设，有利于提高国有林场和国有林区吸引和配置林业特色产业要素的能力，推动资源整合、产业融合，促进产业集聚、创新和转型升级；有利于深化国有林场和国有林区改革，助推林场林区转型发展，改善国有林场和国有林区生产生活条件、增加职工收入，增强发展后劲；有利于促进林业供给侧结构性改革，提高生态产品和服务供给能力和质量，不断满足广大人民群众日益增长的生态福祉需求；有利于保护生态和改善民生，促进国有林场和国有林区经济发展、林农增收，助推脱贫攻坚，着力践行习近平总书记提出的“绿水青山就是金山银山”等新发展理念。

2. 试点原则

（一）坚持生态导向、保护优先。要以保护好当地森林资源、原生生态环境和原生生态景观为森林特色小镇建设的立足点和出发点，在确保森林资源总量增加、森林质量提高、生态功能增强的前提下，采用环境友好型、资源节约型等建设模式和方式，实现生态环境、生态文化、森林景观和服务设施有机融合，充分发挥森林生态多种功能，为社会提供更多的生态产品和更优良的生态服务。

（二）坚持科学规划、有序发展。要与国有林场和国有林区发展规划、森林经营方案相结合，坚持规划先行，科学设计，立足实际，深入挖掘特色，找准发展方向。要严格按照当地生态环境的承载量，科学规划，经过严格的科学评估论证，按照程序批准后严格执行。

（三）坚持试点先行、稳步推进。要优先选择发展基础好、政府支持力度大、建设积极性高的国有林场和国有林区林业局作为建设试点。在及时总结试点成功经验和模式的基础上，逐步示范推广、稳步推进。

（四）坚持政府引导、林场主导、多元化运作。各级林业主管部门要积极协调有关部门在基础设施建设、项目立项和资金投入、易地搬迁、土地使用审批以及投融资政策等方面予以倾斜，不断优化政策和投融资环境，大力支持小镇建设；国有林场和国有林区林业局是森林特色小镇建设的主体，要创造条件，推进小镇与企业、金融机构有效对接，促进场镇企融合发展、共同成长。

3. 试点内容

（一）范围和规模。在全国国有林场和国有林区林业局范围内选择30个左右作为首批国家建设试点。

（二）建设方式。在稳定和充分保障国有林场和国有林区森林资源权益的基础上，可采取使用权与经营权分离的方式，放活经营权。可采取自建、合资合作和PPP合作建设等模式推进小镇建设，实现场镇企有效对接、互利共赢，融合发展。小镇建设要坚持改造利用、提档升级为主，原则上不搞新建，确需新建的要从严控制、严格把关。重点通过对国有林场和国有林区林业局的老旧场（局）址工区、场房住房等的改造，将其建设成地方特色鲜明，又与原生态景观风貌紧密融合的特色民居、森林小屋等接待设施。要注重与生态扶贫、林场棚户区改造、移民搬迁和场部搬迁重建，以及森林公园、湿地公园等工程项目建设相结合，相互促进，融合发展。

（三）建设条件

1）具有一定规模。一般应选择在森林分布集中，森林覆盖率一般应在60%以上，森林景观优美、周边生态环境良好，具备较好文化底蕴、无重大污染源，规模较大的国有林场或国有林区林业局建设。

2）建设积极性高。国有林场和国有林区林业局建设积极性较高，当地政府重视森林特色小镇建设工作，在小镇项目建设投入、招商引资、土地优惠以及基础设施建设等方面政策扶持力度大。

3）主导产业定位准确。主要依托森林资源和生态优势，重点发展森林观光游览、休闲度假、运动养生，以及森林食品、森林药材等林产品培育、采集和初加工的绿色产业。

4. 基础设施较完备。国有林场和国有林区林业局水电路讯等基础设施较完善，建设地点原则上要选择在距机场或高铁站50–100公里范围内。

（四）建设主要内容

1）改善接待条件。通过对国有林场和国有林区林业局老旧场（局）址工区、场房民居等的改造，建设成地方特色鲜明，又与小镇森林特色生态景观风貌紧密融合的特色民居、森林小屋等，努力提升食宿接待能力和服务水平。

2）完善基础设施。建设水、电、路、讯、生态环境监测等基础设施和森林步道等相应的观光游览、休闲养生服务设施，为开展游憩、度假、疗养、保健、养老等休闲养生服务提供保障，不断提升小镇公共服务能力、水平和质量。

3）培育产业新业态。充分发掘利用当地的自然景观、森林环境、休闲养生等资源，积极引入森林康养、休闲养生产业发展先进理念和模式，大力探索培育发展森林观光游览、休闲养生新业态，拓展国有林场和国有林区发展空间，促进生态经济对小镇经济的提质升级，提升小镇独特竞争力。

（五）工作程序

1）摸清家底。各省（含自治区、直辖市、森工集团、新疆兵团，下同）要尽快组织力量对本省国有林场和国有林区森林特色小镇建设情况和潜力进行调查摸底，填写森林特色小镇资源情况调查统计表（见附件1）。

2）推荐上报。各省组织国有林场和国有林区林业局开展森林特色小镇建设试点申报工作，根据当地实际情况，推荐2–3个国有林场或国有林区林业局作为国家建设试点，填写试点申报表（见附件2）。

3）确定试点。我局将在各省推荐的基础上，统筹考虑区域布局、建设特点、发展特色等因素，确定全国森林特色小镇建设试点单位，并予以公布。

4. 有关要求

各地要及时对森林特色小镇建设试点工作进行安排部署，做好摸底调查和试点申报工作。认真填写森林特色小镇资源情况调查统计表，确保各项信息的客观、真实、准确。推荐为试点单位的要提供3000字左右的文字材料和小镇概念性规划，有条件的可同时提供10–15分钟的视频材料。

国家林业局办公室

2017年7月4日

第十一节　国家运动休闲小镇

在“健康中国，全民健身”的大背景下，以体育旅游为创新方向的产城融合，成为中国特色小镇的发展路径之一，体育特色小镇也应运而生。全国各地正涌现出一大批体育特色小镇，体育特色小镇将成为我国体育产业发展的新动力。2017年5月体育总局发布的《关于推动运动休闲特色小镇建设工作的通知》，给运动休闲特色小镇申报指明了方向。通知要求到2020年，在全国扶持建设一批体育特征鲜明、文化气息浓厚、产业集聚融合、生态环境良好、惠及人民健康的运动休闲特色小镇。

一、如何申报运动休闲特色小镇

1. 为什么建设运动休闲特色小镇

带动小镇所在区域体育、健康及相关产业发展，打造各具特色的运动休闲产业集聚区，形成与当地经济社会相适应、良性互动的运动休闲产业和全民健身发展格局。推动中西部贫困落后地区在整体上提升公共体育服务供给和经济社会发展水平，增加就业岗位和居民收入，推进脱贫攻坚工作。

2. 何为运动休闲特色小镇?

体育特征鲜明、文化气息浓厚、产业集聚融合、生态环境良好、惠及人民健康的体育小镇。

3. 第一批运动休闲特色小镇会享受到什么政策优惠?

试点示范，给予引导和支持；

一次性给予一定的经费资助；

提供体育设施标准化设计样式，配置各类赛事资源推动此项工作持续健康发展，成为脱贫攻坚工作的助力项目。

4. 申报和推荐的小镇应具备哪些基本条件?

交通便利，自然生态和人文环境好；

体育工作基础扎实，在运动休闲方面特色鲜明；

近5年无重大安全生产事故、重大环境污染、重大生态破坏、重大群体性社会事件、历史文化遗存破坏现象；

小镇所在县（区、市）政府高度重视体育工作，能对发展运动休闲特色小镇提供政策保障。

5. 2017年推荐多少名额

京津冀三省（市）各推荐3个，其他省（区、市）各推荐1—2个；

体育总局有关运动项目管理中心各推荐1个。

二、如何打造运动休闲特色小镇

1. 体育小镇主要类型

体育休闲类旅游小镇：钓鱼、登山、滑板、骑马、保龄球、网球、羽毛球、游泳、溜冰、潜水、放风筝、划船、冲浪等；

体育度假类旅游小镇：高尔夫、房车露营、滑雪等

体育探险类旅游小镇：户外探险、海底探险、沙漠探险、攀岩、滑翔、跳伞等

体育养生类旅游小镇：太极拳、瑜伽、保龄球等

2. 体育小镇打造方向

以单项体育活动或赛事为核心：结合地理区位特征或地方体育产业特色，打造单项体育活动项目的产业集群和产业生态链的体育类特色小镇。如新西兰皇后镇聚焦户外运动、法国沙木尼体育旅游小镇发展滑雪特色运动等。

体育产业融合新城区建设：创新一批体育类项目和设施带动小镇建设。特色小镇兼具除体育产业以外的文化、旅游、养生等其他功能，实现生态、环保、养生、宜人的属性。如北京丰台足球小镇、浙江银湖智慧体育产业基地等。

引入体育类企业建设运营：参与特色小镇建设企业根据既有资源优势，谋划体育类主题创新，定位体育和旅游等产业融合，集聚资源，组合项目，创新驱动，实现企业成长和体育小镇经济的可持续发展。如河南嵩皇体育小镇、浙江德清莫干山“裸心”体育小镇等。

三、国外运动休闲特色小镇案例

1. 法国沙木尼体育旅游小镇——体育运动休闲型特色小镇

沙木尼小镇（Chamonix，也译夏蒙尼）位于法国中部东侧，毗邻意大利和瑞士这两个迷人的国度。坐落于阿尔卑斯主峰勃朗峰（4807米）脚下的山谷里，在勃朗峰的

恩泽下，成为了高山户外运动的旅游目的地。

沙木尼小镇以专业化的教育培训机构为保障，以多元化的运动休闲项目为核心，以完善的配套服务为支撑，成为著名的山地度假目的地。

（1）专业的教育培训机构

沙木尼形成了专业的高山运动教育培训：世界上第一所登山向导学校——法国国家滑雪登山学校（ENSA）高山警察培训中心、高山军校、高山医学培训等相关的高山机构。

（2）多元化的体育项目及国际赛事

沙木尼有着丰富的体育运动项目，攀登资源非常集中，勃朗峰、大乔拉斯峰拥有5000多条攀岩路线和众多的攀冰、登山路线，另外滑雪，高山滑翔伞，溪降运动也开展得非常广泛。

登山、滑雪国际特色赛事之下，还发展了高等级越野比赛（UTMB，全称环勃朗峰超级越野赛，作为世界上最著名的越野赛事之一）。

（3）完善的休闲配套服务

沙木尼常住居民仅有1.3万人，但每年要接待超过200万的登山滑雪者和普通的游客。服务配套设施齐全，有众多的酒店、旅馆、度假屋、餐馆、还有超级市场和娱乐场所，交通也比较方便。

2. 意大利蒙特贝卢纳镇——体育产业型特色小镇

蒙特贝卢纳镇（Montebelluna）位于意大利北部特雷维索省（Treviso），有着悠久的手工制鞋历史，20 世纪 70 年代这里便成为世界著名的与冰雪运动有关的运动鞋生产基地。

目前，全球约80% 的赛车靴、75%的滑雪靴、65%的冰刀鞋和55%的登山鞋等运动鞋产自此镇。大量生产企业的聚集，促进了商业、居住及公共服务等城市功能的配套完善，形成了“运动鞋生产集群 +城市服务功能”的小镇发展架构。

（1）产业集群发展

蒙特贝卢纳镇已经形成了一个庞大的运动鞋生产集群。围绕着运动鞋生产企业，聚集了大量研发、设计、款式分析、配件生产、模具制作、制鞋机器及塑胶等产前配套生产企业，以及商业协会、中介、媒体、营销和配送等产后相关服务产业。随着集群影响力的提升，很多国际知名运动品牌与当地公司进行合作，逐渐培育出Geox、

Tecnica、Nordica等大型企业。

（2）产城结构

各类鞋生产企业在地理空间上并不是绝对集中，而是以镇区为中心，在半径约5km范围内沿路发展，形成多个产业集聚区。设计、研发和配件生产等相关企业围绕核心生产企业发展，商业、居住等城市配套功能则主要集中在镇区。

大型运动鞋生产企业、配套企业及城市配套服务功能交错分布，通过产业链间的联系和便捷的交通网络构成一个“大分散、小集中”的布局，核心体育用品的生产推动上下游企业的完善，促进服务业集聚，推动小镇特色化发展。

第十二节　国家中医药康养小镇

由于在养生、大健康等方面的天然优势，一些有着中医药资源的地区开始挖掘其资源和文化打造中医药特色小镇。而一个个中医药特色小镇又成为养老人群的好去处。

一、多部门政策扶持中医药小镇

目前，国家中医药管理局等单位发布的《中医药发展战略规划纲要》和《中医药健康服务发展规划》等，都对中医药健康旅游做出了规划部署，鼓励中医药企业开发健康旅游产品，打造一批特色鲜明、优势明显的中医药文化小镇。

全国人大代表、江苏康缘集团董事长肖伟在接受《中国企业报》记者采访时表示，未来，随着具有中医药文化背景地区的特色小镇建设与中药企业联手，创办中医药健康旅游示范基地，将推动中医药健康服务业与文化休闲旅游产业有机融合。肖伟在今年全国两会上建议，应鼓励中医药在养生保健、治未病和慢病人群的健康促进等方面快速渗透；研究制定中医药健康旅游服务行业标准，推动中医药健康旅游标准化、规范化发展。

到2020年，浙江提出将创建以中医药为载体的20个特色小镇、20个健康产业重点园区，实施100个健康产业重大项目，培育一批适用于家庭或个人健康监测、功能康复的中医器械产品骨干企业等。

2017年2月，安徽省发布《安徽省中药产业发展“十三五”规划》（以下简称《规划》），提出要建设一批中医药特色旅游小镇和旅游度假村。《规划》提出，安徽省将发展中医药旅游产业，借助中药企业、名胜古迹以及温泉、中药材种植基地、药用植物园等资源，建设一批中医药特色旅游小镇和旅游度假村。

二、各地中医药特色小镇涌现

在特色小镇建设上走在前列的浙江省，在推进中医药特色小镇建设上也成绩不俗。浙江推出以企业为主体，以项目为载体，聚集中医养生、医疗、康复等资源，提出在城市打造中医药一条街，在农村打造中医药特色小镇。

比如杭州市上城区在百年老店胡庆余堂、方回春堂等基础上延伸开发了五柳巷中医药一条街。磐安县依托中药材资源优势，推进“江南药镇”建设，小镇规划面积在1平方公里左右，计划3年内投入30至50亿元，目标是将其打造成为华东地区最大的中药材贸易、休闲、养生目的地。

在富春江畔的浙江桐庐县，当地传说中相传桐君老人是上古时药学家，以擅长本草著称。

正是因为这样得天独厚的中医药文化基础，桐庐县在大奇山国家森林旁建起了健康小镇。目前，桐庐健康小镇已经入选浙江省第一批37个省级特色小镇。

在安徽省第一批特色小镇名单中，阜阳市界首市光武镇、六安市霍山县石斛小镇均是在打中医药养生牌。

河北任丘作为我国古代医学家扁鹊的故里，在河北省级特色小镇名单中明确提出了建设任丘市中医文化小镇等特色小镇。

河北省易县则是依托“紫荆关边塞文化避暑休闲旅游区”，深入挖掘中医易水学派创始人张元素中医文化理论并提出打造中医药健康旅游示范景区——蔡家峪中医药文化旅游小镇。未来，将通过让农民种植中草药花海和打造特色民宿美食村等形式丰富特色小镇内涵。

可以预见，随着各地中医药道地药材资源和中医文化资源的深度挖掘，再加之山水休闲旅游业态的开发，中医药特色小镇将会迸发出更大发展热情。

（文章来自：《中国企业报》）

第十三节　国家特色小镇申报指导

由《中国特色小镇发展报告》编辑委员会所组建的特色小镇智库专家委员会、品牌评价委员会、设计创意委员会、运营管理委员会、投资资本委员会、艺术金融委员会等，云集了北京各部委专家学者、高等院校、社会智库以及金融机构、新闻传媒、文化传播等特色小镇生态圈的关联机构与服务公司，形成了一个特色小镇项目课题、策划咨询、规划设计、立项计划的全产业链服务。

一、项目初期

1. 确定合作关系，交流政务信息

但凡准备建设特色小镇的乡镇村落、投资公司、建设公司等单位，有了建设特色小镇的动议之后，可与编委会各委员会取得联系，确定合作关系，交流建设准备情况，以及取得当地市、县、乡、镇对该小镇项目的认可与支持。

2. 参加小镇研修，签署顾问协议

特色小镇建设单位前往北京及各省会研修机构参加学习，与特色小镇各委员会签署顾问协议。

3. 研读基本材料，专家实地考察

特色小镇建设单位研修、阅读特色小镇建设的政策、法规、制度，北京专家汇同各省市专家前往特色小镇建设单位进行考察。

二、项目课题

1. 出具调研报告，专家项目研讨

特色小镇建设单位向北京各特色小镇研究机构出具由北京或各地专家组织编写的该小镇调研报告，北京专家针对特色小镇建设项目组织专家在北京或当地进行研讨，比对国家政策、发掘地方资源、寻找社会合作。

2. 成立项目公司，当地政企合议、

特色小镇建设单位在当地县、乡、镇政府参与下，连同特色小镇所在村镇，共同成立特色小镇项目投资公司或建设公司，为获得国家资金、政府扶持和3P模式运营，项目运作时当地政府及其指派公司要有10%以上的股份，当地村镇有30%的股份，其他股份由社会各方力量募集。

3. 配套课题小组，拟定科考选题

项目公司与课题小组是并行合作的，围绕着特色小镇建设项目而开展的社会科学考察，其选题是特色小镇建设的选项和社会资金热心投入的项目。

三、策划咨询

1. 项目创意策划报告

举凡特色小镇的建设都要从创意开始，创意提出的选项和科目要经过策划认证，提出问题，解决问题，形成项目建设前的指导思想和工作方向。

2. 特色小镇概念规划

特色小镇概念规划是介乎创意策划和规划设计之间的思维过程。在概念规划中，要将创意策划变成可视的图表、视频，并要把未来的特色小镇的概貌模样提前呈现，概念规划是特色小镇申报、投融资，社会合作的依据文本。

3. 宣传计划+宣传包

宣传计划十分重要，宣传包是本报告关联的新闻传媒，即广播电视、报纸杂志、新媒体网络以及社会活动所组成的一揽子工程。宣传攻势属于项目创建中不可或缺的部分。

四、规划设计

1. 特色小镇可研报告

特色小镇可行性研究报告把概念规划的思想进一步细化，对特色小镇建设期内可能出现的问题和困难提前进行规避或者预案，做大数据分析，依据已有的特色小镇经验和本案规划建设的特性，进行完备的思想阐述、财务准备、风险规避。

2. 特色小镇详细规划

这份规划是按照国家住建部新型小城镇建设的所有标准，以及特色小城镇建设项目的特点地貌、环境建设连线所提供的详细规划，包括生态环境评估，土地规划、建筑规划、环境规划，以及规划的详规、修规等规划的不同阶段的工作成果。

3. 特色小镇商业计划

这是整个特色小镇创建前的最后一个策划阶段，把先前做过的所有工作都和市场紧密挂钩，从投资建设到运营预算，以及产业基金、资本运作、推出机制都有周详的考虑，这是特色小镇建设项目的护身符和保险单，这份商业计划关系到整个特色小镇建设的安危、成败，因此这份前期最后的商业计划不可省略，不可忽视。

五、立项计划

1. 小镇项目融资计划

任何一个特色小镇建设项目都没有足够的一贯到底的建设资金，总是要依靠国家的引导资金、产业基金、建设资金来开展工作，整个小镇建设的主要资金寄希望于社会金融资本，也就是现在大力倡导的国家3P项目。融资计划不仅要融到资金，还要有良好的资金运作方式、回报计划以及投资方的退出机制，它仅仅围绕资本市场，牢牢盯住资本运作，成为商业计划匹配的融资计划

2. 国家部委申报计划

国家特色小镇既可以向国家三部委，也可以向国家各部委进行申报，国家三部委的申报计划先行于省级政府机构给予的指标，其他各部委的指标可以先建设后申报，边工作边申报。在国家部委申报时还可以采取一个项目多次申报，需要兼顾到各部委申报政策，即便在国家申报计划未能完成的情况下，也可以向省、市级特色小镇管理部门进行申报，成为省市级特色小镇。

3. 全面运作宣传计划

这里全面运作宣传计划较之于之前提到的宣传包有所不同，这里讲的全面运作宣传计划是在特色小镇建设的三到五年，甚至更长建设期内的所有宣传工作要有计划，所有宣传形式、新闻预测、宣传效果都要事先予以评估，举一反三，最好的宣传就是把特色小镇项目做得别具特色、卓有成效。

三、专家篇

特色小镇的生命力，始于创意策划，终于产业链，文化铸魂，资本助力，在各领域专家、学者的顶层模式的提领下，多要素、多技术、多手段、多模式的融合通化构建了全生态链小镇经济，使得特色小镇成为一个有机生命体，让中国特色小镇由概念成为景象并推动中国经济的中流砥柱。

本篇分别从策划创意、产业建设、资本运营三个维度深入浅出地做了阐述。特色小镇建设要统筹发展、策划先行，如陈放的720° 创意工法和李季对特色小镇文化内涵的界定；注重产业集聚、联动发展，以邱育章的深圳大鹏所城及大林的乡村俱乐部主张的演绎为例；强调资本运营、借势发展，看徐志强如何将普惠金融广泛根植于特色小镇和刘春鑫如何有效运营PPP模式。

特色小镇的建设是一项跨行业、跨部门、跨领域的系统工程，汇聚了农业林业、旅游艺术、中医康养、体育休闲、文化教育、金融投资等不同领域专家和精英，这些行业专家们步履不停，跨越万水千山，源源不断地积聚能量，引领中国特色小镇通往光明而广袤的时空。

第八章
策划视野下的规划设计

特色小镇720° 现象与创意工法

陈　放

工法一词来自日本，在日本的《国语大辞典》中，将工法解释为工艺方法和工程方法。在中国，工法是指以工程为对象，工艺为核心，运用系统工程的原理，把先进的技术和科学管理结合起来，经过工程实践形成的综合配套的施工方法。

我们这里的创意工法，是把特色小镇作为一个大系统，一个作品，从宇宙心学（宇宙全意论）宇宙全息论、广义化学、泛能论等这些创意方法论的指导下，运用各种创意方法，结合超规划技术，研究事物间所具有的全息关系的特性和规律，部分是整体的缩影规律，相互关系性，形成720° 创意工法来设计、建设、孵化、运营特色小镇的一整套技术。

特色小镇可以按照旅游产业从观光到休闲，再到度假的逐步深入的发展过程，将旅游的十二大要素“吃、住、行、游、购、娱、闲、情、奇、学、养、悟”体现在休闲、游乐、康体、度假产品时，建筑与景观设计成为旅游产品开发建设中最为重要的环节。

特色小镇的景观打造围绕自然景观、半自然景观和人工景观，涉及风景园林设计，园林绿化，高端建筑设计，参数化设计，建筑风格，街区设计，灯光照明，商业设计，产业设计，场景设计，民俗民宅设计，景观小品设计等许多问题，具有丰富而多样的景观类型。

所谓720° ，即由我观彼，由彼观己，由镇观客，由客观镇，全方位、全时空、全领域、全过程皆应是美丽的、创意的、自然的。

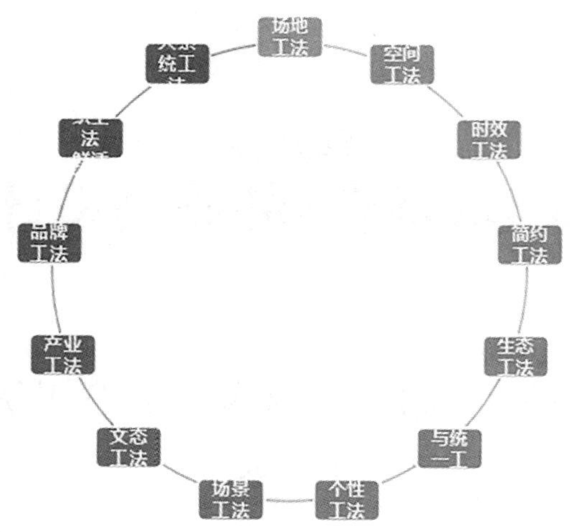

1. 场地工法

因地制宜，设计师的作用并非在于刻意创新，更多在于发现，用专业的角度去观察认识场地原有特性，寻求与场地和周围环境密切联系，以此作为设计的基本出发点。每一个场地都有巨大的潜能，要善于发现场地的灵魂。在进行景观创作甚至景观观赏时，必须分析景观所在地的地域特征、自然环境，充分尊重当地的民族系统，尊重当地的礼仪和生活习惯，从中抓住主要特点，经过提炼，融入景观作品中，这样才能创作出优秀的作品。

2. 空间工法

景观元素构成的实体，比较容易受到关注，而空间往往容易被忽略，对软质实体景物相对忽视，对空间的形态外延和邻里空间的联系等等注重不够，因此，注重空间结构和景观格局的塑造，针对视觉空间领域进行整体设计尤其重要。景观是一个涵盖量很大的概念，凡是人间视觉可视及的景物，都可称之为景观。它是一门“相互关系的艺术”，也就是说，实体及与之相关的空间共同构成的关系，是一种艺术的关系，因此理解为景观是一门“虚实相生”的空间造型艺术。运用在古典园林景观设计上尤其出彩。

3. 时效工法

景观设计与建筑设计最大的区别在于，景观随季节和时间变化，比如园林绿艺，它是有生命力的，是不断地生长、运动、变化之中。所以必须认真研究时间性和时效性的因素对于景区景观的更新稳定性，以及变化过程中能带给人审美的愉悦和满足。

4. 简约工法

简约并不是简单，“少即是多”，这是对景区本质的深度挖掘和坦诚表现。以最少的元素、景物，表现景观最主要的特征，并顺应场地的文脉、肌理、特性，尽量减少对原有优质景观的人为干扰，也就是“最小干预”的原则。

5. 生态工法

“未来，我们居住的城市绿草如茵，碧水蓝天，空气清新，山湖秀美，鸟语花香，人与自然和谐共生，出门望得见山，看得见水，记得住乡愁。”这是不久前结束的中央城镇化工作会议描绘的美丽景象。提高环境建设，建设绿色产业体系，打造低碳的生活方式，决定了特色小镇的打造离不开生态环境塑造，否则小镇很难有生命力。因此，荒地、原野、废墟、渗水、再生、节能、野生植物、废物利用等等，这些景观生态设计的关键词汇，要保护和利用好自然资源，小心谨慎地对待生物、环境。

6. 对立与统一工法

自然与人工是景观发展史中的对立统一体，是“以人为本”，还是“以自然为本”，是改造自然，还是顺应自然，即是景观形式、风格、类型的衡量准则，也是因地制宜，根据场地状况和使用要求来决定的，不能片面对其加以肯定和否定，较多考虑到人工与自然结合。

7. 个性工法

在强调个性发展和个人价值的社会，个性体验，个人理解。个人情感的投入，在特色小镇景观设计中地位日益重要，也是景观设计多样性和丰富性的保证。强调个人对自然、对社会、对生态、对艺术、对历史等等的独特理解、旅行中的独特体验，以及个性化的设计表现手法，正所谓创意出奇，景观制胜之法宝。

8. 场景工法

再现繁荣、再现盛世，再现曾经的“地域性”景观，所谓“地域性”景观，就是指一个地区自然景观与历史文脉的总和，包括它的气候条件、地形地貌、水文地质、动植物资源以及历史、文化资源和人们的各种活动、行为方式等等。我们所看到的景观景物都不是孤立存在，而是与其周围区域的发展演变相联系的。比如恐龙主题的游乐园，河南开封清明上河图，杭州宋城，无一不是景观再现。

现在已进入了场景营销，场景体验的时代，无论是“再现场景”还是新造场景，场景艺术未来将越来越重要。

9. 文态工法

每个城镇都有自己的文脉、灵魂、域脉，设计师、创意师，要找到属于这个城镇的文脉，镇魂也非易事。特色小镇生态重要，“文态”同样重要，某种意义上决定这个小镇是否有高度，有魅力，有吸引力，有长寿特征的核心变量。

因此，在策划、设计特色小镇时一定要下工夫研究文化，深掘文化，所谓“看书三千，挖地三丈”。如果有时此地像撒哈拉沙漠腹地，实在文化不够，亦要“纵横八千里，横跨几万年”，超一流提炼市场，研究有兴趣又有发展潜力的“新文化、新文态、新业态”，比如美国拉斯维加斯、迪拜等，“心造万法，心造万景，心造万物，心造万福”，心造出美好场景与未来文态来打造出一个崭新的，魅力的小镇来。

文心、文态、文脉、文景、文化…才是一个小镇千年不衰的基因法宝。

10. 产业工法

720° 创意工法不仅仅是建筑上的工法，而应该是产业上的工法，因为对于目前绝大多数小镇而言，产业仍然是根本，没有产业小镇失去了基础，可能会是空镇。

搞产业就会有选择，舍弃，产业会有布局，选址，孵化，生长，扩张，延伸，循环……一连串问题，因此，我们在进行产业定位、布局、招商、培育、孵化、加速、运营、放大时，要特别小心而又艺术，哪些该要又不该要，哪些商家该落而不该落，哪些该培育哪些该抑制……产业工法搞不好即破坏生态环境，又会给小镇百姓，顾客带来不便，甚或出现小镇发展的失误。所以产业工法同样的牵一发而动全身。

11. 品牌工法

现场建造的每一个特色小镇要放到大的市场经济中去考量，因此，“小镇”从一开始定位必须有市场意识、品牌意识。从小镇的广义、形象、文化、建筑、视觉、故事、居民、商业模式……从品牌角度看，就是一项系统工程，应该从市场、战略高度、注重在“消费者”心里的“品牌小镇”的塑造。尽管这是软的、无形的，但同样决定小镇的命运。

12. 自组织工法——鲜活工法

宇宙、银河、太阳系、地球都是自组织系统，我们的乡村、

城镇更应该是一个自组织系统。任何自组织需要有自组织控，有自组织、自学习、自调控、自相干、自适应、自繁殖、自排泄、自增长的机制，因此，把建立小镇的“自组织机制”，在其自组织功能、机制、机理上下工夫，是保证“特色小镇”鲜

活、常青、造血、健康、生机、活力、长寿的根本。

13. 大系统工法

特色小镇无论从景观上，产业上，生态及文态上都是一个复杂的大系统，系统之外有各种各样的相干系统、母系统、祖系统，系统之内更有社区、企业、街区、店面、民宅、网络、家庭、顾客……服务等无数的子系统，720° 创意工法要全方位、全功能、全维度、全产业、全生态、全过程考虑问题，让其大作品里套中作品，中作品套小作品，小作品又套小微作品……每一个作品又有自己的系统、功能、自组织机制，从而形成一个大系统、大平台、大生态圈。

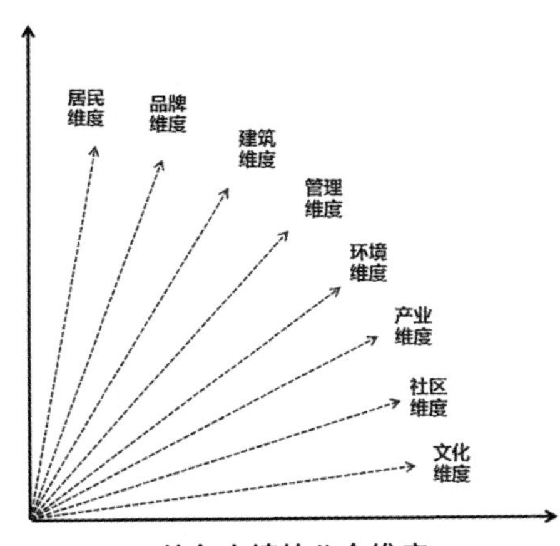

特色小镇的八个维度

特色小镇大系统

创意是灵魂
策划是龙头
规划是前提
资本是血液
内容是核心
设计是方法
产品是实质
服务是必须
建设是硬功
管理是基础
品牌是利器
运营是真功
团队是条件
机制是保证
效益是目标
产业是目的
福美是愿景
文传是标准

特色小镇打造的大系统

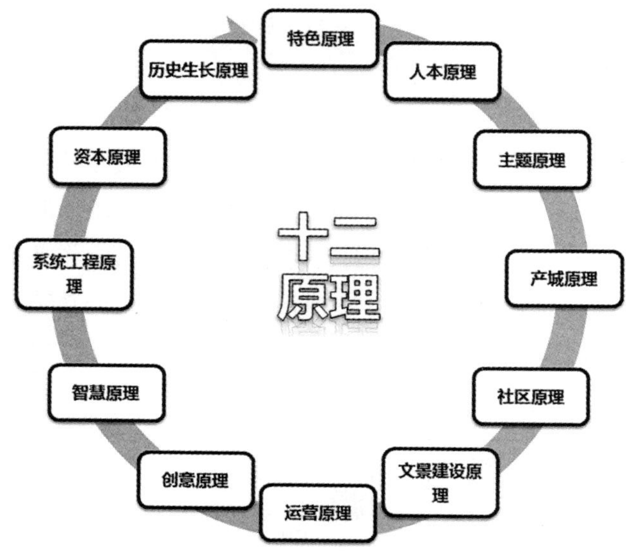

特色小镇十二大原理

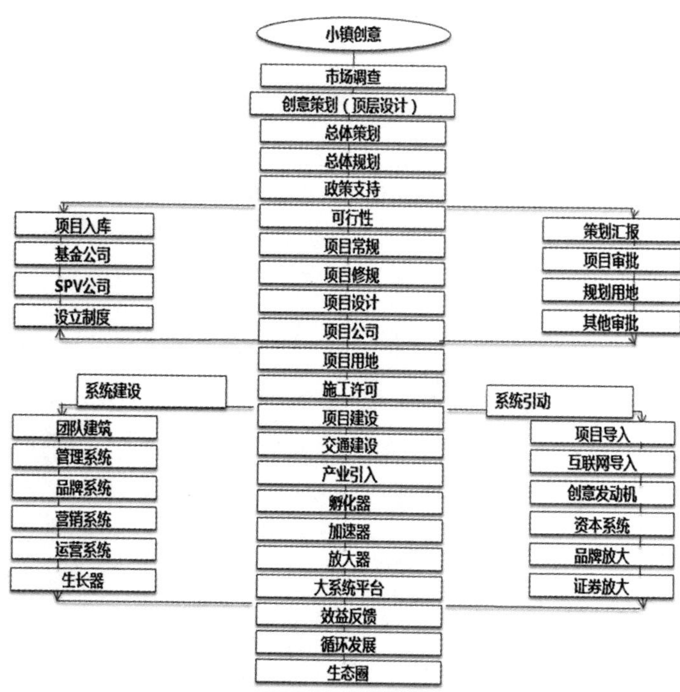

特色小镇22层流程图

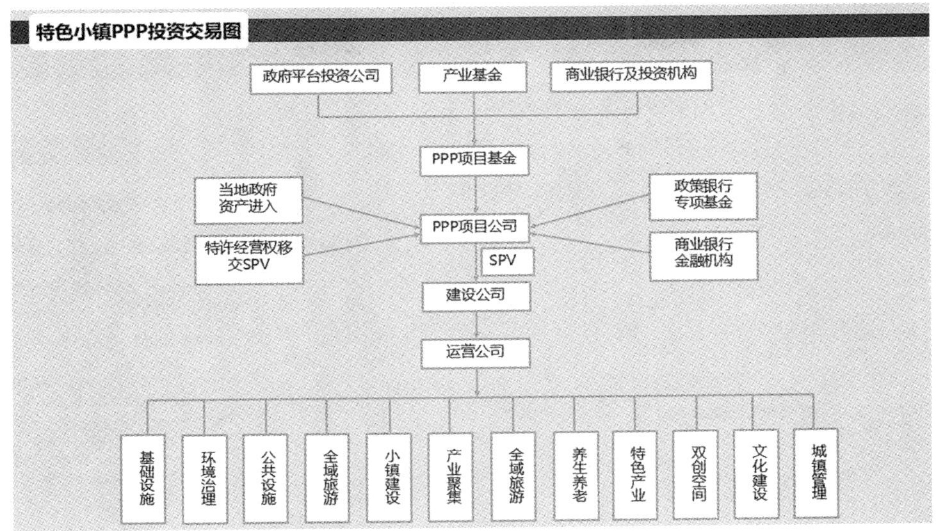

特色小镇PPP投资交易图

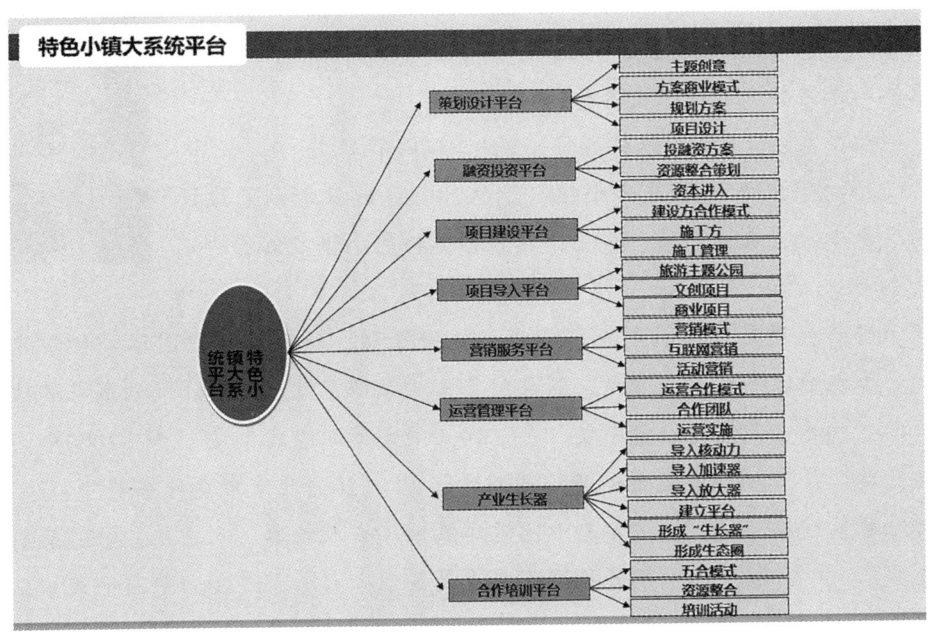

特色小镇大系统平台

专家简介

陈放，博士，研究员，中国创意拓荒者，联合国文化贡献奖获得者，中国创意研究院院长，中国策划学创始人，北京创意江山旅游规划设计院董事长。

最早策划了5.19国家旅游日，5.10中国品牌日。

2014年出版《7A旅游小镇》。从2003年起策划创意设计的康养小镇、农业小镇、文旅小镇等各类特色小镇案例已达几十个。

科研成果获中国社科院、中央党校一等奖，两次获得中国军事科学院一等奖。曾在中国军科院、北大、国务院某机构做研究策划工作。策划成果曾被评为中国“1998十大策划经典个案”、“1999十大策划经典个案”、“2000中国策划优秀奖”、“2001中国十大营销策划奖”、“2001北京申奥传播奖”、“2001大红鹰策划满意奖”、“2002中国首届策划风云人物奖”、“2002中国策划案例金奖”、“2004中国十年最具影响力十大策划专家”、“2004中国十大智业坐标人物”、“2005中国策划风云人物奖”、“2006中国策划风云人物奖”、“2007中国创意坐标人物奖”、“2008国际科博会自主创新风云人物奖”、“2009杰出军旅华商奖”、“建国六十周年八一荣誉奖章”及“中华爱国勋章”等几十项大奖，担任上百个城市的政府顾问，近十项营销策划成果创世界之最并获吉尼斯纪录，出版创意、策划、营销、品牌、城市旅游等相关专业著作50余本。

陈放先生多年研究出720°特色小镇创意工法、特色小镇12大原理、特色小镇八大维度、特色小镇22层流程等特色小镇体系。

特色小镇文化内涵与类型划分

李　季

当前特色小镇已经成为热点中的热点，出现了很多没见过的产业业态和形态，已经在做的小镇类型有戏剧小镇、杂技小镇、马戏小镇、魔术小镇、黄梅戏小镇、越剧小镇、微电影小镇、音乐小镇等，走到今天，很多知名企业都纷纷进入文旅行业，进军以特色产业为主题的小镇行业。

一个特色小镇的投入在20亿到30亿之间，国内的资源短缺问题导致小镇主要集中在长三角，珠三角，京津冀地区。在未来的20–30年，这些地区一定会成为世界级都市圈，目前可以称为这种都市圈的，只有广州香港深圳这一带地区。中央经济政策方向转变，大量人口涌向一二线城市，世界级城市周边的特色小镇是承载产业和城市人口转移的最好方式。

2016年10月，住建部、发改委、财政部联合发布《关于开展特色小镇培育工作的通知》，首批127个中国特色小镇的申报和认证已经完成，我们总结了三大原则、一大目标及五大要求。

一、特色小镇申报模式

（一）三大原则

1. 坚持突出特色

2. 坚持市场主导

3. 坚持深化改革

（二）一大目标

2020年，培育1000个左右各具特色、富有活力的特色小镇

（三）五大要求

1. 特色鲜明的产业形态

2. 和谐宜居的美丽环境

3. 彰显特色的传统文化

4. 便捷完善的设施服务

5. 充满活力的机制体制

（四）八大要求

2016年10月8日，发改委出台了《关于加快美丽特色小（城）镇建设的指导意见》，本次文件是对原三部委联合发布的《关于开展特色小镇培育工作的通知》的深化，有诸多亮点。不仅划分了特色小镇与小城镇的概念还确定了特色小（城）镇的地位、作用及分类，我们从这次发文中总结了八大要求。

1. 特色产业——突出特色，打造产业发展新平台

2. 创业创新——创业创新，培育经济发展新动能

3. 基础设施——完善功能，强化基础设施新支撑

4. 公共服务——提升质量，增加公共服务新供给

5. 美丽宜居——绿色引领，建设美丽宜居新城镇

6. 主体多元——主体多元，打造共建共享性模式

7. 城乡联动——城乡联动，拓展要素配置新通道

8. 创新机制——创新机制，激发城镇发展新活力

二、特色小镇内涵界定

特色小镇要做到产业“特而强”、功能“聚而合”、形态“精而美”、制度“活而新”，在发展中要坚持以“创新”、“协调”、“绿色”、“开发”、“共享”为核心。

“特”即特色小镇的特别之处，是支撑特色小镇内涵的核心外延特征。

（一）产业特

特色小镇所承载的产业主要是现代服务业或历史经典产业乃至其中的某一环节；

（二）功能特

特色小镇以推进供给侧结构性改革为基本功能定位，既是县域经济升级版试验

田，也是创新驱动发展的新平台，更可以为承载企业提供完善的公共服务，为从业人员提供舒适、惬意和宜居的环境；

（三）位置特

特色小镇主要位于城镇周边、景区周边、高铁站周边及交通轴沿线适宜集聚产业和人口的地域，突出城乡结合和连片开发的特性；

（四）人群特

特色小镇的从业人员应以高智力和高技能者为主。

无论在功能的层次还是完善程度上，较一般专业小镇都要高出很多。

三、各类小镇类型划分及发展要点

（一）农产小镇——营造原乡生活方式

发展关键：基于当地的农业产业特色优势，营造一种区别于都市生活方式的，从土地到餐桌到床头的原乡生活方式。

代表：杭州城西北部的长乐农场

（二）工匠小镇——营造传统工艺的匠人聚落

发展关键：匠人的聚集。形成一个内外生态循环的人才引进及培育体系。

代表：广州深圳的叮梆小镇

（三）智造小镇——打造“产学研+应用+孵化”深度融合的产业链体系

发展关键：“产学研+应用+孵化”深度融合的产业链体系，以“学研”突破核心技术、以“产”实现产能转化，以“应用”实现产业价值延伸、以“孵化”实现创新激活。

代表：浙江云制造小镇

（四）金融小镇——依托金融中心

发展前提：周边有一个可以依托的金融都市或金融中心，近在咫尺的金融小镇成为这一中心资源疏散与对接的重要口岸，为其提供中介服务，投资机构支持等。

代表：浙江的玉皇山南基金小镇

（五）互联网小镇——大型主流企业及灵魂人物引领

发展关键：若干业内主流企业入驻，一个行业灵魂人物坐镇。主流企业本身就是一种资源和品牌，具有强大的凝聚力和号召力，可以吸引其他企业以及配套产业链的集聚。另外，主流企业本身自带孵化功能，可催生更多的创新个体及小型企业。

代表：浙江云栖小镇

（六）电商小镇——构建线上线下深度融合的电商生态体系

发展关键：实现线上与线下的深度融合，构建多元化电商生态体系。

代表：浙江上塘电商小镇

（七）健康小镇——由强势吸引点衍生健康的复合业态服务

发展关键：依托优势环境，精准定位服务客群，打造医疗服务的吸引力，可以健康检查、医疗机构、慢病疗养、休闲养老角度单项突破，并延伸发展与健康相关的中药、养生、运动、有机农业等产业，带动本地就业，推动镇域发展。

代表：浙江省的桐庐小镇

（八）双创小镇——服务平台促创业·社交共享促创新

发展重点：为创业人群和机构提供成长和服务的平台。一方面，为创业者提供创业培训、投资融对接、商业模式构建、政策申请法律财务等创业服务；另一方面，为创业者打造舒适便捷的工作、社交、资源共享空间，促进思维的创新。

代表：梦想小镇

（九）教育小镇——开放共享的文化功能区衍变为综合型城市功能区

发展要点：教育小镇的发展往往作为城市的文化功能区，依托高校、科研机构形成一个集人口、信息的空间系统，推动服务、生活配套完善和城市扩展。

在特色小（城）镇的大背景下，规划和发展教育小镇时，尽量最大限度的考虑与产业园区对接，依托教育小镇形成教学、实践的综合性城市功能区。

代表：四川省的温江剑桥式“大学小镇”

（十）知识产权（IP）小镇——依托知识产权资源形成的产业化服务、运营集聚区

发展关键：利用联盟化手段整合知识产权资源，利用商业化模式提供全链条知识产权服务和运营。从研发服务、评价服务、申请保护、技术转化服务、资本对接服务来聚集研究机构、高校院所、知识产权服务机构、金融机构，形成特定战略定位下的知识产权集聚区。

代表：深圳“知识产权特色小镇”

（十一）商贸/物流产业小镇

1. 市场小镇——以专业市场为基础，实现可批发、可零售、品种全、互动好、可持续发展的产业整合

发展关键：市场小镇以发达的细分化专业市场为基础及特色，构建“小企业、大配套”，实现可批发、可零售、品种全、互动好、可持续发展的产业整合。发达的中小企业、共享的交易平台、大规模的市场聚集、完善的软硬件设施、便利的物流条件是市场小镇形成的基础，即“互联网+批发市场+综合服务+体验消费”。

代表：广东中山古镇

2. 物流小镇——以仓储运输为基础，结合互联网，实现物流的市场化、体验化及小镇旅游化

发展重点：依托商品交易、相关服务、发达路网等因素的聚集，实现物流的智慧化、物流服务的综合化以及各层次的协同化服务。聚集的企业包括供应链管理企业、物流企业、物流金融保险企业、物流互联网企业、物流装备制造企业等多种类型，提供及展示、交易、仓储、配送、结算、管理等一体化的服务。

代表：浙江嘉兴秀洲智慧物流小镇

（十二）文旅产业类小镇

1. 旅游古镇——立足文化之魂，丰富夜色经济，完善旅游产品体系

培育核心：主题文化的体验情境设计。

发展关键：延长游客的停留时间，注重夜色经济，保证持续的人流和消费，从而保证古镇旅游的旺盛生命力。

代表：湖南凤凰古城

2. 民俗古镇——基于乡村民俗、实现民俗体验和商业运营

发展关键：将民俗文化转化为经济发展动力，民俗文化往往通过体验式旅游去传播，来达到传承的目的。因此，民俗小镇往往以旅游为载体，生活体验、节庆体验为主要形式，通过文化与旅游的互动途径增加小镇的魅力，形成独特民俗文化旅游品牌，吸引客源消费，带动当地发展。

代表：陕西省袁家村

3. 体育小镇——基于乡村民俗、实现民俗体验和商业运营

发展关键：首要要求是生态环境基础好，发展方向紧跟时代步伐，紧密结合百姓的体育生活方式，发展“体育+”打造赛事、设施等吸引点，融合高科技元素强化服务，推动户外运动用品的供应，最终将体育运动与工业、科技、文化、旅游有机结合，形成户外休闲、冰雪运动、骑行文化、极限探索、运动品牌等休闲产业。

代表：浙江省莫干山体育特色小镇

4. 生态小镇——依托生态环境，打造生态型产业，形成生态文明典范

发展关键：以生态资源为本地、以指标体系为目标、以生态产业为驱动、以生态文化为特色、以生态技术为支撑、以制度体系为保障，实现可持续发展。

代表：贵阳—朱昌“生态文明新型城镇”

5. 演艺小镇——依托文化和生态优势，构建自循环特色产业生态圈

发展关键：整合各方资源，激发民间创客活力，集成一个集艺术研究、艺术教育、艺术生产、艺术展示、艺术交易、艺术交流、艺术领域相关服务功能为一体的生态产业圈。

明显特色：第一，文化艺术活动众多容易形成吸引，是聚集人流的必备要素；第二，演艺小镇具有独特的风格和风貌，建筑与景观设计均充满了艺术与人文气息，极具辨识性；第三，由本地艺术产业或独特的 IP，延伸出来的艺术商品，包括艺术品、电影、小商品等，成为演艺小镇经济发展的重要动力。

代表：吴桥、宿州、宝丰…

清大文产文旅及特色小镇规划中心是清大文产（北京）规划设计研究院为适应社会的需求，专门设立的文化创意产业、旅游产业、特色小镇规划的研究构。中心依托清大文产深厚广博的学术、科研和教学资源，在国内学术研究、科技成果转化和规划设计领域水准领先，名列前茅。清大文产规划设计研究院作为中国规划产业领导者，规划设计人才密集、专业齐全、人员素质高、技术力量雄厚。特色小镇规划中心是我国最顶尖、最前沿的专业规划机构，拥有城市规划、建筑设计、旅游、景观、施工等一系列团队资源，并拥有广博的优势资源导入能力，提供国家政策对接及金融平台对接服务，构建全产业链规划、咨询、运营及资源对接服务平台。

专家简介

李季，北京大学光华管理学院博士后，美国麻省理工学院访问学者，中国文化产业园区联盟主席 ，清华大学文创产业规划中心主任，清大文产（北京）规划设计研究院院长。

主要研究领域：高新技术产业研究；文化创意产业研究；城市产业园规划与建设研究；文化金融投融资模式研究；文旅及特色小镇规划建设与运营创新研究。主持和参与

了海南国际旅游岛、京津冀区域一体化、广东自贸区、大三亚旅游经济圈一体化、南非约堡中国城、中缅能源走廊等国内和国外六十几项重大课题规划和研究。发表16部专著和上百篇文化产业研究文章。在文化部、广电新闻出版总局、商务部、发改委等多个中央部委授课并在全国26个省市自治区直辖市中心组学习授课。

学术社会兼职：全国文化创意产业商会副会长 、中国策划协会副会长、 中国商业经济联合会应用经济学分会副会长，江苏省、四川省、内蒙自治区、海南国际旅游岛、深圳等省市文化创意产业规划课题负责人。

自2010年以来陆续出版文化产业领域专著：

《世界文化产业园》，人民日报出版社。

《中国文化产业园》，社科文献出版社。

《创意园区–复合规划行为解析》，江苏科学技术出版社。

《世界文化产业地图》，中国建工出版。

《中国文化产业地图》，中国建工出版。

特色小镇理解认识与理想标准

刘世能

2017年6月27日，由中国国际城市化发展战略研究委员会主办的撤县（镇）改市系列之三暨第28期城市化茶话在北京富达尔城市发展研究院举行。本期茶话以“特色小镇的实践与培育”为主题，邀请了中国国际城市化发展战略研究委员会委员、经济学博士、城市与产业规划咨询专家、北京富达尔城市发展研究院院长刘世能主讲，并邀请我国城市化、城市规划、投资与产业发展等领域的专家、学者和企业家展开观点对话与交流。

本期茶话活动由中国国际城市化发展战略研究委员会副主任兼秘书长、《城市化》杂志社社长蔡义鸿主持，包括中新社、《光明日报》、《城市化》杂志、城市化网、新浪网在内的多家媒体记者参加了本次活动。

刘世能十多年来，一直专注城镇与产业发展规划的研究和咨询工作，曾在政府机关、银行、投资公司、房地产公司、高新技术企业等多个领域工作，具有“官、产、学、研”的完整经历。多年的工作经验总结，发现很多人都缺乏一种跨界思维，所以自身经验加以整合，于19年前开始建立城市发展智库，从事城镇与产业发展规划研究。

自2016年8月份三部委联合发文计划培育一千个特色小镇起，各地特色小镇建设风起云涌。今年小城镇的建设已到风口。曾有企业向刘世能表示，今年要建设几十甚至上百个特色小镇。然而，特色小镇的建成至少需要四五年时间，仅凭一家公司根本无法做到。这说明，小城镇的发展是大势所趋，但是在发展过程中仍存在很多认识误区。

本次活动上，刘世能基于特色小镇的策划与建设，重点谈六个方面的问题。

一、如何理解特色小镇

1. 特色小镇的认识误区

当前，社会各界对于特色小镇的理解五花八门，以房地产公司为例，大多数房地产企业理解的特色小镇仍然是传统的“卖房”。随着中国经济进入“新常态”，今后房地产高速发展的黄金时代已经结束，房地产企业面临着转型问题。人们对于房产的刚性需求逐渐减弱，人们的消费方式也发生巨大改变，对于改善型住房需求以及享受型住房需求不断增长，人们的需求从单纯的居住需求转为更加多元化、服务型的生活需求。因此未来的小城镇如果没有生活方式方式的营造，没有良好的公共服务配套，卖房子就会越来越难。

当前，对特色小镇的认识到底有哪些误区？一是将特色小镇等同于建制镇。实际上，特色小镇相比于建制镇，地域范围通常较小，且不一定具有行政功能，特色小镇重点突出特色和创新，因此，特色小镇与建制镇在概念本质上不同。二是将特色小镇等同于新城区，在实际发展过程中，新城区为城市建成区，有城无乡。而特色小镇是城乡结合体，强调一、二、三产融合发展。因此新城区和特色小镇在特征、规模、产业以及发展方式等方面不同。此外。特色小镇的认识误区还在于它与旅游区、产业园区、美丽乡村、房地产项目等概念相混淆。

2. 特色小镇的定义

特色小镇是以生态为基础，文化为灵魂，特色产业和公共服务设施为支撑，以营造新的生活方式为目的，按照创新、协调、绿色、开放、共享的发展理念建设的创新型田园小城。

首先，特色小镇一定是城镇的一种，但它不属于城区，而是田园小城。其次，特色小镇的本质特征是生态良好、具有文化魅力和文化特色。第三，特色小镇有特色产业和公共服务设施为支撑，二者缺一不可。第四，特色小镇以营造新的生活方式为目的。

当前，中国发展到一定阶段，社会出现不同社会阶层的变化，而特色小镇的核心是把城里人的消费引入小城镇，从商业的角度讲，是要赚城里人的钱，而不是赚农村人的钱。因此，吸引城市人消费，就要围绕目标客群，营造与之相适应的生活方式。另外，特色小镇要按照创新、协调、绿色、共享的理念进行建设，突出创新。中央政府对小城镇特色的总结我很认可。特色小镇即为：产业上“特而强”，功能上“聚而合”，形态上“小而美”，机制上“活而新”。

理解小城镇最重要的是理解小城镇四大关键特征。其一，小城镇是由九大体系构成的复合型社会生态体系。其二，特色小镇以特色产业和自然环境为基础。其三，特色小镇建设以政府的支持和投融资的支撑为依托。其四，特色小镇以产城一体化的综合开发为手段，强调综合开发，而非单一开发。

3. 特色小镇的理想标准

第一，特色小镇规模要适中。虽然国家规定三平方公里，但是我认为中国国土辽阔，各地的情况不一样，应因地制宜。

第二，生态环境良好。绿色低碳，拥有健康的环境。

第三，文化魅力突出。具有个性特色和人文精神。

第四，空间景观宜人。布局和谐，拥有可品味的景观。

第五，产业充满活力。主导产业突出，结构合理。

第六，公共服务完善。公共服务设施齐全，具备人性化服务。

第七，居住方便舒适。社区居住舒适，生活便捷。

第八，社会高度文明。素质提高，社会和谐。

4. 特色小镇的类型与建设关键点

特色小镇有很多种类型，包括特色农业型、文化旅游型、新兴产业型、商贸主题型、养生养老型、工业主题型等。比如：杭州基金小镇是以新兴产业为基础的特色小镇；北京周边有围绕养生养老人群打造的康养主题小镇；一些商贸枢纽城市打造的商贸主题小镇；一些特色工业地区打造的汽车小镇、茅台小镇等；我国广大的中西部地区以农业种植为主，把农业和二产、三产结合起来，可以打造特色的农业小镇。

近几年，特色小镇的建设在全国铺开，专家们也各抒己见，但对某些观点我不太苟同。根据十多年来对于城镇化的综合跨界研究，我认为特色小镇的建设应该抓住五个关键点：

关键点一：生活方式营造。特色小镇是人们生活的载体，它的建设需要满足不同人群的生活需求，因此营造人的生活方式是特色小镇建设的根本。小镇的核心不是农民的市民化，农民的市民化无法解决盈利问题，无法解决高端产业的发展问题，而是吸引城市居民“下乡”，进而实现产业“下乡”，既然要吸引城市居民消费，就要营造他们的生活方式，否则特色小镇只能以失败告终。

关键点二：复合体系建设。特色小镇包含生态体系、社会体系、文化体系、空间体系等一系列体系建设。涉及医疗、教育、体育、文化、地下管网、基础设施、养老、农业、旅游、商贸等多个方面，单独的一家企业恐难做到。

关键点三：跨界资源整合。由于特色小镇是复合型的社会生态体系，因此特色小镇的建设需要吸纳各行各业资源，提升项目运作能力，否则一家企业单独建设，会因投资大、周期长、建设慢等因素，把企业拖垮。所以，特色小镇需要跨界整合资源，共同为小镇建设提供服务。

关键点四：商业模式设计。特色小镇强调跨界整合的综合开发，这种跨领域的跨界模式，过去大家没有从事过，大多数企业要么只做绿化，要么只做农业，因此，不同主体间合作需要商业模式的支撑，包括开发模式、投融资模式、运营管理模式和盈利模式的设计，缺少合作的商业模式是很难成功的。

关键点五：项目方案落地。要想实现跨界整合资源，设计商业模式，保障项目成功实施落地，就要整合上下游资源要素，设计标准化产品，做好项目的方案策划。有些企业专门请城市规划院为其编制详规、控规，我认为这种做法是错误的。企业投资特色小镇建设，不能仅仅按照详规、控规的指标规定进行，而是要解决特色小镇面向何种市场、设计哪些项目组合、如何进行投融资、如何设计盈利模式、如何开发、如何运营等问题。没有提前解决好上述相关问题，又缺乏实际操作经验，项目必死无疑。所以，特色小镇的建设必须注重前期的策划研究，做好产业发展规划、重点项目策划、开发建设策划、投融资模式策划、招商模式策划、方案设计等，保障特色小镇的成功实施。

总之，特色小镇的建设应该强调体系化思维，强调资源的整合。资源的整合包括四个方面：权力政府资本整合、金融资本整合、产业资本整合、智库资本整合。资源的整合能够解决政策与市场脱节的问题，从而解决特色小镇建设中的实际困惑。

二、如何认识特色小镇规划

1. 特色小镇规划的四大误区

第一，忽视策划规划。首先不重视规划；其次规划的体系不清楚；第三规划流程不规范。我国很多城镇建设存在“穷规划、富建设”现象，城镇建设初期不舍得对规划投资，未谋先动，导致企业身家性命紧系其中，一损俱损。

第二，重视“硬规划”，忽视“软规划”。“硬规划”偏重建筑、道路、景观、市政等设计，使特色小镇在工程建设、总体布局、控制规划等方面符合国家和行业的一些强制标准，有其弊端和绝对性。而“软规划”是特色小镇开发建设的指导性方案，侧重以经营的思维进行完整的方案策划，此类规划在一定程度上直接决定了城镇发展方向、思路、模式、步骤和策略。在实际操作时，一定要先编制“软规划”，经过充分研究，明确发展方向、阶段、步骤、路径，进而再编制“硬规划”，通过空间、指标、工程等形式加以表现。

第三，重视专项规划，忽视跨界融合的衔接。单纯的专项规划无法解决特色小镇建设中出现的诸多问题，因此，特色小镇规划需要多行业、多领域的系统整体谋划。

第四，重视机构资质，忽视专业机构能力。当前很多机构被资质所限，企业或相关单位在选择咨询机构时，往往看重资质，严重忽视其实际操作能力，导致项目无法落地。

综上，特色小镇需要具有方法、步骤、抓手、模式的“软规划”，以实现聚人气、集商气、带财气，而不只是缺少灵魂、缺少完整方案的“硬规划”。

2. 特色小镇规划的意义

规划有用吗？当然！以首钢所在的石景山区为例，它是北京传统的工业区，随着2008年奥运会的筹备及首钢调整搬迁方案的落实，石景山区迫切需要重新确定其未来在北京城市发展格局中的发展定位及产业发展重点。我们通过对北京城市发展、各区竞合分析、消费市场等外部环境以及石景山自身资源、人口、文化、产业现状等内部环境的系统化研究，将策划规划、开发建设、招商营销等统筹把握，跟踪服务十年，积极推动了传统老工业基地的转型发展，实现了石景山由重工业区向现代服务业城区的华丽转身。

期间，我们首次提出了石景山首都文化娱乐休闲区（CRD：文化、娱乐、休闲）的发展定位，提出了以休闲娱乐服务业、商务会展服务业和创意科技服务业为主导的产业发展体系以及发展策略、空间布局、重点策划项目等，对石景山的发展起到卓有成效的作用。具体表现在：

第一，石景山土地资源有限，通过我们对石景山区域发展的系统研究，对其老工业城区的改造提出切实可行的策划方案，指导石景山进行产业转型，逐渐引进了动漫、游戏、保险、金融等产业。十年前，石景山的重化工业占全区GDP的95%，短短十年之后，石景山的现代服务业已经占到85%，产业转型成功完成。

第二，石景山区依托“CRD”定位成为京西南五区的发展龙头，招商引资取得重大成功，一大批总部型企业入驻石景山区。

第三，通过对重点项目的策划，将石景山仅为1.08平方公里的八大处科技园成功纳入到中关村科技园。

第四，通过完整的方案策划及行动方案的制订，联合门头沟、房山等地区向北京市政府提案，最终得到北京市政府的支持，实现了永定河的生态治理。目前，石景山已成为山水相伴的宜居城区。

经过600多个项目的实践，我们发现：规划的成功实施首先需要政府的高度重视，其次要选对智库咨询机构，最后要有充分的社会资本支持力度。所以，特色小镇规划关键在于：第一要理清思路，第二要统一思想，第三要明确策略，第四要确定模式，第五要征求上级政策支持，第六要整合资源。

3. 特色小镇规划的流程

第一，首先要做好概念性策划，影响政府，而不是先做控规和建筑方案设计。

第二，在规划部门立项时，要准备好策划方案和相关材料。

第三，企业在申请立项之前，要想好需要争取哪些条件支持，比如用地指标支持、基础设施及公共服务配套支持、建筑密度支持、政策优惠支持等。

特色小镇的概念策划要有系统性、完整性，既要考虑小镇的发展定位、产业发展重点、空间功能分区、项目组合，又要考虑小镇后续的开发阶段时序、盈利模式、投融资模式及招商运营模式等方面。通过完整的概念性策划，为小镇的专项规划、详细规划、控制性规划以及建筑方案设计提供指导依据。

三、如何打造特色小镇的特色

特色小镇，其特色从哪些方面体现？我认为主要包括五个方面：一是产业，二是文化，三是空间，四是生态，五是体制创新。

1. 产业特色

产业特色是特色小镇建设的重中之重，产业特色的打造要结合当地的情况，突出其自然优势，瞄准目标消费市场，进而构建主导、关联配套产业融合发展的产业体系，实现主业突出、业态合理。特色小镇的特色最好具有唯一性，不能“百镇一面”。

例如山西的一个特色小镇项目。小镇是一个传统的农业镇，当地有特色梨树种植，几百年的梨树景色非常壮观。土壤条件较好，具有较大面积的富硒资源，盛产红薯、胡萝卜等富硒农产品。因此，我们在为其策划时，着重从本地特色资源的挖掘入手，找准其核心价值，通过对消费市场的系统化研究，我们认为，小镇的发展应以富硒和梨树种植为核心特色，把握两类消费人群，即本地及周边县市消费人群、外地旅游人群，围绕特色农业做文章，通过强化农业产业支撑，培育农产品加工业，打造特色农产品品牌。同时营造乡村景观环境，建设具有山西特色的四合院和农庄，避免与大城市的高楼大厦雷同，吸引更多的旅游人群。最终将农业与乡村旅游、休闲度假、健康养生等结合起来，打造小镇独具魅力的田园小镇。

2. 文化特色

文化特色是软实力，是小镇建设和产业持续发展的生命力，主要包括五个方面：一是文化资源，二是文化事业，三是文化产业，四是文化景观，五是文化活动。例如浙江的龙泉青瓷小镇。龙泉市上垟镇素有“青瓷之都”的美誉，龙泉市立足上垟在龙泉青瓷发展史上的独特地位、良好的产业文化基础和老工业基地的旅游资源，建设中国青瓷小镇，重点围绕其青瓷文化底蕴进行深入挖掘，成为世界陶瓷文化交流的一个窗口。此外博鳌论坛，实际上也是通过举办活动，彰显文化魅力；茅台镇的酒，即是其产业特色，也是其文化特色。

3. 空间特色

贵州遵义的乡村旅游建设得很好，但其他地区纷纷效仿建设，导致了审美疲劳，反而丢失了地方特色。哈尔滨打造大型地中海风情特色小镇项目，北国雪乡建设地中海风情，这就是不伦不类，长期来看是没有生命力的。鞍山鞍钢的旧城改造，道路两侧建设整齐划一、紧密相连的高层建筑，导致建筑毫无特色可言。

因此，特色小镇的空间建设不能千篇一律，要营造生态、景观、建筑多维的复合空间，形成张弛有度、功能合理、独具特色的空间创新小镇。

4. 生态特色

特色小镇的生态景观应如何营造？我认为要坚持生态优先，坚守生态良好底线，实现“一镇一风格”，充分体现“小镇味道”。如简单的两堵墙之间布置一些花钵，就把景观特色体现出来了，还有城市路灯、指示标牌、景观小品等细节的设计，都能体现景观特色。例如莫干山，把丘、野、谷、岭、峰等生态环境打造的淋漓尽致，充分体现了生态景观之美。而三亚的空间特点就是山、海、河、桥、城，早期片面、盲目的房地产开发导致城市建设缺乏特色，自然景观被破坏，后期难以弥补。因此，小镇的生态景观建设绝不能标榜大城市，一定要考虑小城镇的山川地貌，做到因地制宜。

5. 体制创新

特色小镇的运作机制要“破旧去僵”，做到“活而新”。“活”就是建设机制活，实施动态调整制，彻底改变“争个帽子睡大觉”的旧风气。“新”就是体制创新，做好相应的服务。这样才能发挥小城镇的吸引力，使小镇持续健康发展。

四、如何引入消费客群

特色小镇要考虑市场化运作，就要考虑如何引入消费客群的问题。如目标客群如何定位？要面向哪些客群？目标客群的生活方式如何？如何满足目标客群的生活需求？产品组合如何构成？人气怎样导入？

首先，要研究目标客群。有一家做特色小镇的房地产公司，在北京周边拿到地，结果盖的房子卖不出去。经过我们系统调研分析发现，当地休闲、娱乐、教育等服务设施配套较弱，且当地的房地产楼盘大多数绿化环境差，配套设施少。而企业所得地块紧邻一个人工湖，距县城中心较近，为吸引人气，我们建议企业进行系统性的策划，游说政府，争取为其配套公共服务设施；针对儿童这一群体，由企业出资围绕人工湖建设儿童湿地公园，再配套儿童娱乐中心及教育辅导中心等。通过周边配套设施的完善及生态环境的改善，人气逐渐集聚，土地逐渐升值，房子自然卖得出去。后期，逐步完善周边的医疗、餐饮、度假等功能，带来更多的外地消费人群。

其次，要研究目标客群的生活方式。以老人为例，要研究老人的吃、住、行、医、养、学等各个方面。例如老人大多数有高血糖、高血压、高血脂，儿女不在身边，小区也没有提供相应的膳食，针对“三高”老人的健康食品需求就得不到满足。此外，老人的心理辅导、餐饮、医疗、文化交流、集体活动等都是老人的需求所在。而目前的居家养老也好，集中养老也罢，不同的养老模式都有不一样的弊端。因此，最理想的解决方式就是在大城市周边打造若干特色小镇，配套完善、便利的基础设施和公服务设施，引入特色产业，先吸引年轻人来工作买房，再吸引老人来居住生活。既解决赢利点单一问题，又能营造适合老人居住的生活环境。

所以，如何引入消费客群，如何营造满足目标客群需求的生活方式十分关键。

五、如何促进产业发展

政府、企业对如何发展产业的问题十分头疼。过去的高校没有产业经济学，我们国家研究产业的有两类，一种是研究行业宏观大势，另一种是体制内系统研究行业、产业的人员，但是真正研究产业怎样操作，如何进行市场化运作的人特别少。很多政府、企业在特色小镇建设过程中过分追求大数据、3D打印、机器人等时髦概念，没有自己个性化的观点主张。所以，做好产业规划是小镇建设的重要环节。

1. 要做好产业选择

特色小镇产业选择应遵循哪些原则？我认为包括四点：第一是因地制宜，第二是效益优先，第三是政策引导，最后是生态为重。

产业选择最重要的是选择主导产业。选择一些关联性强、发展潜力大、规模效益明显、经济效益显著、技术创新显著、能够形成规模化且能够盈利的主导产业进行导入。

2. 要设计好产业链条

特色小镇的产业选择要有产业链思维。比如农业产业链包括哪些环节？从生产、加工、流通到消费各个环节，可能发展哪些？结合当地实际操作的可行性，如何延伸旅游、参观、体验、研发等功能。健康养老产业链的构成也是一样，比如健身、地产、管理、服务、养老等方面都是相互关联和配套的。

例如，在山西我们策划了一个农业特色小镇。围绕当地特色种植业、农产品加工业，结合旅游、体验、养老，延伸产业链，通过依托农业、提升农业、超越农业，打造三产融合的产业发展模式，给当地经济带来良好促进作用。

例如江苏如皋的石材小镇，通过产业扩容，将文化创意、平台支撑、科技创新、国际交流结合起来，实现从单一的石材产业到石材产业生态圈的打造，把产业链条打通。

3. 制定好产业发展策略

产业发展有哪些策略？我认为主要有：一是统筹发展、规划先行；二是转变思维、联动发展；三是集中力量、突出重点；四是产业集聚、规模发展；五是区域互动、借势发展。

4. 制定好产业导入策略

产业导入应该遵循哪些策略？首先以人气为先，其次以商气为重，最后以品牌为主。

例如河南商丘的一个项目，地块地处平原，缺山少水，当地政府想从人文找亮点，首先启动灌溉饮水工程，但其核心区六平方公里，只有八千万的建设费用，拆迁安置就需要一两个亿，根本实施不了。我们认为前期应先导入人气，带动人流；再引入商家，集聚商气，引入大项目，进行产业开发；最后围绕当地消费，打造品牌，建设相配套的医疗、文化、教育等设施，发展服务配套产业。

六、如何整合多方资源

特色小镇的建设需要吸纳各行各业资源，综合开发。整合资源的方式主要有：一是搭建平台，二是整合资本，三是聚集企业，四是制定标准，五是树立典范。

1.如何搭建平台?

我们国家的协会、组织并不发达，体制机制没有吸引力，之前的台湾考察对我印象很深。比如台湾的行业协会组织比较成熟，一般由几十人的团队在做服务，到了年底，行业协会组织的产品展示会和投资交流会邀请企业报名参加，为其提供一揽子服务。我觉得真正的行业组织一定要有服务团队，一定要有模式以及专业机构的合作，否则平台没有生命力。

2. 如何整合资本?

未来城镇建设，单靠政府大包大揽难以发展，需引入社会力量。而仅仅依靠企业单打独斗，资金、成本、风险、盈利等问题层出不穷。因此，小镇的建设需要整合产业资本、智力资本、权力资本，实现多方共赢。

3. 如何集聚企业?

特色小镇的建设是一项跨行业、跨部门、跨领域的系统性工程，需要将农业、旅游、养老、加工、绿化、教育、医疗等不同部门、行业、专业的资源整合起来，建立合作关系，实现“跨界”合作，打造产业生态。

4. 如何制定标准?

不同功能定位的小镇需要不同类型的产品设计。对于当前小镇开发建设而言，标准化的产品设计是多元主体合作、资源整合的前提。首先，标准化产品是小镇建设的抓手；其次，是小镇聚焦人气和商气的关键点；再次，还是提升小镇知名度和美誉度，是小镇对外推广和营销的有力手段。例如海南或者广东一些地区，有湖泊、温泉、耕地，但建设特色小镇都没有方向，究其原因，是因为没有标准产品。

5. 如何树立典范?

要想推广一个产品，比如万达，过去别人卖房子的时候，万达去做综合体，建成之后快速复制，效果很好，因为有示范就有了生命力。所以，特色小镇的建设必须打造一个样板。我前年到山东菏泽考察，有一个公司利用废旧工厂做电商，一年内就完成了，招商了三百多家企业，还未盈利就已经吸引各地区部门参观学习，这就是典范的作用。

专家简介

刘世能，经济学博士，城镇与产业规划咨询专家，北京市人民政府顾问，中国社会科学院民营经济研究中心副主任，中国房地产协会文化地产专家委员会主任，中国城镇产业投资联盟副理事长、秘书长，北京富达尔城市发展研究院院长。

曾在政府机关、银行、投资公司、房地产公司、高新技术企业等多个领域工作，具有“官、产、学、研”的完整经历。

近十多年来，一直专注城镇与产业发展规划的研究和咨询工作。先后为 500

多家政府和投资机构提供了卓有成效的咨询服务，在新城发展规划、旧城改造策划、小城镇建设策划、农业发展规划、产业园区规划、文化旅游规划、商业地产策划和城市品牌营销策划等领域积累了丰富的实践经验。累计发表文章 40 余篇，并出版了《谋划新城》《旧城改造案例研究》《北京旧城改造振兴模式与政策创新研究》《文化力与北京工业竞争力》等多部著作。

2017年受邀担任《中国特色小镇发展报告2017》报告篇之特色小镇产业发展报告栏目主编。

特色小镇综合开发与运营模式

林　峰

特色小镇的开发不是政绩工程，而是在市场机制下，基于城镇发展中的一些问题而产生的一种解决方案。绿维创景所提出的特色小镇孵化器首先要解决的是顶层设计问题，而在进行顶层设计之前，我们需要从宏观本质上，理清特色小镇的概念内涵、开发逻辑、形成基础、发展架构、开发内容、行政机制及投融资机制等系列关键问题，形成一套方法论基础。绿维文旅专注新型城镇化、特色小镇发展多年，本文在原有研究基础上，通过对多个操作项目的高度提炼与总结，结合国家最新政策，对以上问题进行了详细解读。

一、把握“4特”内涵

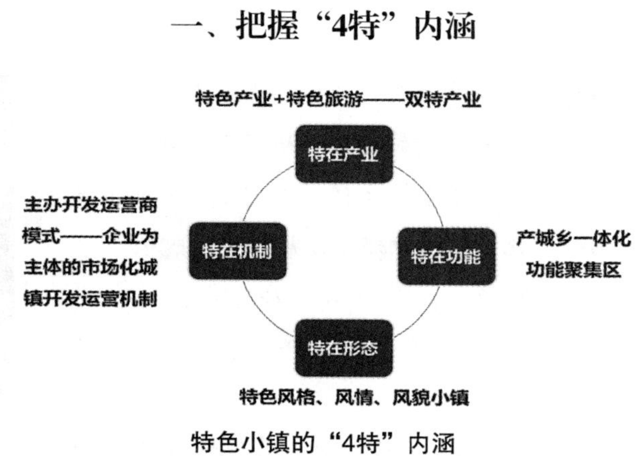

特色小镇的“4特”内涵

绿维创景认为，特色小镇是指依赖某一特色产业和特色环境因素（如地域特色、生态特色、文化特色等），打造的具有明确产业定位、文化内涵、旅游特征和一定社区功能的综合开发体系。它不是单一的旅游景区，或产业园区，也不完全是建制镇，而是旅游景区、产业聚集区、新型城镇化发展区三区功能合一、产城乡一体化的新型城镇化模式。

1. 特在“产业”

特色小镇的“特色”首先体现在产业上。从我国产业结构演进的基本规律来看，新常态下，产业的发展趋势呈现两个方向：一是产业转型升级驱动下的高加工度化、技术集约化、知识化和服务化，特别是在经济发展水平达到一定阶段以后；二是历史经典产业的回归，这是我国经济向消费主导转变以及人们对消费品质需求增强的必然结果。

绿维创景认为“特色小镇”的产业需要坚持特色产业、旅游产业两个发展架构。特色产业的选择需要立足当地资源禀赋、区位环境以及产业发展历史等基础条件，向新兴产业、传统产业升级、历史经典产业回归三个方向发展；旅游产业具有消费聚集、产业聚集、人口就业带动、生态优化、幸福价值提升作用，也是引领特色小镇发展的主要动力。

2. 特在“功能”

以产业为依托的“生产”或“服务”是特色小镇的核心功能，没有生产与服务就无法形成大量人口的聚集；文化是特色小镇的内核，形成了每个小镇独有的印象标识；特色小镇不能只以旅游为核心功能，但旅游的“搬运”功能，可以激发小镇内在系统与外部系统的交换融合，也是不可或缺的功能；有特色产业，有旅游，有居住人口，有外来游客，就必然要形成满足这些人口生活与居住的社区功能，否则特色小镇就只是一个“产业园”。

3. 特在“形态”

特色小镇的“特色”还在于其必需形成独特的风格、风貌和风情。小镇的风格是小镇的性格和个性。小镇的风貌是其独特的建筑与外观，都要与文化传承接合，与生态及自然环境一致。小镇风貌的确定，需在遵循生态原则的基础上，以小镇的“功能定位”为出发点，以小镇的“历史文化”为导向，以小镇的“地形地貌”为根据，形成个性化、艺术化、传承化、文化化的景观与建筑风貌，塑造“小而美”的小镇形态。小镇的风情以历史文化、生活方式、风俗习惯等软环境为基础，结合演艺、社区活动、人际交往，成为独特的文化价值。

4. 特在“机制”

特色小镇的建设不仅是政府的行政行为，而是以政府为主导、以市场为主体、社会共同参与的主办运营商开发模式。政府以顶层设计、制度建设、服务管理为主要任务，把控整体方向、创造制度环境、建设基础设施、提供公共服务；企业（小镇开发运营商）通过资源整合以及市场化的运作管理方式，成为特色小镇建设中的主角；而与特色小镇息息相关的当地居民，则承担参与与社会监督的责任。

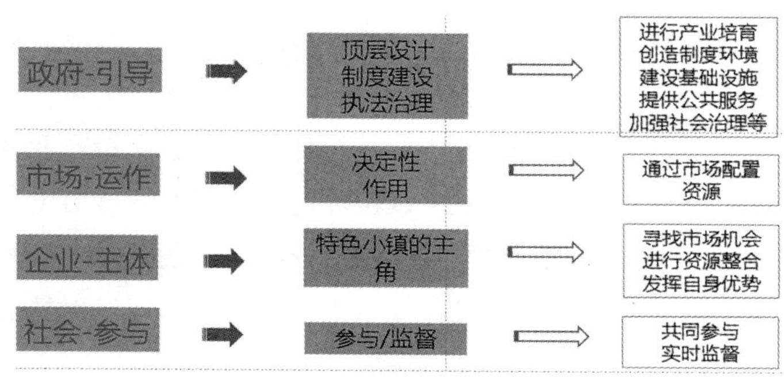

特色小镇的参与主体及角色

二、遵循三大开发逻辑

1. 政府的区域发展逻辑

对于政府来说，特色小镇是推进供给侧结构性改革的重要平台，是实现新型城镇化的重要抓手，是促进城乡统筹的重要手段，是推动经济和产业转型升级的主要动力。其目的是要通过特色小镇的发展，促进产业发展升级、推动城镇化发展进程、带动新农村建设，摆脱传统城镇发展中依靠土地开发及基础设施建设拉动的增长模式，搭建一个创新创业的空间，实现自我造血功能，从根本上改善民生。因此特色小镇的发展需要满足政府在产业化、城镇化、带动性方面的发展诉求。

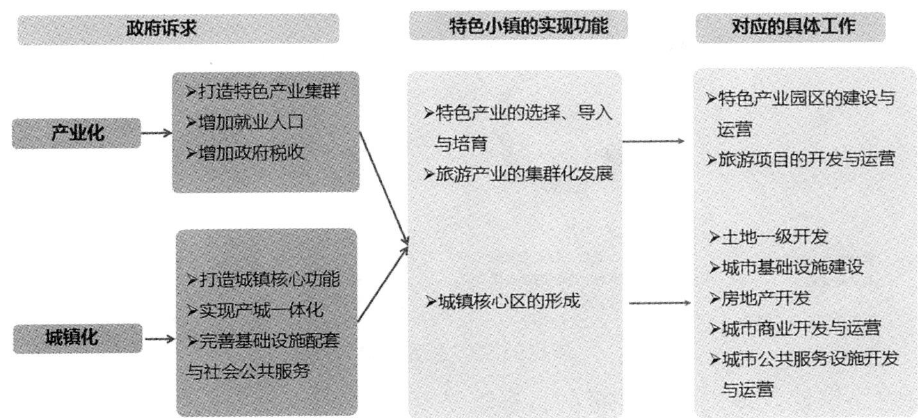

政府的区域发展逻辑

2. 企业的市场运营逻辑

企业是特色小镇开发的一大主体，更是市场化运作体制下弥补政府短板、激发市场活力的重要角色。其价值一方面体现在资本能力上，企业以强大的资本能力及融资手段，通过PPP模式，能够解决政府建设资金不足的问题；另一方面体现在市场化的运营模式上，企业有着敏锐的市场观察力、较强的风险管控能力以及强大的项目运营能力，可以很好的弥补政府在小镇运营上的缺陷。但无论提供何种服务，企业追求的是与其付出相匹配的利益。

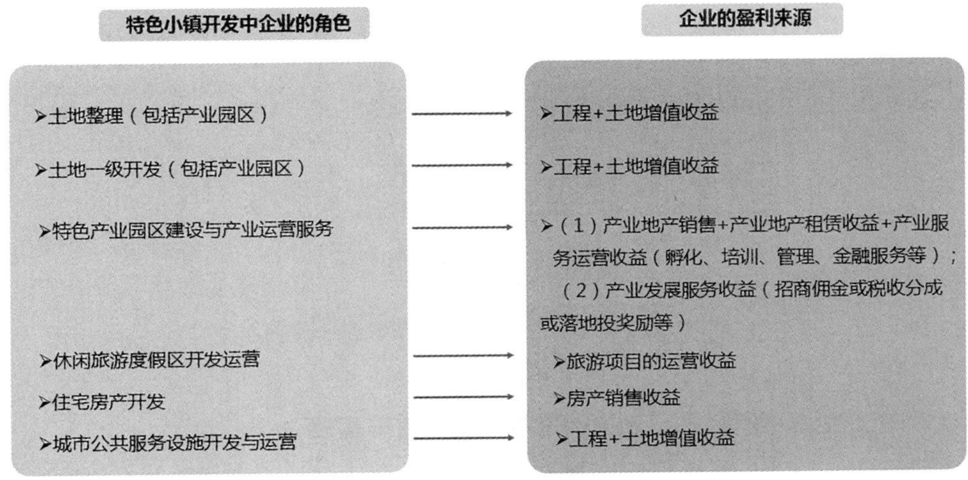

企业的市场运营逻辑

3. 居民的工作生活逻辑

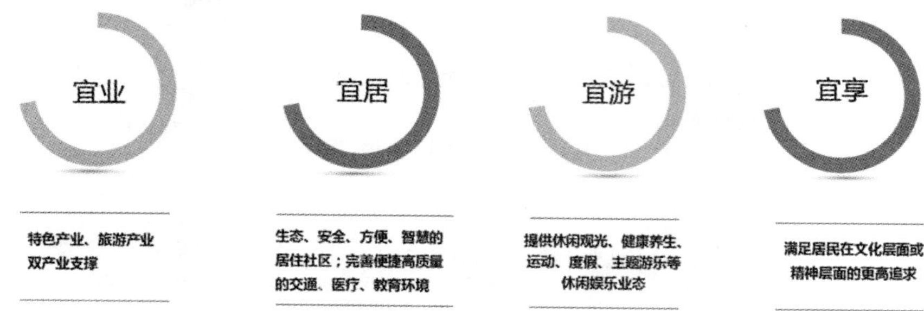

居民的工作生活逻辑

特色小镇建设最主要和终极的目标就是要提升居民的幸福感，让他们在这里能够方便就业、幸福生活、尽情娱乐、安全居住、享受教育、陶冶情操……因此，在特色小镇的开发中除了要大力发展特色产业，解决人们的就业问题之外，还需要为他们配套多样化的公共服务设施、开发精品化的休闲度假项目、提供便捷化的公共管理服务、塑造文化精神领地。

三、形成三大开发基础

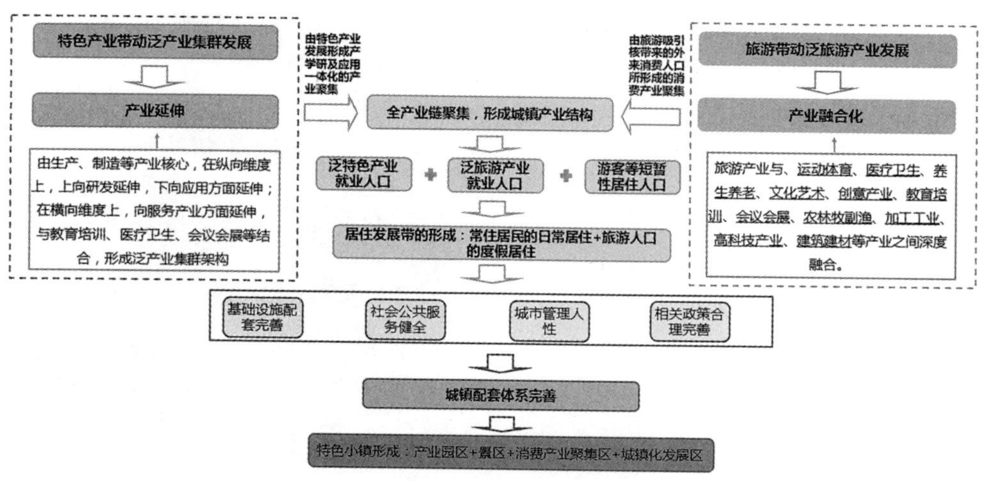

特色小镇的发展逻辑

1. 特色产业真实有效的落地发展是最重要的前提基础

产业发展，带来的是人们生产与收入方式的变化，保证了农民离开土地后按照城镇方式生活的基础，产业一直以来被认为是城镇发展的背景与推动力。以特色产业本身为基础，在纵向维度上，往上向研发延伸，往下向应用、营销、管理、服务延伸；在横向维度上，与旅游、教育、会议等泛旅游产业广泛融合，实现全产业链聚集，形成小镇产业结构，从而构成人口与要素集聚的前提和基础。但由于小城镇产业要素支撑不足，产业发展非常困难。

2. 人流聚集引导消费聚集是泛旅游产业发展的基础

以“旅游吸引核”为基础，通过旅游的“搬运”功能，将会形成大规模的外来游客的聚集。游客的到来就意味着消费的形成，而人们在旅游过程中的消费，已经超越一般理解的旅游消费，是一种复合消费结构：不仅包括景区门票等直接消费，还包括农产品、艺术品、收藏品、文化纪念品等购物消费，以及文化体验、娱乐活动、运动康体、养生理疗、养老服务、会展培训、祈福修学等服务消费。有消费需求，就会有市场供给，有市场供给就会形成产业生产。因此，游客的消费聚集为泛旅游产业的发展提供了基础条件。

3. 人口聚集是新型城镇化落地的基础

特色产业的发展带来了大量的长期居住型就业人口，泛旅游产业的发展聚集的是中短期流动性人口以及部分服务产业人口。人口的聚集必将产生生产、生活、休闲、娱乐、居住、教育、医疗等多种需求，由此便催生了商街、商业综合体、居住社区、度假社区、学校、医院、银行等系列生活配套设施以及公安、工商、市政等政府公共管理服务机构的产生，形成了基础设施配套完善、社会公共服务健全、城市管理人性、相关政策合理完善的宜居环境。

四、构建“两产业三引擎五架构”

特色小镇的发展架构

1. 以特色产业为引擎的泛产业聚集结构

以特色产业为引擎的聚集结构，主要包括"产业本身+产业应用+产业服务+相关延伸产业"四个层面。以机器人产业为例，"产业本身"即机器人的生产制造、科研、设计、系统集成等；"产业应用"包括工业领域的机器人工业4.0、医疗领域的机器人康复医疗陪护、休闲领域的机器人娱乐表演等；"产业服务"则包括机器人交易服务、机器人会议服务、机器人教育培训等；"相关延伸产业"可以与旅游、影视、文化等领域结合，打造机器人主题乐园、机器人影视产业园、机器人博物馆等。

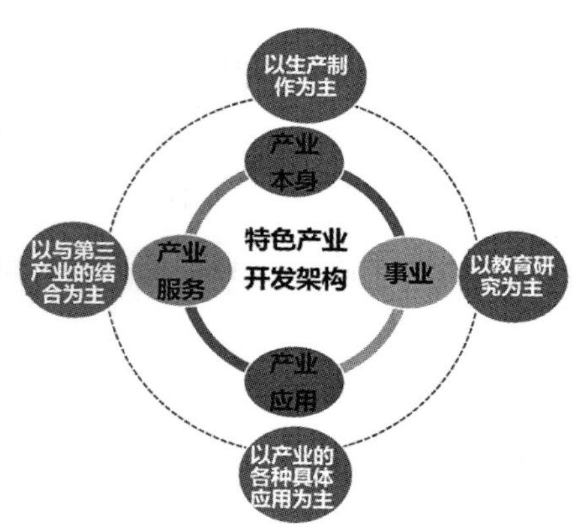

特色产业的开发架构

2. 以旅游为引擎的泛旅游产业聚集结构

泛旅游产业聚集结构，是在泛旅游产业理念下，依托旅游与其他产业的融合、聚集，超越旅游十二要素的范畴，形成以旅游产业带动其他产业发展的多产业、立体网络型产业集群。这一集群涉及面广，几乎涵盖旅游及所有相关产业。

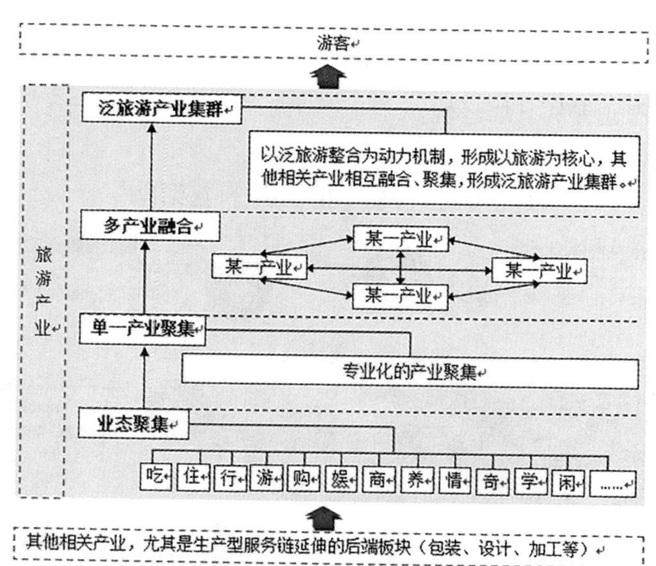

泛旅游产业聚集结构

3. 旅游目的地架构

特色小镇虽不完全是以旅游为主要目的，但又必须包含旅游的功能，每一个特色小镇原则上都是一个以3A或3A以上景区为主导的旅游目的地，是“旅游吸引核+休闲聚集+商街+居住”的一体化聚集地。

旅游目的地结构

4. 新型城镇化架构

毋庸置疑，特色小镇本身就是一个城镇化架构，包括“核心引擎+产业园区+休闲聚集区+综合居住区+公共服务设施配套”五大架构。核心引擎是形成人口的关键，产业园区是特色产业核心部分的聚集区，消费产业的聚集形成休闲聚集区，综合居住区是获取土地开发收益的重点，而社区配套网是特色小镇必须具备的支撑功能。

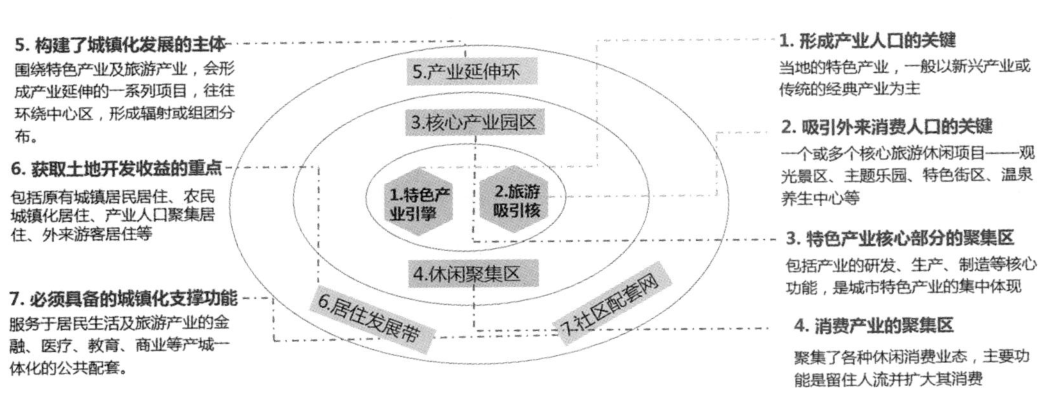

新型城镇化架构

5. 互联网引擎与智慧化架构

伴随着互联网的发展，消费者的信息获取方式、消费习惯、支付环境都发生了巨大的转变，互动、体验、便捷成为了人们生活中无处不在的追求。因此，以人为中心的特色小镇，也应注重市场环境的变化，立足居民或游客的体验维度，从顶层设计、生产生活、服务提供、城市管理、品牌营销等多角度全方位，注重现代智慧科技的运用，打造智慧化的特色小镇，形成对产业、旅游、宜居生活的全面提升。

五、整合五类开发运营的“特色小镇综合开发模式”

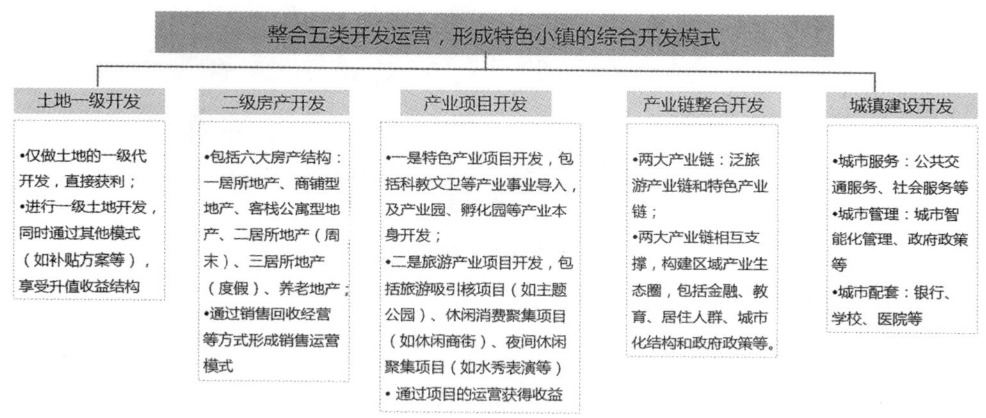

特色小镇的五类开发运营

特色小镇的开发运营主要包括五个层面：

土地一级开发：既可以只做土地一级开发的代开发，通过工程获取收益；也可以全面托管土地一级开发，通过土地的升值或其他补贴方案，获得收益。

二级房产开发：包括园区地产、城市地产（一居所地产、城市商业地产）及旅游地产三大架构。其中旅游地产又可分为二居所地产（周末）三居所地产（度假）养老地产、旅游休闲商业地产、客栈公寓型地产五大类。二级房产开发，主要通过销售、“销售+回收经营”、租赁经营三种方式获取销售及运营收益。

产业项目开发：包括特色产业项目开发及旅游产业项目开发两大类。特色产业项目的开发主要以科技产业园、产业孵化园、双创中心等为主体，同时结合科教文卫等事业，开发产业科研基地、教育培训园区、产业博物馆等项目。旅游产业项目开发众多，包括承担吸引核功能的景区、主题公园、演艺广场，以休闲消费聚集为主要功能的餐饮、酒吧、夜间灯光秀，以及为游客提供居住功能的度假地产。产业项目的开发主要通过运营获得收益。

产业链整合开发：包括泛旅游产业链和特色产业链。两大产业链相互支撑，构建区域产业生态圈。

城镇建设与公共服务开发：包括城市服务、城市管理、以及银行/学校/医院等城市配套项目。

六、创新改革行政管理与政策支持体系

政府在特色小（城）镇开发运营中更多扮演的是一种管理与支持的角色。主要体现在基础设施建设、公共服务设施建设、扶持政策保障、城市营销及公共管理等层面。

1. 以公共工程建设为基础

公共工程是特色小镇建设发展的基础，对区域整体发展作用显著，一般由政府负责开发建设，目前为解决资金的压力，很多地方采取政府与社会资本合作的PPP模式。特色小镇的公共工程相较一般城镇，需要体现几个方面的特色：第一，道路系统除城市道路外，还需要设置满足城镇居民及外来游客休闲旅游用途的自驾车道、骑行道或步行道等。道路除承载交通功能外，还是城镇文化的一个表现载体，是城镇对外的一个窗口。第二，公共服务层面除提供基本的服务外，还需要营造宜居的幸福生活氛围，体现在一些休闲设施的建设上，例如中央公园、精品博物馆/音乐馆、滨河休闲带、环城游憩带等。第三，城市风貌打造要实现本土化、特色化、品牌化，形成鲜明的城镇特征。建筑风貌方面，要运用本地的建筑风格、形态、材料、符号等，形成创意建筑的独特性；景观风貌方面，要在区域定位的指导下，通过标志性景观设计、城市家具设计、元素装饰、植物配置、绿道建设等景观工程，搭建城市景观识别系统。

公共工程建设列表

	产品	特色化
基础设施	九通：道路、供水、供气、供热、雨水、污水、电力、电信、有线电视	景观升级，形成特色化的城镇风情体现
	一平：土地平整	
公共服务设施	主体产品：总部基地、商业综合体、国际会展中心、医院/医疗中心、图书馆、学校、体育场馆、行政中心、城市规划馆	增加“风情美食街、中央公园、精品博物馆/美术馆/展览馆”等一些营造风情与幸福生活氛围的公共服务

2. 以公共营销为推动

营销是城镇建设和发展过程中的重要一环，是一个系统工程。政府在其中扮演着管理者、推动者的作用。其四个层面：第一，品牌及形象的定位——挖掘城市品牌元素、找到城市品牌定位、形成城市品牌内涵；第二，品牌系统的构建——包括品牌CI/VI设计、吉祥物、标识系统及城市家具等的运用；第三，品牌营销推广——从平面媒体、网络媒体、电视媒体、自媒体、节事活动、公共活动等各方面，构建完善、有侧重的营销推广体系。第四，品牌形象的形成——通过系列过程的培育，面向不同人群，塑造不同的城市形象。

3. 以扶持政策为支撑

政府应从政策上为特色小镇的发展创建一个健康、宽松的政策环境：第一，产业政策——给予特色产业、旅游产业及其相关产业以政策倾斜，培育完整的产业集群。第二，土地政策——在明晰产权和确立集中统一管理体制的基础上，进行科学的土地规划，正确处理小城镇建设用地、产业用地、旅游用地与保护耕地之间的矛盾，防止打着产业开发的幌子，进行地产开发的现象。第三，金融及税收政策——融资方面，拓宽社会资本的引入，加大国家银行对小镇建设贷款资金支持范围，并在土地开发成本、税收、投资回报等方面给予投资商以优惠的支持，实现投融资方式的灵活性、多样性。

七、搭建综合投融资结构

充分运用银行、保险、债权、基金、扶持资金、投资机构资金等各类资金，搭建一个“政府-社会-金融机构”构成的多元化投资平台，在遵循科学合理的投融资规划基础上，为特色小镇全力提供金融支持。社会资本对市场反应敏感、避风险能力强、活跃度高，是特色小镇开发中资金中的一项重要来源。其中政府资本和社会资本联动的PPP模式，是现行条件下特色小镇的核心投融资模式，适合于投资额度大、运营效益相对较小的小镇基础设施建设、公共服务设施建设以及创业类项目开发。

绿维文旅联合赛伯乐资金、基金公司、投资银行及一些投行机构，成立了产业基金，用于支持特色产业及旅游产业的发展，同时还可对特色小镇中的一些重点项目，进行直接投资。

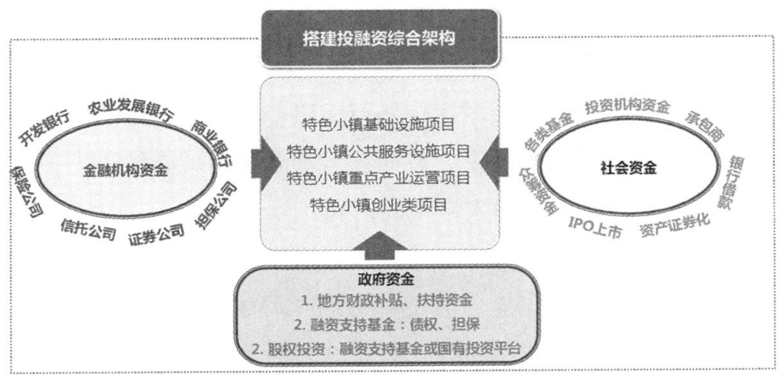

特色小镇的投融资综合架构

专家简介

林峰，经济学博士，资深规划与旅游地产专家，北京绿维创景规划设计院院长，有三十余年政府政策研究、投资银行运作及旅游综合开发与旅游地产顾问的从业经验，提出了《泛旅游产业引导的产业集群化与新型城镇化模式》，将“中国旅游产业和区域经济发展”相结合，对指导一级区域综合发展具有理论和实践价值，从事旅游业十余年来，林峰先生已为几十个地方政府及数百个景区提供过旅游开发咨询服务，并发表数百篇文章。

林峰于2005年创建北京绿维创景规划设计院，以旅游休闲项目策划规划设计为基础，以旅游与文化引导的区域综合开发及新型城镇化为专业方向，对“泛旅游产业项目开发、旅游地产项目开发、新城新镇新园区”三大领域进行系统整合，实现“产业整合、产品创新、规划系统、设计落地”目标，提供从项目前期咨询策划到施工图设计及后期顾问与经营托管的全产业链咨询服务，目前已成为全国知名的最具影响力的产城一体化全程服务机构、中国新型城镇化领先机构。

特色小镇科技驱动与智慧小镇

郑玉鸿

当下，智慧城市、特色小镇建设在全国各地如火如荼展开。聚焦智慧城市、特色小镇建设，从城市信息化到智慧城市再到如今的新型智慧城市，智慧城市建设在不断调整着自己的方向，也正在新的一年迎来新的发展阶段。

不带钱包只带手机依然可以在城市中畅行无阻，交通出行路况数据一目了然，车辆违法缴罚、公积金查询、查税办税、看病挂号动动手指就能解决……这些悄然而生的变化，正是新型智慧城市给普通人带来的便利。

智慧城市“生长”的速度也令人惊讶，中投顾问预计，2016年我国智慧城市IT投资规模达到2746亿元，至2020年复合增长率高达17.43%。但智慧城市的发展并非“遍撒芝麻盐”，尽管有市场研究机构统计，智慧城市涵盖的公共服务包括安全、能源、交通、基础设施等423个分项，但从目前来看，各个城市选择的突破口却几乎“不约而同”的一致。从上世纪90年代新加坡“智慧岛计划”的首次提出，到2009年IBM公司“智慧地球”理念的全面尝试，智慧技术在城市规划和运营中的应用从未间断。

智慧城市建设技术在应用中一般分为三大类型：

第一类是城市规划管理，包括公共安全、政府管理、城市规划等；

第二类是基础设施建设，包括水、能源、交通等；

第三类是民众生活，包括社会活动、医疗保健、教育培训等。

一、特色小镇高品质体现

特色小镇、田园综合体的打造，融合智慧城市的核心发展理念——智慧化战略模式，必将可以从不同维度践行国家及地方建设指导方针，从而实现生态、低碳、均衡、智慧、高效、便利、舒适以及在技术、民生、管理、资源约束趋紧等问题上得到有效解决、落地以及完美呈现；

智慧城市的技术积累可谓天时地利人和，智慧城市融合特色小镇+田园综合体正当时，充分利用智慧城市综合技术、平台以及业已成熟的产业链体系，结合小镇、田园综合体特色，打造适合自身发展的建设规划、管理模式、产业模式，有机融入区域和全球市场以及产业分工，在更大范围内统筹配置创新资源，让特色小镇+田园综合体专业更专、特色更特、精品更精，形成鲜明的个性。

二、特色小镇高素质生活

随着智慧城市理念、技术及产业链的发展，以及结合互联网，目前的创新不仅仅能在城市中完成，智慧城市发展模式及当下创新模式的改变，为特色小镇+田园综合体的建设带来了天时；智慧城市化特色小镇的基础设施将会更加完善，为特色小镇、田园综合体带来了地利；新型城镇化建设让游客聚集，让更多的年轻人来到特色小镇+田园综合体居住，则是人和。

不论是智慧城市还是特色小镇，既不是秀科技，也不是搞GDP。特色小镇建设需要久久为功的态度，需要管理者从大处着眼，从小处着手，不遗余力地做好细节，提升小镇“颜值”，培养小镇文化，发展小镇产业。更重要的是，不要把小镇建设搞成形象工程，搞成简单的数字指标，让来到特色小镇里的游客，真正体会到生活的舒适和美好，这才是人们的“挚爱”。

专家简介

郑玉鸿，智慧城市（北京）文化产业发展有限公司总经理，公司致力于智慧城市核心理念，以产业链为抓手完美融合城市、县域、小镇、田园发展，构筑人人最爱心灵家园；实现智慧民生、智慧生活。

公司总部立足北京，结合各部委政策指导，围绕教育培训、政企交流、项目孵化、金融资本、社区民生五个方向，在智慧城市、文化、环保、教育、金融、数据库等领域发挥优势资源，打造智慧产业领军系统，构筑智慧城市运营商服务平台。

第九章
文化指引下的产业建设

特色小镇撑起中国经济转型

王兴斌 推荐

特色小镇的概念最近很热。特色小镇是世界主要发达国家产业竞争力的一种重要载体，也应该成为中国新时期产业升级的主要载体之一。

有些人不太认可这个结论，认为把特色小镇的定位抬得太高。因为一想到特色小镇，大部分还是想到的欧陆风情或者江南水乡。但特色景观只是特色小镇“特”的一个方面，而且是次要方面，真正重要的还是产业。

发达国家，他们的很多具有国际竞争力的产业，就是聚集在小镇而不是中心城市的。比如美国，大家都知道，它最有竞争力的产业主要是两个：一是金融，二是高科技。金融方面，有格林尼治的对冲基金小镇，一个镇上就聚集了五百多家对冲基金，对冲基金规模就占了全美国的差不多三分之一；加州的门罗帕克小镇，这个镇是美国风险投资基金聚集地，纳斯达克一半以上的高科技公司都是这个镇上的风险投资基金投资的。至于高科技方面，美国的硅谷，其实就是一连串小镇聚集而成的。斯坦福大学附近的帕罗奥图，除去大学校区也就几个平方公里，是硅谷的孵化中心；苹果公司所在的库比蒂诺人口五万多；英特尔总部所在的山景城也就七万多人口。

在欧洲，英国的剑桥大学就在剑桥镇，距离伦敦80公里，人口不到十万，我骑车十五分钟即可横穿主镇区，这里是英国教育和科技创新中心。英国目前最先进的产业是它的航空发动机制造，世界著名的航空发动机公司罗伊斯·罗尔斯总部就在距离德比市中心大约四公里的Sinfin小镇上。而德比市也不过是一个总人口二十来万的小城，距离伦敦180公里。下面这张图的就是罗伊斯·罗尔斯总部所在的Sinfin小镇，中间是办公和核心工厂，周边是绿地和低密度住宅区。这地方看起来很普通，却能生产出我们举国之力研发数十年都还未能生产的高端航空发动机。

目前来看，中国的高级人才和高端产业主要都集中在大中城市，鲜有集中到小镇的。但这种情况一定会很快改变。发达国家的实践表明，高端产业并不一定要集中在大城市，高端产业发展所需的人才，也并不是全都喜欢居住在大城市。人才对居住环境的需求是多元化的。他们有的喜欢居住在繁华的大都市，有的则喜欢安逸宁静、风光宜人同时生活也足够便利的小镇。这是经济水平和城镇化发展到一定程度之后的必然结果。

以前高端产业和高级人才都往中心城市聚集，是因为小城镇交通条件和服务配套不够好。经过几十年发展，小城镇的生活设施和交通便利程度有了极大改善，特别是网络通讯和购物体系的完善，使得居住在小城镇完全可以享受到跟大城市差不多的生活便利性；而中心城市经过集聚发展，房价高企、交通拥堵、空气污染等“大城市病”日渐突出，原本优越的公共品质量大打折扣。

小城镇的生活确实还有一些劣势，诸如参加一些大型活动诸如演唱会、学术研讨等不如中心城市方便等等，但它的优势同样显而易见，包括房价便宜、环境舒适、空气宜人等。这个优劣势的偏好是因人而异的，值得权衡选择，不像以前那样如果不住在中心城市就很难谋求自身的发展，没得选。

总之，高端产业在大中城市和特色小镇共同发展，是一个成熟大国的必然选择。这种城镇化与产业的多元结合方式，既为经济的发展提供了多种模式，也为人的发展提供了更多个性化的选择方案。随着中国城镇化水平和人均收入水平的提高，特色小镇一定会成为高端产业发展、高级人才聚集的一个重要空间载体，与大中城市形成协作互补的产业链关系，这里蕴含着巨大的发展空间和投资机会。

在当前特色小镇的研究热潮之下，有一些研究者总结了诸如“欧洲十大特色小镇”之类的材料，选择的都是以历史文化、自然风光或者葡萄酒庄等农副食品加工为特色的旅游小镇。这样的小镇其实中国已经有很多了，再多建一百个两百个，对国民经济的发展影响不会太大。但是，如果我们搞出来一百个类似于英国的剑桥、Sinfin、美国的帕罗奥图、门罗帕克、德国的英戈尔斯塔特这样的特色小镇，那中国的经济竞争力和产业结构，就一定会有一个巨大的飞跃。

我们认为，特色小镇建设的主流方向，不应该是旅游小镇，而应该是产业小镇，而且是高端产业小镇，在高等教育、科研、金融、智能制造、生物医药、新能源、新材料等方面都要有所布局。中国特色小镇的产业发展，一定要去占领产业链的高端环节，不能按照城镇体系的分工，就给中心城市做配套，承接中心城区淘汰出来的落后产能。如果这样做，那特色小镇建设就失去了意义。

特色小镇一定需要“旅游和产业双轮驱动”吗？

现在特色小镇建设在旅游方面做得比较多，而对产业的关注则明显不足。有一些名义上叫产业的，本质上还是旅游。比如健康养生、会议培训、婚纱摄影、手工艺品生产和体验之类的，从产业分类的角度来看，都属于大旅游产业或者叫“旅游+”产业的范围，属于旅游业的衍生或配套服务。

产业和旅游真正融合发展得比较好的案例，国外也有，比如丹麦的比隆镇，这里是世界第五大玩具厂商乐高公司的总部所在地，它的主导产业本来是玩具设计和制造，但后来政府和乐高公司联合开发了乐高乐园项目，建了乐高微缩景观和游乐园，很受游客欢迎，现在已经成为欧洲著名的游乐目的地。这算是产业和旅游双轮驱动了。但这种案例并不多，乐高公司的产品——玩具跟旅游休闲还算是相关性很高的，所以才能成功。

在大多数情况下，旅游和产业发展更多的是存在冲突而不是融合。比如，美国的格林尼治对冲基金小镇。这里聚集了数百家掌握几十亿乃至上百亿美元的基金，咖啡馆里喝咖啡的大都是年薪百万美元以上基金交易员。小镇的设施主要就是办公楼和住宅，以及一些高端生活配套，没有什么可旅游的。高收入的小镇居民对安全的要求非常苛刻，警察和摄像头都很多，物价水平比大城市还要贵很多，因此这个小镇既不欢迎游客，游客也不会有兴趣跑到格林尼治去住宿消费。

愿意离开大城市到小镇工作居住的金融、科技、管理方面的高级人才，一般都不会喜欢小镇变得闹哄哄的，更不会喜欢每天来一群陌生人对着自己家房子拍照。像Sinfin这种地方，一台Trent900航空发动机就要卖3000万美元，而且这个产业还涉及技术秘密和安全生产，小镇的管理方当然不会再去想如何从旅游上赚点钱，而是希望陌生游客越少越好。

大多数认为特色小镇要产业和旅游双轮驱动的人，实际上的混淆了两对概念。第一对是“大旅游”和产业的概念。这一点前面已经区分过了。发展旅游的同时搞点健康养生、民俗工艺品制作、会议培训只能算旅游业的深化或者旅游产业链的延伸，不能算“旅游和产业双轮驱动”。

第二对容易被混淆的就是旅游休闲和宜居宜业的概念。适合旅游的地方不一定宜居，宜居的地方不一定适合旅游。旅游是“游”，是外来游客的流动，从观光旅游到休闲旅游再到会议养生等“大旅游”，可以延长游客在某一景区的停留时间，但总体而言都还是短期停留。统计意义上一般把在一个地区停留六个月以内的叫流动人口，超过六个月的才叫常住人口，没有什么旅游项目能让游客在一个地区停留这么长的时间。

旅游的核心是消费，尽可能的吸引有“财”的人来流动消费，花完钱就走人；产业发展的核心的生产，是尽可能的吸引有“才”的人来创业就业，长期定居。二者发展路径截然不同，所需要的区位条件、基础设施、配套服务、盈利模式也都差异巨大。比如，同样是居住功能，要发展旅游就应该多建酒店、民宿或度假别墅；要发展产业，就应该多建人才公寓。旅游目的地对医疗教育设施几乎没有要求，即使是发展“旅游+健康”也是以康复疗养设施为主；而产业聚集区要促进人才聚集，则需要配套幼儿园、小学，以及功能相对齐全的医院。而且，就开发模式来讲，旅游景区修建配套设施是为了赚钱，通过住宿、餐饮和各种服务收费把投资在景点建设的钱挣回来；而产业聚集区的配套设施投资则不应该赚钱，而是通过配套设施吸引人才和企业，再通过产业税收把建配套的钱挣回来，这是两个正好相反的投资收益模式。

浙江在特色小镇建设标准里面，要求旅游小镇按照5A级景区的标准建设，产业小镇按照3A级景区的标准建设。还有好多省也据此办理。依我看，这样的标准恐怕有失偏颇。旅游小镇按照5A级建设当然没有问题，但产业小镇按照3A级景区建设恐怕要有所选择。比如3A级景区标准里面要求必须在交通要道上设立游客服务中心，还要配备合格的服务人员和导游，要有较多珍稀物种或者景观奇特，而且每年接待游客30万人次以上。产业小镇需要去追求这些东西吗？我看不见得。

我理解政策制定者的意图，是要把产业小镇也建设的漂漂亮亮、舒适宜居，生产空间和生活空间、生态环境相互融合。为了达到这个目的，借用一些3A景区的标准。这样的出发点当然是对的。但3A级景区标准是为了旅游而设立的，除了多出来一些产业小镇不必要的标准（如上一段所列举）以外，还少了很多应该有的宜居的标准。前面讲了，产业小镇要吸引高级人才，一定要舒适宜居，宜居和宜游的标准差别很多。宜游主要是景观和短期体验，宜居则要求医疗、子女教育、社区文体设施、交际空间等立足于长期生活的设施，这些东西，在3A级景区标准里面又是找不到的。所以，为了促进产业小镇生产、生活、生态的融合，硬拉一个3A景区标准来对标，我认为存在着目标和手段的错位。

如果真的要找一个产业小镇的建设标准，我认为比价合适的是2007年建设部（现住房和城乡建设部）科技司出台的《宜居城市科学评价标准》。这里面就没有要求建设游客接待中心，但是在行政效率、政务公开、民主监督、社区治理、贫富差距、刑事案件发案率、噪音水平、人均绿地、垃圾无害化处理、文化遗产保护、古今建筑风格协调、建筑与环境协调、停车位比例、人均商业设施面积、500米内拥有小学的社区比例、1000米内拥有体育场馆设施的社区比例、人均住房面积、社区医疗覆盖率、防震减灾预案等等方面提出了一整套完整的评价标准。如果产业小镇真的需要一套普遍性的建设标准，我认为这个“宜居城市”的建设标准，远远比“3A景区”的建设标准，更加合适，更有利于小镇的长远发展，有利于产业升级和人才聚集。

（文章来自：品橙旅游；文章内容节选）

专家简介

王兴斌，国家旅游局旅游规划专家，国家林业局森林风景委员会顾问，国家科技部软科学专家和中国旅游报特约评论员。

特色小镇“文化+”的创意开发

苏　彤

没有文化就没有特色，没有产业就没有小镇，文化+产业是特色小镇“出特色，成小镇”的前提。2016年7月，住房和城乡建设部、国家发改委、财政部发布《关于开展特色小镇培育工作的通知》，提出到2020年我国将培育1000个左右的特色小镇，并特别强调，要根据特色资源优势和发展潜力，科学确定培育对象，彰显当地特色传统文化。现在的问题是“文化+”是什么东西？

如果要明确回答这个问题，就必须要搞清楚“两个东西”：文化是什么东西？“加号”是什么东西？前提是必须闹清楚“东西”到底是个什么东西？关于“东西”到底是什么东西，以讹传讹已经很久，比如“东市、西市”说，“木金为东西”说。其实，东西的本义是塑造东西那个东西，这样的东西叫“均”。在被誉为百科全书式的思想家、明末清初的方以智写于1652年，但直到1962年才得以刊行的家传秘籍《东西均》的开章篇，劈头一句话就是："均者，造瓦之具，旋转者也。"并且指出"古均、匀、韵、钧皆一字。均固合形、声两端之物也。古呼均为东西，至今犹然"。转引前人文章有"'止得东西一百，于事亦济'，则谓物为东西"。庞朴先生在注释中说："均，塑造陶器毛坯的转盘，瓦，指陶器。"可知，当"东西"一词作某东西讲时，正解是造陶器的转盘——均。

东西的本义是指能够生成东西（物）的那个东西（均、钧）。均或钧字，在中国传统文化代指天道运行的宇宙规律，有极崇高的地位。《庄子·齐物论》："是以圣人和之以是非而休乎天钧，是之谓两行"。古人制作陶器时，不停地旋转着均，陶泥随着均的旋转，就被制作成为具有一定形态的器具。古人认为，天道循环，周而复始，大千世界，万事万物，就在这不停的循环过程中被制造出来，这一点，与钧制作陶器极为相似，因此，就用钧来比喻自然造化，亦即天地万物及其运行变化。（参见连登岗《释〈庄子〉"天钧"》）《文选》中有文载"洪钧陶万类，大块禀群生。"唐人有"洪钧齐万物"之说等等，在小说《封神演义》中称为鸿钧道人，为太上老君、元始天尊、通天教主的师傅，为众仙之祖，亦可见作为"道"之指称的洪钧、天钧、大均的本元地位。

搞清楚东西是什么东西，有助于我们闹明白"文化"到底是什么东西。自日本明治维新时，以汉语"文化"对译西语"Culture"开始，似乎成了某种天经地义。后世学人，常习惯从英语"Culture"词源语义中的"耕种、培育"等反过来解释汉语中"文化"的意义，或单从《易·贲·象》的"观乎人文，以化成天下"中断章出"人文化成"作为诠释文化的钥匙。殊不知古之所谓"人文"，源自对天道、地道、人道相交之文的参悟，乃天文、地文、人文"三文一体"。在中国本土思想传统中，并不尊崇至高无上的唯一"神"，却有至高无上的"文"。所谓"文之为德也大矣，与天地并生者，何哉？"所谓"心生而言立，言立而文明，自然之道也"。

"河出图，洛出书，圣人则之"。"刚柔交错，天文也"，以河图"观乎天文，以察时变"；"文明以止，人文也"，以洛书"观乎人文，以化成天下"。常言文化有精神文化、制度文化、器物文化，这是一种源自西方文化观念的诠释，可为我所用，但不可以此为止。回归汉字本位去理解，可以说：文化是精神之育化；文化是制度之开化；文化是器物之成化，由此，笔者结合前人思想成就，给出源于中华文明宇宙生成观的文化定义："文化是人类创建、表现和分享有意义信息的过程和结果"。

原来，文化就是“让东西成为东西的那个东西”，其中，第一个东西指“材”，第二个东西指“物”，第三个东西指“均”。

总之，人类的文化实践，需遵循“道生一，一生二，二生三，三生万物”的自然规律，文化就是人类践行老子所谓“道生之，德畜之，物形之，器成之”的过程与结果。由此，为“文化+”提供具有哲学本体论意义上的根据，为深刻认识“文化+”的内涵，更好实施“文化+”的行动，奠定思想和观念基础。

2015年以来，古都开封率先在全国推出了“文化+”，安排了“文化+旅游”、“文化+城建”、“文化+会展”、“文化+工艺设计”、“文化+餐饮”、“文化+健康养生”、“文化+农业”、“文化+工业”、“文化+市场”、“文化+体育”十个专项行动。根据 “文化+”的开封诠释，可知，“文化+”就是文化与相关产业的深度融合，促进文化大繁荣大发展，促进相关产业转型升级；“文化+”就是把文化已有及创新成果与经济社会各领域深度融合，推动文化传承、效益提升、产业转型和组织变革，从而，不断提升开封文化产业及实体经济的创新力和生产力，形成更广泛的、以文化为基础条件和创新要素的经济社会发展新形态。

如火如荼的特色小镇如何能够真正实施“文化+”战略？文化如何能与相关产业和经济社会各领域融合融得深？转型转得起？升级升得高？如何认识作为经济社会发展新形态的基础条件和创新要素的文化？现实倒逼我们必须搞清楚“文化+”的那个加号倒是个啥东西？众所周知，加号一般是用来表示正数或者加法的数学符号，还因各种相对其他事物的类似之处，被赋予丰富的抽象含义，所谓“文化+”就是在这个意义上对加号的一种运用。

21世纪以来，从IT信息技术到DT大数据技术；从互联网社会到物联网社会；从以知识为基础到以智慧为基础；从技术创新单轮驱动到制度、文化和技术创新多轮驱动——创意中国已经成为21世纪人类最为壮观的一个场景。其中，核心创意产业即“IP产业”，通过文化创意和设计服务与相关产业融合取得令人瞩目的发展，成为大众创业万众创新最活跃、最富有前景的领域。

同时，笔者认为，本世纪前二十年的最后阶段，将以“新四化”，即“共享经济化、产业智能化、主体社群化、义利兼容化”迅速成为时代主流而载入史册。有鉴于此，本文提出“文化+”的加号，可直接换作四个字，就是“创意开发”。

创意开发是指主体通过对无形财产权资产创建和管理项目的投入，实现价值并获取回报的一系列行动。创意开发在开发主体、开发标的、开发成果、开发目标、开发投入、开发模式、开发工具等方面都充分体现出创意经济的特征，即新一代信息技术、万物互联网络社会、跨界融合知识基础、自愿自发创意驱动。可以说，只有引入“创意开发”模式，才能让特色小镇灵魂附体，生机勃发。创意开发与传统开发的不同主要表现在以下七个方面：

（1）创意开发主体上，以包括政府、企业、大学及研究机构和社会团体、社会媒体及社会个体等六方，以多种形式组建新型的协同创新主体，发挥双创平台和四众支撑作用，不仅要在所有制改革层面探索混合制或PPP模式，更要深刻洞悉创意经济的人格化本质和“信中生有”的特征，创意者个人，可以将人格信用转化为商业信用，直接融入社会工商业经济活动之中。

（2）创意开发标的上，以解决城市更新、城市再生、城市复兴过程中的具体问题为标的，以文化创意和设计服务及相关产业融合，引领新水系、新能源、新材料、新金融、新农业等技术实现途径，以特色小镇引领新型城镇化、美丽乡村、全域旅游中出现的热点、难点、焦点问题为导向，根据互联网+中华文明三年行动，为各地定制基于文化圈层的项目投资路线图。

（3）创意开发成果上，以附着在有形资产标的之上，充分人格化和内容化的创造性成果权、经营性标记权和经营性资信权等“超级IP组合”为成果，涉及著作权、专利权、设计权、商业秘密权、植物新品种权、商标权、地理标志权、商号权、域名权、形象权、商誉权、信用权、特许经营权等。通过筹划、控制、配置、运用使之得以有效保护和利用，实现资产保值增值。

（4）创意开发模式上，以“创权信托”为商业模式，通过委托人主体、受托人主体、受益人主体之间的信托关系，以多阶段、多层次、多形式股权交易机制衡平物权、债权、智权和信权资产投资价值，适应创意经济经营主体多元化、资产形态多种类、权益形式多样性特点。实施超级IP营销，为教育培训、体育、旅游、健康、文化和乐龄幸福产业创造新供给，激发新需求。

（5）创意开发投入上，以实物期权投资为资产评估和投资决策模型，是一种附着在有形资产之上的无形财产权资产组合（超级IP）投资行为；是一种“化险”投资，通过“实物期权”战略投资决策模型，充分吸收不确定性，使其成为价值来源，具备风险有限，收益无限的特点；是一种基于信念、信誉和信用的文化价值投资行为，并可通过授权、转让、合资等方式实现溢价兑出。

（6）创意开发保障上，以包括大数据、云计算、物联网等新一代信息技术革命为契机，让有强烈文化价值创造意愿和内容生产能力的创意者成为开发主体和主力；通过合作体制与激励机制创新，实现以文化为灵魂主线，以创意贯穿项目开发的各个环节和分工门类，以“投资设计”为路径，通过共创社群、主创团队、招创中心、投创基金、众创空间等保障创意开发有效进行。

（7）创意开发工具上，以“两创方针、零级开发、四众支撑和九规合一”为操作系统，把握传统文化创造性转化与创新性发展方针；投资数字创意产业城市“零级开发”；构建互联网+众扶、众包、众筹、众创四众支撑平台；推广以钱学森信息空间大成智慧为运作框架的“九规合一"，一张蓝图统筹全局，科学谋划城市成长坐标，创意出人文、智慧、自然、艺术的特色小镇形象。

今年是“创意经济”二十年，世界创意经济之父约翰·霍金斯先生专程来到中国。霍金斯先生此行的目的是正式推出约翰·霍金斯双创教育基金，启动针对城市、企业、大学及教育机构、社会团体、媒体和个体创意劳动者的“创意开发”系统工程，旨在发挥创意经济无边界渗透之功能，通过文化创意和设计服务与相关产业融合，真正助推各地正在开展的特色小镇方法和实践探索。

专家简介

苏彤，号老联，资深文创产业专家，世界创意经济之父约翰·霍金斯中方合伙人，创意中国产业联盟发起人。

特色小镇带动东方文艺复兴

冯　林

新型城镇化、城乡一体化、特色小城镇、城乡统筹、美丽乡村、休闲农业、乡村建设，这些城市人过去陌生的事物，目前越来越成为中国最时尚的热词。甚至有的乡建专家已经发出“乡村，中国未来的奢侈品！”过去都市人眼中遥远而陌生，贫穷又落后的农村，为什么一夜之间成为了香饽饽?

中国自20世纪五十年代开始大工业建设，已经历时近七十年。特别是近三十年急速的城市化与现代化进程，使得诸如空气污染、环境恶化、交通拥堵、贫富差距拉大、食品安全危机等等“都市病”已经显露无遗！同时，相伴而生的信仰缺失、精神空虚、诚信失落、礼仪失序、暴力泛滥、戾气横流等等社会乱像，正在严重地侵蚀着中华民族的身心健康。那么，疗愈“都市病”的出路在哪里呢？中国要全面建成小康社会，贫瘠破败空心化的广大农村怎么办？未来乡村建设的核心又是什么？破解城乡二元结构的关键在哪里？中华伟大复兴的“中国梦”怎么才能让“梦想照耀现实”？

如果说都市病的原因在于财富与人力的集中和泛滥，那么乡村破败的原因则恰恰相反，正是财富的抽空和居者的流失。这是两种极端的表现，而身处中间状态的城乡结合部及都市化的农村，更是把城市病的种种弊端复制到了临近的广大乡村。这里变成了工业原材料的采集场、低端污染企业的大工厂、城市各种垃圾的堆放地、丑陋粗俗水泥建筑的实验室，至此，美丽了千万年的田园景观不再，淳朴宁净的乡村生活被摧毁殆尽。都市病不但毁了城市，开始也正在毁坏人类的最后一块净土——远离城市的广大乡村！那么，是否能以东方文艺复兴理念指导乡村文艺复兴运动，为当前中国乡村的新型城镇化和特色小城镇建设，引领一条拯救濒临毁灭的中国广大村落与乡镇的道路呢？

一、东方文艺复兴与中国乡村文艺复兴

中国及整个东方开始衰落于西方，正是源于意大利为首的西方文艺复兴运动，再紧随其后的还有启蒙运动、地理大发现、工业革命，等等。今天，中华民族伟大复兴的中国梦及一带一路国家战略，又重新把东方文艺复兴的大旗交给了中国。在中华文化复兴和中国文艺复兴的大背景下，以“艺术下乡”、“艺术激活乡村”、“艺术小镇”、“艺术家介入乡村”等等中国乡村文艺复兴的舞台，正在神州大地的山山水水、田园村舍间蓬勃涌出。

中国以牺牲广大农村为代价的现代化成果，第一次开始了“物极必反”，大规模、全民性、政府与民间共同发力的新乡村建设运动终于出现了。这不仅仅是都市的恶劣雾霾与危险食品的被动驱使，也是中国作为一个农耕民族在经历了百余年的现代化侵染后，开始洗尽铅华，面对本心，重寻自我的一次集体行动。中华文化以儒道为根本的自然法则，其实就是农耕文明的生存哲学。中国五千年成熟的农耕文明，成就了一整套圆满自洽的解释宇宙万物和人类自身的道家太极周易观念。其中，观天察地、顺应自然、依时而作的农耕生产方式和生活状态，正是道家哲学的活水源泉。可

以说，今天我们遭遇的所有现代化、都市化疾病，皆是远离、背弃甚至抛弃了道家自然哲学观念而造成的。

那么，在此大背景下的中国乡村文艺复兴又要复兴什么？那么当今之下伟大的中华农耕文明所依赖的古村、古镇、古建即将濒临灭绝的时候我们需要复兴什么？

首先是道家的自然哲学观念，如天人合一、大道自然、注重生态、贵生养寿；其次是深得道家精髓的儒家伦理，如祭祖尊祖、老幼有序、男女有别、尊师重教、耕读传家、礼义廉耻，等等。当然，佛教自唐朝开启中国化佛教禅宗以来，佛家禅宗思想，如“自性清净”、“心境不二”、“心性如一”等思想开始影响中国农耕文化。历代禅宗僧侣长期开垦荒地，“融禅于农、以农悟道”，特别是百丈怀海禅师“一日不作一日不食”的生活习惯和修行方式，对中国禅宗文化的发展产生了重要影响，至宋代已经形成了“农禅并举、农禅并重”的文化传统，加入到中华农耕文明的伟大系列中来。当然，还有上个世纪二三十年代民国黄金二十年中，以晏阳初、梁漱溟、卢作孚、彭禹廷为代表的乡村建设运动中的“公民教育”、“村民自治”、“创新文化”等珍贵传统。这些优秀传统文化所滋生的建筑、器物、景观，如宗祠、家庙、牌坊、道观、寺庙、神龛，还有环绕它们的山林、田垄、水渠、耕地，以及在劳作中的俚曲、山歌，农闲时的社戏、戏曲、集市、乡学、合作社，艺术化的生活情调、诗文书香的传家之宝，林林总总，都是千万年农耕文明遗存给我们今天的珍稀宝藏。这些宝藏在乡村建设与小城镇建设中必将拂去尘埃，焕发异彩。

但是，从清末的“洋务运动”开始，我们没有向日本一样学习到西方文化中先进的制度思想，只是引进了船坚炮利；后来民国初年的“五四运动”又产生了“打倒孔家店”的激进思潮，并愈演愈烈，救亡压倒启蒙，直到二十世纪60年代出现全盘否定中华传统文化的“文化大革命”！从北京市政府号召市民拆除城墙，到北京红卫兵砸烂曲阜孔庙，改革开放，终于天下太平了。

然而，从历次战火匪患、政治运动中逃脱的中国传统村镇，现在终于没法逃脱经济大潮中更加汹涌澎湃的物欲加资本的本能力量！

著名作家、乡土文化保护专家冯骥才先生2015年在两会接受记者采访时说：“最近十年，我们国家消失了90万个村落！”以此计算，过去的十年，我们中国的传统村落正在以每天246.58个的速度，在一点一点消失！今天，面对新一轮的“资本上山下乡运动”，我们的乡村建设者和特色小镇从业者们，你们准备好加入那个行列了吗？

是准备去进行乡村文艺复兴还是去乡村传统毁灭？准备再去消灭多少个村镇呢？

那么，怎么才能有效抑制这种对所剩无几的中国传统村落、小镇的毁灭冲动？乡村文艺复兴理念也许可以作为最后的堡垒与屏障。今天，风起云涌的美丽乡村建设、特色小镇建设的热潮如果没有乡村文艺复兴作为活的灵魂，没有中华传统优秀文化的返古开新，那么这样的建设不仅仅不能留住传统乡村的精神与文化，甚至建筑、景观、业态的物理层面也岌岌可危。

二、乡村文艺复兴与特色小镇建设的活灵魂

乡村文艺复兴，不仅仅是乡村文化、农民艺术、民俗手工、非物遗产，更不仅仅是浅层次的表皮作秀，在这些需要重新展现和传承的外在文化形态之外，我们倡导的乡村文艺复兴，更多是要把这些器物层面的东西融入乡民的精神血液之中，让他们重新回忆、唤醒、拾起曾经失落的传统文化，在广大乡村集体无意识中如百年老酒所蕴含的醇厚与馥郁，重新弥漫在田野和村舍。只有保住了乡村的神与魂，才能保住乡村的形与貌。乡村灵魂的栖居空间，传统村落和小镇，才能有幸保存下来！

“美丽乡村”、“特色小镇”等热词，近年开始被官方结合进破解城乡二元结构、促进城镇化、建设美丽中国等宏大宣传中而被广为人知。其实，撩开这些光鲜的幕布，他们的前世今生正是肇始于中华民国黄金十年的20世纪20—30年代的乡村建设运动。著名的乡建先驱晏阳初、梁漱溟、卢作孚、彭禹廷、黄炎培、他们超前的思想、深厚的国学、世界的眼光，至今对我们的乡村建设和特色小镇建设仍有着重要的启迪意义。

晏阳初，主张平民教育，在河北正定等地，通过兴办平民学校，对农民先教识字，再实施生计、文艺、卫生和公民“四大教育”，具有全球影响，为“世界平民教育之父”。

梁漱溟，中国著名的思想家、哲学家、教育家、国学大师，为现代新儒家的早期代表人物之一，有“中国最后一位大儒家”之称。他在山东邹平县等地，开展乡村建设实验，倡导“乡村文明”、“乡村都市化”，是第一个思考城乡统筹、城乡一体化的先驱。

卢作孚，著名的爱国实业家、教育家和社会活动家。他创办的民生实业股份有限公司，成为我国民国时期最大的民族资本航运企业。他以重庆北碚为中心进行的乡村建设实验，其特点为：以交通运输为龙头带动“乡村现代化”。他通过实实在在的实业兴建，把过去破败贫穷的北碚乡村，建设成了具有一定经济实力、文化教育发达、

花园环绕、环境优美、全国闻名的模范小镇。

彭禹廷，著名的乡建运动先烈，他年轻的生命（41岁被害）献给了河南镇平的乡村建设。他是乡村自治运动的杰出推行者，他根据孙中山的三民主义“民族、民权、民生”的三民主义提出了“自卫、自治、自富”的“三自主义”，自称为“缩小的三民主义”。正因为他的自治思想中具有其他乡村建设派所没有的特色，他所领导的镇平自治在全国的乡村建设运动中取得了令人瞩目的成绩，社会安定，经济活跃，人民的生活有所提高。被乡村建设派奉为样板，誉为“世外桃源”。

根据以上四位有典型代表的民国乡建先驱的思想及成果，我们不难发现，中华文化传统皆深深蕴含在他们的乡建理念中，同时又把世界文明的先进理念与普世价值，如公民教育、乡村自治、教育优先、注重生计、民生为本、复兴文艺等等融入其中。这些，正是我们今天的特色小镇建设中依旧需要非常重视的几个重要维度，这也是特色小镇或者乡村建社中的文化核心与活的灵魂。

在中国近百年的现代化进程与红色革命运动中，中华传统文化从县城到都市几乎已经荡然无存，只有远离城市的广大乡间还依稀存留和散播着一些儒释道的文化传统和生存方式。这为我们的乡村文艺复兴遗存了珍贵的文化基因，让我们可以复兴道家“天人合一、道法自然”的太极哲学，复兴儒家“仁爱为本、天下大同”的人伦观念，复兴佛家“众生平等、慈悲为怀”的宗教情怀。同样，乡村文艺复兴也为我们复兴中国传统思维与生存方式提供了可能——让我们可以复兴儒家的“和而不同、中庸之道”，道家的“笃虚致静、无为而治”，佛家的“空寂禅定、诸法无我”。

东方文艺复兴不仅仅是复兴中华传统文化，其实还要把这一传统追溯到第一次轴心时代的五大文明除中华文明之外的另外四大文明，即希伯来、希腊、波斯、印度文明。中华文明在第一次轴心时代只因为对佛教的接纳而吸收了印度文明，而对于另外三大文明，两千多年来几乎一直是空位阙如的。今天，我们所说的人类命运共同体、世界主义、普世价值，其实正是要复兴或接续的另外三大被我们错过的两希文明和波斯文明，这一文明的薪火正是西方文艺复兴以来的人文主义、启蒙运动、法国大革命、美国独立宣言等等所传承人道、人权、科学、民主、宪政等普世价值由此生发的公民教育、乡村自治、民生为本等新的传统。这些传统如前所述，在民国十年黄金时代的乡建先驱者那里，已经吸纳进去，作为我们当代新乡建和特色小镇必须摄取的新的传统营养。

当然，还有一个我们非常亲近的中华文艺复兴和乡村建设传统，那就是在1966年大陆掀起大肆破坏中国传统文化时，台湾为了保护中华文化，于1966年11月由孙科、王云五、陈立夫、陈启天、孔德成等1500人联名发起“中华文化复兴运动”，要求以每年11月12日（孙中山诞辰）为中华文化复兴节。这一运动以伦理道德为淑世之本，其最具体的行为表征，就是忠、孝、仁、爱、信、义、和、平；其最重要的哲学基础是“仁”字。在国家核心价值观方面，以民主自由为福国之则，有全国共同遵守的大法，使法律之效力能永固。归于民治，树立法治。在涉及国计民生方面，以科学技术为“正德、利用、厚生”之实，其终极目的，在于养民。

台湾的中华文化复兴运动，其实是大陆国民政府在大陆30年代提倡的“新生活运动”的延续。“复兴”二字在中华民国时代经常出现，其中有一个著名的“中国农村复兴联合委员会”，简称“农复会”。1948年由美国援资助所成立的农复会创建于南京，1965年在台北终止运作。“农复会”的核心人物正是中国乡建杰出先驱者晏阳初先生，他力争在美国国会通过了一项叫“晏阳初条款”的援华议案。农复会最初在中国大陆国共内战的末期存续了一年多，在四川重庆、浙江杭州、福建龙岩建立了三个示范区，并扩展到广西、贵州等地。农复会在改革租佃制度、农村金融、减租限田、水利灌溉、良种推广、乡村卫生方面均取得了显著的效果。遗憾的是随着政权的更替，这些示范与推广活动在大陆终止了。不过，随着国民政府迁往台湾后，农复会利用他们在大陆已经取得的知识和经验，运用美国的经济援助，积极推动台湾土改、农会改组、生产技术的创新与推广等，并协助国民党政权完成了对台湾农村社会的彻底改革。此一工作在台湾获得了丰硕的成果，为中国大陆今天乡村复兴和彻底解决城乡二元结构提供了丰富而有效的借鉴。

在当今中国政治经济制度全面转型的时代，被意识形态板结与固化的城市已经很难容纳这些珍贵的传统，而处于长期边缘化和空心化的广大乡村、小镇，是否可以有更宽厚的胸膛来承载这些传统呢？至少，我从已经在乡村默默耕耘了十几年的当代乡建实践者，看到了这种希望。他们的成功与失败的经验教训，为我们今天的特色小镇建设找到了醒目的坐标。没有乡村建设的活灵魂，便不可能有特色小镇的精气神！

三、特色小镇建设与三大功能维度

但是，新型城镇化、特色小（城）镇与美丽乡村、乡村建设之间仍然有堵墙。这堵墙，不仅仅存在于市民与乡民之间，甚至体现在做“镇建”与“乡建”的两群策划人、规划人、建设人之间，都有巨大的裂隙！恰好，这两群人我都有比较深入的接触，使得我清楚地看到他们在设计理念、审美趣味、价值取向上都大异其趣。做城镇化的，非常强调产业；做乡建的，十分强调乡愁。为什么会出现这种分化呢？其实，这堵墙，正是中国长期的城乡二元结构延续而来的，而这背后深层的文化哲学原因，正是东西方文化思维模式的坚壁投射在城市与农村的规划建设理念上，也可以说是所谓的现代化的城市对前现代的乡村在中国的缩影。基本上可以说，按今天中国的建筑设计理念区分，城市是西方的，乡村是东方的；按生活方式区分，今天中国城市人的生活是现代西方的，农村人的生活是传统东方的。那么怎么才能打通或者撤除这堵墙呢？

是的，只能把这堵横亘城乡这堵墙变成联通城乡的特色小镇！

让特色小镇成为非城非乡的城乡特区！

在这里，让特色小镇消弭城乡的二元对立，也融合这对立之后的东西方文化思维的巨大鸿沟！

这一具有历史意义和世界意义的庞大工程有可能成功吗？

当然有，上述2000年的世界美术史上著名的犍陀罗佛像艺术，就是最好的注脚。发源于今天印度北部、阿富汗东部和巴基斯坦东部的古代犍陀罗地区，在佛像诞生的初期，它将由亚历山大东征带来的古希腊雕塑的悲壮神圣之美，与印度神像的婀娜柔和之美，完美地结合起来，创造性地形成了震撼人心的犍庄严圣洁之美陀罗佛像艺术！这是东西方文化第一次大碰撞之后交流融合而创造的文艺复兴式的美！这种神圣之美形成的深层原因，正是“返古开新、跨界融创”的“文艺复兴理念”。

那么，什么是“东方文艺复兴式的中国特色小镇”？简单概括，就是“带有深厚中国传统文化元素、且融合东西方哲学智慧的，宜人宜居、文旅鲜明、产业独特的小镇”，这可算中国特色小镇的“冯氏定义”。

这种“东方文艺复兴式的中国特色小镇”有哪些核心要素呢？

特色小镇的定义现在官方与民间有各种版本，由此推延出的核心要素也是五花八门。我在这里用12个字来简单概括，即“人居功能，文旅内核，产业支撑”，三者三足鼎立，缺一不可，这也是中国特色小镇的“冯氏定位”。

如果只有文旅，而无产业与社区，那么它只是一个文化公园或旅游景点；如果只有产业，而无文化与社区，那么它只是一个产业园、开发区；如果既有文旅、又有产业，却无人居住，那么它只是产业新区旅游景点，没有常住的居民这一鲜活的生命存在，那么小镇就不复存在，只是一个废城、空园。如果说“人居”是特色小镇的“心脑”，心脏和大脑，是小镇的中枢神经，那么“产业”就是特色小镇的“骨骼”，即骨架与四肢；而“文旅”就是“血脉”，是灵动着、联络着又滋润着“人居”和“产业”的血液、经络、脉动。而“让人宜居”或“宜人居住”才是是这个小镇的终极目的。

再强调一遍，我对特色小镇的三维定位——人居：心脑（心脏、大脑、灵魂）；文旅：血脉（血液、经络、脉动）；产业：骨骼（四肢、关节、骨架）。

关于特色小镇，2016年2月25日上午，国家发改委召开新闻发布会，介绍新型城镇化发展和特色小镇建设相关情况时，推出两个典型案例。其一是浙江省的云栖小镇，其二是贵州省的旧州小镇。现在最流行的特色小镇定义是按浙江省的。百度一下即是：特色小镇“非镇非区”，不是行政区划单元上的一个镇，也不是产业园区的一个区，而是按照创新、协调、绿色、开放、共享发展理念，聚焦浙江信息经济、环保、健康、旅游、时尚、金融、高端装备等七大新兴产业，融合产业、文化、旅游、社区功能的创新创业发展平台。当时主抓特色小镇的浙江省省长李强认为特色小镇是按创新、协调、绿色、开放、共享发展理念，结合自身特质，找准产业定位，科学进行规划，挖掘产业特色、人文底蕴和生态禀赋，形成“产、城、人、文”四位一体有机结合的重要功能平台。现在大家都很推崇的李强模式：产业为先、市场导向！

在此，我要反对目前很多官方和投资人比较推崇的浙江式关于特色小镇的模式：产业、文化、旅游、社区，或者“产、城、人、文”。均是把产业放第一位，人居的社区功能放在后面。显然，这依旧是长期以经济建设为中心、GDP挂帅的思维定式所致，而不是“以人为本”、“以民生幸福为本”的意识！至少我的主张刚好相反！

其实，没有人居、宜居、易居的以人为本的生态环境（大生态也包括文化环境），后面的文化旅游则不能成立，更不可能引进到产业。产业说到底，最终跟人走！在全国的特色小镇示范案例中，显得不怎么突出的贵州安顺旧州小镇强调“绿色发展”与“以民为本”，实际上它比浙江的模式好一些，强一些！但为什么说贵州的“以民为本”还不够好呢，因为这个提法本身还是站在政府管理者角度的，没有与民真正融为一体，改成以“人为本”就好多了！因为人居功能、宜居环境，才是特色小镇的第一要素和最重要的功能指标！

其次，在特色小镇建设中，文旅核心也非常重要。但文化、旅游这两个概念或功能的关系问题，大多数政府管理者和从业者，甚至有些研究者，均将之分别并列排放，但我认为错了！它们不能并列放在一起，而且旅游只能是放在文化的后面！因为文化是旅游的必要条件，而旅游是文化的充分条件。他们不是并列而平等的互为充要条件，应是文化在前，旅游在后。这也是很多旅游景区没有文化内涵，不能持续发展，最后也失去游客的重要原因！

中国古语一直把“山清水秀、人杰地灵”连在一起使用，甚至还有专门一个成语“钟灵毓秀”来强调自然环境对灵性的涵养。可以说，污秽与丑恶的环境，很难培养出高洁的灵魂，“钟灵毓秀”的反面正可用“穷山恶水出刁民”来概括。因此，中国的特色小镇建设首先应该是美丽乡村建设。但是，美丽乡村的目的，不能让小镇或乡村成为与乡镇居民无关的”他者”，成为仅仅是提供给城市人来观赏旅游的“外在”景观风物，而是应该“内化”为乡镇居民自身生活的最重要部分、最深厚的人文背景、最滋养的生态“人居环境”。特色小镇的建设首先应该将人居功能与文化旅游结成最重要的有机整体，成为特色小镇的核心与灵魂。

从这个意义上说，真正的特色小镇是不应该有“旅游开发”这个标准的城市人的提法，而是塑造“特色小镇之美”的自觉行动。为此，艺术成为美的引领者、美的雕塑家，美的阿芙洛狄特，她指引我们必须让特色小镇遵循这样的行进步伐——

第一步，令特色小镇之美首先美丽乡镇居民，让美丽乡镇成为乡镇原住民的生活环境与心灵花园，使美丽乡镇滋养他们的日常作息与精神生活！

第二步，令特色小镇之美成为城市人的稀缺景观，让美丽乡镇疗愈都市人的乡愁病、现代病，使美丽乡镇成为现代人灵魂的田园休养之所，成为梭罗所描写的“瓦尔登湖”的远离尘嚣之地！

第三步，令特色小镇之美成为架接城市与乡村的天使之桥，让乡民走进现代的城市街景，让城市人步入广阔的前现代的原乡田野，两者之美融为一体。

因此，特色小镇的文旅内植与旅游景观的开发，可谓一个事物的两面。纯朴静美的乡镇文化，应该植根于乡民的生活与精神中，不是也不应该把它变成旅游观光的作秀与表演；但乡镇文化的优美沉淀，必定成为城市人难得的乡镇景观，而且从中体现的乡村文艺复兴景象，乡愁的寄托之境，也将把城市中已经消失的中华传统文化的稀有元素和遗留景观呈现给世界，让失去的记忆在乡村复活。乡镇文旅的内植与文化旅游开发将是一对互动与共振的两个板块，它们相生相克，和谐共荣，平衡发展，才能让特色小镇为人服务、宜人居住。

乡镇景观中最珍贵的，正是城市最稀缺、最罕见、甚至已经消失的传统建筑和田园景象，如民居、街道、宗祠、家庙、寺观、神龛、祖坟、牌坊、私塾、戏台、作坊、水车、农具、耕牛、五畜、家禽、蔬果、林木、水渠、田垄、山寨、城堡、集市、村落，等等。它们既是小镇居民的心脑、也是滋养居民的血脉，对于它们，无论是保护、修复、复建、转移、创化，只有用“东方文艺复兴式”的方式来建设，才能真正实现中国特色的特色小镇。

（本文有节选）

专家简介

冯林，2016年12月28日于北京，中国人民大学文艺复兴研究院研究员。

特色艺术小镇深圳大鹏所城

邱育章

一、深圳大鹏所城简介

大鹏古城位于深圳市东部大鹏镇鹏城村，始建于公元1394年，为广州左卫千户张斌开所建筑。全称“大鹏守御千户城”，深圳又名“鹏城”即源于此。它是深圳目前唯一的国家级重点文物保护单位，是我国东南沿海现存最完整的明代军事所城之一，为抗击倭寇而设立，并在第一次鸦片战争的九龙海战中，打响了反击英国侵略者的第一炮，取得了以弱胜强以少胜多的胜。

当年大鹏所城占地约10万平方米，城墙高6米，长1200米，城墙由山麻石、青石砖砌成。城内现有房屋1127间，其中70%属传统民居。除城楼、学校、粮仓、怡文楼等属公产外，其余房屋产权属600户原住民私有。

大鹏古城的城门雄伟庄重，风格古朴，特别是南大门，经过几次修葺，保存完好。但南城墙则已荡然无存，其位置被后来新盖的农民房所占据。东门及西门区倒还保存有部分城墙。北门已无城门及城墙，但由于原来就建于一较高的土坡坎上，自然地形高差形成了一个天然的北城墙基，估计原来城墙就设于其上，更显得雄伟壮观。

城外之东南西三面环绕着一条长1200米，深3米，宽5米的护城河，四时灌水。城内有南北街，东门街和正街三条主要街道，及无数狭窄蜿蜒的小巷，主要以青石板铺就，宁静古朴。除了各种庙宇及民居外，还有十余座清代将军府第，其中以抗英名将，即指挥九龙海战赖恩爵的振威将军府第最为壮观。该将军府第有150年的历史，拥有数十栋屋宇、厅房、井、廊、院等，而且牌匾众多，雕梁画栋，是广府民居和客家民居的完美组合的范例，是广东省不可多得的大型古建筑群。

二、深圳大鹏所城现存问题之隐忧

虽然早于1989年，大鹏所城就被列入广东省重点文物保护单位，而于12年后的2001年6月25日，又经国务院批准，被正式列为“全国重点文物保护单位”。并且至今仍是深圳市唯一的国家级文物保护单位。而且还被市民推选为深圳八景之首。如此一个“国宝”的实际状况却不容乐观。笔者10年前首次参观大鹏所城，到近年几乎每年几趟，除南城门及将军府第有得到较好维修保护外，整个古城内外环境，似乎只有更加糟糕，如城外的农民房盖得很快，已几乎把所城全部围起来。而城内原住民大都移民国外，其民宅被当作出租屋，而住满了外地农村来的低薪打工者。由于没有及时教育引导，他们不懂得爱惜出租房，给古城保护造成一定影响。所以大鹏古城多年前就出现了一些自然损坏、人为破坏、消防安全隐患和环境卫生等四大问题。虽然大家早就有共识要改善，但似乎实质的进展不大。

所幸的是2004年，深圳市文物管理委员会与市规划局已经委托中国城市规划设计研究院编制《深圳市大鹏所城保护规划》。2005年据说将会5000万元专款预算用于该古城保护。

近来旅游人数已在上升之中（以往日流量不足百人）。开店卖旅游工艺纪念品的小贩也多起来。这一方面是好事，但也要严格纳到规划管理之中。否则无序过度的商业街会大大影响古城风貌，特别原先是特定用途的军事古城的环境氛围。

三、古城保护之理念

①古城不能仅仅是一个让人怀古思幽的古迹标本。她应该是一个有生命力的有机体，她不仅是有辉煌的过去，更应该是有美好明天的可持续发展的富于活力的当代家园。

②古城保护不能仅仅保留其物质躯壳，更应该注重其内在的活的灵魂传续。要注重古城里原住民，新租户居民与参观游客等各种当代的人与人的和谐关系。

③坚决反对那种把原住民迁走，而变成一个所谓大博物馆的做法。如果那样，这样的“死博物馆”是没有人气的，当然也就无人性可言。古城内古民居的原住民的日常生活应该是原古城的基本生活意义所在。反对布景式的仿古演员充数其间。

④同时也反对把低收入者的租户一概赶走的做法。虽然这些租户在开始时对古建筑较不懂得珍惜，但如果通过教育引导后，租赁房屋合同中也重点强调要保护，那么，作为租客只要能遵守合约，那么就应该一视同仁。但可以适当的分区安置，以便管理。同时培养新居民（虽然只是租客）对居住地的认同归属感。

⑤努力维护古城原生态环保理念，坚决杜绝空调机的滥用。保持原风水格局，加强自然通风采光之合理性。

⑥反对把古城当作一个摇钱树而进行急功近利的开发利用。许多实例证明充满廉价商业气息的古镇古村之旅游热是对原生态环境和人文环境的一种杀鸡取卵式的灭顶之灾。

⑦要积极创造条件，鼓励一些文化创意产业逐步进入古城生活和工作，使之成为素质高爱惜文物的新居民。特别是画家、音乐家和影视明星等艺术人才一定会和文化古城相映成趣相，相得益彰。

四、深圳大鹏所城的复兴计划设想

1. 大鹏所城之市场定位

①历史文化古城——国家级文物保护单位；

②移民新城——鼓励“小资”移民古城，使古城在人口组成上焕发新的青春；

③艺术之城——国际艺术学院拟进驻大鹏所城，这将以艺术之花带动古城的全面复兴并提升其国际影响。二者的完美结合将会是一种天地之缘。

2. 大鹏所城之规划理念

①一个完整的人文新家园和艺术新校园的有机组合；

②一个大的SOHO之家，工作生活在一个步行的范围内；

③功能分区的适度控制，严格限制商业工艺品小店的无序乱扩张；

④进行街区组团的引导和配套，划分画家组团、雕塑家组团、音乐家组团，但又不能截然分开，可以适当自由组合和穿插；

⑤先期利用已经废弃的小学校址作为国际艺术学院筹备处，将来随着发展，国际艺术学院将和大鹏所城形成一个合二为一的精神家园，成为深圳的文化立市的一曲美好乐章。

3. 大鹏所城之设计概念

①原则上不再增加新建筑，除极个别的公共配套外。要尽量利用或适当改造原有建筑，赋予新的内容和活力。

②景观环境设计将大量在空地种植绿化，并配以组群式历史人物群雕，以反映该所城当时富有历史意义的生活画面。犹如时光倒流，如参观者可和民族英雄赖恩爵将

军等进行一种默默的对话，从而得到心灵的感染和爱国主义教育。

④大鹏所城内历史上最早一开始就有约70个姓氏在此开基。如影响最大的赖姓和黄姓等。这些后人常来此纪念祖先。除了可在各自家庙中祭祖外，但有不少姓氏可能早已没有家庙祠堂，所以可考虑新建一个开基姓氏祖先纪念公园，里面不是传统的家庙祠堂，而是以书法碑林的形式，用各种书体表现，从而形成一个非常独特的汉字书法集大成的祖先崇拜艺术碑林。这在国内尚无先例。

4. 大鹏所城之城外区域的发展考虑

除了按规划要求要拆除紧靠古城的农民房外，在保护隔离绿化林带外，也要考虑发展备用地。因为如果一旦艺术之城得以成立，一些现代化剧场和摄影棚等需要较大的空间体量的场所，是需要提前筹划和预留的。

大鹏所城是深圳的根。600多年的历史见证了她过去作为祖国东南海防军事要塞的辉煌。今日，随着深圳迈向国际化大城市，大鹏所城又将以一个国际化的艺术新城向世界宣告中国人民的和平崛起，是靠中华文化的光辉指引。厚重的历史与崭新的时代正交响出一曲响亮的大鹏之歌：飞吧，深圳，前进中的国际化大都市，让我们一起拥抱新的辉煌。

专家简介

邱育章，香港中厦建筑国际有限公司董事长、香港海外学者联合会会长、澳洲皇家建筑师学会会员、香港美术家协会创会会员。

深圳建筑师协会会员，深圳美术家协会会员。

北京奥运会规划国际竞赛获奖，北京奥运会开闭幕式创意成员。

文化旅游地产和养生体育产业的全程服务（创意策划，总体规划，设计施工，文化服务，营运管理，一条龙全产业链的专业服务机构），三弦集团总规划师。

特色小镇电影带动小镇旅游

韩　鹭

小镇电影，指取材、取景于风光美丽、风情浓郁、人文独特的小镇而拍摄的电影。这种电影，凭借小镇的魅力增强了观赏性，吸引了观众的注意和赞赏，同时也把小镇的美名和美景传播到四面八方，为小镇引来了源源不断的游客。

诺丁山（Notting Hill），是英国伦敦西区靠近海德公园西北角的一个小镇，这是一个世界各地居民混居的区域，以一年一度的嘉年华会著称。原本是伦敦附近行人留连的地方，后来因为一部电影《诺丁山》的风靡而成了到伦敦的旅行者必逛之处。因为电影不仅讲述了一位到英国拍片的好莱坞大明星安娜，偶然跑到诺丁山的小书店买书，竟然跟个性腼腆的老板威廉擦出爱情火花的故事，还因为电影一开始，导演就用最简练的镜头狂拍了一通诺丁山——波特贝露市场（Portebello Road Martet）上的各种摊床，卖鲜花的、卖水果的、卖蔬菜的、卖小日用品的、卖古董的、卖中国瓷器的、卖廉价首饰的。当然也有休格兰特在电影中演的威廉开的那种小店。影片荣获金球奖电影类音乐喜剧类最佳影片提名、最佳男主角提名、最佳女主角提名，欧洲电影奖观众奖和最佳影片提名，英国电影和电视艺术学院奖提名，共获奖12项，提名17项。这是典型的一部影片带火一个小镇的旅游的优秀案例。

法国东部城市第戎有一个叫flavigny sur ozerain的古老小镇，被联合国教科文组织列为世界文化遗产的颇有历史（1118年建成）的修道院fontenay奠定了这个小镇的风格——闭塞、保守、单调。长年以来，这个小镇上的人不知巧克力为何物。后来，一位居无定所的女人和孩子的到来，让小镇上空飘散着巧克力的香味，几乎每个人都被吸引到巧克力店里来。巧克力，满足了每个人的口味和心思，也改变了一个镇的生活方式。小小的巧克力，唤醒了一个小镇。这个故事被创作成小说，后又被拍成电影《浓情巧克力》。电影火遍全世界，小镇的旅游也随着火了起来。

中国影片《非诚勿扰》也因为葛优和舒淇的出色表演，把影片外景地西溪湿地、日本北海道植入观众心中，而带动了当地的旅游。因为《泰冏》带火了影片外景地泰国的旅游，竟然出现了泰国总理接见影片导演的趣事。

美国小镇电影《不一样的天空》、法国小镇电影《米其林餐厅》、中国小镇电影《芙蓉镇》等等都带旺了这些小镇的旅游。

借鉴他人经验，学习成功模式，笔者也曾以编剧、策划和出品人的身份，创作、拍摄过几部小镇电影，其中经历非常有趣。而小镇电影带旺小镇旅游的应用和结果，也让笔者回味无穷。

本人风闻湖北省五山镇茶叶之乡很有特色，就下乡采风。感受到小镇纯朴清新，新鲜有趣，就写了个电影剧本《茶色生香》，表现城里大姑娘小媳妇到农村采茶，和农民发生的有趣故事，2006年带剧组到五山镇拍摄。影片在大陆和北美地区上映，参展戛纳电影节，获得武汉大学生电影节最佳新人奖，受到专家和观众的一致好评。小镇声名鹊起，旅客大增，茶叶大卖，品牌大红，当地农家乐火爆，被评为省四星级旅游先进单位。还最早做起了民宿（2008年）：旅客白天采茶游玩，晚上住在农民家里看《茶色生香》，而且手里还捧着自己采自己炒的茶，那种惬意，举世难觅。

2007年，我们拍了一部表现中国第一个非物质文化遗产——昆曲的电影《笛声何处》，外景地选在昆曲之乡——千灯镇。这时候我们就有意识地主动宣传外景地，无论情节，还是场景，还是台词，无不把千灯放在显要之处。影片上映，千灯镇的游客量立马上升。很多游客都是追着银幕上的小桥流水、古戏台、古码头、主人公约会的小旅馆而来，一一寻找，一一体验，回味无穷。影片获当年中国金鸡百花电影节开幕影片、苏州市五个一工程奖、金鹰奖、入选好莱坞中国电影节，在中国、美国、加拿大、澳大利亚放映。

后来几年我们在东莞的厚街镇拍了《画家与模特》、《虎口夺子》，加上之前在湖北枣阳的新市镇拍摄的我的第一部电影《影子》，都因为小镇风光，为影片增色不少；也因电影的宣传，使得小镇增加了名气。

我们拍摄的小镇电影逐渐多了起来，渐渐有了一些感悟，积累了一些经验，就在2010年率先提出并确立了用电影产业带动传统产业的思路。从此以后，我们策划设计的电影，充分尊重电影规律，积极学习好莱坞经验，每构思一部电影，就策划一系列衍生品；每策划一部电影，都考虑怎样带动电影外景地的旅游和经济发展。近年我们筹备的《诸葛密码》拟在襄阳卧龙镇拍摄，将建设一个影视基地；《蛋竹屋》拟在百万亩竹海的赤水市拍摄，带动建设一个竹艺小镇；《桃花梦》将在桃花岛拍摄，带动建设一个爱情小镇。

目前，随着我国特色小镇建设风起云涌，加上原有的历史上遗存下来的古老的小镇，一大批特色小镇将出现色彩斑斓，争奇斗艳的景象。古老的小镇遗留着厚厚的苔藓，崭新的小镇却呈现绚丽的光芒。弥漫着草药香味的中医小镇，浸润着电影文化的电影小镇，隐藏着秘密的机器人小镇，聚集着大量资本的基金小镇，铺展着鲜花海洋的爱情小镇，孕育着古老科技的陶瓷小镇，闪现着流光溢彩的丝绸小镇……无不放射出耀眼的光芒。

这些小镇，风光旖旎，人物活跃，故事精彩，情趣盎然，蕴藏着丰富的题材和故事，是电影不可多得的素材，同时，又是这些小镇的灵魂，小镇的旗帜，只要在银幕上展现出来，观众一定会因为小镇景色的美丽和人物的魅力而爱上这些小镇的。他们会传诵小镇的故事，他们会消费小镇的产品，他们也会选择假日，前来一睹小镇风采，亲身体验小镇风情。

电影因小镇风情而增光添色，小镇因电影流传而声名远播。如果当前我们的小镇建设管理者和电影文化工作者能够主动迎合，相互融合，积极配合，用小镇电影这个概念和模式，探讨和践行小镇文化品味的提升和小镇品牌的宣传，无疑将会创造出更优美的电影作品和更精彩的现实故事。

专家简介

韩鹭，北京炫宫文化传媒有限公司董事长，中国策划专家委员会副主任委员，中国电视艺术家卡通委委员，中国夏衍电影剧本奖获奖者。

第十章
资本运作型的开发建设

特色小镇如何开展普惠金融

徐志强

李克强总理在2016年政府工作报告中提出，要大力发展普惠金融。2017年第十二届全国人民代表大会第四次会议审议通过的“十三五”规划明确提出了发展普惠金融和多业态中小微金融组织。这是普惠金融首次被纳入国家五年规划的建议，对行业定性起到了关键作用，普惠金融将迎来改革的黄金发展期。

国家规范互联网金融健康发展，大力发展普惠金融和绿色金融，这种将传统金融与互联网金融相融合的发展模式，成为繁荣资本市场的重要载体，成为经济转型时期的一股中坚力量，这种融合式发展的触角已延伸到农村。

一、普惠金融，如何根植于大地

城乡二元结构失衡导致的金融二元化在我国表现的日益严重，农村金融荒漠化，农民贷款难、融资贵等制约着农村地区的进一步发展。普惠金融在农村地区的环境，如何借鉴国内外的有益经验，完善金融创新和管理机制，最终使广大的农村，尤其是贫困的农民享有与城市居民同等的金融服务的机会，实现金融权。

1. 商业可持续与普惠公益

法人以追求盈利为目标，《公司法》虽然规定了企业的社会责任，但这以取得利润为前提，进而实现可持续发展。金融机构是自主经营、自负盈亏的独立法人，只有实现可持续发展，才能有足够的资金开发支农惠农新产品、才能增设更多营业网点和贷款总量。我国中西部的农村人均收入水平低、可抵押担保的资产有限，并且多分布在山地丘陵等交通不便的地方，这些因素加大阻碍了金融在该地区的发展。金融机构基于可持续发展的要求必然会选择舍弃投资。因此，金融机构在促进农村地区发展的初衷与现实出现了冲突，使得广大山区农村仍处于金融空白状态。

2. 普惠金融农村市场匮乏

作为一个农业大国，我国有7亿农民。一直以来，农村地区都是现代金融的“盲区”，无论从硬件设施还是软件服务方面，和城镇地区相比都有很大差距，传统的金融机构配置在农村地区的金融资源十分有限。

李克强总理提出“普惠金融”，旨在让所有阶层群体和市场主体都能享受到金融服务的雨露甘霖，尤其是农民、小微企业等“融资困难户”。然而事实却有点不容乐观，据《2015中国农村互联网金融发展报告》显示，我国只有27%的农户能够从正规渠道获得贷款，40%以上的农户难以获得贷款支持。正如中国小额信贷之父杜晓山教授所说，中国普惠金融重在三农，农业是主要产业，农民是主要群体。没有农村市场，普惠金融就很难实现。

二、普惠金融，需要扎根于农村

“三农工作事关国家全局”，李克强总理在7月22日主持召开的国务院常务会议上如是提出。

中国民间“融资难、融资贵”问题，一直以来广受诟病，银行由于其国家信用背书性质，贷款审批环节繁琐严苛，大多需要多方征信数据支持及财产抵押质押等条件。以往的农村金融服务，大多由当地农村信用合作社提供。由于其乃中国人民银行批准设立的农村合作金融机构，所以在“亲民性”、“服务性”、“透明性”、“公正性”方面饱受诟病，“靠关系，批贷款”这一中国人情社会特有的现象在这里普遍存在。

同时三农人群虽然贷款需求旺盛，但是额度偏低，小规模的种植、养殖业主通常所需要的贷款金额在10万元以下，这导致大的金融机构往往不愿意深入农村腹地针对三农人群定制特定的金融产 品。

三、普惠金融，驱动县乡镇发展

普惠金融作为将农村等贫困、弱势群体作为自己的服务对象，以提高低收入群体的金融福利为目标。普惠金融体系的平民性使其能够迅速在农村地区开展，成为促进农民全面发展的辅助机制。

1. 普惠金融具有普遍性和非歧视性

普惠金融本质上是为中低收入群体服务的金融制度。与传统金融不同，普惠金融的群体主要是中低收入者、农村的广大农户、小微企业、边远乡镇等分布范围广、金融资源占比小的群体。世界银行扶贫协商小组在其发行的《服务所有的人——建设普惠性金融体系》中，将小额信贷的服务对象分为极贫者、贫困者和脆弱的非贫困者三类。

2. 普惠金融具有服务的可持续性

普惠金融的可持续性包括两个方面：一是提供金融服务的可持续性。由于资金虹吸现象使得农村地区金融荒漠化现象严重，农村金融基础设施缺乏，农田水利设施改良资金缺口大，农民金融知识储备不足，银行网点稀少以及大量的村镇企业周转资金短缺现象严重，这些因素给普惠金融的提供主体的可持续带来巨大挑战。二是接受金融服务的可持续性。普惠金融受益的主体是农民等中低收入者和小微企业，因此，只有大力宣传金融知识，提升受益者的理财观念，帮助小企业解决资金难题，才能够使服务对象真正受益，而非短期获益。

四、普惠金融，助力小镇新途径

1. 放宽农村准入条件

金融业是特殊行业，对注册资本高、内部管理机制和风险防范机制提出很高的要求。农村的特殊性导致很多有进入农村金融市场的民营企业往往达不到这些要求，客观上阻碍了农村地区的发展。“从世界各国政府实施市场准入的实践来看，放松经济性市场准入而不断加强社会性市场准入是当前和未来一个时期市场准入监管与维护的发展趋势”。在放宽市场准入的同时，鼓励金融产品创新，开发符合农村地区发展的金融工具，有效满足农村发展的需求。

2. 建立村民信用体系

大型商业银行可以通过发展农村信贷员的方式解决信息搜集困难以及信息不对称的难题。如寿光农商行扩展了信贷员的范围，主要是吸收村组成员。由于农村是熟人社会，从村组选拔的信贷员对村内成员的信息掌握的比较真实和准确，从而减小了甄别信息真伪的成本。在信用体系建立的基础上，可以针对不同信用等级的客户提供差异化的服务。

3. 大力发展网上金融

短时间内大范围的扩展金融机构网点有很大困难，但网络的便捷性可以替代部分金融机构的功能，使每一台终端都是一个营业窗口。网络信贷平台因其设立成本低、客户群体广泛的特点，在我国得到了快速发展。P2P网贷业务简化了正规金融机构繁琐的层层审批模式，只要在信用合格的情况下，就能高效的满足借款者的资金需求。”交易手段的革新必然带来普惠金融的快速发展，利用铺设网络线路的低成本与快速满足农村，特别是中西部偏远乡镇的金融需求，将是未来普惠金融发展的方向。

五、金融之树常绿

通过加大金融创新，开发更多诸如小额信贷、掌上银行、互联网金融等新的方式。同时，完善政府支农惠农的财政政策和税收政策，避免逆向选择和道德风险的发生。金融教育是推动普惠金融长远发展的基础，是农民享受更高层级金融服务，如基金、保险、理财产品、资本市场投资。在未来普惠金融助力农村地区发展中，坚持商业可持续发展与普惠金融目标的协调，真正做到为低收入农民而非只为富裕农户服务，最终消除农村的金融荒漠化和金融虹吸现象的发生，实现金融权即人权的理念。

专家简介

徐志强，中国艺术银行创始人，普惠金融的践行者，对旅游艺术小镇与乡村俱乐部的建设和农村普惠金融有独到的见解和周密的布置。在普惠金融的推广中开展了多功能ATM机、乡村俱乐部、全民健康等普惠项目。

徐志强也是正在启动的“建党百年重大题材”艺术创作项目总策划与投资人，长期从事红色题材的出版、教育、艺术创作，为“一带一路”国际公关学院的创立做出了极大贡献。

特色小镇资本的乡村俱乐部

大 林

“城镇化是一个造就中产阶级的过程，中产阶级是特色小镇的主要消费者，特色小镇的关键要素是‘特色’、‘小而精’和‘融合共享’，特色小镇能否成功，产业是基础。”特色小镇专家乔润令如是说。

中国正在涌现中产阶级，城市中产阶级到乡村消费将成为一种潮流。特色小镇建设需要资本，而中产阶级的聚集就是资本的聚集，金融小镇的建立则是资本聚集的快车道。

一、杭州金融小镇

杭州，中国特色小镇标杆地。金融集聚是金融业发展的重要形态，金融小镇是我国在经济新常态下打破以各类金融中心为代表的传统金融业发展路径的新探索，可以为供给侧结构性改革和创新驱动发展提供有效的金融资本支撑。

因此，将金融小镇建设作为当前特色小镇建设和金融业发展的一项内容，符合区域经济转型发展的要求，也是贯彻落实创新、协调、绿色、开放、共享的发展理念的必然选择，通过培育特色鲜明、产业发展、绿色生态、美丽宜居的特色小镇，促进区域经济转型升级发展。

金融，是现代经济的“血液”。其作为能够拉动整个“高精尖”经济的核心产业，符合绿色产业的特征，并且其自身就能带来巨大收入和高端人才的聚集。杭州、宁波借特色小镇建设东风，依托自身优势，正在打造基金小镇、金融小镇，做大做强金融产业的同时，撬动着经济转型升级。

杭州玉皇山南基金小镇位处吴越、南宋文化汇聚之地，北枕玉皇山，南抵钱塘江，环境优美，历史悠久，内涵深厚，小镇运用国际先进理念和运作模式，以美国格林尼治基金小镇为标杆，结合浙江省和杭州市的发展条件和区域特质，积极打造中国一流私募基金小镇。

玉皇山南基金小镇规划占地面积3.2平方公里，总建筑面积约30万平方米，分一期八卦田公园片区、二期海月水景公园片区、三期三角地仓库片区和四期机务段片区共四个区块。重点引进和培育私募证券基金、私募商品（期货）基金、对冲基金、量化投资基金、私募股权基金等五大类私募基金。

二、海外格林威治

基金小镇作为一种新兴的资本运作方式，可以直接打通资本和企业的连接，紧密对接实体经济，有效支撑区域经济结构调整和产业转型升级。格林威治，即是世界著名的基金小镇。

格林威治坐落在美国康涅狄格州，作为一座只有6万人口、174平方公里的小镇，这里却是对冲基金的天堂；小镇人均收入903万美元，资产密度位居世界第一。

经过几十年的发展，格林威治小镇云集了大大小小三百多家对冲基金，管理着数千亿美元的资产。其中，行业老大桥水基金（Bridgewater）一家就掌管着1500亿美元的资产规模。

当然，众多对冲基金之所以在格林威治聚集成现在的规模，有其内在的原因。

首先，小镇所在地距离金融中心纽约仅60公里，大约45分钟车程，这里拥有对冲基金要求的所有配套条件，能够有效承接纽约金融核心产业外溢。小镇周边还有三个机场，交通十分便利。

由于毗邻纽约，许多居住在纽约州的年轻人都选择在小镇工作，也为小镇的发展提供了源源不断的高素质人才。在格林威治，超过20%的人口从事金融或者保险业。一个对冲基金经理在大街上散步，遇到的5个路人里就有一个可能是同道中人。

另外很重要的一点，得益于政府的税收优惠政策，从本世纪初开始，小镇就吸引了大批的经纪人、对冲基金配套人员等进驻，数量曾一度有4000家之多，其就业人数也较1990年翻了好几倍。与在纽约办公的对冲基金从业者相比，在格林威治年收入千万美元的员工可以少支付50万美元个人所得税。并且，纽约的房产税高达3%，格林威治的房产税只有1.2%。

小镇绿树成荫、环境优美，也比嘈杂混乱、人口密度大和生活空间被极度压缩的纽约要宜居得多。格林威治市长顾问Robert Lardon此前公开表示，小镇有很好的社区服务。“在这里，有很多的国际品牌和餐饮，基金经理人的家人和公司成员，能过上安全舒适的生活。”

在格林威治，办公室和家之间的路程可能只要10分钟；住所附近随处都是跑步和遛狗的好去处；住房宽敞舒适，远离纽约的压抑和拥挤；有很多可以选择的好学校。小镇还非常国际化，6万多常住居民中有27%来自不同文化背景的国家，包括中国、新加坡等各地精英，走在街上会听到不同国家的语言。

此外，“千年虫”和“9·11”事件在某种程度上也使格林威治相对于纽约吸引了更多的对冲基金落户。“千年虫”时，包括对冲基金在内的金融机构为防止数据差错，开始建立数据备份中心，格林威治就成了当时总部设在纽约的公司的最佳选择。

“9·11”事件发生后，恐慌情绪在纽约蔓延，许多人都希望即刻逃离纽约以免再次遭遇恐怖袭击。格林威治由于距离纽约不远却又相对安全，因此成为许多对冲基金搬家的目的地。

正是得益于这些天时、地利、人和的条件，格林威治小镇的规模集聚效应得以形成，进而促进了当地的产业结构调整。在此基础上，吸引新的对冲基金落户小镇就变得相对容易。

三、乡村俱乐部

乡村俱乐部既然要成为资本工具就要有生产方式，艺术金融是一个不错的手段，艺术可以是形式同时也是内容，形式与内容合成资本就是要开展围绕艺术而展开的金融手法，象艺术品仓库、艺术品租赁、艺术品基金、艺术家培育计划都是艺术金融手法。乡村俱乐部设在艺术小镇、金融小镇的艺术酒店里或是房车宿营地、私人农庄和私人海岛，充分运用私享空间促成资本交易。

1.“人”为核心

乡村俱乐部所在的小镇应有优越的地理位置、优美的自然环境，优惠的政策环境和现代化的田园城市空间，这样才能吸引中产阶级与大批的金融经纪人，只有中产阶级的进驻，才会为小镇的金融产业发展吸引源源不断的优秀人才，同时也成为金融小镇活力和朝气的象征。吸引人、留住人、用好人、发展人将成为艺术金融特色小镇建设的重点。

2.“产”字为本

产业发展与城市环境密不可分。艺术与金融为小镇带来大量的财富，小镇同时也能从土地等优质资源的不断增值、城市开发建设等方面获得相应利润。美国格林威治小镇以总部经济为主导产业，大量集聚对冲基金公司，推动居住与产业互动，实现土地资源利用最大化和单位面积产值最大化。通过产业培育和布局规划实现由“产城互促”到“产城融合”，使其成为特色小镇建设的基础。围绕着艺术金融小镇的私人飞机俱乐部、艺术酒店俱乐部、私人管家俱乐部不仅为小镇乡村俱乐部服务，它们还是所临近城市的行业俱乐部所在地，这些俱乐部又充实和丰满了乡村俱乐部，广州沙湾艺术小镇紫泥堂乡村俱乐部便是笔者的一个乡村俱乐部聚集地。

3.“城”之营造

金融小镇如同明星小镇需要借助大城市的交通、金融等资源以利于人才、资金等要素集聚。美国洛杉矶好莱坞所在的明星小镇整个都是豪宅，乡村俱乐部遍地都是，电影导演、制片人、明星的聚集更是吸引了全球几十家世界顶级银行、豪华酒店和奢侈品商。好莱坞在创造电影神话的同时在制造消费奇迹。

专家简介

大林，文化部中国社会艺术协会副秘书长，中国旅游艺术小镇工作委员会首席专家，上海J20俱乐部大会轮值主席，建党百年重大题材艺术创作课题带头人，百脑会智库俱乐部首脑，《中国特色小城镇发展报告》主编。

特色小镇怎样制定投资策略

郑　忠　陈海砚

到2020年，培育1000个各具特色、富有活力的特色小镇。这样的规划，在2016年中被住建部等三部委以文件发布。2016年底，国家发改委再次要求多部门联合实施“千企千镇工程”，推进“特色小镇”建设。

截至目前，多个省市均出台了各自的“特色小镇”开发计划。一时间，旅游小镇、科技小镇、农业小镇、基金小镇、未来小镇……以休闲旅游、金融商贸、智能制造、教育科技、传统文化、美丽宜居等产业为根基的特色小镇开发热潮，在一二三线城市周边如雨后春笋涌现。

对企业家和社会资本来说，特色小镇的投资策略是什么？

一、通过PPP模式介入特色小镇投资

特色小镇可谓是“小空间，大投资”。在特色小镇风生水起的浙江，对特色小镇的投资已成为民间资本投资的新热点。

浙商是中国第一商帮，事事敢为人先，政府创新性地拓宽民间投资准入，明确把特色小镇的交通、市政、能源、生态环保、社会事业、农业水利、信息设施等七大领

域作为鼓励社会资本进入的领域。

传统城镇化的融资方式大多是政府的土地财政，而在土地财政占财政收入比例高企不下、愈演愈烈的情况下，土地财政的负面效应也越来越受人诟病。特色小镇要想健康持续发展，就要摆脱过去城镇化推进过程中以政府出资或垫资为主的形式。通过打通金融渠道，引入社会资本，在资本运营层面，实现项目的自收自支过去。在后土地财政时代，政府和社会资本合作模式（PPP模式）应运而生，成为地方政府拓宽融资渠道的新手段，从而为城镇化建设提供强有力的资金保障，缓解地方政府债务压力，发挥市场配置资源的作用，提高资源的使用效率和项目的运营效率。

对社会资本和企业家来说，通过PPP模式，逐步介入到特色小镇投资中来，对于打破行业垄断和市场壁垒，营造平等的投资环境，显然具有创新和示范意义。

从浙江民间资本的实际情形来看，浙江省规模以上企业有6万余家，民间资本存量达到一万亿，既是全国性的“资金洼地”也是“资本高地”。特色小镇的建设，不仅打通了民间资本支持实体经济的通道，而且规范有序地引导民间资金对接优质项目，有利于培育新型金融业态，更好服务浙江省产业整合、转型升级和新兴产业发展。

不止浙江，特色小镇在全国各省市全面开花，呈现出民间投资与政府双赢的新气象。

二、特色小镇的投资与赢利

从开发实践来看，企业通过PPP模式来投资项目，以企业为运营主体，政府参股，遵循市场化的运作规则，政府和社会资本风险共担、利益共享，结成平等合作关系，形成企业与政府双赢的良性发展局面。企业通过自主投资撬动社会资本，同时借助政府的公信力来实现项目融资。在发展的同时，还可以取得国家开发银行或相关政策性银行的贷款，进而降低融资成本，这都是普通的商业投资项目无法达到的。

特色小镇建设运营包括一级土地开发、二级土地开发、基础设施公服设施建设、产业发展、生态及人文环境保护和小镇经营等众多方面。绿维文旅董事长林峰认为，从投资时间与顺序上来讲，一投基础设施建设，二投土地，三投房产，四投产业，五投运营，再投其他。投入过程中，要重点关注资源、资金分配和时间节点安排。

三、特色小镇的资本运营模式

投资的同时还需要融资合作。

基础设施建设融资一般基于PPP模式，政府提供部分资本金支持、贴息办法、收入返还、引导基金等，再通过导入商业融资结构、夹层融资，通过杠杆放大，形成资产对价的融资安排。通过人气聚集和产业培育形成政府扶持下的产业贷款和项目支持结构，进而导入大IP、引进战略合作伙伴提供资金支持。

在招商运作下，延伸出资本运营模式，利用创新性金融手段平衡资金。如北京十月天文化传媒股份有限公司在贵州黔南州独山镇与政府联合打造的“贵州娜姑电影小镇”项目，就是采用企业投入资金，引入文化创意，政府提供融资平台的形式发展的。企业通过项目的统筹规划、设计和运营，通过文化娱乐、新媒体、电影拍摄、互动体验等，汇聚人气资源、聚集文化内容，打造文化产业，充分挖掘群众的核心需求，最终实现共同做大蛋糕，分享经济成果，造福一方百姓。

而广东长盈科技股份有限公司在打造“平安小镇”时，则以“政府主导、市场运营、社会参与、资源共享”的建设运营模式，充分借助民众和市场的力量，以最低融资成本编织社会全视频管控天网，实现视频监控联网报警全域覆盖。其建设体现为：发动群众自发安装，政府出资填补空白，破解视频建设“经费缺”困局；市场化运营，低成本投入，破解视频建设“推广难”困局；民建公用，群防群治全民化，实现共建共享，一网多用，破解社会视频“应用低”困局；全域防控，实现打击整治精准化，指挥调度扁平化。

该项目除取得良好的经济收益外，更为政府、公安部门提供了快速建设、低投资的平安城市建设融资新模式，同时通过政府的推动，降低了投资的风险，实现一方建设各方共享平安。

四、特色小镇与“一带一路”

近期安徽省商业科技研究所有限公司，响应国家“一带一路”发展战略，把特色小镇建设实践发展到了域外，聚焦智能制造特色产业，按照创新、协调、绿色、共建、共享的理念，在德国柏林打造“德中智能制造文化科技小镇”，以智能制造为核心，融合科技成果交流、科技文化交流、休闲旅游、社区服务等创新驱动，开展基于智能制造产业发展的国与国之间技术交融的特色小镇开发新尝试。

投资特色小镇的赢利点，主要有：基础设施开发和公共设施开发收入；土地溢价收益；商业地产销售经营收益；特色产业现金流收益；泛旅游收益，如旅游、休闲、餐饮等；资本回报，打包特色产业与泛旅游现金流，实现资产证券化、资本上市等收益。

特色小镇蕴藏着无限的商机。作为投资者，如何利用好特色小镇投资开发、"一带一路"的历史机遇，同时提升投资的风控能力，需要不断用智慧去实践，未来大有可为。

专家简介

郑忠，安徽省商业科技研究所有限公司董事长，高级工程师。

郑忠先生，黑龙江商学院电子工程学士，合肥工业大学管理学院MBA研究生班结业，北京大学深圳研究院资本班结业，具工程、管理、资本经验。

30多年计算机应用、产品设计、研发经验，获得过国家发明专利、国家实用新型专利及中华人民共和国商业部科技进步三等奖。

信息化工程构架、智慧城市设计与实践专家。2017年在德国柏林践行国家一带一路战略，打造基于智能制造的德中科技文化产业园项目。

陈海砚，北京天使空间创业服务有限公司董事长。

陈海砚先生，天使学院院长、中关村资本市场研究会秘书长、中国互联网金融行业促进会副会长、以色列中国企业家投资联谊会秘书长，资深媒体人、投资人。前中央机关杂志子刊主编，财经人物记者/作家，出版著作有《智慧改写命运》、《创业中国》、《缤纷海归》等。

2016年天使空间开始特色小镇策划实践，与湖北天马寨、木兰山等风景区开展特色小镇规划工作。

特色小镇有效运用PPP模式

刘春鑫

以现有情况来看，一般占地2-3平方公里的新建文旅类特色小镇，建设基础设施、公共配套和主要特色产业等基本功能，保守估计总投资额大约40–50亿元，1000个特色小镇仅完成基本功能投资就需要数万亿元。而如此巨量投资要在最近3–5年内基本完成，特别是对于当今地方政府通过融资平台负债开发建设受到极大限制的情况下，如何能做到？答案自然是，也只有是采用政府与社会资本合作模式，即让特色小镇的开发建设插上PPP模式的翅膀。

下面结合本人长期以来在区域开发方面工作经验和研究，以某文旅类特色小镇为例说明PPP模式的具体应用。

一、某文旅类特色小镇PPP项目基本情况

特色小镇的开发建设，与以往较为成熟的园区开发或产业新城开发类似，由于其往往占地面积、开发体量、投资额都很大，涉及基础设施和公共配套的建设子项多，需要的公共服务复杂多样，特别适合采用政府与社会资本合作方式进行开发建设与运营。

项目名称	某文旅小镇PPP项目
发起方式	政府发起
合作内容	规划策划方案和主要特色产业策划； 结合策划方案进行城市总体规划、控制性规划设计； 2.5平方土地征收、整理； 按城市规划进行基础设施建设和运营（具体项目略）； 按规划和相关规范进行配套公共设施的建设和运营（具体项目略）； 特色经营项目或产业的导入（IP植入）：至少一项国内知名、有品牌和市场影响力的旅游产品 估算总投资35亿。（具体经济技术指标：略）
合作期限	项目合作期30年，其中建设期3年，运营期27年。
运作方式	设计–融资–建造–运营–移交（DBFOT）。
项目资产权属	政府方拥有本项目资产所有权，项目公司只享有本项目开发、建设权利及项目特许经营权。
土地使用方式	符合划拨用地目录基础设施及配套公建等所需建设用地由政府方拥有划拨用地使用权并无偿提供给项目公司使用；文旅等经营性项目土地使用权需由项目公司通过招牌挂获取。
回报机制和项目收益测算	使用者付费+可行性缺口补助 项目全投资内部收益率（税前）IRR= 7. 6%
实施机构	市旅游发展局
采购方式	竞争性磋商
政府出资方	市旅游发展集团（国有全资）
项目公司设立概况	注册资本：11000万元，占总投资比例约31.4%。 股权结构：市旅游发展集团占股20%，出资22000万元；某央企占股50%，出资55000万元；某旅游集团占股10%，出资11000万元；某基金公司占股20%，出资22000万元。

二、特色小镇应用PPP模式的操作要点

在国家发改委、财政部的牵头推动下，我国官、产、学、研各界齐动员，出台了一系列的部门规章和相关制度，快速形成了有中国特色PPP模式的制度体系和标准化的操作流程，这在去年以来的特色小镇建设热潮中，也得到了规范的应用。

1. 采购方式

本案例文旅特色小镇PPP项目由市旅游局发起，由其作为实施机构，与市财政局共同牵头，经研究，考虑到合作内容的复杂性和具体建设规模的不确定性，选择了竞争性磋商方式选定社会投资人。随后，由市旅游集团代表市政府与中选社会资本成立了项目公司。

2. PPP模式的常见运作方式和交易结构

PPP项目具体运作方式的选择主要取决于收费定价机制、项目投资收益水平、风险分配基本框架、融资需求、改扩建需求和期末处置等因素。结合本项目的特点，最终设定为设计–融资–建造–运营–移交（DBFOT）方式。

3. 项目回报机制和收益水平设定

根据本项目特点，虽有旅游景点门票、餐饮食宿、商品销售等使用者付费项目，但不足以满足市场投资回报要求和弥补运营成本，因此本项目采用使用者付费+可行性缺口补助方式，并划分为可用性服务费和运营维护绩效服务费。可用性服务费是项目公司为本项目建设而投入的资本性总支出而需要获得的服务收入，主要包括项目建设总投资、融资成本、税费及必要的合理回报。运营维护绩效服务费，一般是按照项目运营维护的成本加成管理费的方式，根据绩效考核结果，项目公司通过提供达标的运营维护服务而获得的服务收入。

结合上述回报机制，咨询机构帮助政府方面对项目盈利状况、社会资本收益水平进行了模拟测算，结合市场竞争程度和资金形势，设定本项目全投资内部收益率内部收益率（IRR）为不高于7.6%，作为采购标的指标的控制上限。

4. 绩效考核

项目设立了建设质量、进度、造价控制等考核指标：具体略。

运营期运维绩效考核指标主要是旅游景区类考核指标，包括旅游、交通、旅游安全、卫生、旅游购物、综合管理、资源和环境保护、资源吸引力、市场吸引力和游客

量，以及游客抽样调查满意率等。

按照“激励兼容”、“按效付费”的原则，本项目的政府付费将对可用性服务费和可行性缺口补贴与上述考核情况设置一定的奖惩挂钩比例，并针对项目公司有效经营产生的使用者付费收入超过约定回报率达10%以上部分按政府：项目公司各50%进行分成。

5. 风险分配机制

按照风险分配的三个基本原则，以及财政部推广应用PPP模式的政策导向，本项目的核心风险分配框架如下：一是投融资、建设、财务、运营维护等风险主要由项目公司承担；二是政策、法律风险等主要由政府承担，非本级政府出台的政策及规定由政府和项目公司合理共担；三是政治、宏观经济、不可抗力风险等由政府和项目公司合理共担。

6. 多措并举解决项目融资难题

由于特色小镇建设开发所需资金巨大，社会投资人和项目公司必然要以多种组合方式解决项目资本金和全部投资所需资金。

一是项目资本金方面。按特许经营合同约定，市旅游发展集团代表市政府出资占股20%；某央企（施工企业）出资占股50%；某旅游集团出资占股10%；某基金公司出资占股20%。实际股权出资中，市旅游发展集团使用自身积累资金全额出资，基金公司全额出资。由于社会资本联合体牵头方的央企（施工企业）自身负债率较高，资金周转困难；某旅游集团拥有旅游IP资源和策划、运营能力但资金实力不足，因此双方的出资在承诺股东方差额补足和回购担保的情况下使用了明股实债的方式解决，但政府方不承担任何责任。

二是建设资金方面。除资本金外的建设资金债权融资上，在社会资本方的支持协调下，由项目公司向多家银行申请银团贷款解决。一方面，本项目文旅商业开发经营部分的土地使用权采取招拍挂方式解决，因而项目公司可以使用土地使用权抵押贷款；另一方面，央企（施工企业）由于能够占有项目施工利润的大头，在债权融资层面也承担了为项目公司融资担保的最大比例。

通过本项目的实践和上述分析，证明PPP模式完全适合用在文旅特色小镇的开发上。可以预见，文旅+医养+特色产业+休闲结合的特色小镇、田园综合体是我国近阶段城镇化和新农村建设的主战场，如今插上了PPP模式的翅膀，实现特色小镇开发建设的目标将不再困难!

专家简介

刘春鑫，高级工程师，国际注册管理咨询师，任职天津建设投资公司总经理，长期从事城市区域综合开发，对城建投融资有丰富的经验，并自2000年开始研究PPP模式在城建领域的应用。

特色小镇怎样融入房产开发

张 磊

自特色小镇站上了政策风口，从中央到地方，从政府到企业，投身特色小镇建设完全成为一种热潮。不过，目前特色小镇建设中的“地产化”问题正在引起政府部门的警惕。住建部明确表示不容许纯房地产开发项目申报特色小镇。但是目前对特色小镇建设兴趣最高的其实就是房地产企业，他们往往比地方政府的热情和实施欲望更加强烈! 对于房企而言，借助较低成本获得大量土地开发权，并在后续运营中持续获得稳定的现金回报，是特色小镇吸引力最大的地方。当然正处在调整期的中国房企转型特色小镇的过程越靠近地产化转型越容易成功。很多房企单纯地认为传统房地产开发对远郊大盘或产业园区，包装成小镇就能受到政府和客户的追捧。实际上，与传统房地产大盘开发不同的是，特色小镇更注重持续的运营能力及产业的有力导入。

现在，特色小镇的春风吹到了，开发商的春天似乎又来了。那么房企如何才能站在这一巨大的风口，尽快介入特色小镇的建设中呢?

这就需要开发商心态与境界进行颠覆性的战略转变! 必须将“房地产”化身为“产地房”，努力做到低调介入、耐心经营，凭借实力和品牌誓与小镇共同成长。

开发商要有战略上清晰的转型认识。开发商介入特色小镇，是要把“房地产”倒过来成为“产地房”，明白要先有产业才能帮助你提升土地价值，然后再卖房。房地产开发仅仅只是为了小镇启动时有一个正向、快速、安全的现金流而已。

人们谈论特色小镇时，经常提到的万科良渚和绿城桃李春风。虽然作为房地产的大盘可以说是极为成功的项目，但绝不算是真正意义上的特色小镇。因为没有明确清晰的持续运营的主导产业，主要收入还是卖房子而已。乌镇雅园就不一样了，一系列围绕“养老”的产业链（老年大学等）成功的导入，并精心运营，使其成为中国开发商主导建设特色小镇的成功典范。

必须建立从投资导向转化为消费导向的经营思路，要有足够的耐心，必须承担10年以上的长期投资及运营。房地产开发像种庄稼，收割后万事大吉；特色小镇是生孩子，管生更要管养！特色小镇的开发建设是一个长期过程，需要从土地一级整理，二级开发，到招商引资、产业发展，再到区域商业运营与服务，不断滚动形成发展及盈利的良性循环。就一般规律而言，要把特色产业培育基本成型，至少需要10年乃至更长的时间，因此特色小镇的开发周期通常都要10–20年来计。现在大火的陕西袁家村基本上就是饮食村，去的目的就是吃货的消费，典型的以消费促旅游。坚持打造近十年了，房地产开发时机终于也成熟了，当地的几个项目肯定会大卖。

要有足够的实力。必须承受40%以上物业自持和3至5年投资十几个亿没有回报的资本压力。特色小镇的位置一般都在一二线城市的远郊，主要人群有四种：原居民、新居民、新客民、游客。一上来就开发建房肯定是买不掉，只有产业人口和游客多了以后，人气上来了，针对产业导入带来的新居民和中长期度假的新客民进行开发才能提升附加值的机会空间，才能赚钱。这一过程基本在3–5年。

投资身份的战略转变。1000个小镇，1000个都得打旅游牌。对政府来说旅游才显政绩，因为有人气、有名气、才有面子。所以房企要从小镇+旅游向旅游+小镇的思路转变，也就是企业的经营定位在如何让游客来消费的方向上而绝不是如何去卖房。不要定位在开发商身份，换件马甲，去向政府唱他们爱听的愿景类高调。因为现在房地产公司往往想见村长都见不上，而一个旅游开发公司很有可能见个市长。跟政府多唱环境如何整治、多唱产业如何聚集导入、多唱文化如何挖掘弘扬、多唱人气如何建立等等……比如，万达在贵州丹寨扶贫的具有少数民族风格的特色小镇项目开业以来人气爆棚，赞誉颇丰，成为开发商转型做特色小镇的成功案例。

对于参加古镇或景区的建设，要深化和放大各级功能形成配套。古北水镇由中青旅、乌镇、龙湖地产共同投资、打造，在原来几个自然村基础上改造并延展了多重功能，做到了极致。大大带动了龙湖地产长城源箸的附加值和销售额。华侨城建设的深圳甘坑新镇被誉为中国第一文创小镇，也准备在各地复制建设。其下一步是针对有优质的自然资源或文化旅游资源的旅游目的型小镇进行有选择的建设，先以主题乐园为开发引擎，再通过PPP模式进行地产开发。拟投资超千亿元打造活化四川天回、安仁、黄龙溪三大名镇。

尽量借助著名景区资源逐步建设小镇，确保成功率和人气。比如万达集团国内选址落定了13个万达城，大部分在著名景区内。已经有武汉中央文化区、长白山国际度假区、西双版纳国际度假区等开业运营，人气不错。坐落在4A景区旁的万科松花湖冰雪小镇在2016–2017年雪季取得令人满意的市场成绩：滑雪人次达34万，度假区地产销售突破三亿元；冬令营有5127为儿童参加，滑雪学校共培训31217名学员。这是国内体育小镇中为数不多的取得市场成功的案例之一。黄山脚下的汤口镇，依托景区资源很快就做起来了。

从远郊大盘迅速转型到特色小镇，全情投入，耐心打造，认认真真做品牌项目。如万科良渚文化村、绿城桃李春风系列，秦皇岛阿那亚等等，这些项目很成功，缺点是产业不足，人气难聚，就业与消费贡献较低。当务之急是利用良好的社会口碑迅速引入某些产业，增加产业人口和常住民，才能更接近特色小镇的标准，形成良性的区块经济体。郊区大盘开发专业户碧桂园，2016年8月正式宣布进军产业地产。目前，凭借多年在郊区做城镇化的部分经验，碧桂园实现科技小镇在全国范围内的初步布局。其中首个科技小镇依托华为已正式落地惠州潼湖，命名为创新小镇。绿地集团提出“智慧健康城”和“文化旅游城”等大盘开发模式的小镇战略，针对特大城市或大城市群的产业溢出、人口溢出，投资启动特色小镇大盘项目。在上海崇明岛、杭州湾、南昌、郑州正欲打造健康小镇、智慧小镇。

凭借强大的资金优势跨界寻找产业资源合作植入。1998年华夏幸福一直以产业新城为主体，抓住一线城市工业外溢趋势，通过PPP模式在一二线城市周边建立工业园区，同时进行土地一二级联动开发成产业小镇，成绩斐然。融创集团投资乐视一起打造汽车生态小镇，实现超级汽车从研发设计体验、品牌体验和汽车主题游乐的全价值链展示和体验。集汽车生产制造、旅游观光、生态完整体验、生态模式实验与一身的特色生态小镇，在河北、西安、东北等地已经开始布局。

尽快开展强势的产业布局。开发商们以前没有产业，但是现在必须要进行战略性产业布局了。要么收购、要么投资、要么合作，高起点，大手笔，争取一鸣惊人。绿城实际上在2007年就介入医疗行业，为养老地产提前打下基础；2012年与浙江省农业科学院成立蓝城农业公司，从生产到销售的农业链条都粗具雏形。绿城农业小镇模式是在中心1K㎡进行地产开发回笼资金，带动周边2K㎡农业改造，建成富有地方特色的大型农业基地，并将周边农民转化为现代农业工人，同时配套完善的医疗、教育、娱乐系统。所以才有现在以农业为主题的各种精致的小镇。

土地性质问题是永恒的主题。这个内容是所有开发商最关心的痛点，流转、租赁、划拨、出让、合作社等等形式的农林用地将会很复杂的呈现，需漫长的协调过程。中国农村的土地性质太复杂，变性极其困难。房企注意的基本原则是：尽量拿到产权，其他的模式变数极大；能早一天拿到产权就早一天拿，越早越便宜。

特色小镇给各地本土开发商带来了机遇。想要打造好特色小镇，必须要对本地历史文化、消费理念、产业特点有深刻了解与相当融入，并且要有一定政府关系、资源整合能力的企业去打造。这就给一些本土开发商，包括中小开发商带来了机遇。

等待时机，注意即将到来的海量同质化小镇项目陷入困难时伺机介入。从文旅地产到特色小镇，其正负手往往就是一个产业导入的问题。必须跟你做地产项目的配套思路完全区分出来，这是两个层面的事情。项目过多产业过少或者过于牵强和流于形式必然产生严重的同质化问题。可以预言，三到五年内大部分小镇注定是失败的，只能交给时间去消化。当然这个时候往往是最佳介入时机！低价收购、并购当然会留给耐心等待，准备充分的企业。

提前考虑各合作单位及产业公司的合作利益分成。从前期顶层设计到中后期运营再到品牌导入，必须给这些产业公司科学的利益分成。比如帮助你做文化艺术的、做农业的、做产业的，你给他分成多少？你给他的保底是多少？亏损了你给他兜底吗？这些系统问题是在特色小镇打造之前要订好游戏规则。

挖掘利用房企自身已经具备的企业特长和背景资源，重点极致打造。比如，恒大地产即将打造数个“欧洲足球小镇”；苏宁和龙湖也在建设足球主题的小镇；华银基业打造的天鹅湖国际生态城，依托医养健康、生态休闲旅游、现代农业、教育服务等资源，十年来坚持发展智慧产业、生态产业和高端服务产业，已经成为特色小镇建设的一个活生生的成功样本。当然受到各地政府的强力追捧。

房企需要讲策略地与小镇政府合作，才能快速启动。小镇政府与房企之间将会长久地处于使用、利用、重用及战略合作之间的纠结与整合中，是双方的探索也是收放整合的艺术。提前分工还是必须的。

①政府负责挖掘引导产业进入、协调关系提供重点产业政策扶持，吸引产业链商家和人才。民间有人才、有项目，需政策来调动热情。

②开发商负责先期启动资金，投入基础设施的改造升级，留住（稳定住）原居民，同时必须参与产业的活化升级的投资扶持，以良好形象吸引后期投资商和PPP。

③政府和开发商共同挖掘梳理文化传承留住乡愁与情怀，吸引“新客民”

④上述条件基本满足后，进行房地产开发，卖地卖房，吸引新居民。

有人预测了一下发展特色小镇可能的结果是：

①促在政府上：主要靠政府主导来促进，给你一块地，有什么需求我来解决；

②难在产业上：没有产业无法吸引企业进驻；

苦在特色上：现在普遍强调的环境、文化、旅游等等，怎么才能称之为“特色”呢？

③倒在房子上：房地产商盖房子，盖完了房子小镇的建设就停滞不前了；

④差在文化上：文化的挖掘需要大工程，需要慢工程，这是我们当前缺乏的专注点；

⑤活在旅游上：当前几乎所有的特色小镇都在讨论一件事：“+旅游”。“小镇+旅游”实际是消费聚集，多数特色小镇聚集不了产业，最终是聚集消费。

开发商注定是特色小镇的开发主体，涉及小镇建设的前中后全链条，从土地整理就开始介入，往往一直延伸到小镇运营。最后咱们来谈谈对于运作小镇的开发商来说，可以从以下几点收益：

①政策性资金：对于旧工业区、旧城改造，政府往往有一定的政策性资金补贴和土地优惠政策，这将大大降低企业的前期投入成本。而企业在引入相关产业和项目落地小镇时，往往政府也有相应的招商奖励补贴。

②基础建设收益：这里主要是指土地整理和公共基础设施的工程建设收益。如华夏幸福受政府委托对小镇范围内的土地进行统一的征地、拆迁、安置、补偿，并进行适当的市政配套设施建设，变毛地为熟地后，通过政府回购，获得盈利。

③项目运营收益；对于开发商来说，门票、交通、租金、经营性物业的营业收入和部分产权物业的销售收入以及关联产业的收益都是其长久运营小镇的收入来源。

④地产收益：通过特色小镇政策获得土地是不少房地产等开发商进入特色小镇开发的原动力。通过一定程度的地产开发用地和产业用地的配比，开发商可以以短平快的地产收益平衡见效慢的产业开发支出，长短相济，长远发展。

专家简介

张磊，中国房地产业协会经营管理委员会副秘书长、新媒体营销顾问，中国环渤海房地产推广研究会秘书长，《中国特色小镇发展报告2017》编委、运营委员会主任，天津中金名科房地产有限公司董事长，为近500家地产项目进行了营销策划与宣传推广，曾荣获“中国十大房地产策划机构奖”、“中国房地产优秀策划师”，天津城建大学、师范大学、商业大学等多所大学客座教授。

特色小镇策划引爆资本转化

海 默

2017年5月26日，住建部办公厅下发了《关于做好第二批全国特色小镇推荐工作的通知》，要求第二批300个国家级特色小镇在6月30日前申报完成。这是既去年10月公布了首批127个全国特色小镇名单后，住建部再次在全国范围内启动特色小镇的推荐工作。

特色小镇打造的前提就是要充分立足本地的文化资源和自然资源，挖掘文化和自然的DNA，对特色小镇进行精准的定位，也就是为小镇寻找灵魂，最大限度地避免同质化竞争。

小镇有了灵魂，才会有精气神，如何再加上持续地强健筋骨，一切就会水到渠成。

一、小镇规划需要策划先行官

我曾经在策划专栏文章《策划与规划》中论述过策划与规划的区别与关系，而且十多年来我在无数次演讲和授课中反复在普及一个基本常识，那就是做任何一个商业地产或文化旅游项目，必须是先策划，再规划，然后才是设计、建设和营销。策划、规划、设计、建设、营销五个步骤缺一不可，而且顺序不能颠倒。

目前，中国的城市建设已搞了三十多年，逐渐入理性建设阶段。房地产行业急转直下，正在奔向悬崖。现在中央突然来了一个“特色小镇”，于是大家风起云涌地涌向这个“风口”也就不奇怪了。据保守估计，仅仅一年的时间，中国各地以特色小镇的名义进行规划和建设的镇已有近万个，而且乱象丛生，也就是说“特色小镇”刚刚起步，各种问题都暴露出来了，如果不加以遏制，后果将不堪设想。

政府领导和企业老板分不清规划和策划的区别由来已久，长期以来的房地产开发、和商业园区、旅游景区的开发，都是拿到项目就请规划局做规划，出效果图，出施工图，然后就开始大兴土木地建设，这种干法在早期影响并不大，因为市场处于饥饿状态，竞争更谈不上激烈。但随着市场的逐步饱和和竞争加剧，这种干法就越来越不灵了。虎头蛇尾的项目越来越多，重复建设的项目越来越多，浪费也越来越严重，灾难就来临了。

虽然说策划不是万能，没有策划万万不能！策划是战略，规划是战术，策划决定做什么，规划决定怎么做。策划是决策、谋划、创意和论证，是顶层战略设计，规划就是按照规定做设计，这个规定就是通过策划所做的战略和创意。策划重感性，重创意，重市场，规划重理性，重设计，重美观；策划是运筹帷幄，决胜千里，而规划是细节完善，锦上添花。策划不是一锤子买卖，看重贴身合作，全程服务，规划就是一次性工作，对结果不负责任。

规划有章可循，策划无法可依。所以，好多规划公司对不同景区和园区所做的规划大同小异，毫无创意和智力含量，而策划完全不同，每一个策划都是一套智慧系统，都是唯一的。所以业内有专家撰文说“中国最大的浪费不是公款吃喝，而是平庸的规划设计费！每年浪费高达千亿！触目惊心！君不见，哪个城市哪个景区哪个园区没有一大堆各式各样的规划书堆在领导和老板的案头？

由于严重缺乏策划，或者说由于有规划无策划，或者说由于先规划后策划，直接导致的结果是同质化现象严重，特色小镇无特色，“千镇一面”的现象越来越严重。

特色小镇最大的特点是有特色，没有特色，特色小镇就无从谈起。2016年2月，国务院提出加快培育特色小城镇，发展具有特色优势的休闲旅游、商贸物流、信息产业、先进制造、民俗文化传承、科技教育等魅力小镇。随后发布的“十三五”规划，也明确提出加快发展中小城市和特色镇。我们来看看甘肃敦煌的月牙泉小镇。这个总投资30亿元的“千年敦煌”项目总占地面积2500亩，建筑面积140万平方米，月牙泉小镇依托鸣沙山，月牙泉景区发展，以旅游服务配套为重点打造对象，引入娱乐体验、文化传播、主题酒店、旅游购物、特色餐饮等业态，打造文—旅—商产业链，为游客提供一站式、全方位的服务功能。我们再来看看瑞士达沃斯小镇。达沃斯位于瑞士兰德瓦瑟河畔，是个群山环抱的小镇。达沃斯拥有欧洲最大的天然溜冰场，冬天还可以在此滑雪、滑冰，进行丰富多彩的活动。20世纪初这里设立了呼吸系统疾病的治疗所，奠定了现今酒店业发展的基础。达沃斯小镇之所以独树一帜，是世界经济论坛每年都会在这里召开年会，世界经济论坛也因此被冠为“达沃斯论坛”。

这些小镇都是极具特色的著名小镇，已经成为世界级的旅游胜地，也都是精心策划和营销的典型案例。

总结一下，在特色小镇打造过程中，有规划无策划导致的恶果有以下五点：

①在没有策划的前提下盲目规划，造成重复建设和巨大的经济浪费。

②缺乏文化盘点和“唯一性”挖掘，盲目模仿，导致定位不清，没有方向感。

③缺乏核心产业创意和策划，虚浮空洞，没有筋骨，难以支撑可持续发展。

④缺乏顶层战略设计、赢利模式策划和招商包装策划，缺少有实力的老板和企业参与。

⑤逆势而行，把特色小镇“房地产化”，本末倒置。

二、小镇建设需要魅力引爆点

随着行业利润普遍下降，房企不断探索多业态转型发展的道路，寻找新的增长点，养老地产、长租公寓都曾立于风口之上，而当下特色小镇正在成为房企布局的一个“兴奋点”。房企之所以积极参与，关键是因为一二线热点城市拿地成本高企，特色小镇模式可以以较为低廉的价格获取土地。加之货币政策趋于收紧，房企融资难度进一步增加，而信贷政策对特色小镇项目有所倾斜，对于房企来说，政策红利将是一块诱人的大蛋糕。

然而，特色小镇的核心是产业，不是房地产，不能本末倒置。有些开发商为了忽悠政府拿地，炮制了一些貌似特色小镇的概念，其实只是换了马甲的房地产。

国家有关部门，已经开始严禁打着特色小城镇名义违法违规搞圈地开发，严禁整体镇域开发，严禁搞大规模的商品住宅开发。从强化功能管控、产业管控等多个方面对特色小镇过热、一哄而上、盲目发展“泼了冷水”。否则就会重蹈前些年工业园区建设的覆辙。

特色小镇房地产化的现象已经引起了国家有关部门的高度注意，已经开始踩刹车。短短一年的时间，关于特色小镇的口号已经由“大力培育”调整为“规范功能”。在特色小镇打造的过程中，有的地方甚至提出，建设特色小镇就是为了传统房地产行业谋求转型之路，房地产商要改变过去开发中心城市的思路，做好成为小镇经济综合服务商的准备。这种观念非常危险，如果不加以遏制，将会打造出一大批“空镇”、“睡镇”和“死镇”，新的国家灾难就来了。

当然，“去房地产化”并非彻底地“去房地产”，因为无论什么样的特色小镇，都必须有人居住。居住需求让特色小镇建设产生了内在的房地产开发需求。正是这个内在需求，为特色小镇建设的“房地产化”找到了突破口。而一些特色小镇建设推动者缺少具体的建设思路，则把这个突破口进一步拉大。　为了建设“特色小镇”而建设“特色小镇”；不是因“特色”而建“小镇”，而是用建“小镇”来显“特色”。

近期，特色小镇“去地产化”正被越来越多的专家学者提醒。“产业是特色小镇的魂，小镇发展的核心不在于开发，而在于产业运营。”业内人士分析，很多开发商缺乏产业内容与营能力，如果不转变制造业的开发模式，只能把小镇变成新一轮的房地产开发。

三、特色产业需要核心竞争力

要防止各地政府、企业在建设特色小镇时，出现急于求成，产业空心化，千镇一面等问题。在很多地方，特色小镇申报很积极，但小镇的特色产业还是空白项。多地均出现一个怪异现象，就是特色小镇规划完了，特色产业还没找到。

特色小镇应发挥连接城市与乡村的功能，通过产业带动形成人口集聚。特色小镇规划建设，首先要进行产业定位。实现“一镇一业”，“特”就是主攻当地特色产业，而不是其他。“强”主要表现为围绕特色产业，加大投入，将特色产业培育成行业中的“单打冠军”。特色小镇一定要有产业、文化、旅游和社区四大功能的聚集。与传统小镇相比，特色小镇的一个显著特点，在于它不是简单地作为一种聚居形式和生活模式而存在，同时还是一种宝贵的文化旅游资源和贸易、休闲、度假的场所。一切要从打造生态旅游小镇的思路出发，成为小镇赖以发展的产业之一，为小镇发展提供源源不断的经济收入。

四、资金筹措需要资本转化率

许多地方政府，在打造特色小镇的资金筹措过程，观念落后，思维僵化，固守打情感牌和老乡牌，吸引本地在外发展的老板回乡投资，这条融资之路固然有一定成效，但由于特色小镇建设投资大、周期长、见效慢，所以这一条腿走路的办法一是走不快，而是走不远。

我们要更新观念，高瞻远瞩，用金融的思维和资本运作的方式进行融资和建设。目前特色小镇主要有三种创建模式：一是以政府为主，由政府成立国资公司，全面负责小镇的建设，进行市场招商；二是由政府通过PPP（政府和社会资本合作）模式或特许经营权等形式将小镇的建设全面委托民营企业；三是以政企合作为主，由政府负责小镇的整体规划设计定位，企业在政府主导下开展小镇的建设招商运营。

目前特色小镇的建设投资模式最流行的是：PPP模式（政企合作模式）+ABS模式（资产证券化模式。）当然，对于特色小镇下的PPP+ABS未来市场空间，现在仍处于一个大猜想阶段。专家分析，只要满足可转让、能产生持续可期稳定现金流的资产，就可以资产证券化。在特色小镇领域，只要符合这样的标准，也可以操作。特色小镇目前更多是在规划建设阶段，ppp发挥的空间更大，待项目成熟后，如果能产生稳定的现金流，就可以设计证券化的产品。但是，必须把特色小镇的商业模式说清楚，可售比例占多少，多少比例能形成稳定的可增长现金流等等。

总而言之，“特色小镇+PPP+ABS”是一种值得期待的发展模式，前景无限。言而总之，特色小镇是个“奢侈品”，投资大，融资难，周期长，见效慢，需要有耐心。祝福特色小镇，祝福中国！

专家简介

海默，著名策划家，海默智造掌门人，《策划界》传媒CEO。

四、大事记

从2016年7月国家三部委联合下文起到如今特色小镇正成为竞相追逐的新风口，从国家政策层面的强力推动，地方各省市政府纷纷响应，到各行各业百花齐放，这场发轫于浙江继而走向全国的新型城镇化建设已呈燎原之势，将作为新时代的伟业载入史册，影响久远。

本篇大事记实时记录了这一年多以来特色小镇从政策发布、申报立项、规划设计、创建培育，到建设运营、投资融资、展媒发布等全行业上下联动的蓬勃态势，紧紧围绕“简要、系统、全面”为原则，记录了特色小镇经济的发展轨迹。详尽的人物事件和重要的历史瞬间，成为系统性与基础性的史料线索，集中反映了特色小镇建设之期，全国各方能量交相辉映，形成了国家意志，时代风气。

大事记言简意赅却影响久远，对于特色小镇深入发展有比对作用与基准功效，也可以对进一步制定特色小镇政策提供参照与依据。

第十一章
政 策

一、领导人讲话

2015年12月，习近平总书记在中央财办报送的《浙江特色小镇调研报告》上作出重要批示，强调抓特色小镇、小城镇建设大有可为，对经济转型升级、新型城镇化建设都具有重要意义。

2016年2月23日，习近平总书记对深入推进新型城镇化建设作出重要指示时强调，坚持以创新、协调、绿色开放，共享的发展理念，引领中国特色新型城镇化持续健康发展。

2017年，“特色小镇”首次被写入《政府工作报告》。李克强总理在2017年政府工作报告中指出，支持中小城市和特色小城镇发展，推动一批具备条件的县和特大镇有序设市，发挥城市群辐射带动作用。

2016年4月25日，国务院总理李克强来到成都菁蓉创客小镇考察。从询问各项扶持政策到创业收入，再到亲身体验羽毛球机器人，总理与这里聚集的创业者“零距离”接触。

二、国家级政策

2016年2月2日，《国务院关于深入推进新型城镇化建设的若干意见》（国发〔2016〕8号）提出加快特色镇发展。因地制宜、突出特色、创新机制，充分发挥市场主体作用，推动小城镇发展与疏解大城市中心城区功能相结合、与特色产业发展相结合、与服务“三农”相结合。发展具有特色优势的休闲旅游、商贸物流、信息产业、先进制造、民俗文化传承、科技教育等魅力小镇，带动农业现代化和农民就近城镇化。提升边境口岸城镇功能，在人员往来、加工物流、旅游等方面实行差别化政策，提高投资贸易便利化水平和人流物流便利化程度。

2016年3月17日，两会授权发布《中华人民共和国国民经济和社会发展第十三个五年规划纲要》，纲要第三十三章第三节提出：“因地制宜发展特色鲜明、产城融合、充满魅力的小城镇。”

2016年5月6日，《国务院关于深入推进新型城镇化建设的若干意见》要求加快特色镇发展。发展具有特色优势的休闲旅游、商贸物流、信息产业、先进制造、民俗文化传承、科技教育等魅力小镇。

2017年1月5日2017年中央一号文件，《中共中央国务院关于深入推进农业供给侧结构性改革加快培育农业农村发展新动能的若干意见》提出，培育宜居宜业特色村镇。建设一批农业文化旅游“三位一体”、生产生活生态同步改善，一产、二产、三产深度融合的特色村镇。

发改委首次权威发布国家级特色小镇建设样本：特色小镇的核心是特色产业，一般是新兴产业，如私募基金、互联网金融、创意设计、大数据和云计算、健康服务业及其他智力密集型产业。特色小镇是一个宜居宜业的大社区，既有现代化的办公环境，又有宜人的自然生态环境、丰富的人性化交流空间和高品质的公共服务设施。

国家旅游局：“一带一路”倡议提出以来，旅游成为“一带一路”沿线各国民心相通的纽带和桥梁。国家旅游局局长李金早提出：建立“一带一路”沿线各国双多边旅游合作机制，举办各国旅游合作高级别会议。指导成立丝绸之路国际旅游推广联盟等，有利于在客源互送、线路共建、目的地共推等方面加强横向合作。

2017年7月27日，中国商务部今日召开例行发布会，新闻发言人高峰介绍中国在“一带一路”市场开放和项目选择方面的未来5年规划：中国将进口超过8万亿美元的商品，对外直接投资将超过7500亿美元。其中，将从沿线国家进口2万亿美元的商品，对沿线国家投资1500亿美元。这将为各国发展带来巨大商机。

2017年8月22日，住房和城乡建设部《关于公布第二批全国特色小镇名单的通知》发布。

三、各部委政策

2016年2月22日，国务院办公厅发布《中医药发展战略规划纲要（2016—2030年）》，对中医药健康旅游做出了规划部署，鼓励中医药企业开发健康旅游产品，打造一批特色鲜明、优势明显的中医药文化小镇。

2016年7月1日，《住房城乡建设部 国家发展改革委 财政部关于开展特色小镇培育工作的通知》（建村〔2016〕147号）发布，明确指导思想、原则和目标，培育要求，组织领导和支持政策。提出到2020年，培育1000个左右各具特色、富有活力的休闲旅游、商贸物流、现代制造、教育科技、传统文化、美丽宜居等特色小镇，引领带动全国小城镇建设，不断提高建设水平和发展质量。

2016年8月3日，住房和城乡建设部村镇建设司发出《关于做好2016年特色小镇推荐工作的通知》（建村建函〔2016〕71号），明确各省推荐数量、推荐材料和推荐程序。

2016年10月8日，国家发展改革委《关于加快美丽特色小（城）镇建设的指导意见》（发改规划〔2016〕2125号），从总体要求、分类施策、突出特色、创业创新、完善功能、提升质量、绿色引领、主体多元、城乡联动、创新机制十个方面阐述美丽特色小（城）镇的总体和具体要求。

2016年10月10日，住房和城乡建设部、中国农业发展银行联合发出《关于推进政策性金融支持小城镇建设的通知》（建村〔2016〕220号），提出充分发挥政策性金融的作用，明确支持范围，加强项目管理，切实推进政策性金融资金支持特色小镇、小城镇建设。

2016年10月31日，国家发展改革委发布关于加快美丽特色小（城）镇建设的指导意见，指出释放美丽特色小（城）镇的内生动力关键要靠体制机制创新。要全面放开小城镇落户限制，全面落实居住证制度，不断拓展公共服务范围。

2016年12月12日，国家发展改革委发布关于实施“千企千镇工程” 推进美丽特色小（城）镇建设的通知，国家发展改革委、国家开发银行、中国光大银行、中国企业联合会、中国企业家协会、中国城镇化促进会拟组织实施美丽特色小（城）镇建设“千企千镇工程”。明确了建设“千企千镇工程”主要目的、主要内容、组织实施及工作要求。

2016年12月13日《关于实施“千企千镇工程”推进美丽特色小（城）镇建设的通知》发改规划〔2016〕2604号，要求按“政府引导、企业主体、市场化运作”的新型小（城）镇创建模式，引导社会资本参与美丽特色小（城）镇建设，促进镇企融合发展、共同成长。

2017年1月13日，国家发展改革委和国家开发银行发布《关于开发性金融支持特色小（城）镇建设促进脱贫攻坚的意见》（发改规划〔2017〕102号），要求发挥资本市场在脱贫攻坚中的积极作用，盘活贫困地区特色资产资源，为特色小（城）镇建设提供多元化金融支持。特别是通过多种类型的PPP模式，引入大型企业参与投资，引导社会资本广泛参与。意见就开发性金融支持贫困地区特色小（城）镇建设提出了总体要求与主要任务。

2017年1月24日，住房和城乡建设部 国家开发银行发布了《关于推进开发性金融支持小城镇建设的通知》建村〔2017〕27号：为贯彻落实党中央、国务院关于推进小城镇建设的精神，大力推进开发性金融支持小城镇建设。各级住房城乡建设部门、国家开发银行各分行要充分认识开发性金融支持小城镇建设的重要意义，加强部行协作，强化资金保障，全面提升小城镇的建设水平和发展质量。

2017年2月，《中共中央 国务院关于深入推进农业供给侧结构性改革 加快培育农业农村发展新动能的若干意见》、《国务院办公厅关于创新农村基础设施投融资体制机制的指导意见》（国办发〔2017〕17号）《国务院办公厅转发财政部 发展改革委 人民银行关于在公共服务领域推广政府和社会资本合作模式指导意见的通知》（国办发〔2015〕42号）等意见和通知连续发布，要求深化农业供给侧结构性改革，引导社会资本积极参与农业领域政府和社会资本合作（PPP）项目投资、建设、运营，改善农业农村公共服务供给。

2017年2月22日，江苏省发展改革委《关于培育创建江苏特色小镇的实施方案》，为贯彻落实《关于培育创建江苏特色小镇的指导意见》（苏政发〔2016〕176号）要求，加快培育创建一批具有江苏特点的特色小镇，力争通过3–5年努力，分批培育创建100个左右特色小镇，彰显江苏产业特色、突显苏派人文底蕴、引领区域创新发展。

2017年4月1日，住建部、建设银行《关于推进商业金融支持小城镇建设的通知》，指出为贯彻落实党中央、国务院关于推进小城镇建设的工作部署，大力推进商业金融支持小城镇建设。但同时也指出，产业是小镇的根本，脱离了产业仅做房地产的小镇，注定会成为下一个郊区大盘或者空镇鬼镇。

2017年4月25日文化产业发展专项资金（以下简称专项资金）将按财政部办公厅《关于申报2017年度文化产业发展专项资金的通知》（财办文〔2017〕25号）要求，对文化部牵头负责"实施文化金融扶持计划"、"支持特色文化产业展"、"促进文化创意和设计服务与相关产业融合发展"等三个重大项目将给予优先支持。

2017年4月28日，文化部办公厅《关于做好2017年度中央财政文化产业发展专项资金重大项目申报工作的通知》，对具体申报问题进行了详细的说明，支持内容包括文化金融扶持计划、特色文化产业发展、文化创意和设计服务与相关产业融合发展3个大项12个小项。其中提升特色文化小镇文化内涵一项引起业界广泛关注。

2017年5月9日，体育总局办公厅发布《关于推动运动休闲特色小镇建设工作的通知》，体育总局决定组织开展运动休闲特色小镇建设、为全民健身与健康事业、体育产业发展服务，促进脱贫攻坚工作。

2017年5月17日，国家卫生计生委、国家发展改革委等5部门日前联合印发《关于促进健康旅游发展的指导意见》指出，到2020年，建成一批国际健康旅游目的地。到2030年，基本建立比较完善的健康旅游服务体系，满足群众多层次、个性化健康服务和旅游需求。

2017年5月24日，财政部发布《关于开展田园综合体建设试点工作的通知》财办〔2017〕29号，决定开展田园综合体建设试点工作。提出田园综合体建设试点工作总体要求、重点建设内容、试点立项条件、扶持政策及有关要求。

2017年6月9日，农业部市场与经济信息司发布《关于组织开展农业特色互联网小镇建设试点工作的通知》，决定组织开展农业特色互联网小镇建设试点，探索镇域范围内加快农业农村信息化建设的有效途径、机制和模式。

2017年6月12日，国家旅游局召开新闻发布会，正式发布《全域旅游示范区创建工作导则》（以下简称《导则》），为全域旅游示范区创建工作提供行动指南。

2017年7月4日，国家林业局办公室发布《关于开展森林特色小镇建设试点工作的通知》办场字〔2017〕110号，决定在国有林场和国有林区开展森林特色小镇建设试点工作，为全面推进森林特色小镇建设探索路子、总结经验。并提出建设目的、试点原则、试点内容，以及有关要求。

2017年7月7日， 住房城乡建设部《关于保持和彰显特色小镇特色若干问题的通知》指出各地要坚持按照绿色发展的要求，有序推进特色小镇的规划建设发展。将是否保持和体现特色作为特色小镇重要认定标准，并定期对已认定特色小镇有关情况进行检查。

2017年7月10日，住建部官网发布《住房城乡建设部关于保持和彰显特色小镇特色若干问题的通知》（以下简称《通知》），对特色小镇的“特色”二字进行了定位。尊重小镇现有格局、不盲目拆老街区；保持小镇宜居尺度、不盲目盖高楼；传承小镇传统文化、不盲目搬袭外来文化。

2017年7月18日，国家发改委、国家旅游局等14部委日前共同制定印发了《促进乡村旅游发展提质升级行动方案（2017年）》（以下简称《方案》），针对乡村旅游亟须解决的问题提出了政策引导，尤其是用地、技术、人才等方面问题。

2017年8月26日，以策应国家“一带一路”倡议，以培育区域行业匠心品牌为主题的“中国特色小镇品牌战略高峰论坛暨‘CCTV一镇一品’项目启动仪式”在国家会议中心隆重召开。

四、各省市政策

2016年3月16日，浙江省人民政府办公厅发出《关于高质量加快推进特色小镇建设的通知》对浙江特色小镇规划建设提出七条要求。2016年3月18日，贵州省100个示范小城镇建设工作联席会议办公室《关于打造贵州省特色小城镇升级版的实施意见》总结推广全省100个示范小城镇建设发展经验，打造贵州特色小城镇升级版。

2016年5月8日，西藏自治区人民政府办公厅印发《西藏自治区特色小城镇示范点建设工作实施方案》遴选出20个经济社会基础较好、特色产业优势明显的小城镇作为自治区级特色小城镇示范点。

2016年6月3日，福建省人民政府出台《关于开展特色小镇规划建设的指导意见》（闽政〔2016〕23号）。意见指出六个总体要求，特色为本；产业为根；精致宜居；双创载体；项目带动；企业主体。

2016年6月18日，上海金山区是首个全国新型城镇化试点区，日前发布《关于金山区加快特色小镇建设的实施意见》，提出要在全市率先加快推进特色小镇建设，力争到“十三五”末，初步培育形成一个产业特色鲜明、体制机制灵活、人文气息浓厚、生态环境优美、多种功能叠加的上海特色小镇群落。

2016年6月28日，重庆市人民政府办公厅印发《关于培育发展特色小镇的指导意见》（渝府办发〔2016〕111号）决定，力争在“十三五”期间建成30个左右在全国具有一定影响力的特色小镇示范点，推动形成一批产城融合、集约紧凑、生态良好、功能完善、管理高效的特色小镇。

2016年7月27日，甘肃省人民政府办公厅印发《关于推进特色小镇建设的指导意见》甘政办发〔2016〕114号）。

2016年8月8日，《安徽省住房城乡建设厅 安徽省发展改革委员会 安徽省财政厅关于开展特色小镇培育工作的指导意见》提出到2020年，在各地自愿申报的基础上，选择80个左右产业基础较好、生态环境优良、文化积淀深厚的小城镇进行重点培育。

2016年8月9日，《辽宁省人民政府关于推进特色乡镇建设的指导意见》（辽政发〔2016〕53号）规定辽宁“十三五”期间，力争规划建设50个产业特色鲜明、体制机制灵活、人文气息浓厚、生态环境优美、多种功能叠加的特色乡镇 。

2016年9月14日，《内蒙古自治区人民政府办公厅关于特色小镇建设工作的指导意见》（内政办发〔2016〕128号）每年选择8—12个示范镇，各旗县（市、区）至少选择1个示范镇，建设特色小镇。

2016年9月28日，安徽省住房城乡建设厅、安徽省发改委、安徽省财政厅三部门发文要求，指导特色小镇科学划定生态保护红线，扩大生态空间，按照低碳、生态、绿色要求，推进特色小镇绿色、低碳、智能、可持续发展，促进人居环境改善。

2016年10月20日，天津市特色小镇规划建设工作联席会议办公室印发《天津市特色小镇规划建设指导意见》，力争到2020年，创建10个实力小镇，20个市级特色小镇，上述30个小镇达到花园小镇建设标准，每个区因地制宜自主创建2到3个区级特色小镇。

2016年10月21日，《陕西省人民政府关于深入推进新型城镇化建设的实施意见》提出持续推进35个重点示范镇和31个文化旅游名镇建设，打造县域副中心和宜居宜游特色镇。

2016年11月16日，福建省新型城镇化试点暨特色小镇创建工作现场会在漳州角美镇召开，副省长洪捷序指出，贯彻中央和我省新型城镇化工作会议精神，我省探索出不同路径的发展模式，在解决好“人进城，建好城，管好城”问题上创造了有益经验。

2016年12月30日，湖北省人民政府出台《关于加快特色小（城）镇规划建设的指导意见》（鄂政发（2016）78 号），力争通过3 至5 年的培育创建，在全省范围内规划建设50个国家及省级层面的特色小（城）镇。

2017年1月9日，《浙江省旅游业发展“十三五”规划》指出，到2020年，全省旅游业总产出达1.3万亿元，从培育旅游万亿产业到规划建设100个兼具旅游功能的特色小镇和100个富有浙江特色的旅游风情小镇，浙江旅游业已逐步发展成为国民经济的支柱产业。

2017年3月9日，吉林省住房和城乡建设厅《关于开展吉林省特色小镇培育的通知》（吉建村〔2017〕9号），提升村镇建设管理水平，加快推进城乡人居环境和特色小镇建设，要高水准、高标准培育我省特色小镇。

2017年3月30日，云南省人民政府《关于加快特色小镇发展的意见》，意见指出加快特色小镇发展的重要意义、总体要求、创建标准、创建程序、支持政策及保障措施。

2017年4月17日，湖南省人民政府办公厅《关于推进集镇建设的意见》（湘政办发〔2017〕16号），指出推进集镇建设有利于促进现代农业发展，引导农村人口就近就地转移，改善农村人居环境，对加快新型城镇化、统筹城乡发展具有重大意义。并提出了总体要求、主要任务、保障措施意见。

2017年4月21日，重庆市人民政府办公厅《关于推进特色小（城）镇环境综合整治的实施意见》（渝府办发〔2017〕43号），要求到2020年，建成一批空间美、街区美、生活美、风景美、生态美的特色小（城）镇，创建30个各具特色、富有活力的中国特色小镇，示范带动全市小（城）镇建设与发展，助推全市城乡人居环境改善。

2017年4月27日 湖北省住房和城乡建设厅办公室下发《关于开展2017年特色小镇培育工作检查的通知》（建办村函〔2017〕268号，以下简称《通知》），将于近期对各地特色小镇培育情况，特别是第一批中国特色小镇建设情况进行检查。

2017年4月28日，北京市发布发展和改革委员会、北京市农村工作委员会、北京市规划和国土资源管理委员会（代章）北京市住房和城乡建设委员会《关于进一步促进和规范功能性特色小城镇发展有关问题的通知》京发改〔2017〕549号，要求进一步促进新型城镇化建设和城乡一体化持续健康发展，提出强化功能管控、坚持镇域统筹规划、加强产业管控、节约集约利用城乡建设用地、科学安排建设时序、完善决策机制。

2017年5月5日，宁夏回族自治区党委办公厅、政府办公厅日前印发《关于加快特色小镇建设的若干意见》。《意见》明确，将结合新型城镇化、新农村建设、特色产业培育发展等，利用3-5年时间，通过十一条举措分批择优培育一批特色小镇。今年确定培育创建首批10个省级特色小镇，示范带动全区特色小镇的建设发展。

2017年5月22日，江苏省出台《关于重点培育农业供给侧结构性改革“六个100”示范典型的通知》，将建100个特色小镇、100个“一村一品一店”示范村、100个农业新业态、100个特色新品种、100个特色新产业、100个品牌农产品等示范典型。

2017年6月1日，山东省人民政府办公厅发布《关于印发山东省乡村旅游提档升级工作方案的通知》，要求住房城乡建设、旅游部门按照特色景观旅游名镇标准或3A级以上景区标准，推动省政府确定的100个特色小镇建成旅游小镇。对达到5A级景区标准的精品旅游小镇每个奖励500万元。

2017年6月2日，安徽省国土资源厅《关于支持和促进特色小镇建设的意见》（皖国土资〔2017〕110号）为支持和促进我省特色小镇建设，提出充分发挥规划引领作用、实施差别化用地政策、推进农村土地整治和发展设施农业、积极盘活利用空闲农房及宅基地。

2017年7月19日，河北省政府办公厅印发《关于加快发展健身休闲产业的实施意见》。实施意见提出，到2025年，全省健身休闲产业总规模达到1500亿元。

五、会展媒发布

2016年2月25日上午，国家发展改革委举行新闻发布会，政研室副主任赵辰昕，规划司副司长陈亚军，浙江省发改委副主任翁建荣，和贵州省发改委党组成员、总规划师张美钧，浙江杭州云栖小镇党委书记吕钢锋，贵州安顺西秀区旧州镇党委书记刘可立相关领导出席发布会，介绍新型城镇化和特色小镇建设有关情况，并就浙江、贵州两省推进特色小镇的做法，云栖小镇、旧州镇各自特色，统筹新型城镇化和新农村建设等问题，回答了与会记者的提问。

2016年2月27日，中国国际城市化发展战略研究委员会荣誉主任龙永图在《论道》—中国城市化论坛特别节目《小镇·大事》上说：“中国城市化经历了造城、城市群之后，将进入城市网发展阶段。”

2016年2月28日举行的第二十五届中国城市化论坛上，城市化各相关领域学者对贵港市港南区桥圩镇进行调研考察，交流了特色小镇的规划建设、产业发展、文化传承、人才引进、投资运营等观点。

2016年2月28日、29日、3月3日三天，中央电视台《新闻联播》连续播发了《治国理政新实践·浙江特色小镇启示录》，介绍浙江特色小镇的建设。

2016年5月10日，由浙江省特色小镇规划建设工作联席会议办公室以“特色 质量”为主题，在丽水市莲都古堰画乡小镇成功举行了全省第一次特色小镇“镇长”论坛。

2016年7月12日，由中国城镇化促进会第二届中国特色小镇发展论坛在深圳举办。中国城镇化促进会主席、全国人大常委会原副委员长蒋正华，中国城镇化促进会常务副主席、中共中央政策研究室原副主任郑新立，深圳市委副书记、市长许勤等人出席。中国经济网记者从会上获悉，中国城镇化促进会将与深圳合作，把特色小镇作为提升城市品位、丰富城市内涵、完善城市功能的着力点，探索新型城镇化发展的新路。

2016年7月21日，广东省政府在佛山市顺德区北滘镇召开全省特色小镇建设工作现场会。会议指出，到2020年广东省将建成约100个省级特色小镇，特色小镇的产业发展水平、创新发展能力、吸纳就业能力和辐射带动能力显著提高，成为新的经济增长点。省委常委、常务副省长徐少华出席会议并讲话，副省长许瑞生主持会议。会议部署到2020年广东省将建成约100个省级特色小镇，特色小镇的产业发展水平、创新发展能力、吸纳就业能力和辐射带动能力显著提高，成为新的经济增长点。

2016年10月13日，中央财经领导小组办公室、国家发展改革委、住房和城乡建设部在浙江杭州召开特色小（城）镇建设经验交流会。推进新型城镇化工作部际联席会议成员有关司局负责人，各省、自治区、直辖市、计划单列市、新疆生产建设兵团发展改革、住房城乡建设部门负责同志参加会议。中央财经领导小组办公室舒国增副主任、住房城乡建设部陈政高部长，国家发展改革委胡祖才副主任，浙江省委常委、常务副省长袁家军出席会议并讲话。

2016年10月14日，文津圆桌系列论坛之打造特色小镇：特点、难点与对策。

2016年11月4日，“小城镇、大梦想”——中国特色小镇发展研讨会暨华夏幸福特色小镇战略发布在南京召开。

2016年11月16日，福建省新型城镇化试点暨特色小镇创建工作现场会在漳州角美镇召开，副省长洪捷序指出，贯彻中央和我省新型城镇化工作会议精神，我省探索出不同路径的发展模式，在解决好“人进城，建好城，管好城”问题上创造了有益经验。

2016年12月10日，由中国中小企业协会重庆中心主办的“2016培育中国特色小镇（重庆）研讨会”在渝中区举行。此次研讨会以“小城镇 大梦想”为主题，专家们就特色小镇创建进行了讨论。

2017年1月6日，中国经济体制改革研究会产业改革与企业发展委员会，全国健康产业工作委员在北京联合举办“和谐宜居 创新发展—2017全国特色小镇规划、投资、建设、运营高峰论坛”。

2017年1月14日，由扬子晚报主办的江苏特色小镇发展高峰论坛在江苏省会议中心举行，省相关厅局领导、住建部权威专家、首批入选国家特色小镇名单的江苏7家小镇代表，全省100多个区镇代表齐聚一堂，共论在“新常态”下江苏“特色小镇”的发展路径。本次论坛由靖江市西来镇、宜兴市湖滏镇、淮安市洪泽区蒋坝镇联办，浩天国际控股集团、江苏煜百年生物科技有限公司冠名支持。

2017年1月22日下午，2017美丽中国特色小镇“千企千镇工程”发展论坛——江油市雁门镇特色小镇建设暨辐射带动四川省北部山区经济发展战略规划研究课题专家座谈会暨课题启动仪式”在北京举行。国家发展改革委国际合作中心区域所常务副所长、区域专家委员会秘书长、中国人民大学公共政策研究院美景特色小镇促进中心主任胡乔叶主持会议。

2017年2月5日下午，福建省畲家企业商会2016年年会暨畲族特色小镇创新发展论坛在福州成功举行。

2017年5月6日，第一届中国特色小镇发展论坛杭州春季峰会于杭州国际博览中心（G20场馆）如期激情开启。本次峰会由中国文化创意产业研究会主办，中国美术学院学术支持，中国美术学院望境创意发展有限公司和浙江鲲鹏文化创意发展有限公司共同承办。

2017年5月8日，青海省高原特色体育小镇建设研讨会在海南藏族自治州共和县龙羊峡镇召开。会议印发了《青海省关于加快发展健身休闲产业的实施意见》和《关于共同打造高原特色体育小镇合作协议书》的征求意见稿，2025年计划建成30个高原特色体育小镇，意味着龙羊峡镇将作为青海省首批高原特色体育小镇被打造。

2017年5月14至16日在黔西县召开“2017’特色小镇发展黔西论坛”。本次论坛旨在贯彻落实习近平总书记对毕节试验区的重要批示和统一战线聚力脱贫攻坚暨多党合作参与毕节试验区建设座谈会议精神，按照统一战线参与支持毕节试验区建设要实现“组织化运行、基地化推进、项目化落实、品牌化提升”要求，通过论坛形式集智聚力，继续助推黔西脱贫攻坚。

2017年5月18日，由商务部投资促进事务局、新华社中国经济信息社和中国房地产业协会联合主办的第二届“特色小镇投资建设论坛”在合肥举办。

2017年6月14日至15日，在湖北黄冈举办2017湖北特色小镇创新发展高峰论坛暨镇企融合发展研讨会。

2017年6月16日，浙江省特色小镇规划建设情况新闻发布会在杭州召开，浙江省发展改革委员会翁建荣副主任就特色小镇规划建设工作作了主发布，近40家媒体记者参加了会议。

2017年6月20日，中国的小镇，世界的话题——中英特色小镇论坛在伦敦中国设计中心召开，论坛围绕小镇策略愿景、功能设施、管理模式、生态策略、社区参与、现在社会和生活变化方式对小镇的要求等多角度对小镇进行剖析。

2017 年6月28–29日，由中国商业地产名人俱乐部《中国特色小镇》杂志主办的2017首届中国特色小镇共生体高峰论坛在杭州召开，会议内容包含：特色小镇设计+IP实操 、特色小镇项目PPP申报实操、特色小镇产业链招商洽谈、特色小镇建设和运营分享。

2017 年 7月1日上午，2017年中国长春（绿园）特色小镇发展高峰论坛暨合心轨道交通文化特色小镇项目对接会举行。会议中，针对特色小镇发展前景、规划理念、特色定位等方面进行演讲分析。

2017年07月17日，以“文旅融合与特色小镇”为主题的2017中国文化旅游高峰论坛在故宫博物院举行。会上，文化部艺术发展中心发布了2017中国文化旅游融合先导区试点名单，江苏苏州高新区苏绣小镇等8个地区榜上有名。“苏绣小镇”位于苏州西部生态城（镇湖街道），是著名的“苏绣之乡”。“苏绣小镇”今年5月入围江苏省首批25家省级特色小镇创建名单，总体规划面积约3平方公里，预计总投资约30亿元。

2017年7月19日上午，在2017中国创业创新博览会“互联网+特色小镇高峰论坛”上，多位政企领导、专家学与会者就互联网小镇建设相关话题进行深度研讨，为新型城镇化建设提出多种可能性。

2017年7月20日，由国家发展改革委城市和小城镇改革发展中心与联合国人类住区规划署共同主办，成都市人民政府承办的“特色小镇国际研讨会：聚焦四川——2017国际城市可持续发展高端论坛分论坛”在成都举行。论坛全角度、多维度介绍了四川省特色小镇建设成功实践，分享成果，交流互鉴。

2016年8月31日上午，由安康市委、市政府主办，汉滨区委、区政府、颐高集团、万浩集团共同承办的2016中国·安康“特色小镇”高峰论坛暨安康万浩·颐高梦想小镇项目启动会在安康高新区举行。

2017年2月25日，国家发展改革委员会在京举行新闻发布会，介绍新型城镇化与特色小镇有关情况。小镇建设仅仅1年，就实现产值近30亿元，完成财政总收入2.1亿元，累计引进企业328家，产业覆盖云计算、大数据、互联网金融、移动互联网等各个领域。2017年3月24日，由新华社《财经国家周刊》和瞭望智库联合举办的“中国新型城镇化发展高峰论坛暨特色小镇合作开放大会”在北京举行。大会还宣布成立中国特色小镇培育发展联盟，打造一个“政府+产业+智库+资本+传播”的特色小镇运维生态系统。

2017年3月28日，由上海千匠文化促进中心主办，熙定资本、SMART度假产业智慧平台联合主办的“文体产业生态&特色小镇创新论坛暨公益NGO峰会”于上海锦江饭店锦江小礼堂成功举办。

2017年4月15日 浦东证大美爵酒店，复旦紫卿论坛举办2017特色小镇主题峰会。峰会将一如既往保持高端、专业、跨界的特色，特邀政府专家、小镇领导、开发企业、投资机构、信托银行券商等金融机构、运营商、建筑商、律师事务所、建筑设计事务所及养老、大健康、教育、文旅方面的知名机构高管共聚一堂，激荡思维。

2017年4月15日–16日，《经济》杂志社中国特色小镇研究院在北京举办“全国特色小镇培育高峰论坛”。

2017 年 4月17 日–18 日，中国经济体制改革研究会产业改革与企业发展委员会”在北京举办“2017全国特色小镇发展论坛——政策与实践。”

2017年4月18日，第十届中国中部投资贸易博览会“特色小镇投资建设论坛”合肥举行。与会代表从特色小镇的定位、发展方向等方面进行热烈交流。

2017年4月19日上午，中国特色小镇暨西峡仲景养生小镇高峰论坛在西峡会议文化中心隆重召开。本次高峰论坛旨在探索西峡本土特色小镇——仲景养生小镇的发展之道。

2017年4月22日，2017国际时尚体育城市暨体育健康特色小镇建设论坛在宿迁召开。积极打造体育+旅游、体育+养生、体育+时尚运动、体育+文化、体育+赛事、体育+制造、体育+科技等不同模式和形态的小镇。

2017年4月23日至24日，由国家发展改革委国际合作中心主办、大余县承办的特色小镇建设论坛暨“幸福产业”融合发展研讨会在大余县成功举行。

2017年5月24日，云南日报刊登实践探索栏 李长平（双柏县委书记）“五个坚持”建好特色小镇。提到走“生态立县、绿色崛起”道路，用生态文明理念系统谋划、通盘考虑，实现空间优化、功能重构、形象再造、品质提升；结合双柏县实际，县委、县政府提出先行打造查姆彝药养生小镇和公式嘉国家公园小镇，以带动其余6个乡镇特色小镇建设。要建好查姆彝药养生小镇和公式嘉国家公园小镇，必须实行“五个坚持”。

2017年5月28日，“2017年中国城乡建设高峰论坛”在广州云来斯堡酒店举行。此次高峰论坛热议城乡建设新的风口经济——掘金特色小城镇经济，创新发展的主要方向。此次论坛由中国城乡建设产业联盟与瑞云智锐联合主办，国建联城乡建设开发有限公司、品途商业评论及执惠旅游协办，广州中茂园林建设工程有限公司承办。

2017年6月5日下午，由文化部艺术发展中心组织的中国文旅小镇标准化课题研讨会在京召开。文化部艺术发展中心副主任孔蓉主持会议，中国文化旅游融合发展委员会秘书长王磊以及课题组成员单位代表参加研讨会。探讨文旅小镇创建模式和评估标准体系构建。

2017年6月27日，由中国国际城市化发展战略研究委员会主办的第28期城市化研讨会在北京举行。分析指出，特色小镇所依托的产业一般分为五大类：一是依托农业，二是依托特色工业，三是依托商贸，四是依托特色现代服务业，五是依托旅游休闲养老。

第17届中国国际城市建设博览会（简称：中国城博会）将于2017年10月12日至14日在北京中国国际展览中心（新馆）隆重举办。中国城博会设中国国际特色小镇建设主题展，以推动国家小城镇建设，展示小城镇规划、小城镇建设成果，引导小城镇建设科学发展。还将举办一系列高端论坛及相关展示、交流推介活动。

2017特色小镇建设成果展将于2017年10月26日在国家会议中心开展；同时特色小镇投资资本百脑会论坛10月27日在会展论坛区举办。

第十二章
行 动

一、特色小镇申报名录

按照《中共河北省委河北省人民政府关于建设特色小镇的指导意见》（冀发〔2016〕30号）《河北省特色小镇创建导则》（冀特镇联办〔2016〕1号）有关规定，确定了《河北省首批特色小镇创建和培育类名单》。（包括30个创建小镇和52个培育小镇）

2016 按照《住房城乡建设部文化部国家文物局 财政部关于切实加强中国传统村落保护的指导意见》（建村〔2014〕61号）和《住房城乡建设部等部门关于公布第四批列入中国传统村落名录的村落名单的通知》（建村〔2016〕278号）要求，经组织专家对各地上报的中国传统村落技术文件进行审查，决定将北京市门头沟区斋堂镇西胡林村等600个中国传统村落列入2017年中央财政支持范围（名单见附件1），北京市门头沟区王平镇东石古岩村等444个中国传统村落拟列入2018年中央财政支持范围（名单见附件2），现予以公布。

2016年6月24日，广东省公布首批“互联网+”小镇、互联网名单。其中，广州市天河区等10家为首批“互联网+”创建小镇，佛山市禅城区张槎街道等8家为首批“互联网+”培育小镇。力争三年左右建设10个“互联网+”产业型小镇和50个“互联网+”应用型小镇。

2016年8月25日，近日，深圳出台了《深圳市实施东进战略行动方案（2016-2020年）》及相关配套方案。在“东进战略”中，深圳铺开了打造东部美丽湾区、建设东部国际黄金海岸旅游带和世界级滨海生态旅游度假区的蓝图。方案提出，未来5年，深圳东部将打造各具风情魅力的特色小镇——梧桐山艺术小镇、鹏城文化休闲小镇、溪涌庆典小镇、大芬艺术小镇、甘坑客家小镇、梅沙滨海运动休闲小镇、南澳滨海旅游小镇、土洋·官湖山海小镇、新大·龙歧湾活力小镇、中欧未来城·德国小镇、坪山文化田园小镇……

2016年10月11日，住房城乡建设部公布第一批中国特色小镇名单，在各地推荐的基础上，经专家复核，会签国家发展改革委、财政部，认定北京市房山区长沟镇等127个镇为第一批中国特色小镇。

2016年10月14日，安徽省首批5个特色小镇，安徽省铜陵市郊区大通镇，安徽省安庆市岳西县温泉镇，安徽省黄山市黟县宏村镇，安徽省六安市裕安区独山镇，安徽省宣城市旌德县白地镇等被国家发展改革委、财政部以及住建部共同认定为第一批中国特色小镇。

2016年11月29日，房山区选取西潞、长阳、良乡、长沟、青龙湖、张坊、琉璃河、周口店作为8个试点先行区，以产业定名称，打造8个特色小城镇，涵盖了基金、文创、颐养、旅游等主题。长沟镇成为北京基金小镇，将引进和培育超500家基金机构。

2017年1月6日，山东省人民政府办公厅《关于公布新的中小城市试点名单和特色小镇创建名单的通知》（鲁政办字〔2017〕16号）确定枣庄等8个城市为大城市试点、平度等15个市（县）为中等城市试点、桓台等15个市（县）为I型小城市试点、章丘市刁镇等10个镇为新生小城市试点、商河县玉皇庙镇等30个镇为重点示范镇；确定将平阴县玫瑰小镇等60个小镇纳入省级特色小镇创建名单。

2017年5月3日，江苏省发展改革委《关于公布第一批省级特色小镇创建名单的通知》（苏发改经改发〔2017〕476号），首批省级特色小镇创建名单共计25家。其中，产业聚焦高端制造类小镇7家、创意创业类小镇6家，新一代信息技术类小镇4家、历史经典类小镇4家，健康养老和现代农业类小镇各2家。

2017年5月4日，江苏首批特色小镇创建名单发布，第一批特色小镇创建名单主要聚焦于高端制造、新一代信息技术、创意创业等江苏最有基础、最具潜力、最能成长的特色优势产业。通过特色小镇的打造，紧扣产业发展趋势，延伸产业链、提升价值链，构建小镇大产业，努力培育出一批有竞争力的创新集群、有影响力的细分行业冠军，全省共25家将获金融支持，分别为：南京的未来网络小镇、高淳国瓷小镇；无锡的鸿山物联网小镇、太湖影视小镇、新桥时裳小镇；徐州的沙集电商小镇；常州的石墨烯小镇、殷村职教小镇、智能传感小镇；苏州的苏绣小镇、东沙湖基金小镇、昆山智谷小镇；南通的吕四仙渔小镇、海门足球小镇；连云港的东海水晶小镇；淮安的盱眙龙虾小镇；盐城的数梦小镇、汽车小镇；扬州的头桥医械小镇；镇江的大路通航小镇、丹阳眼镜风尚小镇、句容绿色新能源小镇；泰州的医药双创小镇、黄桥琴韵小镇；宿迁的电商筑梦小镇。

2017年5月5日，宁夏回族自治区党委办公厅、政府办公厅日前印发《关于加快特色小镇建设的若干意见》。《意见》要求今年确定培育创建首批10个省级特色小镇，它们是西夏区镇北堡镇、灵武市宁东镇、永宁县闽宁镇、惠农区红果子镇、平罗县陶乐镇、盐池县大水坑镇、同心县韦州镇、泾源县泾河源镇、中宁县石空镇、海兴开发区三河镇。

2017年5月25日，江苏公布首批25个省级特色小镇名单，这25个小镇将主要聚焦高端制造、新一代信息技术、创意创业等江苏最有基础、最具潜力、最能成长的特色优势产业，通过特色小镇的打造，紧扣产业发展趋势，延伸产业链、提升价值链，构建小镇大产业，努力培育出一批有竞争力的创新集群、有影响力的行业细分冠军。

2017年5月25日，银川市公布首批10个特色小镇推荐名单。列入《银川首批10个特色小镇推荐名单》的小镇包括兴庆区掌政百湖休闲小镇、金凤区良田观光农业小镇、西夏区兴泾国际陆港小镇、灵武梧桐树塞上稻香小镇、永宁闽宁合作发展小镇、贺兰洪广旅游服务小镇、西夏区镇北堡影视红酒小镇、月牙湖航空主题小镇、华夏河图生态艺术小镇、纳家户回乡文旅小镇。这10个特色小镇中，月牙湖航空主题小镇、华夏河图生态艺术小镇、纳家户回乡文旅小镇是借鉴浙江等地特色小镇非镇非区的理念进行推荐的；其余均为行政建制镇，特别是镇北堡镇、闽宁镇被列为自治区第一批特色小镇。

2017年6月9日，山东省发展和改革委员会《关于公布2017年度山东省服务业特色小镇试点单位名单的通知》（鲁发改服务〔2017〕639号），公布了山东省服务业特色小镇试点单位名单，要求各相关市要加强指导、协调服务和督促检查，开展试点工作，按季度定期报告。经各市推荐、省发展改革委研究，确定济南、青岛、淄博、烟台、潍坊、济宁、泰安、德州、菏泽9市的17个小镇为山东省首批服务业特色小镇试点单位，现将试点小镇予以公布：济南：花养花玫瑰小镇一期工程；青岛：云山360体验小镇；即墨服装小镇；淄博：博山陶琉小镇；凤凰山物流小镇；烟台：烟台美航健康小镇；烟台浩岭湖健康小镇；潍坊：潍坊十笏园文化小镇；安丘留山栖居小镇；济宁：上九山记忆小镇；万紫千红生态养生幸福小镇；泰安：新泰和融文化创意小镇；肥城五埠岭乡愁记忆小镇；德州：德百旅游小镇；乐陵市枣林生态休闲旅游小镇；菏泽：定陶休闲旅游养生小镇；郓城县陆港韵梦小镇。

2017年6月12日，省住房和城乡建设厅《关于公布吉林省第一批特色小镇名单的通知》（吉建村〔2017〕23号），在各地推荐的基础上，经专家审核评议，认定长春市鹿乡镇等（名单见附件）为我公布了吉林省第一批培育发展的40个特色小镇，指出将建立统计监管和考核机制，实行动态管理，鼓励先进，末位退出。

2017年6月19日，四川省发布《四川省加快推进新型城镇化工作领导小组办公室关于开展2017年省级特色小镇培育创建工作的通知（川城镇化办〔2017〕3号）认定成都市郫都区三道堰镇等42个镇（含2016年的7个第一批中国特色小镇）为第一批省级特色小镇。

二、特色小镇规划报道

2016年6月27日，北京市人民政府《北京市“十三五”时期城乡一体化发展规划》中提出分类推进建设小城镇。充分利用北京非首都功能疏解的重大机遇，调整重点镇规划布局，明确功能定位，突出特色功能，提升小城镇基础设施和公共服务水平，提高小城镇承载力，引导符合首都城市战略定位的功能性项目、特色文化活动、品牌企业落户小城镇，打造功能性特色小城镇。以下放事权、扩大财权、改革人事权及强化用地指标保障等为重点，开展镇区人口10万以上的特大镇功能设置试点，同步推进特大镇行政管理体制改革试点。

2016年9月1日，山东省人民政府办公厅印发《山东省创建特色小镇实施方案》，方案提出到2020年，创建100个左右产业上“特而强”、机制上“新而活”、功能上“聚而合”、形态上“精而美”的特色小镇。

2016年9月6日，成都研究起草《关于深化“百镇建设行动”、培育创建特色镇的指导意见》，明确到2020年小城镇建设的主要目标和任务，制定未来几年“百镇建设行动”实施的路线图。

2016年9月6日，江苏省部署城市规划建设管理工作中指出在2020年前，力争形成100个左右特色鲜明的“特色小镇”和100个左右富有活力的重点中心镇，小城镇的环境面貌普遍改善。

2016年11月29日，中山市出台《中山市创建国家森林城市实施方案（2016—2018

年）》，中山计划以城市绿地、乡村森林建设为点，以道路绿化、水系绿化及农田林网为“线”，以自然保护区、森林公园、湿地公园等为片，“点”“线”“片”串联推进10项工程。全域联创，拟打造25个特色森林小镇。

2016年11月29日，房山区选取西潞、长阳、良乡、长沟、青龙湖、张坊、琉璃河、周口店作为8个试点先行区，以产业定名称，打造8个特色小城镇，涵盖了基金、文创、颐养、旅游等主题。长沟镇成为北京基金小镇，将引进和培育超500家基金机构。

2016年12月20日，江西省人民政府印发《江西省特色小镇建设工作方案》，计划在全省分两批选择60个左右建设对象（含行政建制镇和不同于行政建制镇、产业园区的创新创业平台）建设特色小镇。

2016年12月30日，浙江台州市以清洁能源氢能为核心产业，投资160亿元打造“氢能小镇”，小镇将构筑集“产业+资本+技术+服务”为一体的氢能源产业生态体系，同时将面向全球氢能产业资源，以“制氢、储运与加注、转化、应用”产业链为纽带，建设氢能7大功能区和氢能产业园区，在技术创新、运营模式、发展业态和体制机制等方面进行探索，把台州打造成以氢能产业带动城市发展的“氢能产业第一城”。

2017年2月25日，海南省人民政府发布《海南省美丽乡村建设三年行动计划（2017–2019）》，到2019年底建成不少于1000个美丽乡村示范村，同时建成一批乡村旅游特色民宿示范村和美丽乡村休闲旅游度假景区。

2017年4月6日，西藏十亿元启动特色小城镇建设，已批复19个特色小城镇总体规划，批复17个特色小城镇详细规划、城市设计和建设规划；山南市桑耶镇总体规划和杰德秀镇详细规划、城市设计、建设规划等正进一步修改完善；林芝镇、吉塘镇、夏曲镇、陈塘镇、纳木湖乡、通麦小镇等6个新列入的特色小城镇正加快规划编制进度。18个特色小城镇相关项目已开工建设，开工项目52个，投资达11.4亿元。

2017年4月9日，总投资20.8亿元的新疆首个以北庭文化为主题的特色小镇在吉木萨尔县落户。打造以北庭文化为中心的“一带一路”核心区文化景观小镇，来塑造新疆的历史文化名城。

2017年5月18日，天津市印发《天津市特色小镇规划设计导则》。2017年05月18日，武汉将建武昌特色文化小镇总投资33亿元。2017年5月19日，中国·昆明沃溪影视特色小镇项目签约仪式在嵩明举行。作为嵩明2017年招商引资的重点项目，沃溪影视特色小镇的建设计划总用地1500亩，总投资约30亿元，包含影视主题公园、度假酒店等多个建设项目。

2017年5月20日，江苏首家足球特色小镇规划披露：海门足球小镇占地3平方公里，首期投资65亿，孙继海任镇长。

2017年5月27日，亿利聚康生命文化旅游小镇项目，拟选址暮云片区沿江村、三兴片区，拟投资100亿元，结合“地理信息+”打造中南地区领先的现代国际医疗中心，构建养生养老全产业，建设国际领先的慢病预防和康复基地、现代化养老服务基地和服务中心、现代生殖辅助中心、月子中心、产后康复中心、儿童健康管理中心、儿童自闭症和多动症治疗园等，打造长沙南城首个健康旅游小镇。

2017年6月6日，合肥肥东将打造9大特色小镇，分别位于店埠镇、牌坊乡、包公镇、撮镇镇、长临河镇和肥东经济开发区，总投资额达300多亿元。

2017年6月13日，菏泽市高新区规划建设航空小镇，总投资10亿元，主要建设泊鹭飞机制造基地和航空小镇，建成后可年产海王牌水陆两用运动飞机1800架。

2017年6月24日，昌吉回族自治州、昌吉市党委政府“十三五”重点扶持和打造的文化旅游项目，乐活小镇项目占地170亩，总建筑面积16万余平方米，计划总投资10亿元。目前已建好的园区一期占地50亩，建筑面积4.2万平方米，已投入资金2.2亿元。

2017年6月28日，海南省政府印发《海南省特色产业小镇建设三年行动计划》，将加快推进我省特色产业小镇建设，按照“规划引领、项目带动、突出特色、全面推进、总量控制、动态调整”的创建程序，用3年时间基本完成100个特色产业小镇建设任务。2017年6月29日四川省绿委、省林业厅联合印发《四川省森林小镇建设工作方案》标志着四川省森林小镇建设工作正式启动。2017年7月16日，乌鲁木齐高新区（新市区）安宁渠特色小镇16日开建，标志着乌鲁木齐高新区（新市区）建设丝绸之路经济带核心区文化旅游集聚地和“创意时尚·城市记忆”中心进入了实质性阶段。该特色小镇建设包括新建区和建成区两部分，计划投资30亿元，规划总用地约1.8平方公里，其中北部新建区规划占地约0.97平方公里，南部建成区占地约0.83平方公里，预计2至3年建成。

2017年7月24日，中山“菊城智谷”小镇规划建设项目有36个，投资总额超过110

亿元。按照小榄顶层设计，小镇总的建设格局是“一带串三区”，一带是指沿小榄水道的滨江城市休闲带。三区是指智创升级引领区；菊城文化体验区；未来生活示范区。

2017年5月9日，“一带一路城市合作计划暨投资促进行动”启动。在国家发改委、住建部、财政部等有关部委和中国开发银行、中国光大银行、中国农业开发银行等国家政策性银行支持下，依托国家高端专业智库、各行业管理组织、中央级媒体、重点央企国企等战略合作伙伴，积极整合战略新型产业项目资源、投融资渠道等，由“一带一路城市合作计划”战略合作伙伴城市会同国家发改委《宏观经济管理》、中国科技投资理事会、新全球化智库一带一路研究院、国家行政学院新型城镇化研究中心、中央电视台微电影频道、中国文化旅游与新型城镇化研究院、住建部中国建筑装饰装修杂志社等单位，联合举办新全球化高峰论坛，积极开展“一带一路”区域经济和新型城镇化课题研究、产业园区和特色小镇试点示范、重点产业化项目开发等战略合作，全面建设新全球化智库，携手打造一带一路特色小城镇和产业园区开发建设“航母作战体系”，共同探索“一带一路”区域城市国际合作机制与可持续发展之路。

三、特色小镇培训培育

2016年12月，北京大学为推动国内特色小镇良性发展及合理建设，特举办特色小镇分享会，分别从特色小镇规划、特色小镇政策和推进方法、特色小镇特色、特色小镇融资、特色小镇成功经验、特色小镇的运营等多方面深度分享，收获无限。

2017年3月17日，中国古城特色小镇规划开发管理研修班开班。本报告主编、副主编受邀前往浙江桐乡乌镇参加该班隆重的开学典礼。本报告主编、副主编作为中国社会艺术协会旅游艺术小镇工作委员会的创建人，曾代表中国政府，代表中国艺协去年在北京世界旅游博览会上发布过《中国旅游艺术小镇白皮书》，之后又在社会艺术协会全国旅游艺术小镇考察过后制定了《中国旅游艺术小镇行业协会标准》，大林先生带着更多的小镇思考与艺术思路与全国特色小镇专家学者交流，更具社会价值与推广作用的特色小镇好课题好项目即将在乌镇诞生。

2017年5月27日，绿维文旅合伙人发展大会在北京召开，绿维文旅集团领导，各职能部门主管，以及各合伙人分院负责人逾200人参加。大会以“服务支持、管理监督、联合发展、共创共赢”为指导方针，通过加强对绿维文旅发展战略及支持服务系统的了解，让各合伙人团队熟悉集团资源价值、支持模式，增强平台运用能力，帮助合伙人团队提高产业链驾驭能力，提升合作效率，成为新型旅游规划设计团队，实现“创意经典·落地运营”的目标。

2017年7月，特色小镇全国行活动启动。全国新型城镇创新发展产业联盟组委会联合北京大学、清华大学、中信建投证券公司、 红杉资本、中金建银投资管理（北京）有限责任公司及有关产业基金等单位共同开展为期一年的培训和考察活动。

2017年8月，《清华大学特色小镇开发运营、产业规划、投融资操盘落地总裁班》开班。主要课程重点议题有：企业家的格局、眼界，决定了企业的发展境界；企业家的学习能力，关系着企业的发展速度与生死存亡；分析特色小镇发展过程中普遍存在的问题：定位同质化现象严重，缺乏创意，小镇风情无特色，产业联动不够，没有实现产品开发与文化创意的相结合，资金不足等。

林峰（绿微文旅集团董事长）：在《中国旅游投融资报告2017》中挖掘数据价值。《中国旅游投融资研究报告（2017）》，是国内首部以国内旅游上市/挂牌公司、旅游产业投资基金及旅游PPP入库项目为主要研究对象的、覆盖面最广的旅游投融资研究年度报告。报告研究了国内198家旅游上市公司、涉旅上市公司、新三板旅游公司，124支旅游产业投资基金、781个财政部旅游PPP项目，以及债券、保险、信托、ABS、VC、PE、天使投资等对象，并对15家旅游标杆企业进行了深度分析。

四、特色小镇金融支持

2015年西藏自治区财政为特色小城镇建设工作安排了10亿元启动资金，为列入自治区特色小城镇示范点的26个特色小城镇建设提供了前期工作资金保证。

2016年6月23日，重庆潼南区充分发挥财政杠杆作用，撬动社会资本投入，已投资11666万元，着力打造双江特色小镇。计划再投资27977万元，将双江镇融入5A级景区总体规划布局，全力建设旅游休闲特色小镇，促进一二三产业融合发展。

2016年8月，在商务部最新公布的219个国家级经开区中，有78个已发行城投债，占比为35.6%；而在科技部最新公布的129个国家级高新区中，有32个已发行城投债，占比为24.8%。

2017年6月9日，海南省设立特色产业小镇发展基金。为加快推进特色产业小镇建设，充分发挥开发性金融的融资、融智优势，根据国家发展改革委、国家开发银行、光大银行等部门《关于实施“千企千镇工程”推进美丽特色小（城）镇建设的通知》（发改规划〔2016〕2604号）精神，参照国际和国内相关实践经验，我省设立特色产业小镇发展基金（以下简称基金）。

国家开发银行与住房城乡建设部举行高层联席会议。住建部部长陈政高、国开行董事长胡怀邦出席会议并签署《共同推进小城镇建设战略合作框架协议》。住建部副部长陆克华、总经济师赵晖，国开行行长郑之杰、副行长张旭光、蔡东参加。

2016年11月3日，中国武术文化产业基金首期投资项目签约仪式在西安举行。惠银东方资本集团董事局主席郝玮代表基金管理公司与合作伙伴签约，中国武术文化产业基金正式落地，建设环球功夫小镇，以功夫文化为主题的国际旅游文化小镇项目的用地规模达到1500亩，总投资120亿

2016年11月18日，在嘉兴市召开的全省第二次特色小镇“镇长”论坛上获悉，今年前三季度，130个省级特色小镇创建和培育对象完成固定资产投资（不包括住宅和商业综合体项目，下同）1101.1亿元。其中，第一批36个创建对象完成投资371亿元，平均每个小镇10亿元；第二批42个创建对象完成投资395.7亿元，平均每个小镇9.4亿元；52个培育对象完成投资334.5亿元，平均每个小镇6.4亿元。

2017年1月4日，江苏镇江市银行业召开支持特色小镇建设座谈会，该市首批8个特色小镇今年计划完成产业投资80亿元左右。涉及基础设施、产业投资、公共服务、企业生产经营等领域。6家市级银行机构重点推介各自对接特色小镇建设金融服务计划。

2017年2月6日，四川省发改委网站发布了《四川省“十三五”特色小城镇发展规划》（以下简称《规划》），提出“在2016-2020年规划期内，要大力培育发展200个左右类型多样、充满活力、富有魅力的特色小城镇”，引领带动全省小城镇发展和建设。

2017年3月24日，中国投资协会项目投融资专业委员会2017年理事会议，在北京京西宾馆召开，燕海旅业作为中国投资协会项目投融资专业委员会会员单位参加了本次大会，就特色小镇培育建设主题进行探讨。

2017年4月27日，“投融中国行科技金融扶贫论坛暨灵寿投资洽谈会”在北京召开。千年古县河北灵寿县是国家级贫困县，该县推出精心打造的“金融小镇”、“全

域旅游”等项目，受到北京市各投融资企业的青睐，当日签约6项，总投资额达120亿元。2017年5月23日，中南建设将投资70亿，项目占地约8000亩，在河北唐山旅游岛捞鱼尖岸区域打造成以“养生、养老、休闲、度假、游乐、娱乐”等为主题的全季、全域、全客群的滨海温泉旅游度假特色小镇。

2017年6月20日，苏宁置业与句容市政府签约，双方将在句容宝华镇联合打造苏宁智慧科技小镇项目。据悉项目总投资130亿，建成后将成为句容打造“江苏硅谷”的重要引擎。

2017年6月19日，海南省人民政府印发《海南省特色产业小镇发展基金设立方案》，按照政府引导、市场主导、融资融智、多元参与原则，采用国际上通行和市场上普遍采用的有限合伙制形式，设立特色产业小镇发展基金，基金总规模为200亿元。

2017年6月27日，以“绿海秘境·养生天堂”为主题的2017白沙县综合招商推介会火热举行，海南白沙青松南药特色产业小镇项目占地面积10000亩，建设内容包括南药种植基地、南药养生馆（五行馆）南药植物博览园、南药风情一条街、南药养生度假中心、养老公寓、疗养基地、医疗急救护理中心等。预计投资金额8.76亿元。

2017年6月28日，海南特色产业小镇专题招商会今天在海口举行。本次招商活动共推出特色产业小镇招商项目143个，预计总投资额达2632亿元。从项目招商效果来看，拟签约项目46个，预计投资额1231亿元；初步达成投资意向项目23个，预计投资额304亿元；还有74个项目将开展进一步的投资接洽。

2017年7月13日，贵阳开阳县小城镇建设项目计划完成投资68亿元。第一批拟启动项目86个，总投资34亿元，融资25亿元。

2017年7月17日，中国体育特色小镇基金签约仪式暨北京八号体育发展有限责任公司签约仪式在京隆重举行，国家体育总局社体中心、中国体育报业总社、中国健康产业投资基金、北京八号体育发展有限责任公司的领导共同签署了设立中国体育特色小镇基金的战略合作协议。这标志着中国体育特色小镇有了实质性资金支持平台，这也是推动、落实国家体育总局关于建设100个运动休闲特色小镇工作的具体响应和举措。

2017年7月24日，浙江南湖基金小镇已撬动了社会“大资本”，据统计，截至目前，南湖基金小镇已引进近3400家私募股权投资基金、私募债权投资基金等各类基金，股权投资基金认缴规模超过5600亿元，实缴规模近2000亿元。

为加快京郊旅游休闲体系建设，根据《北京市旅游产业发展引导资金管理办法（试行）》和北京市旅游委2016年重点工作安排，结合市对区专项转移支付资金预算管理的有关规定，北京市旅游委决定启动2017—2018年旅游产业发展引导资金项目征集工作。

五、特色小镇合作创建

2016年11月3日，中国武术文化产业基金首期投资项目签约仪式在西安举行。惠银东方资本集团董事局主席郝玮代表基金管理公司与合作伙伴签约，中国武术文化产业基金正式落地，建设环球功夫小镇，以功夫文化为主题的国际旅游文化小镇项目的用地规模达到1500亩，总投资120亿。

2017年1月9日下午，四川泸州市江阳区政府与国内专注绿色产业领域投资的福建中绿投资有限公司签署投资合作协议，双方就黄舣镇马道子“寨水一方”农旅小镇项目的开发建设达成共识，计划在三到五年内由企业投资20亿元，打造一个具有全国影响力的新型农旅特色小镇。

2017年3月2日，今年山东财政拨资金1.1亿元，按照每个小镇200万元的标准，对纳入创建名单的平阴县玫瑰小镇、淄川区双杨建筑陶瓷小镇、山亭区徐庄休闲慢游小镇等，支持相关地区进行规划编制，基础设施、产业园区、公共服务平台建设，以及特色产业发展等，积极打造区域经济新的增长极。

2017年3月11日上午，中国邵东廉桥中药特色小镇建设举行战略合作签约仪式，邵东县人民政府与云南九色玫瑰旅游开发有限公司、中冶东北建设发展有限公司签订意向合作合同。两公司投资60亿元，共同打造一个可持续发展的药材天地、医疗高地、养生福地、旅游胜地，提升廉桥中药产业、文化、旅游品牌与影响力，建设全国一流的特色小镇，助力邵东经济社会发展。

2017年4月5日，福建南靖精准引资打造新型现代化特色小镇，总投资约132亿元的北大方正集团智慧健康小镇项目正式落户靖城镇。该项目含三级综合医院、北大（漳州）科技产业园区、健康颐养社区，规划智慧研发、健康管理、服务体验、度假旅游、养生养老等核心产业。

2017年4月25日下午，国际品牌港（IBH）与世界艺术小镇委员会（WATC）执委会主席梁中国在上海绿地万豪酒店与美国上海商会会长、2010上海世博会联合馆负责人、上海联合国研究会顾问朱元忠先生举行会谈，就"2010上海世博会联合国馆"重建、联合国馆–国际品牌港（IBH）及世界艺术小镇（WATC）发展基金、2017阿斯塔纳世博会"一带一路"国际品牌合作高峰论坛等事宜达成共识。

2017年4月27日，“投融中国行科技金融扶贫论坛暨灵寿投资洽谈会”在北京召开。千年古县河北灵寿县是国家级贫困县，该县推出精心打造的“金融小镇”、“全域旅游”等项目，受到北京市各投融资企业的青睐，当日签约6项，总投资额达120亿元。

2017年5月16日，在中国体育报业总社会议中心召开新闻发布会，中国国际露营大会百城徒步赛伙伴计划正式启动，百城徒步赛以赛事为引领，共同推进“足球特色小镇”、“冰雪文化特色小镇”、“篮球特色小镇”、“武术特色小镇”、“青年特色训练营”校外游学延展教育等特色品质健康生活社区，推动《百城体育小镇》计划落地。

2017年5月17日，中国社区发展协会特色小镇与特色社区工作委员会在京正式成立，举行了首届特色小镇与特色社区发展论坛。

2017年5月23日，中南建设将投资70亿在河北唐山旅游岛捞鱼尖岸区域打造成以“养生、养老、休闲、度假、游乐、娱乐”等为主题的全季、全域、全客群的滨海温泉旅游度假特色小镇。项目占地约8000亩。

2017年5月25日，金诚集团岳阳君山萌宠小镇·金诚之星项目启动仪式在湖南省岳阳市君山区柳林洲街道举行，拟在岳阳市君山区建设一个集影视文化、文化旅游、文化创意、商务办公、特色人居、都市休闲体验等功能为一体的综合项目，项目计划投资230多亿元，规划面积约20平方公里。

2017年6月13日，融创中国与河南巩义市政府签署合作框架协议，宣布将围绕青龙山慈云寺景区进行深度开发，打造融创慈云小镇、融创产业新城，总投资达450亿元。

2017年6月15日，陵水黎族自治县招商办2017年海南综合招商活动，保利文旅特色小镇项目、高峰温泉项目、马文化产业园项目等7个项目拟签约，协议投资额达405亿元。其中，保利文旅特色小镇项目是单项投资额最大的项目，协议投资额达200亿。

2017年6月23日，在第五届中国西部旅游产业博览会上，恒大地产正式签约重庆长寿湖景区旅游综合开发项目，计划投资超100亿打造特色小镇项目。计划打造为集旅游、休闲、高端特色住宅为一体的特色小镇。

2017年6月28日，海南特色产业小镇专题招商会今天在海口举行。本次招商活动共推出特色产业小镇招商项目143个，预计总投资额达2632亿元。从项目招商效果来看，拟签约项目46个，预计投资额1231亿元；初步达成投资意向项目23个，预计投资额304亿元；还有74个项目将开展进一步的投资接洽。

2017年7月1日，柒壹资本在京宣布携手天鸿地产、京汉股份、当代置业等企业共同发起设立总规模10亿元的首只泛地产投资基金，并成立柒壹特色小镇投资联合体。

2017年7月3日，福建长泰县林墩乐动谷体育特色小镇已累计投资36231万元，完成全年任务60.9%。该特色小镇计划总投资30亿元。2017年至2019年预计投资25亿元，规划占地面积约4.9平方公里，其中建设用地约1.5平方公里。

2017年7月5日，黄山市在全省率先启动特色小镇建设，投入1200万元，完成了首批12个特色小镇的规划编制，首批特色小镇陆续转入规划实施阶段，新产业、新产品初步集聚。目前，该市初步摸排特色小镇建设重点项目163个，总投资逾400亿元；今年计划实施项目105个、完成投资74亿元。

2017年7月5日，兰洽会皋兰县招商引资项目推介会上，皋兰县共签约合同项目24个，投资总额139.65亿元，其中万科将投资30亿元开发城市小镇综合项目。恒大集团则计划投资30亿元在兰州打造国际足球特色小镇。

2017年7月5日，肇庆高新区保利军民融合产业小镇合作签约仪式在肇庆举行。肇庆·保利军民融合产业小镇是以推动军民深度融合发展，实现军民科技互通互融，创新经济与国防建设协调发展模式为目标，发展集军事博物、军训拓展、特色运动、旅游休闲、军民产业园等多种业态的复合型项目。军民融合小镇预计总投资100亿元。

2017年7月13日，真武镇人民政府和湖北地大热能科技有限公司举行投资规模10亿元地热产业特色小镇项目战略合作框架协议签字仪式。项目以真武镇丰富的“地热能资源+油田边缘井油气资源”为双能引擎，引进先进的地热综合利用技术和欧盟认可的CCS（碳捕捉与封存）技术，提供低成本、“零污染”、分布式的热能和电能消费方式，打造集健康养生、观光旅游、生态农业、高效工业协调发展的地热产业特色小镇。

2017年7月16日，由云南省特色小镇发展领导小组办公室主办，省发改委、省财政厅、省住建厅、省招商合作局、省政府新闻办承办的云南特色小镇招商推介会在昆明举行，部分世界500强企业、中国500强企业、行业领军型等国内外近100家企业参加了会议。当天就有6个特色小镇进行了签约。

2017年7月18日，江苏省盐城市亭湖区黄尖镇“丹顶鹤风情小镇专题推介会”在北京举办。活动现场，北京东骏芳达投资有限公司、北京东方园林环境股份有限公司等10家企业分别与黄尖镇政府签订了意向合作协议，意向金额达18亿元。黄尖镇全域旅游战略发展、丹顶鹤风情小镇创建进一步提速。

2017年7月19日，金诚集团与嘉兴市海盐县于城镇政府签订幸福小镇项目。项目总建筑面积约136万平方米，总预算投资规模达100亿元。在幸福小镇，金诚将构建情趣健康产业链、创新链、资本链、人才链以及服务链，所有情趣产业企业，不论是生产制造、还是研发设计，都将在小镇有好的发展。

2017年7月19日，武汉地铁集团与央企中国保利集团旗下保利（武汉）房地产开发公司签订战略合作协议，就黄家湖地铁小镇达成初步合作意向。

2017年7月21日上午，郑州荥阳市8个重点项目在郑州市嵩山饭店集中签约，涵盖高端装备制造、文化旅游、医疗卫生等多个领域，总投资额达887.61亿元。分别是：投资120亿元的福建融侨集团贾峪镇槐林社区综合开发改造项目、投资70亿元的新田置业和郑州轨道交通有限公司贾峪镇周垌和邢村行政村综合开发改造项目、投资260亿元的正商红酒小镇及王村镇中心镇改造项目、投资150亿元的刘河镇春风长乐特色小镇项目、投资2.21亿元的中原利达铁路扣件系统和线路配套产品生产基地项目、投资20亿元的上海辉映投资公司申银医疗科技健康园项目和投资250亿元的华侨城荥阳大型文化旅游项目。

2017年7月24日，绿地控股公司在宁波杭州湾、西安西咸新区等地签约了数十个特色小镇项目，其中杭州湾及西咸新区项目已成功落地，其余预期将在下半年和明年逐步落地。

六、特色小镇申报资讯

2016年第一批全国特色小镇原定159个名额，最后基本达标127个，而第二批的筛选标准更加严格，虽说名额比去年翻了一番，但从大环境看，结果不容乐观。第二批特色小镇的申报政策有了很多变化。房地产化小镇一票否决，没有产业支撑的小镇基本落空，注重文化、精神，环境要求加量化、明确绿化率，增加“大考”、需掌握小镇方方面面。

2016年12月12日，上海市发展和改革委员会、上海市规划和国土资源管理局下发《关于开展上海市特色小（城）镇培育与2017年申报工作的通知》（沪发改地区〔2016〕20号），市级特色小（城）镇工作小组建立“一镇一方案”的工作机制，各郊区县申报2017年市级特色小镇数量控制在2个以内。

2017年5月2日，辽宁省特色乡镇建设工作领导小组办公室下发《关于2017年特色乡镇培育申报工作的通知》，明确了特色乡镇的申报范围、数量及要求等事项。沈阳、大连各10个，鞍山、抚顺、本溪各8个，丹东、锦州、营口、阜新、辽阳、铁岭、朝阳、盘锦、葫芦岛各5个。

2017年5月26日，住房城乡建设部办公厅《关于做好第二批全国特色小镇推荐工作的通知》，建办村函〔2017〕357号，明确了推荐要求、推荐程序、材料要求。明确禁止以房地产为单一产业，打着特色小镇名义搞圈地开发的建制镇不得推荐。

2017年6月26日，四川省首批42个省级特色小镇敲定，环境“青而绿”、形态“小而美”、产业“特而优”、机制“新而活”。

2017年7月24日讯 据省财政厅消息，近期，中央财政对福建5个特色小镇（村）给予专项补助资金500万元，分别是永安燕西街道吉山村、武夷山五夫镇、长汀南山镇中复村、南安官桥镇漳州寮村和安溪湖头镇，每个小镇（村）分别获得补助100万元。2017 年7月14日，财政部联合文化部等19个部门下发了《关于组织开展第四批政府和社会资本合作示范项目申报筛选工作的通知》（财金函〔2017〕76号）。今年的申报通知，明确将文化等幸福产业作为支持重点，凸显了文化领域正在融入经济建设的“主战场”。要求开展文化领域政府和社会资本合作示范项目申报筛选工作，对于拉动文化领域的民间投资，鼓励社会力量、社会资本投入文化领域，提高文化产品和服务的有效供给。

2017年6月13日，融创中国与河南巩义市政府签署合作框架协议，宣布将围绕青龙山慈云寺景区进行深度开发，打造融创慈云小镇、融创产业新城，总投资达450亿元

2017年6月23日，铁汉生态与广东省梅州市平远县人民政府签署《平远县仁居特

色小镇及生态环境治理项目战略合作协议》，拟在未来5年投资20亿元。

2017年6月28日，南京未来网络小镇举行重大项目集中签约仪式，中软云上软件园、天安数码城、标点全媒体科技产业园及标点大厦等8大重点项目签约落户，计划总投资达70多亿元。

2017年6月23日，在第五届中国西部旅游产业博览会上，恒大地产正式签约重庆长寿湖景区旅游综合开发项目，计划投资超100亿元打造特色小镇项目。计划打造为集旅游、休闲、高端特色住宅为一体的特色小镇。

2017年6月28日，海南省白沙绿茶引进企业，正着手打造集观光、采茶、炒茶、养生体验于一体的“原生态茶香小镇”。该项目主要在白沙陨石坑周边和松涛水库上游两岸之间，建设陨石坑茶叶公园、茶文化体验园、农户茶叶园、茶叶博览园、宾馆休闲度假区等功能区，总投资估算为3.31亿元。

2017年6月29日，复星集团与太仓市政府签约，在太仓建设地中海欧洲风情小镇。该项目总投资约400亿元。复星地中海欧洲风情小镇项目分为太仓沪通南站片区、海运堤片区、金仓湖片区三大开发片区以及沙溪古镇运营管理片区。

2017年全国旅游投融资促进大会上，国家旅游局会同国家开发银行等12家金融机构共同遴选推出了680个优选旅游项目，主要包括景区提升改造项目、生态旅游项目、乡村旅游项目、旅游综合体、旅游小镇及休闲度假旅游项目等，计划融资总额为8433亿元。

财政部近日发布《关于做好2018年农业综合开发产业化发展项目申报工作的通知》。国家农业综合开发办公室就做好2018年国家农业综合开发产业化发展项目申报工作发出通知，对扶持重点、补贴项目、申报条件等内容做出了具体的要求。财政部的2018年特色农业项目申报启动，最高补贴900万。

七、特色小镇建设成果

2016年10月18日，广州温泉财富小镇正式落户从化，目前已有近170家金融企业对进驻小镇产生浓厚兴趣。其中，南粤基金、商贸控股、赛富合银、方圆金控、六脉金融服务（控股）集团有限公司、广晟产投等48家企业已成功进驻小镇，正在办理工商注册企业38家，预计资产管理规模超400亿元，同时达成入驻投资意向的还有44家，在谈企业38家。

2016年11月22日，古城绍兴已有33个特色小镇完成概念性规划编制，并计划到2020年完成总投资1623亿元。

从2017年开始，重庆市35个市级特色小（城）镇进行环境综合整治，计划到2020年，建成一批空间美、街区美、生活美、风景美、生态美的特色小（城）镇，创建30个左右各具特色、富有活力的中国特色小镇，市级财政每年给予特色小（城）镇建设3.5亿元左右专项补助，连续补助5年。

2017年4月9日，总投资20.8亿元的新疆首个以北庭文化为主题的特色小镇在吉木萨尔县落户。打造以北庭文化为中心的"一带一路"核心区文化景观小镇，来塑造新疆的历史文化名城。

2017年4月12日，由唐山市人民政府主办的环渤海（汉沽）绿色家居产业园项目签约仪式在京举行。北京市经济和信息化委员会支持，唐山市商务局、汉沽管理区、北京云家投资有限公司承办。园区整体规划建设用地6000亩，分三期建成，总投资150亿元，打造国内最大家居制造特色小镇。

2017年4月18日，浙江省要求各设区市的小城镇编制环境综合整治规划方案工作进展顺利，已取得阶段性成果。截至目前，全省列入小城镇环境综合整治的1191个乡镇，80%已完成规划编制工作，其中，被列入2017年达标的第一批443个乡镇，整治规划方案全部编制完成。

2017年4月25日，云南省财政厅计划三年筹资56亿元，通过3年的努力，力争到2019年，全省建成20个左右全国一流的特色小镇，80个左右全省一流的特色小镇，全省25个世居少数民族各建成1个以上特色小镇。

2017年6月6日，记者获悉，梅西在北京出席了"梅西足球互动体验空间"发布会，"梅西足球互动体验空间"是由凤凰优艺、拥有梅西肖像权以及广告开发权的梅西经纪公司以及西班牙的Mediapro媒体集团三方共同努力和筹备，最终确定在中国落地的全球最大的足球主题公园。据报道，这座主题公园预计将会在 2019 年建成。它将围绕梅西设置 20 多个景点，室内设施占地面积将达到4.6万平方米，另外还将拥有1.2万平方米的"室外游戏区"和2.5万平方米的公共空间。值得一提的是，先进科技的运用在介绍中作为主题公园的一大卖点。据介绍，主题公园将运用 VR（虚拟现实）和 AR（增强现实）的技术，再现梅西职业生涯中的经典时刻，游客还可以通过虚拟现实设备体验训练课程。

2017年6月8日，天台山和合小镇总投资15亿元，已累计完成投资12.7亿元，西区的游客中心、温泉山庄度假酒店项目已建成并投运，另有一批项目的用地政策处理、农转用等手续已全面完成。计划下半年全面启动小镇核心区开工建设，拉开小镇框架，展现小镇形象。

2017年6月12日，中山港口正在打造游戏游艺文化特色小镇，目前，小镇内游戏游艺特色产业累计投资已超30亿元。

2017年6月30日，浙江古镇南浔“智能电梯小镇”拔地而起，南浔区对整个电梯小镇共谋划了42个项目，总共投资150个亿以上，未来三年，南浔区还要完成投资100个亿以上，实现电梯产业的新增产值80个亿上，引进高端技术人才1500人以上，创建国家3A级以上的旅游景区”。

2017年7月1日，作为“中国中药名城”试点城市揭阳普宁，今天正式启动建设“健康小镇”项目，打造“候鸟式智慧养生健康文化旅游项目”，深耕“智慧+大健康”产业，“健康小镇”由康美药业的投股股东康美实业投资68亿元建设。

2017年7月5日，中国首个共享经济特色小镇在宁波启动，ofo小黄车等成为首批入驻企业。“最能迸发想象力的地方，才能诞生出最具想象力的新经济模式。”在宁波共享经济小镇启动仪式上，ofo小黄车联合创始人于信表示，对宁波共享经济小镇这个新生事物充满期待，并以ofo早期在北大创业为例，讲述他所感受到的包容创新环境对创业的重要性。

2017年7月5日，“佛罗伦萨小镇—武汉名品奥特莱斯”作为华中首座纯意大利风格的大型高端名品折扣购物中心，位于国家级开发区——鄂州葛店经济技术开发区，比邻武汉。项目总投资１０亿元人民币。

2017年7月8日上午，荆门鳄鱼小镇项目在漳河新区开工奠基。鳄鱼小镇总投资20亿元，以鳄鱼文化为主题，将建设国内独一无二的旅游目的地和一流的主题乐园。

2017年7月9日，“济北智造小镇”落户济南后花园济阳。该项目由山东连城置业有限公司投资建设，计划总投资50亿元，建设规模约120万平方米，定位于打造现代化特色城市工业综合体，为中小企业构建一个“梦工厂”平台。

2017年7月9日，中国·白鹿原影视艺术小镇项目签约仪式举行，西安市市长上官吉庆出席并鉴签。白鹿原影视艺术小镇项目位于蓝田县小寨镇和前卫镇，项目总投资30亿元，开发分为三期。整体建设项目设立三大主题功能区：“艺享–影人创意生活区”、“影动-影视娱乐体验区”、“逸境-山谷雅苑度假区”。

2017年7月9日，湖北京山县华侨归国养老特色小镇项目在华创会上签约。该项目由美国华盛顿ACTEC公司投资，占地约5000亩，总投资6.5亿美元，集高绿化低密度养老住所、大型菜园与花园、科研及体育场所于一体。该项目的引进，将给京山旅游产业格局、养老产业格局带来深刻变化。

2017年7月11日，江西省创建安福羊狮慕康养特色小镇，安福县政府、恒大健康产业集团有限公司、安福武功山管委会在安福县城签署了安福羊狮慕康养特色小镇项目投资合作框架协议。

2017年7月16日，秦皇岛打造文化小镇，占地480亩，规划建筑面积约38万平方米，总投资约22亿元，为秦皇岛特色小镇注入极具时代特色的生命活力。

2017年7月16日，第六届兰州百合文化旅游节系列活动，依托百合文化旅游节，七里河区签约投资了一批新项目，狗牙山“花语小镇”就是其中的一个亮点项目。“花语小镇”已建成5000平方米的婚礼广场、“花海大地艺术景观园”和500亩苗木基地。未来的狗牙山，还将建农产品交易市场、设施农业展示园、丝绸之路生态园、丝绸之路文化主题采摘园，总投资额将达32亿元。

2017年7月19日，金诚集团与嘉兴市海盐县于城镇政府签订幸福小镇项目。项目总建筑面积约136万平方米，总预算投资规模达100亿元。在幸福小镇，金诚将构建情趣健康产业链、创新链、资本链、人才链以及服务链，所有情趣产业企业，不论是生产制造、还是研发设计，都将在小镇有好的发展。

2017年7月19日，江苏宿迁泗阳县意杨产业科技园坚持专业化、高端化、特色化的发展方向，集中力量、集聚要素加快推进橱柜特色小镇建设，总投资达20.18亿元。

2017年7月24日，绿地控股公司在宁波杭州湾、西安西咸新区等地签约了数十个特色小镇项目，其中杭州湾及西咸新区项目已成功落地，其余预期将在下半年和明年逐步落地。

2017年8月5日，丹寨万达旅游小镇迎来了她的第五任“轮值镇长”，这位“新镇长”有些特殊，他是来自英国的英国男模Edmund Enstone（埃德蒙·恩斯顿），颜值那是没得说。除了通过拍摄时尚大片、直播美食等活动宣传小镇外，这位“男模镇长”还将在小镇举办一场苗族婚礼。

附录
本书编委会大事记

《中国特色小镇发展报告》编委会承袭中国社会艺术协会旅游艺术小镇工作委员会，中艺协旅游艺术小镇工作委员会于2016年3月开始进入特色小镇工作，在2016年5月19日参加了在北京举行的“世界旅游大会”，向全球发布了《中国旅游艺术小镇白皮书》；之后中国社会艺术协会会长邱新建和副秘书长大林先生到河南、湖北、湖南、广东、海南等特色小镇进行考察，走遍了中南五省，到达了十几个县，三十几个县乡镇，开展了广泛的特色小镇考察，2016年10月份制订了《中国旅游艺术小镇标准》，今天的《中国特色小镇发展报告》编委会就是在中国旅游艺术小镇工作委员会的基础上成立的。

2016年8月，会长邱新建与特色小镇工作委员会主任大林先生全国考察后，在北京怀柔区怀北小镇青龙湖景区召开全国最早的特色小镇研修班，到会特色小镇专家有26人，学员37人。

2017年3月16号，中央文化管理干部学院在乌镇举行“古城保护与特色小镇研修班”，本书大林先生、张合军先生、郭小嫚女士出席该研修班，并担任主讲课程。在工作商议中谈到国家特色小镇需要有一本政策解读、申报指南工具书，于是就由张合军先生提议成立特色小镇编委会筹备小组，大林先生担任主编工作。

2017年4月17日，本书编委会与各大出版社探讨出版事宜，商议共同编辑出版《中国特色小（城）镇年度发展报告》，是日，中国特色小镇编委会工作正式展开。

2017年5月16日，编委会首次召开特色小镇专家撰稿研讨会，编委会向到会学者以及北京各领域小镇专家征集稿件60余篇。

2017年6月3日，编委会在亦庄国际大厦与九段智库共同举办了特色小镇专家路演会，会上有21名专家通过路演形式发表了特色小镇方面的文论和专稿，作为入编特色小镇发展报告的资格论证。

2017年3月7日，本书编委会在整个编撰过程中，受到了国家各部委、各院校、各科研机构的专家学者支持，期间本书编委会出席过中国品牌日大会，中科院、中国传媒大学凤凰学院特色小镇研讨会，以及特色小镇一线的绿维创景、巅峰智业、创意江山、富达尔研究院等特色小镇机构和组织的各种研讨会、座谈会、课题说明会，并与各位专家学者以及他们机构达成了战略合作、共同创建的协议。

2017年6月中旬到7月中旬一个月时间里，本书编委会与中国工业合作协会、中国传媒大学凤凰学院、一带一路文化园区特色小镇工程委员会、智慧城市北京管理有限公司、东方汇创资源会、产融联盟等学术组织、会议机构进行了多次理论研究与学术讨论，通过研讨会与申报国家特色小镇誉称号的全国县乡镇代表就特色小镇申报中的各种问题予以当面解答，现场办公。

2017年2月到2017年7月，主编大林先生、张合军先生组织本书专家委员会重点走访了湖北襄阳，四川洪雅、河南济源、湖南长沙、广州沙湾、福建泉州、苏州吴江、云南丽江等数十个申报国家级特色小镇的县乡镇，为他们在特色小镇申报中遇到的各种问题，包括资金筹措、课题植入、项目运营等各种事务工作予以现场指导，本书编委会和专家委员会提出了在条件成熟、前景甚好的地区建立特色小镇综合示范区，联合各部委办为全国特色小镇申报起到示范楷模的作用。

2017年8月4日，本书出版工作移交到国务院发展研究中心直属的中国发展出版社出版，即日起对本书的编辑出版给予了倒计时安排，决定8月10日交稿，10月25日出版，将本书作为10月26日在国家会议中心举办的中国特色小镇成果博览会，以及年末在北京、上海、广州、深圳、杭州、西安等特大城市举办的特色小镇研讨会、博览会提供会议用书与培训教材，以2017年特色小镇丰硕的成果向党的十九大献礼。

中国特色小镇规划创建的排头兵北京创意江山旅游规划设计院与本书编委会达成战略合作协议，共同为全国特色小镇创建者提供自项目调研、规划设计、项目策划到产业融合、资源导入、资金引进的生产链服务，尤其是以中铁建、中交建等十多个国企央企投资公司的进入，为特色小镇建设提供了有力的资金保障。

跋

光荣与使命——特色小镇走向2020年

中国当今崛起，一路蓬勃发展。特色小镇建设，汇聚八方之势，成为美丽乡村，可谓日新月异、你追我赶、豪情不减。中国特色小镇，从区域发展来看，由南到北，犹如雨后春笋；从创建培育来说，则是特色鲜明，层出不穷；若以扶贫攻坚观照，可谓形式新颖，精准有效；论及理论实践到品牌创建，更是百舸争流，千帆竞发。

2016年5月19日，笔者率先在北京国际旅游大会发布《中国旅游艺术小镇白皮书》；

2016年7月28日，国家发改委、住建部、财政部公布国家第一批特色小镇名单127家；

2016年9月28日，中国第一个社团标准的《中国旅游艺术小镇标准》公开发布；

到了2017年，特色小镇的创建，更是汹涌澎湃，一浪高过一浪。国家农业部、林业部、旅游总局、中医药局、体育总局等部委纷纷发布特色小镇创建通知、扶持政策；浙江、江苏、福建、广东接二连三公布特色小镇创建要求和奖励制度，引得北方各省市奋起直追。之后，环境保护、生态建设、农业互联网、军民融合、普惠金融、一带一路等所有政策，都关联到了特色小镇；实现小康与精准扶贫，更是成了特色小镇高举的旗帜。一时间，国家住建部的新型小城镇建设、国家发改委的千企千镇援助行动、财政部与农业部联手的田园综合体项目，陆续相继出台，呈现出特色小镇空前的大好局面与全新的生态环境。

为了记录这些历史场面与观察其发展过程，《中国特色小镇发展报告》编委会谨在北京立项，随即开始面向全国观察，汇聚专家采写，这才有了这本视野开阔、观点新颖、报道深入的特色小镇发展报告。

本《报告》分报告篇、国策篇、专家篇、大事记四大篇目，年报作为主体，又以发展观察、区域发展、创建培育、创新典型品牌评估五大主题独立成篇，全面记录了特色小镇自创建以来的发展历程，使之成为一部政策解读、发展观察与创建指南。

特色小镇建设是当前国家发展、全面小康的重要举措，是产业发展、乡村建设、解除贫困的重要抓手。由《报告》编委会衍生出来的特色小镇投资资本委员会与运营管理委员会，是我们服务小镇、推动小镇的投资公司和智库机构。

自2016年3月以来，我们走遍中国，寻访了二十几个省份的一百多个县市、上千个乡镇，无论是江浙、江南的产业小镇，山东、山西的文化小镇，岭南、海南的艺术小镇，所到之处建设热情无不高涨，特色小镇的书记镇长们和建设者都是那般地忘我工作，让人深受感动。

2018年是中国特色小镇建设的第三年，是五年建设特色小镇的中坚年。我们深信，这一年特色小镇建设定会突飞猛进，许多小镇将完成基业开门迎客，更多的小镇会加紧建设大展宏图。我们的《报告》将继续热切关注这一切。哪里有发展，哪里就会有我们。

望着这部凝聚着编委会上百名专家学者心血的书稿，谨向你们致以诚挚的敬意：

感谢中国社会艺术协会邱新建主席为这本报告前期工作所给予的热情支持；

感谢中央党校领导同志为本书开题开篇所给予的关心与指导；

感谢国家各部委特色小镇主导机构，各高校特色小镇研究机构的工作成绩和研究成果；

感谢国研智库、中国发展出版社为本书出版所提供的大力帮助，使得本报告得以成为党的十九大的献礼图书。

主编 大 林

2017年9月10日

出版说明

本《报告》2017年4月1日立项，历时半年，于2017年10月10日三审完稿，成为呈现在我们面前的《中国特色小镇发展报告2017》。

本《报告》主要由报告篇、国策篇、专家篇、大事记共四个篇目组成，计四十七万字。

本《报告》总序约请新型城镇化专家李兵弟撰写，序一、序二由本报告总编张合军、副总编陈放撰写。

一、报告篇共四章，由主编大林先生、副主编郭小嫚女士组织编写，编辑部主任曹鹏伟负责统稿；编辑石雨薇、韩玉明等同志负责组稿、采编与编校；编审大文先生、张大旗先生对通篇予以审阅与修订。

二、国策篇辑录工作由曹鹏伟、石雨薇等同志完成。

三、专家篇三章十七节由陈放、李季等廿余名专家撰稿或推荐。

四、大事记两章十二节由侯国华、张乐群辑录，大文先生编审。

本《报告》附录与封面设计、图文设计及关联的宣传推广工作由葛剑、钟海予、姬富佳担负完成。

本《报告》在采编过程中得到了新华社智库领袖联盟、中国社会智库论坛、九段智库、博势智库、博士智库、百脑会智库等智库的鼎力支持，热情投稿。

由于本《报告》定性为发展观察报告，因此参阅了大量书刊、文献、网络，我们在引用中有转载、摘录、删节，虽做了出处说明，但仍可能有遗漏，尤其是专家文稿有可能引用社会文献而又未能一一注明，对此由我们代表各位撰稿专家向大家致谢；确因我编辑部未能标明、注明原文之处，敬请海涵，并烦请与我们联系，我们将按照国家出版规定向您支付稿酬，并赠送该书。

《中国特色小镇发展报告》编辑部

2017年10月12日

蓝皮书（报告）约稿启事

中国发展出版社为直属于国务院发展研究中心的中央级出版社，我们先后出版了《什么是社会主义市场经济》《中国中长期能源发展战略》《中国中小企业蓝皮书》《中国上市公司年度报告》等具有权威性、高端性、战略性、前瞻性特点的精品图书。我们一直关注、参与并影响着中国社会的发展。

出版社紧扣社名中的“发展”二字，正策划一套全方位综合反映中国当今时代发展特征的蓝皮书（报告），如您能组织和协调各方专家对某个特定行业、领域或问题做战略性、总括式研究，并形成相应文字成果，可联系我们商谈出版事宜。

邮箱：1034844972@qq.com

106016785@qq.com

电话：010-68990646

强强联合，共同打造图书精品！

千姿百态
百脑会
特色小镇参谋总部
千帆竞发

张合军

刘世能

卢　丹

陈　放

李　季

乔　烽

郭小嫚

何卫东

刘　瑛

大　林

春風楊柳萬千條

《中国特色小镇发展报告2017》

编辑委员会

智库专家委员会　　设计创意委员会

投资资本委员会　　艺术金融委员会

运营管理委员会　　品牌评价委员会

特色小镇编委会、招商局

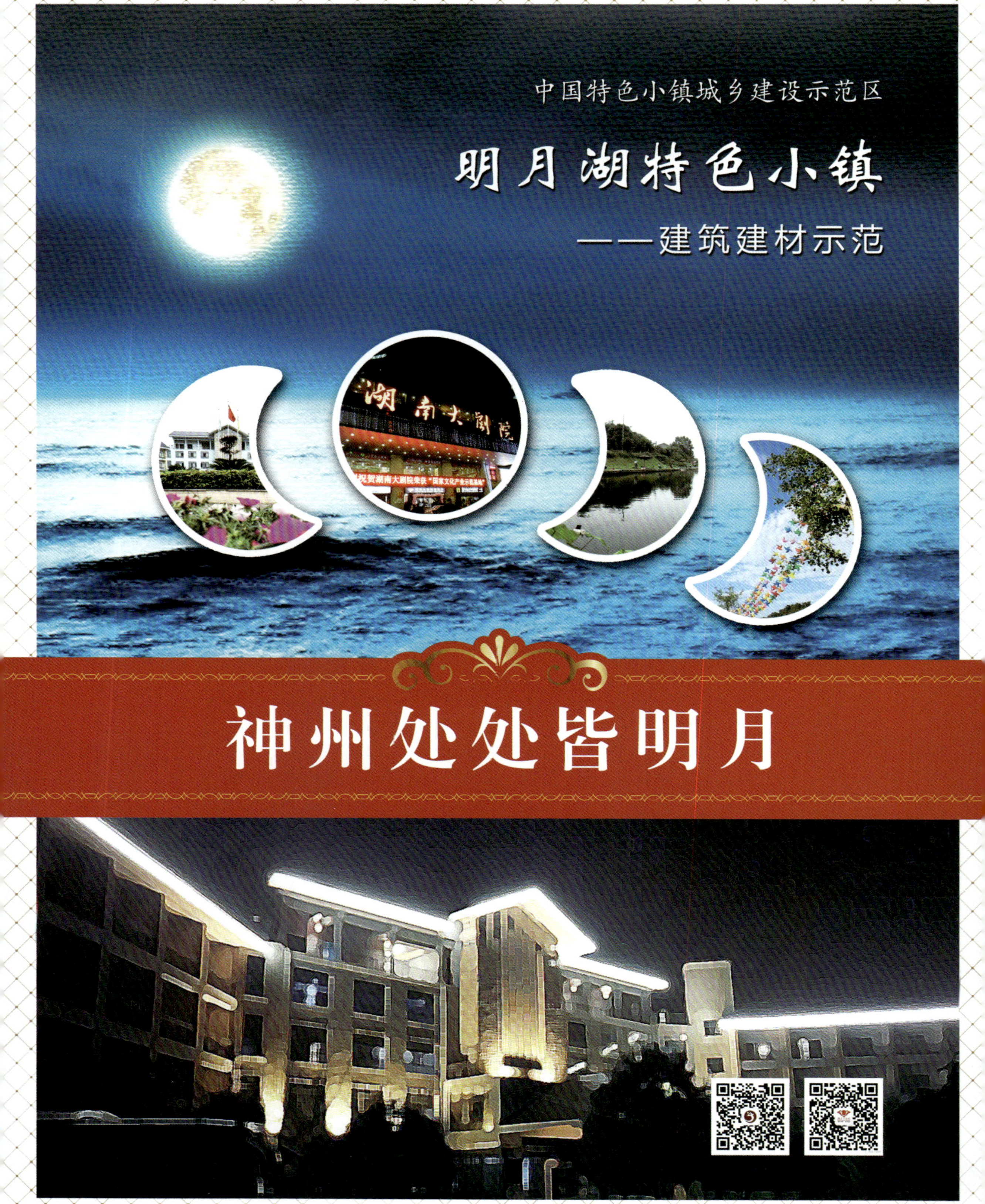
中国特色小镇城乡建设示范区
明月湖特色小镇
——建筑建材示范
湖南大剧院
神州处处皆明月

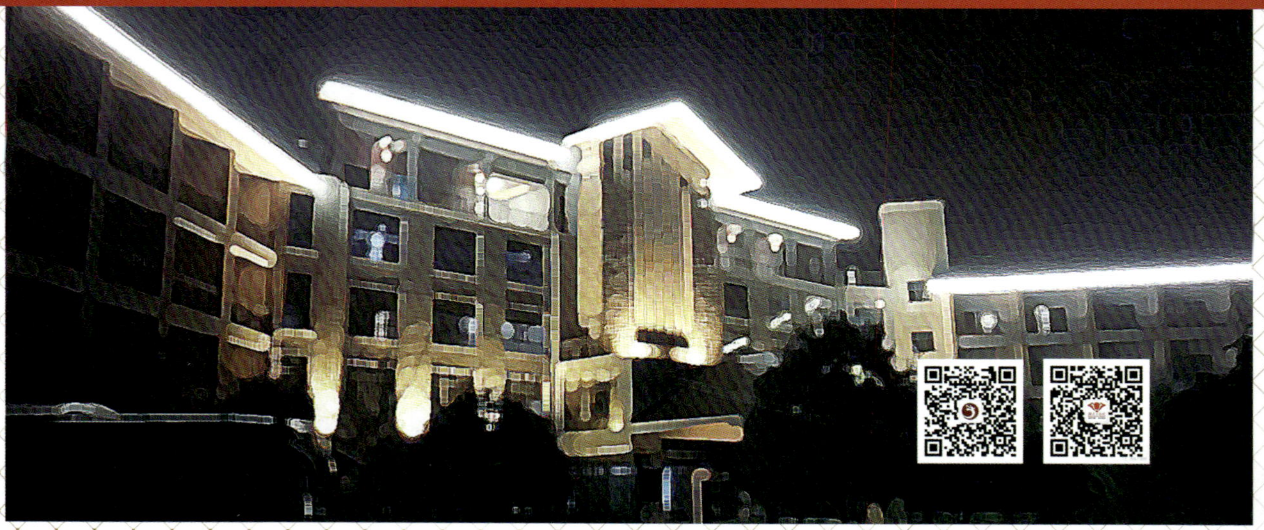

中国特色小镇生态环境示范区

九色玫瑰小镇

姹紫千红九色玫

春花秋月梦生辉

姹紫嫣红开九州

中国特色小镇旅游艺术示范区

紫泥堂特色小镇

——旅游艺术示范

醉眼沙湾知南国

中国特色小镇指定雕塑创作

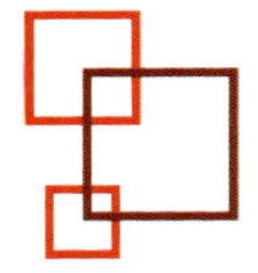

规划艺术诗篇　　塑造万千瞬间

镇开得胜
雕塑小镇

《中国特色小镇发展报告》
大连清莲花729艺术空间
共创

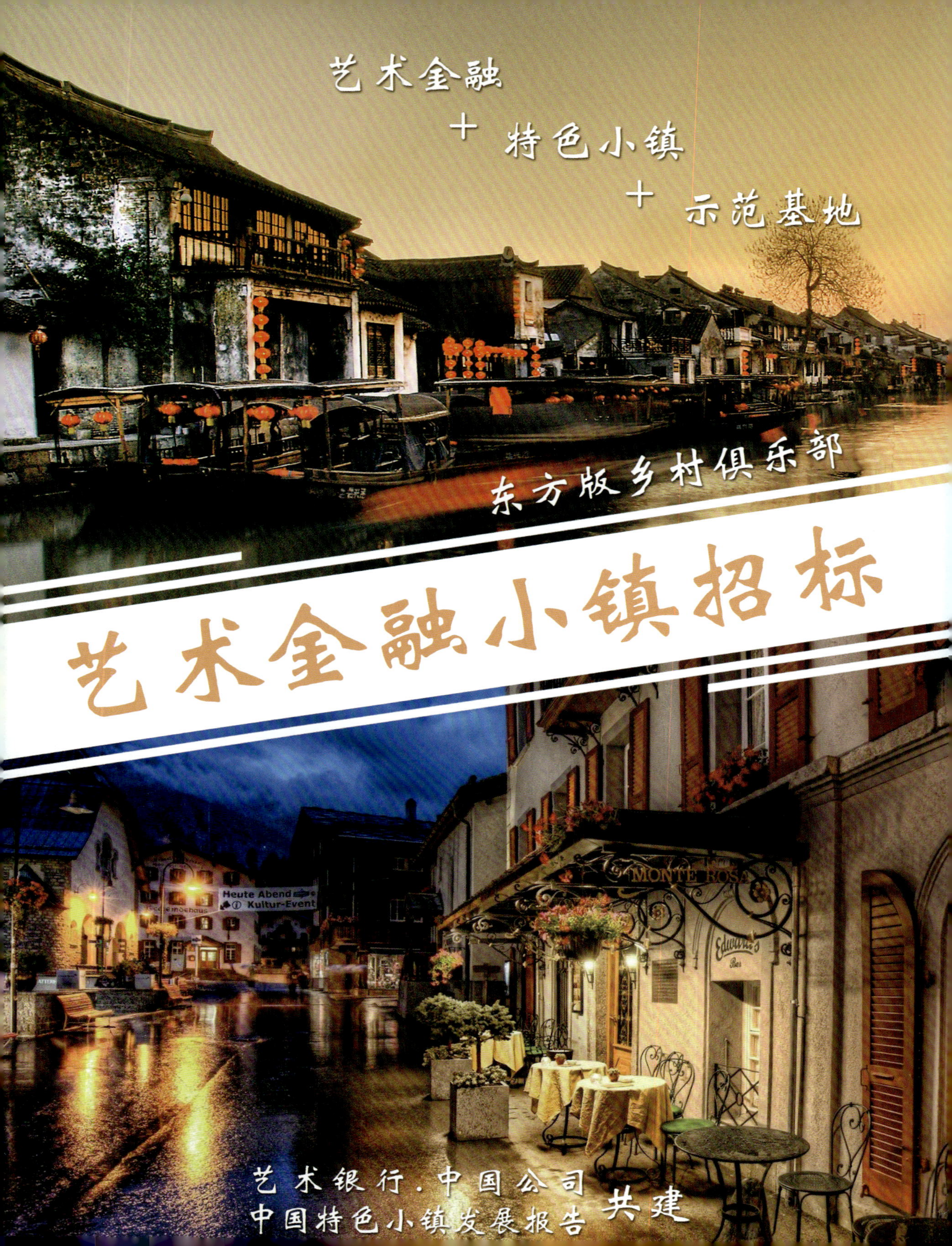
艺术金融
+ 特色小镇
+ 示范基地
东方版乡村俱乐部
艺术金融小镇招标
Heute Abend
Kultur-Event
MONTE ROSA
艺术银行.中国公司
中国特色小镇发展报告 共建

2017 特色小镇建设成果展

暨特色小镇创新发展大会

2017年10月26日~29日国家会议中心

- 特色小镇颁奖典礼
- 特色小镇高峰论坛
- 《中国特色小镇发展报告》首发式

特色小镇建设成果奖·颁奖礼

小镇领袖推群独步

小镇建设巧妙绝伦

推举特色小镇
嘉奖时代先锋

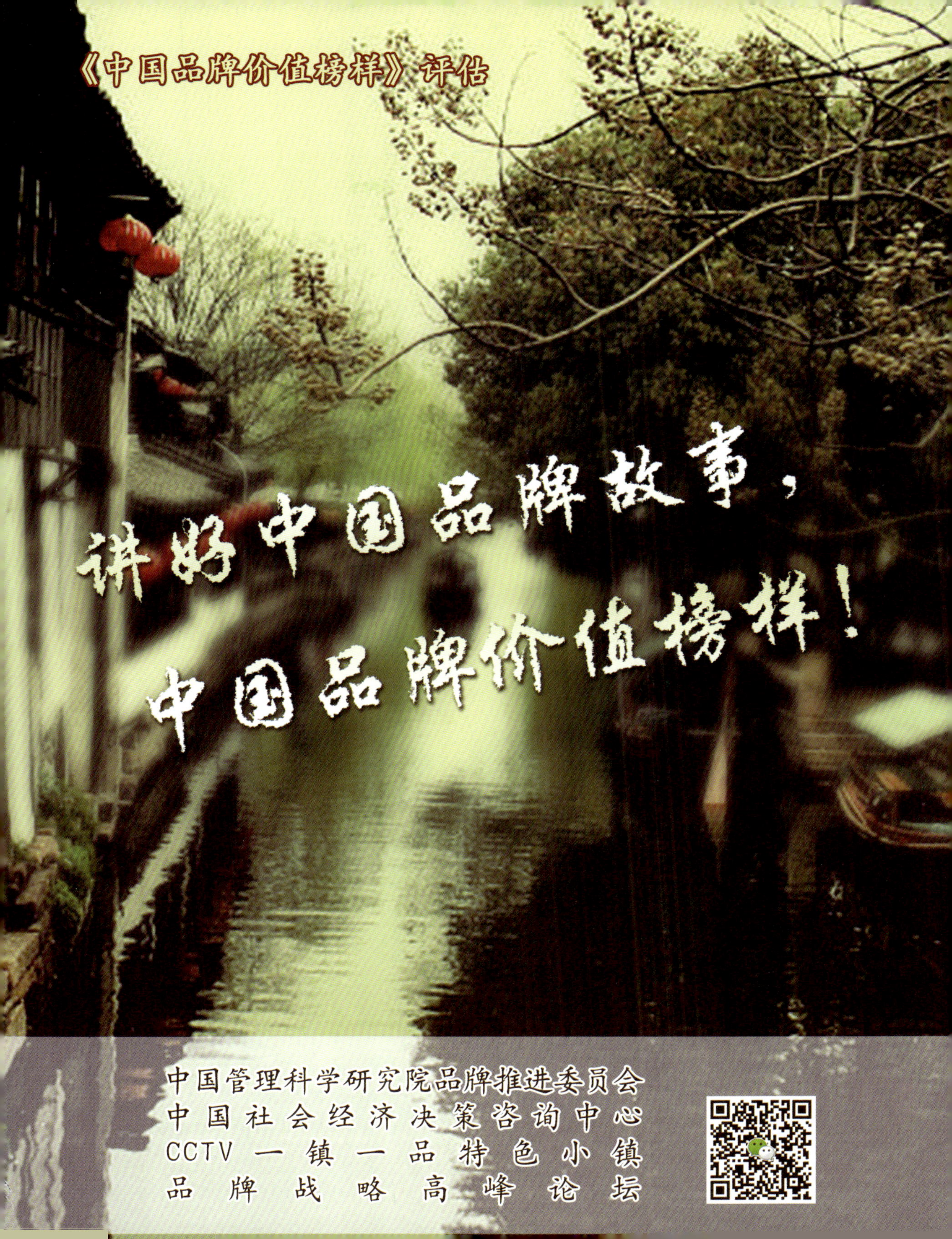
《中国品牌价值榜样》评估
讲好中国品牌故事，
中国品牌价值榜样！
中国管理科学研究院品牌推进委员会
中国社会经济决策咨询中心
CCTV 一镇一品特色小镇
品牌战略高峰论坛

中国特色小镇发展报告

中国特色小镇成果展

全球小镇开新境　丝路联盟奏乐章

全球特色小镇联盟
文旅目的地奖

Global featured town Alliance

全球特色小镇联盟